U0120414

民国隐士探微

肖伊绯 作品

图书在版编目（CIP）数据

民国隐士探微 / 肖伊绯著 . -- 北京 : 团结出版社，
2023.4

ISBN 978-7-5126-9763-8

Ⅰ . ①民… Ⅱ . ①肖… Ⅲ . ①隐士 – 人物研究 – 中国
– 民国 Ⅳ . ① K820.6

中国版本图书馆 CIP 数据核字 (2022) 第 199478 号

出　版：团结出版社
（北京市东城区东皇城根南街 84 号　邮编：100006）
电　话：（010）65228880　65244790（出版社）
（010）65238766　85113874　65133603（发行部）
（010）65133603（邮购）
网　址：http://www.tjpress.com
E-mail：zb65244790@vip.163.com
tjcbsfxb@163.com（发行部邮购）
经　销：全国新华书店
印　装：三河市东方印刷有限公司

开　本：170mm × 240mm　16 开
印　张：30.5
字　数：379 千字
版　次：2023 年 4 月　第 1 版
印　次：2023 年 4 月　第 1 次印刷

书　号：978-7-5126-9763-8
定　价：88.00 元

前言："隐士"之"隐情"

"小隐隐于野，中隐隐于市，大隐隐于朝"，这句话看似颇有人生哲理，说出来也很有些轻灵机巧，似乎朝野上下，市井九流，皆能从中找到定位似的。

但凡读过几篇古文，能诌几句古诗的，恐怕都不免有几句口头禅似的论世或自况之语。上边这句概括大中小隐的话语，既可论世，还可自况，实在是极便宜的人生金句。

不过，自古以来的所谓"隐士"，如果还要分出个水平高中低、格局大中小来，依然要按所谓"朝野"来分出品位等级，那又何必"隐"，着实也不必"隐"了。早在一千年前，待到苏东坡说"惟有王城最堪隐,万人如海一身藏"时，隐与不隐，其实已经不是一件可以评说的事情了。事实上，千百年来，红尘滚滚，人海茫茫，隐与不隐，皆是一件很个人化的、很私密的事情。总之，此中"隐情"，局中人都未必完全了解，局外人更何足道哉?

虽然，关于"隐士"之"隐情"，乃是"一说便俗"的话题。可笔者还是要说，这世间并没有天生的"隐士"，或者说并没有什么与生俱来的“隐士”——几乎没有人会在才华横溢、意气风发的青壮年时期，莫名其妙地热衷于去做“隐士”；也几乎没有人会在寒窗苦读、终获功名的人生得意时刻，就去谋划将来如何做个混迹朝堂之上的“大隐”。

说到底，即便山林江湖的乡野之中，也没有几人是生来愿意做那渔樵农牧式的“小隐”；步入三教九流的市井之中，也并没有几人是生来乐意要做那贩夫走卒式的“中隐”；好不容易挤进“三公九品”的朝堂之上，更没有几人是一门心思要做那无为而治的“大隐”。小中大隐的俗谚，不过是说说而已的文化想象罢了。

若非历经一连串让人悲伤苦痛的摧折，若非经历一系列令人灰心绝望的挫败，人们往往是不会“隐”起来的，无论小中大隐都不会。这是笔者在十余年间，翻检民国时期所谓“隐士”名流的史料文献，初步了解了这一群体中众多知名人物的生平履历之后，得出的基本结论。

譬如，近代法学名家董康，为后世读者所熟悉的生平，更多的是与其藏书、刻书、印书之经历有关，仿佛这即是一位超然于朝堂之外，一生唯雅好古籍的“大隐”一般。实则其人曾在清末至民初的政府中，均凭借其“海归”精英的专业资历与能力，出任法律与财政部门要职，一向是勤勉有加地致力于法政现代化事业的专家型官员。孰料，因其锐意改革弊政，坚决裁撤冗员，在其任北洋政府财政部长期间，竟就在国务院内，可谓是在“朝堂”之上，被部内公务员群殴致伤。后又因主张“联省自治”，复被孙传芳通缉，不得不以冒名顶替的方式，用他人船票登上开往日本的轮船，一路仓皇潜逃而去。也正是在日本流亡期间，搜访、研究乃至翻印流落海外之珍罕古籍的“闲暇”随之而来，为其后半生以藏书家、刻书家、出版家身份出现，又身兼法政公职，好似"半官半隐"式的面目示人，开启了令人唏嘘不已的"前缘"。

又如，同样是近代著名藏书家之一的叶德辉，从辛亥革命爆发以来，这位精于藏书，更擅于读书，被章太炎誉为"读书种子"的湖南乡绅，接连不断因言犯险，又屡次侥幸过关。其人避祸的方法，很简单明确，就是暂时"隐居"起来，就是往远离长沙的地方迁移，去做一段时间"隐士"，然后静待外界舆情热度衰减，也即是常说的避避风头之后，再悄然回返原籍，依然在那市井街坊之间，重新做回那诗书传家的乡绅贤士。这样的做派，是不是也有点"中隐"的意味？

再如，比之前边这二位，声名远逊，不很知名的河北学者程曦，从做陈寅恪的学生开始，一路追慕与追随，在终于成为陈氏助手之后，却又突然辞职而去，从学术江湖中全身而退，随后近半个世纪都流寓海外，确为后世少为人知的学界"隐士"。在燕京大学求学的青年时代，一直才华出众，矢志学术深造的程曦，毕业论文曾获得陈寅恪给出91分的罕见高分，原本已然获得追随一代学术大师的难得机遇，缘何在任陈氏助手期间突然辞别，至今仍是一桩学林疑案。曾经激赞程氏"忠敬"，随后又痛责程氏"叛离"的著名学者吴宓，可能也并未预见到，十余年之后，早已抽身而去，淡出国内学术界而"隐居"海外的程氏，与享誉海内外却也执意要"隐居"于岭南一隅的陈寅恪，面对的将是截然不同的生活境遇与历史命运。时至1966年，早已双目失明的陈寅恪因洗澡时滑跌，瘫痪在床已经四年。也正是在这一年，中国国内"文革"爆发，这位"国宝"级学者亦未能幸免。三年之后，不堪凌辱的陈寅恪含恨离世。而程曦此刻虽漂泊于美国、香港、新加坡、马来西亚各地，却在海外讲学的辗转往来中自得其乐，安闲度日，没有让自己陷入这一场史无前例的“浩劫”。

应当说，董康、叶德辉、程曦，这三位生涯足够传奇，命运也足够离奇的现代“隐士”，都不是人们惯常想象中的“隐士”模样。但他们的确或被动或主动地寻求过“隐居”生活，且以他们的能力与实力，在相当程度上已然实现了“隐居”的条件。只不过，董、叶二位名士，在实现阶段性“隐居”之后，或因终是需要“出山”再谋功名利禄，竟晚节不保而声名扫地；或因终究不免恃才狂放、意气用事，因言罹祸。而在近半个世纪的时间里，一直隐居海外，终究客死异邦的程氏，不但侥幸避免了“文革”之举世劫难，也能在一己的学术文艺天地里安享余生，可谓求隐得隐，善始善终。可见，小中大隐的序列层级本属无谓，即便确有一些道理蕴藉其中，小中大隐之序列层级，也应当有着与之配套对应着的人生风险层级罢。

笔者经年搜访探研，在本书中所列举的十七篇独立文章之中，所关涉的这些“隐士”，都竭尽全力以各自的生存智慧与人生经验，进行着一场又一场已知或未知的生活大冒险，演绎着一出又一出隐秘或暴露的人生小戏剧。

严格说来，本书虽着力于对民国时期“隐士”生平及生活史的钩沉与考述，但并不着重于记述与表现所谓“隐居”生活本身，而是着力于探究与呈现这一群体因何而隐，怎样去隐，其间又有何周折，等等，一系列“隐士”背后的“隐情”。故书名中有“探微”二字，意谓微观上的探究之意，意即从“名士”何以又成为“隐士”的人生历程中，或者说“隐士”何以后来复又成为“名士”，甚至突然剧变为“死士”的生命历程中，去细致入微地探究其中“隐情”。

全书以董康始，至程曦终的十七篇独立文章，分别考述与抒写了十七位"隐士"之"隐情"。当然，这也可以视作是以十七位"隐士"的人生为"切入点"，试图较为充分地切入二十世纪上半叶，近现代交替之下的中国知识分子精英群体的生活境遇之隐秘时空。这样一些样本与案例呈献，供读者自行取用与甄别，自行品鉴与体悟。

肖伊绯

2022年5月17日

目　录

董　康：法学家的“雅好”……………………………1
夏仁虎：“出塞”与“登楼”……………………… 55
叶德辉：“读书种子绝矣”……………………… 73
丁福保：为陶渊明“刮骨”……………………100
王季烈：物理学家变形记………………………129
冒广生：诗学曲学，旧梦新声…………………162
许之衡：“余桃公”的人生戏剧………………191
童　斐：工尺谱还是五线谱……………………209
蔡　莹：安乐窝外味逸轩………………………242
马　廉：鲁迅阅读量的十倍……………………262
赵尊岳：梦遇梅兰芳……………………………296
周岸登：从酷吏到词客…………………………323
陈　柱：意兴阑珊话经师………………………354
郑　麐：英译中国经典先行者…………………383
刘定权：从“唐僧取经图”说起………………397
朱　宽：为十三岁印度“思想家”译介………413
程　曦：灵潮轩中“燕园梦”…………………431

附　录：陶然亭：一〇九位文士的最后雅集………458

董康：法学家的“雅好”

◎小引：中国近代法学开端之1905年

1905年3月，北京菜市口。

法国驻华使馆的卫兵，闲逛至此，看到街口空地上，突然聚集了一大圈黑压压的人群，他们围着一根矗立于人群中央的木杆子大声哄闹，时不时还有一声声“啊呀”凄厉的号呼惨叫，断续的“哦哟”起哄声从中发出，让人惊悚之余，又备感奇特。

卫兵们艰难地拨开人群，视觉中出现的景象，让他们连连呼唤上帝、基督、圣母玛丽亚……原来，他们看到了中国最后一次执行的酷刑——凌迟。

“凌迟”一词，原意是“丘陵之势渐慢”，引申为死刑时，是指“杀人者欲其死之徐而不速也”。其自宋代肇始，元代以来进入国家刑典，明清以来成为最具威慑力的死刑之一种。现代仍在沿用的成语，形容一个人罪大恶极，往往说他“死有余辜”，既然死都不足以谢罪，只能“千刀万剐”了。

历史上最著名的凌迟案例发生于明代，正德皇帝诛杀大太监刘瑾，要求“凌迟三日”，监斩官刑部河南主事张文麟的笔录，即便五百年后读来，字里行间仿佛都滴着脓血，真是字字令人惊心，句句使人魄散。且看原文如下：

过官寓早饭，即呼本吏随该司掌印正郎至西角头，刘瑾已开刀矣。凌迟刀数，例该三千三百五十七刀，每十刀一歇，一吆喝。头一日例该先剐三百五十七刀，如大指甲片，在胸膛左右起。初动刀，则有血流寸许，再动刀则无血矣。人言犯人受惊，血俱入小腹小腿肚，剐毕开膛，则血从此出，想应是矣。至晚，押瑾顺天府宛平县寄监，释缚，瑾尚食粥两碗。反贼乃如此。次日押至东角头。先日，瑾就刑，颇言内事，以麻核桃塞口，数十刀，气绝。时方日升，在彼与同监斩御史具本奏奉圣旨，刘瑾凌迟数足，锉尸，免枭首。受害之家，争取其肉以祭死者。

法国卫兵看到的凌迟现场，应该已远远没有刘瑾案那么恐怖了，因为按清律，凌迟犯“受五百刀可矣”。但由于清律中适用凌迟之刑的罪行很宽泛，诸如打骂父母、公婆，奴才顶撞主子，通奸谋财，偷税漏税等行为，都可能招致凌迟之刑，所以导致围观机会大大增加，新闻现场可谓处处都有。

或许，法国卫兵们看到这次凌迟现场，在呕吐祈祷之余，还有时间拿起相机，哆哆嗦嗦地在一片哄闹声中，火速拍上几张。后来，这些照片陆续发回法国国内或欧洲各国，做成了当时的西方人类学家乃至对殖民地旅行颇感兴趣的，富含神秘野蛮的“东方风情”元素的明信片之一种。

◎楔子：东方酷刑、政治漫画与“枷刑者”合影

说到这类“东方风情”明信片，自西方列强以坚船利炮洞开大清帝国国门以来，先期抵达这片“东方乐土”的法国人，确曾制作了大量这类明信片。面对这个苟延残喘的腐朽帝国，以及几乎全部沦为殖民地的整个东南亚地区，比之其他西方列强而言，法国人的观察与记录，似乎更为细致与深入。

除了一般意义上的自然风景、人文风俗、时代风尚、地域风貌等一系列所谓的“异国风情”之外，法国人还对帝制时代的“东方酷刑”抱有浓厚兴趣，并为之制作了大量以行刑、施刑、受刑为主要图像的明信片。当然，也不乏英美等国制作的同类明信片，这些明信片上所呈现的刑事实况图像，大多源自实地拍摄的照片，或者据照片加以重新绘制而成。

这些明信片，有的当时就用于实寄，起到了广传周知的即时媒介作用；有的只是用于收存，成为百年后可资调阅的历史图档。无可否认，这类猎奇性质的图像摄存物，由于制作数量庞大，至今仍有不少遗存，已然成为研究晚清刑事的重要史料之一了。

有一张集中呈现所谓“东方酷刑”的法国明信片，将多种行刑场面进行了汇总式描绘，其中不乏当时的西方读者，乃至如今的东西方读者，恐怕都不十分清楚的刑罚种类。明信片下端，明确印有这一施刑现场的确切时间，1838年10月18日。仅据笔者所见，这一施刑时间及其登上明信片所呈现出来的时间，是比较早期的，在同类明信片中，属于“先行者”之一。

所谓“东方酷刑”的基本特征，大多是以肢解受刑者的行刑过程来体现的。也正是基于这一理解，包括法国人在内的不少西方人士眼中，那个处于西

方列强肆意侵略与掠夺之下，已无招架之力的大清帝国，也正在面临着被殖民者肢解的命运。这个幅员辽阔却国力薄弱的古老帝国，自鸦片战争以来，继大英帝国的军舰之后，以法、德、美、日等为代表的，参与瓜分所谓“在华权益”的西方各国，也接踵而至，日益增多，鲸吞与蚕食并举——至八国联军侵华战争发动以来，大清帝国已然仿佛一具被绑赴刑场的巨人，正在被西方列强施以凌迟之刑。

在法国人制作的涉华明信片中，有一张画面中央，绘有一位端坐高椅之上的清国官员，官帽上插着硕大夸张的孔雀羽毛，鼻上架着奄拉欲坠的圆框眼镜，搁伏在膝部的双手缩在宽大的朝服袖管中，长如葱管一般的，象征着地位尊贵、从不劳作的贵族指甲探出袖外。这样一副“尊容”的清国官员，其高高在上端坐着的座椅基部，却正在为一群神形面貌各异的“小人”施以钢锯之切割，此外，尚有一位形体肥胖，头戴高帽的“小人”被一只“兽夹”夹住了右腿，高举着双手，似乎在抗议众多“小人”的切割之举。

显然，这张明信片的主图，乃是富含隐喻的所谓“政治漫画”。下端的法语，大意为“约翰牛”被“兽夹”困住，只能看着锯子咬牙切齿。这里提到的“约翰牛”（John Bull），在西方政治漫画里，即指代英国；而代表美国的总是又高又瘦的“山姆大叔”（Uncle Sam）。可以看到，在这幅漫画中，“山姆大叔”确实在场，且背对着振臂“抗议”的“约翰牛”，正用力地抬着钢锯，参与切割“座椅”的行动中。或许，当时的世界霸主——大英帝国，与后起西方诸强的所谓“在华利益”均有冲突，方才有了这么一幅“政治漫画”，由法国人制作成了明信片。可无论如何，在这一场肆意分割、悍然瓜分古老帝国的侵略之役中，在这一场竭力争夺所谓“在华利益”的“分赃”谈判中，大清帝国确已无法摆脱被“肢解”，或被“凌迟”的厄运了。

言及“东方酷刑”与“肢解帝国”的意象重叠，还不得不再提及一下，并非所有呈现晚清刑事现场的图像，均为现场实况的真实再现。有一张较为知名的晚清“枷刑者”合影照片，曾被翻印制作过多种明信片。这一张合影之中，正中间两名戴枷者，端坐于椅上，其中左侧一位，双手叉指握于腹前，神态比较镇静。由于明信片主图乃是这四位戴枷者，背景大多虚化难辨，也不易被观者重视。

可如果能看到原照，就会发现，这张合影照片的拍摄地点为室内，地面上铺着菱形地砖，身后有高敞明亮的落地窗，装饰以考究的欧式柱面，其中一侧似乎还有一幢高大的落地西洋钟。

试想，在这样的类似于某处西洋别墅的室内，为这四位“枷刑者”拍摄合影，似乎不太合乎常规，刻意为之摆拍可能性较大。尤其特别的是，中间两位端坐者，右侧一位的右手，甚至还拎扣着一顶棉帽，搁在右腿之上，显然是为配合拍摄，特意摘下棉帽的。这一细节也在暗示，即便这四位“枷刑者”的确为犯人，可为了配合拍摄，被集体转移到了某处西洋别墅的室内。当然，也不能排除另外一种可能性，即为了配合拍摄，在真实身份并非犯人的情况下，戴上作为道具的枷具，至某处西洋别墅的室内，拍了这么一张所谓的“枷刑者”合影。

不难设想，无论是哪一种可能性，都源于西方列强全面侵华之后，为满足殖民统治者（及其从属者群体）的所谓“异国风情”之想象，在一种猎奇心态的驱使之下，拍摄了这么一张“枷刑者”合影罢。

返归正题。当年在菜市口目睹剐刑的法国卫兵，或许并不知道，他们看到

晚清明信片，主图为集中呈现“东方酷刑”。

晚清明信片，主图为“肢解帝国”寓意的政治漫画。

清末“枷刑者”合影，原照。

清末“枷刑者”合影，制作为明信片。

的是相当“珍贵”的绝版历史现场，乃是凌迟这种酷刑，在中国刑法体系里的最后数次实施之一。一个月之后，中国刑法中，凌迟成为历史，不复存在。

1905年4月，紫禁城中的慈禧太后，在一份奏折中批示，文曰：

我朝入关之初，立刑以斩罪为极重。顺治年间修订刑律，沿用前明旧制，始有凌迟等极刑。虽以惩儆凶顽，究非国家法外施仁之本意。永远删除，俱改为斩决。

这份奏折名为《删除律例内重法折》，署名者为伍廷芳和沈家本，实际的撰文者则为董康（1867—1947）。

董康，字授经，又作绶经，号诵芬室主人，江苏武进人（今常州）。光绪十四年（1888）戊了科举人、光绪丨五年（1889）己丑科进士，入清朝刑部历任刑部主事、郎中。1900年，擢刑部提牢厅主事，总办秋审，兼陕西司主稿。1902年修订法律馆成立后，先后任法律馆校理、编修、总纂、提调等职，为修律大臣沈家本的得力助手，直接参与清末变法修律各项立法和法律修订工作。

董康中年肖像，原载《道路月刊》第十二卷第一期，1924年。

◎ 1906年—1911年，法制现代化的五年之“痒”

在封建王朝中央集权体制下，王权的“集”是所有社会规则唯一的准绳，而“集”迈向“极”，由“集权”转向“极权”，是封建制度开始趋于下坡路之始。所谓物极必反，极刑的采用与滥用，正是出于维护中央集权的迫切需要而产生，而这种需要背后必然是日益增长的某种反抗与威胁力量的存在。

中国法制走向现代化的历程，可以从废止极刑开始，也可以从完全推翻封建体制开始。如我辈后世读者，当然也知道董康撰写那纸奏折六年之后，清王朝迅即覆灭于辛亥革命，往往也会据此发一通“事后诸葛亮”式的浩叹——何必枉抛心力，何必白费气力？从技术改良到体制微调之种种努力，到头来不过都是竹篮打水一场空罢了。可当年的董大官人并不知道，因为其人身处历史之中，正以一己之力在努力创造着历史。

光绪三十二年（1906），董康以刑部候补郎中的身份赴日本，调查裁判监狱事宜，在此基础上编辑成《调查日本裁判监狱报告书》，进呈御览。据当时同处东京的学部员外郎王仪通介绍，董康“出则就斋藤、小河、冈田诸学者研究法理”，“入则伏案编辑，心力专注，殆无片刻暇”，可谓相当勤勉。

“司法独立”“监狱以感化犯人为目的”等现代法制理念，集权体制下的法律改革之目标，也愈发清晰了起来。同时，董康在与日本学者切磋学问的过程中，也逐渐建立友谊，并先后延聘冈田朝太郎、松冈义正、小河滋次郎、志田太郎为修订法律馆顾问暨京师法律学堂教习。

作为“海归”新锐，1906年9月大理院成立后，已届不惑之年的董康，曾任大理院推丞。1908年清政府颁布的中国历史上第一部宪法性文件《钦定宪法大纲》，正是其代笔之作。1906年的日本之旅，于其事业前途而言，可谓收获颇丰。不过，1911年辛亥革命爆发，集权也罢，极权也罢，转瞬灰飞烟灭，一切归零，在时局尚未明朗之前，董氏再次东渡日本留学，仍然专攻法律。

◎1914—1923年，诵芬室外，十年甘苦

北京原宣武区法源寺后街，南段的一截被称为西砖胡同。胡同依法源寺而建，有一溜平房院落，最靠近寺院的那一处院子，自1914年以后逐渐热闹了起来。时常有一些官员、学者、名士往来其间，他们管这里叫诵芬室。

据董氏的常州同乡，后进才俊赵尊岳（1898—1965）忆述，此处当时的景况大致如下：

京师宣武门外，旧有悯忠寺。自唐以还，庄严勿替。其有一廪附之僧舍，占地不广，花木怡人者，则吾乡诵芬室主人课花庵也。主人博通今古，精治律令。尝任大理长、度支长法曹，轺车所指，遍及遐方。声施烂然，以直鲠闻于海内外。而鼎鼐退食，娱情翰墨，仅以聚图籍事，铅刊为乐。[1]

① 详参：《书舶庸谭》赵尊岳序。

赵氏忆述中的这位诵芬室主人，兴趣爱好很是雅致——除了摆弄花草、娱情翰墨之外，还喜欢刻书印书。赵氏是在1936年写下上述这些回忆的，时年三十八岁的他，正沉溺于常州词派的风情与格调中，接下来的忆述则完全是对此处主人所著《课花庵词》的词学评价。除了拉拉杂杂，洋洋洒洒，一大堆纵横古今的词论与常州词派的彪炳业绩之外，三页纸写完，竟然还没有说到此处主人究竟是谁。

诵芬室主人、课花庵主人，都是这所法源寺附院的主人。在屋里口诵芬芳的也罢，在屋外摆弄花草的也罢，都是同一个人，这个人就是董康。时年三十八岁的赵尊岳，以尽可能古雅有致的文字，来忆述这位前辈高人，仿佛这里的主人，一生下来，就是搁在花木丛里、诗文堆里一般，只一个"闲"字了得，只一个"雅"字了得似的。须知，二十一年前额头沁着冷汗，腕间打着哆嗦，提心吊胆撰就废除凌迟之奏折的董大官人，时年也是三十八岁，远远没有这么诗情画意，闲适风雅。

奇异的是，此时此刻，已届知天命之年的董"法曹"，似乎一下子就从刑狱司法的峻严肃穆中抽身而去，忽而又从词人墨客堆里脱颖而出了。此时的董康，已不复当年法学"海归"精英的锐气，转瞬间竟又成了法源寺的遗老遗少雅集里的常客。辛亥革命之后的董康，难道也随着世道一道剧变了吗？

查考其人生平可知，董"法曹"早在1914年，就已从日本归国。历任三任大理院院长、宪法编查会副会长、中央文官高等惩戒委员会委员长、法典编纂会副会长、拿捕审检所所长、全国选举资格审查会会长、修订法律馆总裁、司法总长、司法高等惩戒委员会会长、法制审议委员会副会长、上海会审公堂回收筹备委员会会长等多种立法、司法方面的重要职务。可想而知，这么多职位、职衔与职务，得费多少精力和工夫，才能应付得来？这些可都是“闲”不下来，也“雅”不过去的正经差事。

就在归国当年，1914年，董康与章宗祥一道，在《大清新刑律》的基础上，合纂《暂行新刑律》。1915年，又受命完成《刑法第一修正案》的编纂。1918年，复与王宠惠等联合编纂《刑法第二修正案》。修正后的刑法案，被海内外法学界一致认可，认为从形式体例到原则内容，无不吸收世界最先进的普世之刑事立法——这一修正案，即是后来1928年《中华民国刑法》的蓝本。

那么，这些琳琅满目的专业职衔，眼花缭乱的政府职务，与时俱进的法律文本，不正是见证着董康个人在专业领域及政治生涯上的跨越式发展吗？既然如此，缘何赵尊岳笔下的董康似乎既是一位世外清修的隐者，又是一位古雅

法源寺旧影，辑自《北京景观》，1940年。

法源寺诗社雅集，有陈宝琛、郑孝胥、林纾、赵熙、冒广生等多位名流雅士，合影摄于 1921 年春，原载《青鹤》杂志第一卷第十三期，1933 年 5 月。

蕴藉的词客呢？友人忆述与“史实”，究竟有着怎样的差异，这一差异又有多大呢？

或许，所谓的“史实”，只是修史者眼中的事实，以及论史者笔下的事实。可对于董康这一个体而言，生活原本应该是另外一番模样的，人生原本就不是只有“法律”或“政治”这两种事实的。生活，理应还有别的风致与希冀。

1917年旧历正月间，法源寺的诵芬室内，以一桩雅事逢迎新年——董康重金聘请擅长刻制“细字”的制版工匠，令其尽可能摹仿明代晚期刻本的风貌与水准，印制一批新版书籍。

这一年春夏之交，书肆中一函四册的《诵芬室读曲丛刊》面市。抚书展卷，丛刊共辑录了八部古籍的内容，每一种古籍书名的题签，皆由吴昌绶[①]之女吴蕊圆以一笔秀雅清俊的楷书写成，与之相应的，那清朗精丽、疏密有致的版刻风格，也令观者耳目一新。

说“耳目一新”，可是外行话，因为这样的版刻风格，实际上是刻意在摹仿明代版刻，这种摹仿本质上是摹古复古，而非创新。但当时看到此书的普通读者，恐怕还是会说“耳目一新”，因为清代以来横细竖粗的扁方字体已经让人耳濡目染，司空见惯，那种笨重沉闷的视觉风格，仿佛就是这个世上所有普通书籍的统一模样。当这样的形式已经从视觉经验上成了惯例的版刻风格，在这套书面前瞬间崩解之际，人们仿佛拥有了一种新的古籍即视感，即刻觉得新颖无比，即刻只能用耳目一新来形容了。

翻开扉页，《录鬼簿》的题签赫然在目，不了解这套书内容的普通读者，恐怕又会大感诧异一番了，这记鬼录鬼的书，竟刻得如此精雅？显然，刚刚翻阅到这套书的普通读者，惊喜与疑惑都是接连而来的。不过，当年这套书的印行，事实上并没有考虑到普通读者的感受，这套书随即在学术界与藏书界颇得好评，根本就不在于普通读者的耳目一新与莫名惊诧，而得益于专业读者的青睐。这种青睐并不完全取决于版刻风格的清新，也不得益于董康当年政法界的盛名，更多的是因为这套书的内容，实在是珍罕难得。

《诵芬室读曲丛刊》可能是近代以来最早的一部古典戏曲史料汇编。丛刊

① 吴昌绶（1868—1924），字伯宛，一字印臣，又署印丞，浙江仁和（今杭州）人，吴焯后裔。光绪二十三年（1897）举人，官内阁中书。入民国后，任北洋政府司法部秘书。喜搜罗遗籍古文，以藏书、刻书著称，藏书处曰双照楼。仿宋元珍本，刻印《景刊宋金元明本词》，是为民国初年刻本名品。曾与袁克文妻梅真、梁启超女梁令娴诸女子一起参与民国时期词集编校。其女吴蕊圆，据《晚晴簃诗汇》辑吴昌绶诗并附简传称：“妇陈，女蕊圆，适海宁陈氏，并娴词翰。”又吴昌绶有诗咏其女，有“诗未成篇有别才”“戏拓娥碑摹好字”之句，可知吴蕊圆诗文、书法俱有一定造诣。

收录有七种世间难得一见的曲学古籍，这些戏曲史料、论著，百年间都是星散四方，束之高阁的孤本秘笈。譬如，《录鬼簿》是根据清代曹寅（曹雪芹祖父）校辑的《楝亭藏书十二种》重刻的，后世偶有流传的俱是以此书为底本的钞本。又如，《南词叙录》则是据仅存的壶隐斋黑格钞本翻刻的，世间本无刊本。

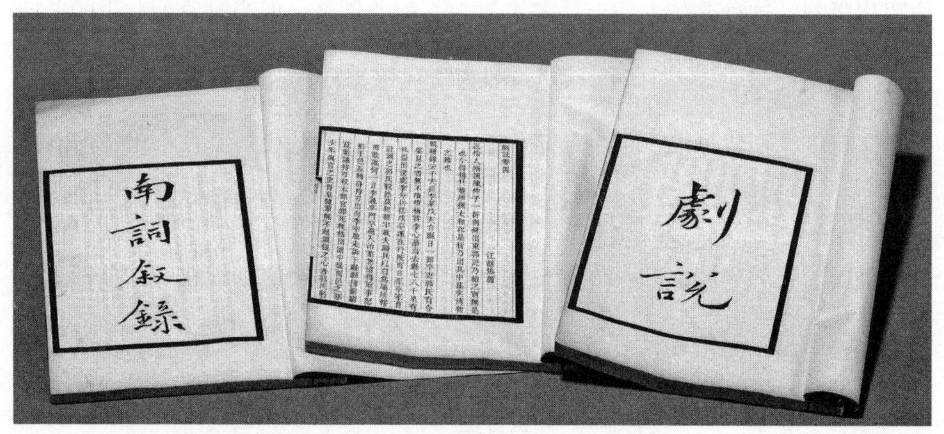

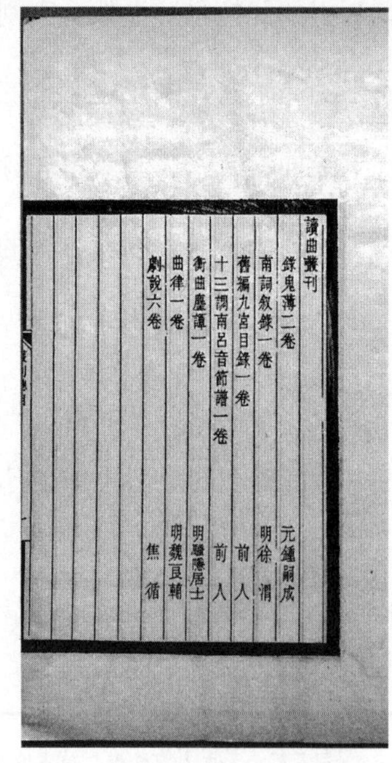

讀曲叢刊

錄鬼簿二卷　元鍾嗣成
南詞敘錄一卷　明徐渭
舊編九宮目錄一卷　前人
十三調南呂音節譜一卷　前人
衡曲麈譚一卷　明雜隱居士
曲律一卷　明魏良輔
劇說六卷　焦循

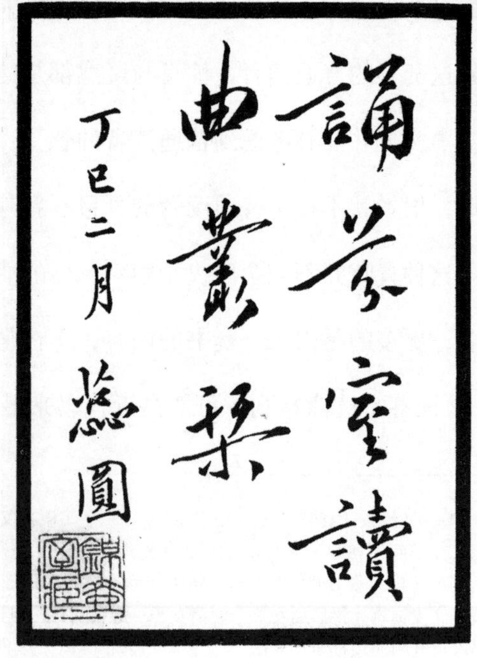

《诵芬室读曲丛刊》，题签首页及目录页。

再如，骚隐居士（张琦）《衡曲麈谭》与魏良辅《曲律》，则是从《吴骚合编》卷首附刻本抽出来重刻的。至于王骥德《曲律》，是从清人钱熙祚辑印的《指海》第七集所收的本子翻刻的，想要研读此书者，不必斥巨资购入本也不多见的整部《指海》了。类似的情况，还有《顾曲杂言》，也是从卷帙繁多的丛书中搜检出来，是据清代金士淳编纂的《砚云甲编》第四帙所收版本翻刻的。

可惜的是，当年蔡元培可能没有接触到这部书，否则为北大学生专聘的曲学教授可能就不会是吴梅，而应该是董康了。据说，蔡氏在出任北大校长之前，曾在旧书摊上看到过一部名为《顾曲麈谈》的曲学著作，待到北大成立音乐研究会，需聘名家指导并开设戏曲专业课程时，蔡氏即刻就想到了《顾曲麈谈》一书的作者。就这样，当时正在上海民立中学任教的音乐老师吴梅，便接到了北大的聘书，于1917年秋束装北上，从此开始了在中国高等学府里的五年教授生涯。1917年意外“北漂”的吴梅，据其日记中的“书账”可知，当时也没能第一时间读到这套广辑元明清三代珍本的曲学丛书，应当也是“北漂”之后方才购置的。

不过，董康当时并没有做专门学者，也没有受聘为大学教授的意愿，藏好书、读好书、刻好书，只是其个人生活的一部分兴趣所在。能不能做好官、办好事、当好家才是需要大费周章，思前想后的事儿。

1922年7月14日，临近中午时分，正拟辞职的财政总长的董康，刚从国务会议会场中走出，即刻被一伙身份各异的人包围，一阵拳打脚踢之后，群氓作鸟兽散。多处软组织挫伤，眼镜镜片渣子碎了一地，恍恍惚惚，眯着眼睛，勉强支撑着站起来的董康，以一位五十五岁学者型官员的窘迫肖像，为

前任司法总长董康，原载《国闻周报》第二卷第二十九期，1925年。

当时早已混乱不堪的北洋政府财政体系，做了一番形象注解，也为这一段历史定格存照。

原来，就在那一年，1922年，董康因负责查处财政部债券贪污案，秉公断案，颇得人心，旋即出任财政总长。上任伊始，董总长仍然不改“海归”精英本色，随后即率员出使欧洲考察，意在学习欧美健全的财政制度，以重振北洋财政之颓弱与混乱。

书生意气从来天真烂漫，年过半百的资深“海归”，仍就笃信共和制度下的专业实践，却不知这“共和”制度本身，在当时的北洋政府体系里，早已成了“挂羊头卖狗肉”的生意与玩意儿。对于当局内部的派系之争，董康当然不可能置若罔闻，更不可能置身事外——向来以清正为官自居的他，似乎仍然没有体察到自己的专业实践一旦“亮剑”，即刻就会被各利益群体就地“夺剑”。

董康屡次向上级报告说，由于官吏繁冗，滥支薪俸，财政困难达于极点，必须大刀阔斧、毫不容情地裁撤冗员。这些问题与困局，上级与高层何曾不知，财政部当时因冗员过多，已根本无法按时发放薪俸了。可为了兼顾各方利益，加之各利益群体也势必不会配合，政府裁员之议遂久拖不决。接下来，仍是薪俸无法兑现，欠薪日久导致索薪冲突升级——公务员群体冲击政府部门，或者以罢工方式向当局强力索薪的事件，交替上演。在这种情势之下，董康身心俱疲，无力再战，遂萌生“解甲归田”之意，遂向上级做了口头辞职。虽然总统阁下表示了挽慰恳留之意，可董康去意已决，无可挽回也无可留恋，还是很快即有了正式辞职的意愿。

没曾想，就在这正式辞职意愿即将达成之际，却出现了本文前边呈现的那一幕，公务员围殴即将辞职的财政总长的一幕闹剧。也正是因为有了这一顿“饱揍”，董康的去意更为决绝，即刻于次日正式辞职，也随之即刻从北庭的烂摊子里抽身而出，并终于得以迁居上海，重返其法学研究与实践领域的专家生涯。

◎楔子一：被公务员围殴的法学家兼财政总长

时为1922年7月18日，上海《民国日报》的版面上，如同某超大型百货公司开张庆典一般，第二、三、六、七版，共计四个版面的新闻报道中，均出现了“董康”的名字。此举如同免费为董康其人其事，做了一次密集投放“广告”一般，令其瞬间扬名立万,万民皆知了。

不过，此次高规格宣传攻势，宣传的倒并不是什么好事儿，乃是作为法学家的董康，时任财政总长的董康，竟然就在当时的国务院里，被一群公务员围殴痛打了一顿。这又究竟是怎么一回事儿呢？

其实，此次围殴事件，上海《民国日报》《时事新报》等各大报刊，一直是高度关注，极端重视的，从7月15日开始，各类跟踪报道附带着说点俏皮话的所谓“时评”，实在是层出不穷，令人目不暇接的。至7月18日，系列报道至此告一段落，遂做一总结，成一高潮。

事情还得从董康递交辞呈说起。时间前溯至1922年7月上旬，步军统领聂宪藩、警察总监薛之珩、宪兵司令车应云等，曾向当局“合呈催饷”，在这份联合署名的催发军饷的呈请书里，“语颇侵董康”，有不少指摘斥责董康拖欠的话语。7月10日，这一帮人直接赴财政部面见董总长，“即与董冲突”。这番阵势，搞得财政次长项骧三天都“已不敢赴部”[①]。

7月12日，董康辞职的消息盛传一时。据传，其辞职原因“系因军警索饷，无从筹措”，在董、聂“谈不甚洽”的次日，董康即向总统黎元洪口头辞职。接下来，“黎挽留，刻派员赴董私宅恳留”；第二天，董康复又“出席阁议”，由外界看来，此举算是暂时打消了辞意。[②]

其实，当时令董康顿生辞意的，恐怕还并不是军警长官齐至催饷的问题，这一问题充其量只能视作导火索而已。当时，更令董康头痛的是，北庭的另一位大人物曹锟的“严厉催饷”[③]，已然令其手足无措，已然令其必得考虑去留问题了。或许，也正是因为看到了曹锟催饷的威力，在此示范之下，军警长官们方才策划了这么一次集体施压行动。

虽然有黎大总统的多番慰留，可董总长自知不可久留，复又公开表态，将正式提请辞职。就在其勉强出席了一次阁议之后，做出了这么一番公开表态，可想而知，确实是去意已决。这一消息迅即传至沪上各大报刊，7月15日的《民国日报》第六版，即以《董康将被军阀索饷驱走》为题，做了一番及时报道。报道原文如下：

---

① 详参：上海《民国日报》第二版，1922年7月14日。
② 详参：上海《时事新报》第二版，1922年7月13日。
③ 详参：上海《民国日报》第二版，1922年7月13日。

董康将被军阀索饷驱走

▲曹锟得了七十万

▲吴佩孚又命筹饷

▲军警机关不满意

董康辞职表示，经高恩洪劝阻后，并未打消，拟于日内正式辞职。至其原因，则各方面索款者，纷至沓来，军警饷项，至今未发给。此外即洛阳吴佩孚亦有蒸电到京索饷，董氏不能办到，故拟以辞职了之。

代理财政次长项微尘氏，本为财部旧人，所理者为部内事务，乃于十一日请假一星期，并保公债司司账钱懋勋氏，充任次长。

又新闻编译社消息云，自董康长财政部后，益觉无法敷衍。董氏对保定曹锟索饷，于国内银团垫款中照解五十万外，复自行另筹二十万汇去。据盐署方面消息，董本允许会同交部另筹二十五万，但最后盐署仅筹得十万，乃从扣回日本公债利息中挪移者，故合之交部所筹者有二十万。然北京军警机关，则应拨之费仍未完全有着，聂步军统领、薛总监、车宪兵司令等屡谒董氏，因之意见颇多隔阂，据军警机关消息，则各机关当局不得已将合呈黎氏吁请设法。

由上述报道可知，董康辞职的根源在于财政积弊深重，“益觉无法敷衍”，不得不引咎辞职了。不过，正式辞职之前，因迫于压力，先期设法尽力满足了曹锟的催饷需求，可后来的吴佩孚催饷，尤其是近在咫尺，随时可以闯入部中的京内军警机关催饷之需求，俱未响应，这就为后来矛盾激化，冲突升级埋下了隐患。“董康将被军阀索饷驱走”的新闻主题，也将迅即演变为“董康将被公务员围殴”的现场实况。

●董康將被軍閥索餉驅走

▲曹錕得了七十萬　▲吳佩孚又命籌餉　▲軍警機關不滿意

董康辭職表示、經高恩洪勸阻後、並未打消、擬於日內正式辭職、至其原因、則各方面索款者、紛至沓來、軍警餉項、至今未發給、此外即洛陽吳佩孚亦有蒸電到京索餉、董氏不能辦到、故擬以辭職了之、

代理財政次長項微塵氏、本為財部舊人、所理者為部內事務、乃亦於十一日請假一星期并保公債司司帳錢懋勳氏、充任次長、

又新聞編譯社消息云、自董康長財政部後、益覺無法敷衍、董氏對於保定曹錕索餉、於國內銀團墊款中照解五十萬外、復自行另籌二十萬準去、據鹽署方面消息、董本允許會同交部另籌二十五萬、但最後鹽署僅籌得十萬、乃在扣回日本公債利息中挪移者、故合之交部所籌有二十萬、然北京軍警機關、則應撥之費仍未完全有着、聶步軍統領薛總監車憲兵司令等屢謁董氏、因之意見頗多隔閡、據軍警機關消息、則各機關當局不得已將合呈黎氏飭請設法、　十三日

●北財部編製十一年度預算

▲軍費仍佔十分之四

北京通信云、北財政部提議編製十一年度預算案、業經上星期閣議通過、惟其編製所取之標準如何、及軍費支出、有無核減之計劃、均為國人所欲知者、茲覓得北財部提交閣議之說帖一件、特為披露於下、

竊查八年度預算、前經國會議決、奉令公佈、九十兩年度、因冊報未齊、未能編製、均經本部擬具暫行辦法、將所有京外各機關應支軍政各費、暫照八年度議決數目、及績經院部核准追加之款、開支提交國務會議、議決通行在案、現

《董康将被军阀索饷驱走》，原载上海《民国日报》第六版，1922 年 7 月 15 日。

且看这一报道次日，7月16日，《民国日报》第二版，“时事简讯”栏目里，“董康”的名字，星星点点，有好几条简讯接连出来。关于其辞职的简讯如下：

> 董康辞职，经黎慰留后，态度又转强硬，谓我本不会筹款，要钱不管，听候免职。今日财、陆、农、内四部部员，合组大索薪团，至院谒董。董顿足辱骂，各员愤殴董，破额，一哄而散。董入医院，立上辞职呈。（十五日）

这则简讯，乃前一天由北京通讯员发来。也即是说，上海读者正在捧读《董康将被军阀索饷驱走》的新闻报道之际，也差不多恰恰正是董康将被公务员围殴之时。事态演变之快，实在出人意料。同一天同一版面上，还有一则更为简短的所谓来自“东方社”的译电，内容与简讯报道一致，标题则更为明确，为《董康被殴辞职之活剧》，令读者一眼即知，正在闹辞职的财政总长被人打了。

同日第七版的“时评”栏目，是用俏皮话评论时事的常设栏目，也是该报招徕读者的利器。且看栏目里是如何调侃讥嘲董总长被围殴这一事件的，原文如下：

董康被殴

董康入阁，本是直系一手提携，董氏感恩图报，能有搜刮金钱的地方，还有不搜刮以献的吗？不想吴、曹一再向之逼饷，虽是董康也是束手无策。足见得军阀取之无餍，无论什么人都是不能满足他们欲望的。

现在各部职员因为索薪，更演了一出全武行的活剧，将董康殴伤。名利虽好，性命也须兼顾，董氏纵欲恋栈，其势也不能再干了。

再替董康设想，做了财长数月，不过于履历上多添了一项头衔。但是这几个月之中，焦头烂额，已饱受痛苦；其结果还要挨一顿打而去，这代价不可谓不重。寄语热中利禄的人：军阀的帐房，是不容易做的，后来者要当心点才是。

显然，这寥寥二百余字的“时评”，以“董康被殴”这一热点时事为主题，借力打力，借题发挥了一下军阀专政的问题。“时评”的立场非常明确，对董康的讥嘲只是表象，对北洋军阀的讥讽才是重点。明眼人一看便知，这张报纸的根本宗旨，即应当是反对与针对北洋政府[①]的罢。说到这里，就还有必要约略介绍一下该报的历史背景了。

---

① 这里的北洋政府，意指北洋军阀操纵之下的北京（北洋）朝廷，时人亦简称为“北庭”。

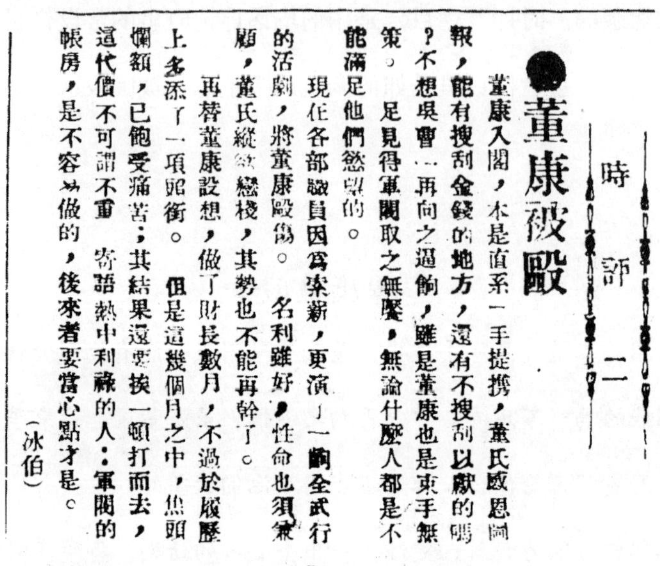

時評 二

董康被毆

董康入閣，本是直系一手提携，董氏感恩圖報，能有搜刮金錢的地方，還有不搜刮以獻的嗎？不想吳曹一再向之逼餉，雖是董康也是束手無策。足見得軍閥取之無饜，無論什麼人都是不能滿足他們慾望的。

現在各部職員因爲索薪，更演了一齣全武行的活劇，將董康毆傷。名利雖好，性命也須兼顧，董氏縱欲戀棧，其勢也不能再幹了。

再替董康設想，做了財長數月，不過於履歷上多添了一項頭銜。但是這幾個月之中，焦頭爛額，已飽受痛苦；其結果還要挨一頓打而去，這代價不可謂不重。寄語熱中利祿的人：軍閥的帳房，是不容易做的，後來者要當心點才是。

（冰伯）

《董康被殴》，原载上海《民国日报》第七版，1922年7月16日。

据考，时为1916年1月22日，以讨袁为主旨的《民国日报》在上海创刊。该报是中华革命党在国内的主要言论阵地，创始人是中华革命党总务部长陈其美，主编为叶楚伧、邵力子。同年6月，该报总经理邵力子开辟“觉悟”副刊并自任主编，力邀《共产党宣言》中译本先行者陈望道加盟，协助编辑事务。如此这般的办刊阵营之下，从开办伊始，所刊文章即呈现出提倡推翻旧秩序、旧文化、旧文学、旧制度，向往新文化、新文学、新文明、新社会，号召广大青年积极抗争，主张妇女解放、男女平等的全新风貌。邵氏一度每日亲撰短评、时论，大力宣传马列主义，鼓吹革命思想。当时《民国日报》立足以上海为中心的东南地区，有着辐射全国的传播之力，能在社会各界产生强烈影响。1924年中国国民党第一次全国代表大会后，该报即成为中国国民党的机关报，对第一次国共合作也曾有过积极宣传与响应。

通过上述这一段约略介绍，即可知该报的“时评”栏目，其立场、主旨与倾向，就是以“反北洋”与“促革命”为中心议题，来积极开展与拓延宣传攻势的。“董康被殴”这一事件，恰恰正是这一栏目中心议题的最佳案例。了解了这一历史背景，也就不难理解，关涉这一事件的后续报道接踵而至，各种正面针对、侧面讥讽的报道，在各版各栏目联动互动的态势为何如此热烈，接连好几天都乐此不疲的缘由所在了。

接着看7月17日的后续报道，可以看到董康确实辞意坚决，一如前一天“时评”里所预言的那样，“董氏纵欲恋栈，其势也不能再干了”。报道中有这样的记述：

董康辞职呈，黎退还，并亲赴医院慰问。董仍坚辞，明日星期一必不到部。董康决辞职，因知保定与彼为难。此次被殴，疑金绍曾主使。

这样看来，“董康被殴”事件可能还并非突发事件，并非因双方言语冲突激发而起，而是有人在幕后策划主使。这里提及的“保定”，即指当时驻军保定，后来贿选当了总统的曹锟。如果一方面有曹锟这样的实力人物“与彼为难”；另一方面，还有时任政府陆军部次长（并曾兼代总长）的陆军中将金绍曾（1873—？）幕后主使围殴事件，那么，“名利虽好，性命也须兼顾”，还是早一点抽身而去为妙罢。

当然，关于“围殴”事件，不但事关董总长一己之身家性命，更关乎北洋政府一体的官府体面。为此，黎大总统的处理举措，也随之出台。同一版面“译电”一栏，有《董康被殴续闻》一则，报道称：

路透社十六日北京电，昨日有财政部裁员多人在国务院会议室外殴击董康，事后财政总次长即上辞职呈，财政部人员亦开会议决不到部办事，黎元洪须俟下保护行政员命令后，再行办公。黎今日拒绝接受辞职呈，并派代表安慰董康，暴动者已有七人就逮，明日将解法庭审讯。

这则“译电”内容虽颇为简短，却透露了不少重要信息。究竟是哪些人动手，在什么地方，什么时候围殴了董康，交代得一清二楚。据此可知，1922年7月15日，财政部裁员多人在国务院会议室外殴击董康。原来，这些动手围殴者乃是被董总长从财政部裁撤掉的人员，只是曾经的公务员，动手打人时已经不是了。这样的记述，与前一天该报通讯员发回的简讯内容，并不一致。

那么，究竟是这些财部裁员在国务院会议室外动手打人，还是“财、陆、农、内四部部员，合组大索薪团”，直接闯入当时的国务院里打人呢？正当读者为之满腹疑云，不明就里之际，当天的“时评”栏目，又迅即换了一套说辞，虽有些模棱两可，但基本还是维持了前一天“财、陆、农、内四部部员”一起痛打董总长的观点。当天“时评”栏目里的原文如下：

董康和部员相打

董康被曹锟骂了一顿，便送了五十万过去；怪不得各部人员见了眼红，要群去坐索。坐索不成而相打，相打以后依旧不得一文；可见部员的拳头，不及老帅的电报。从此开了这例，部员倒没奈董何了。

那么，真相与事实究竟如何，相信当年的读者，会比后世读者如我辈还更多了一番热切打探与群起探究之心罢。《民国日报》的后续报道，第二天连篇累牍而来，也正是为了满足广大读者的猎奇之心罢。

先是第二版的一组“简讯”，有称“董康未收回辞呈，带伤赴保定，向曹锟诉苦”的；还有继财政总次长皆辞职，部员暂停工作之后，“颜惠庆等又议总辞职”的消息传来；更有吴佩孚抱打不平，“电黎颜，请将殴董人犯尽法惩治”的说法。此外，董康辞意坚决是一回事，更早有人“运动财长”，亟欲继任的消息也随之而来。看来，即便“军阀的帐房，是不容易做的”，后来者还是络绎不绝的罢。

《索薪团痛殴董康详情》，原载上海《民国日报》第三版，1922 年 7 月 18 日。

接下来第三版的内容，则更为精彩，也至关重要。该版刊发了一篇题为《索薪团痛殴董康详情》的文章，可谓将“董康被殴”这一事件的来龙去脉、台前幕后都逐一梳理，给了广大读者一个明确详实的交待。且看报载原文如下[①]：

索薪团痛殴董康详情

▲内幕中有政治作用

① 报载原文仅以顿号断句，笔者酌加整理，施以通行标点。

▲董康白挨一顿老拳

北京陆军部全部职员，因欠薪八月不发，屡向部长交涉均无要领，乃于十四日议决全体往见董康，要求拨款。十四日上午九时余，全部职员及录事等五六百人，先在部中集合，本拟齐赴财部。因闻董康出席国务会议，遂改向国务院出发。行至集灵囿，一拥而入，守卫东栅栏之军警，因人数较少，阻止无效。该部员等直赴会议厅寻觅董康，同时适有各机关分发被裁人员张玉书等六七十名，为要求恢复原有地位起见，亦随索薪团闯入会议厅院内，立待接见。时约十一钟余，阁议业已竣事，黎、颜先行散去，仅董康及陆次金绍曾、金永炎两氏仍留会议厅内，先由两陆次出劝大众，声明财长已允发款，可回部靖候等语。董氏向索薪代表切实抚慰，讵是时分发人员忆及被裁欠薪种种苦况，愤不可遏，群向董氏，拦阻不听。众益愤怒，一时人声鼎沸，秩序大乱，且有大声喝打者，辱骂者，董为群众所牵扯，致眼镜坠地破碎，身着马褂亦被撕裂数处。惟尚未遭到剧烈之殴击。董见形势汹涌，遂仍折回会议厅。一面由院中稽查员招来警察多名，将暴动人员强制解散，并当场捕万文藻、万重成、刘逸贤三名，送交警区讯明原委，依法办理。董氏旋亦登车出院，径返本宅。闻董遭此变故，异常懊丧，已决计辞职，不再到部，并发出通电一则，说明当时肇事情形以求公判云。

又据详知内幕者云，董氏被打，与索薪之事无关，不过借此以为题目，该员等系受某系唆使，行其政治上之手腕耳。颜惠庆之汽车亦有打碎之说云。

又据北陆军部方面消息云，陆部索饷风潮酝酿已将及两星期，连日由各司长与两次长交涉不得要领。十五日议决同盟罢工，十六日午前十一时，全部八百余员，齐赴国务院谒财长，公举代表六人，要求发三个月欠饷。老董允筹三万，辩论良久，各代表由三个月减至一个月，为数十四万，老董勉强承认一星期内筹发。此时，忽有各机关被裁人员二百余人一拥而上，大声呼噪，经陆部人员叱出，乃由南绕至北方出口，守候老董与颜惠庆联袂而出，遂陷埋伏中。手杖洋伞，各种临时兵器乱飞乱舞，颜险受一杖，被挤跌倒，旋立起遁入他室。小金次长闻声一视，身受一杖，老董为众扭住，头部受三棍，晕倒于地。凶手当场拿获万文藻等四人，交国务院警察。是役也，老董失却眼镜一副（董系近视眼）、鞋一只云。（十六日）

上述近千字的内容，篇幅已为可观，记述细致生动，欲了解“董康被殴”事件的读者，可以据此一览知情，当有不少可作谈资了。不过，细察之下，即可知此文实为三方信息汇为一组的记述，并非源自统一的信息途径。因此，这三方信息对同一事件，也呈现出三种不同的记述细节与评判观点。这样的情况，是不能不加以仔细辨识，并有所甄别与研判的。

率先呈现的开篇首段记述，明确交代了事件起因、时间、经过、结果等一系列新闻报道之要素，比较符合都市主流报刊媒体的惯常做法，应当即是出自《民国日报》社北京通讯员的手笔。

据此段记述可知，1922年7月14日上午，约十一时，陆军部全体职员五六百人，径直闯入国务院，向正在此开会的董康索饷。途中偶遇各机关被裁撤人员六七十名，一并请愿，集体向董康发难。经过现场抚慰与尽快筹发欠饷的承诺，陆军部职员情绪稳定了下来，可被裁撤人员“忆及被裁欠薪种种苦况，愤不可遏，群向董氏”，情势急转直下，围殴事件爆发。围殴过程中，董康“为群众所牵扯”，“致眼镜坠地破碎，身着马褂亦被撕裂数处”，“惟尚未遭到剧烈之殴击”。事态得到控制后，有部分参与围殴者被逮捕。

“董康被殴”事件梗概大致如此，应为可信度较高之报道。只是在集体请愿过程中，有在职与裁撤人员混杂，外间传闻也因之混杂，董康究竟是被这两拨人的哪一拨人所殴，实在是不易即刻搞清楚，这实属正常状况。即便在这段可信度较高的记述中，虽明确了发起这场围殴，并实为围殴主力的，乃是裁撤人员，但亦未确切说明导致董康“眼镜坠地破碎，身着马褂亦被撕裂数处”者，究系哪一拨人。现场混乱之状，可想而知；从当年报道中，考索真相之难，也可以想见了。

至于被围殴的董康的伤势，这段报道中称“尚未遭到剧烈之殴击”，与两天前报道中指出的“破额”之伤情，似有出入。为此，不妨再参考一下这篇文章第三段记述——出自“陆军部方面消息”称，有“裁撤人员二百余人”，曾在国务院内，“一拥而上，大声呼噪”，可是“经陆部人员叱出”，不得不临时退出院外。此次攻击未果，便又“由南绕至北方出口”，“守候老董与颜惠庆联袂而出”，即刻发动了突然袭击。

第三段记述，应当出自当天集体请愿的陆军部人员笔下，虽前半部分不乏为本部人员撇清干系之嫌，但记述董康被殴的这部分内容，充分呈现了过程细节，描述得相当生动逼真，颇具“现场感”，不妨据之参考一二。

从最初报道中的“破额”之伤，至两天之后同一篇文章中的两种不同说法，即一说为“尚未遭到剧烈之殴击”，另一说为“老董为众扭住，头部受三棍，晕倒于地”，将这些有所差异的信息稍做整合，可以大致推定，董康在围殴中可能未受重创，但“破额”之类的皮外伤，应当还是极有可能的罢。

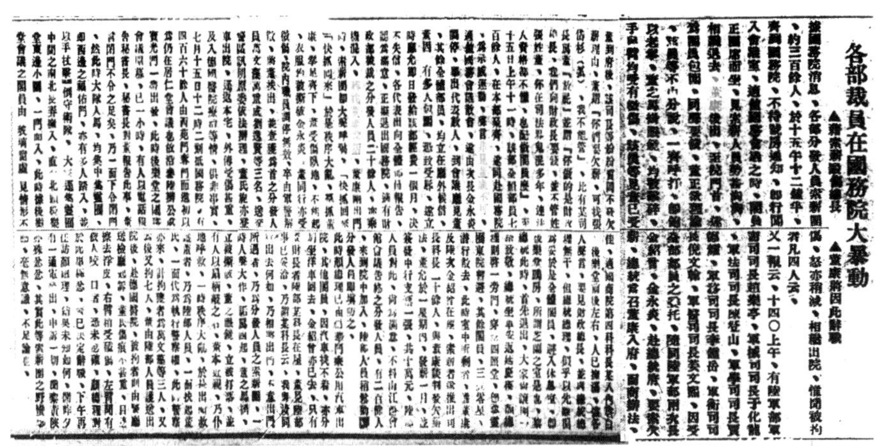
各部裁員在國務院大暴動

▲董康將因此辭職

《各部裁员在国务院大暴动》，原载上海《时事新报》第三版，1922 年 7 月 18 日。

无独有偶，在同日的《时事新报》第三版“国内要闻”栏目中，头条“要闻”即为“董康被殴”事件的深度报道。这篇报道以《各部裁员在国务院大暴动》为题，也是从北京搜采了三篇信息来源不同的报道，加以组合成稿的。相较而言，其叙事风格及细节描述，都比较接近于前述“陆军部方面消息”，唯关于董康伤势方面，竟列举出四种说法，这些说法彼此间有一定相似度，但也存在一定差异。

一说称“董之马褂眼镜，均被击碎，手与臂均受有微伤”；一说则称“群抓董康，拳足齐下，董受伤卧地，不能起，衣服均被撕破”；一说又称“董之马褂，立被撕破；董之眼镜，立被打落，并有人以扇柄敲之头，董本近视，乃仆地呼救，一时秩序大乱”；还有一说却称“董氏伤痕不甚重，目间擦去浮皮，右臂稍受磕伤，左臂间有被人咬一口者，恐未必确”。

这四种说法，联系到前述诸种说法，基本可以判定，董康在此次围殴事件中，马褂眼镜损毁是一定的了，伤势不算特别严重，但头部或遭击打，手臂等处有皮外伤，软组织挫伤可能也是有的。

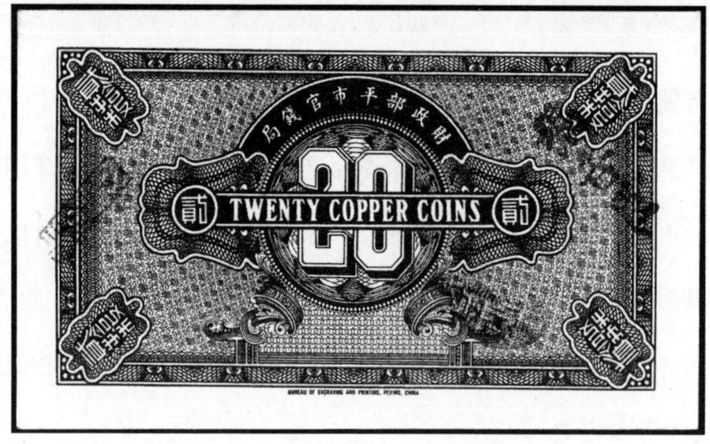

铜元券（正背面），财政部平市官钱局 1922 年发行，时值董康任财政总长期间。为尽快聚敛巨额财富，自 1914 年创立以来，官钱局历年滥印此种应急辅币券，致使大量铜元券最终无法兑现，导致政府信用破产，至 1926 年时官钱局倒闭，改组为官商合办的京兆银钱局。

◎楔子二：作为曲学家的董康

从1914年归国，到1922年辞官，混迹北庭，供职民国近十年，作为法学家兼财政总长的董大官人身心俱损，满腔愤怨，终至挂印而去，自得解脱。诵芬室中，这位曾经的学者型官员，可谓是跳出三界外，不在官场中了。跳出了政、法、财三界之外的董专家，即刻开启了另一种人生模式——以“雅好”为核心内容的全新生活。

一个世纪之后的今人，但凡略有“雅好”，但凡也略微“雅好”藏书之类，应当都知悉并向往着“诵芬室”的名号。室中那些精美刻本、藏书故事与雅致风物，往往令这些尚有“雅好”的后世众人津津乐道，孜孜不倦。

当年，在官场上并不得意的董康，作为藏书家与出版人，却一直春风得意、意气风发，屡有“新作”面市，屡有新品“惊艳”。据不完全统计，除了前述1917年刊行的《诵芬室读曲丛刊》之外，董康早在1913年，就刊刻了《杂剧十段锦》，后又有《梅村先生乐府三种》（1916），《盛明杂剧》初集（1918），《石巢传奇四种》（1919），此四种收入“诵芬室丛刊”。此后续有《盛明杂剧》二集（1925），《杂剧新编》（1941）等多种刻印、影印本图籍，源源不断地出自其手。董氏访书、藏书、校书、刻书、印书，前后持续了近三十年之久，凡经其手而成的各类图籍，至今皆为品价不凡的书界“雅物”，绝无一种沦为普凡易得之“俗物”。

抛开单纯的欣赏品鉴之审美视角，仅就纯粹的学术研究与历史文献角度而言，经董康之手，刻印的所有图籍，无一不是经得起时间检验、专业汰选的珍善版本，就以董氏所刊之《盛明杂剧》两集，仍是迄今为止研究明代杂剧剧本最为通行的版本。早在1913年，对于董氏早期刊印的《杂剧十段锦》一书，王国维就有过如下的评价：

> 窃谓廷尉（董康）好古精鉴，不减遵王（钱曾），至于流通古书嘉惠艺林，则有古人之风流，非遵王辈所能及已。

当然，盛名之下，也往往毁誉参半。“为盛名所累”的说法，绝非空泛之说，实在是因为“树大招风”，难免会招来“风言风语”。那“木秀于林，风必摧之”的老话儿，千百年来，至今都还是管用的。

诚如当年的“海归”精英，要说服清廷资深“土鳖”们进行法律改革一样；又如后来的司法达人，要说服北洋政府进行大规模裁员一样，在中国但凡要实施任何一项开创性的革新，都将触动一部分局中人的利益，都将面临体无完肤的责难与灰头土脸的下场。即使跳出官场之外，看似风雅无羁的所谓文化圈子、藏书圈子里，还想有一番创举者，恐怕也概莫能外。王国维的赞扬之后，圈子内外的“微辞”也将接踵而至了。

遥思在集权时代面临革新质疑的董康，顶了六年唾沫，苦撑了六年困局之后，面临的是帝国体制的崩解，这算是一种不可抗力的大解脱。在共和时代面临政府裁员质疑的董康，饱尝一顿公务员拳脚之后，大不了一走了之，也算是一种自求多福的小解脱。可自家刊刻戏曲书籍，不但东抄西借，南买北购，花却一大堆银钱之后，黑纸白字的书册还不得不接受各界（诸如曲学界、藏书界、知识界、读书界、出版界等等）的品头论足，还不得不面对各式各样、专业非专业的指摘批评。这些看似温文尔雅的文化质疑，看似不那么强硬无理的“软”质疑，却又再一次令从官场仕途全身而退的董康，退无可退，无从解脱。

原来，董氏个人刊刻了众多戏曲类书籍，让当时某些评论家认为不可能单单是因为个人兴趣，一定是某种出版策略使然，董氏在这些人眼中俨然与狡诈书商同出一类。而有的读者则抱怨董氏所刊刻书籍售价太高，把书当作了艺术品或古董的价格来发售，实在是无法理解，这样的评价，自然更加重了“奸商”意味。这些批评或许都只是一些隔靴搔痒式的闲篇，因为董氏刻书无论是出于个人癖好还是确为牟利之举，实在都无可厚非，即便将这样的行为放在还

石巢傳奇四種

雙金榜記　燕子箋記

春燈謎記　牟尼合記

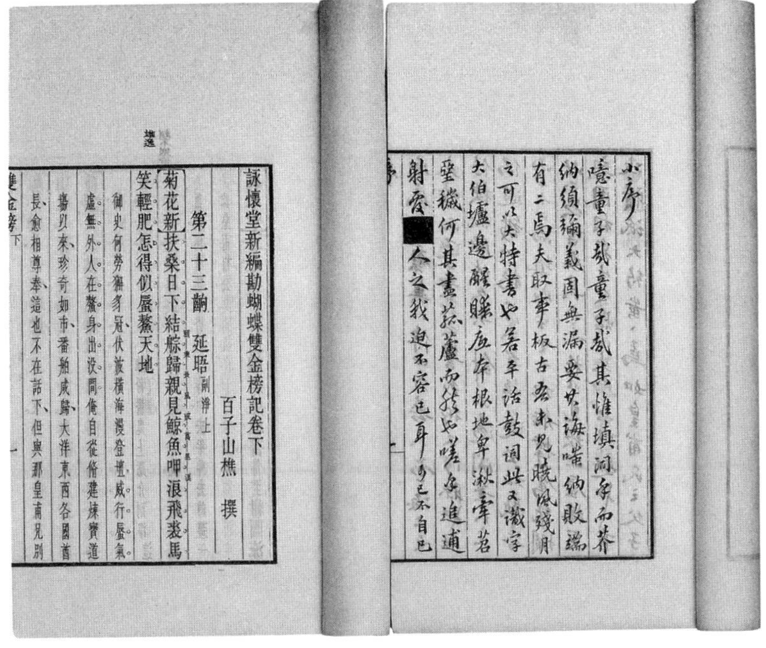

詠懷堂新編勘蝴蝶雙金榜記卷下　百子山樵　撰

第二十三齣　延晤

《石巢传奇四种》，董康刻本，1919年；扉页题签及原序、正文页面。

有“凌迟”之重刑的集权时代，这也属个人自由，雅好而已，谈不上罪责。至于说到价格高低，则难存至理，书肆中尽有各类石印、铅印、刻本等价廉物美者，供诸君挑选，又何必非得去选购董氏刻书？无非是刻工精湛，纸墨精善罢了，“欲求善本、必出善价”，这也符合市场规律，又有何不可呢？

不过，还有另一种批评，并不是轻易能够予以反驳的。这种批评，非关售价这类皮毛问题，而是直指书籍内容的专业批评，往往更具长时间的穿越能力，影响更多的跨时代人群。著名藏书家郑振铎（1898—1958）针对董刻《石巢传奇四种》的批评，就可谓独树一帜。

郑氏写于抗战期间的《劫中得书记》一文，就对董康所刻书籍予以了一些带有“专业”性质的批评。这些批评是专门针对《石巢传奇四种》的，原文曰：

春灯谜 明阮大铖撰二卷四册

阮氏之《燕子》《春谜》，余于暖红室及董氏所刊者外，尝得明末附图本数种，均甚佳，惟惜皆后印者。陈济川以原刻初印本春灯谜一函见售。卷上下各附图六幅，绘刊之工均精绝。余久不购书，见之，不禁食指为动，乃毅然收之。董绶经刊阮氏四种曲时，其底本亦是原刻者。原书经董氏刻成后，即还之文友堂；后为吴瞿安先生所得。瞿安先生尝告余云：董本谬误擅改处极多。他日必发其覆。今瞿安先生往矣，此事竟不能实现！原本仍在川滇间。

他日当必能有人继其遗志者。余今得此本，如有力时，当先从事于《春灯》一剧之“发覆”也。

原来，与董康《石巢传奇四种》同一年面市的，还有刘世珩的“暖红室汇

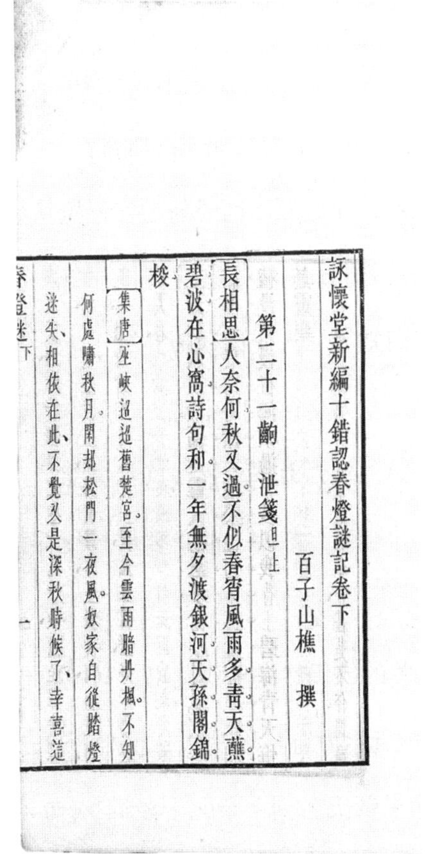

詠懷堂新編十錯認春燈謎記卷下
百子山樵　撰
第二十一齣　泄箋 旦上
長相思 人奈何。秋又過。不似春宵風雨多。青天燕
碧波。在心窩。詩句和。一年無夕渡銀河。天孫閣錦
梭。
集唐 巫峽迢迢舊楚宮。至今雲雨暗丹楓。不知
何處曬秋月。閑掛松門一夜風。奴家自從踏燈
迷失、相依在此、不覺又是深秋時候了、幸喜這
春燈謎下　一

《春灯谜》剧本卷下首页，《石巢传奇四种》，董康刻本。

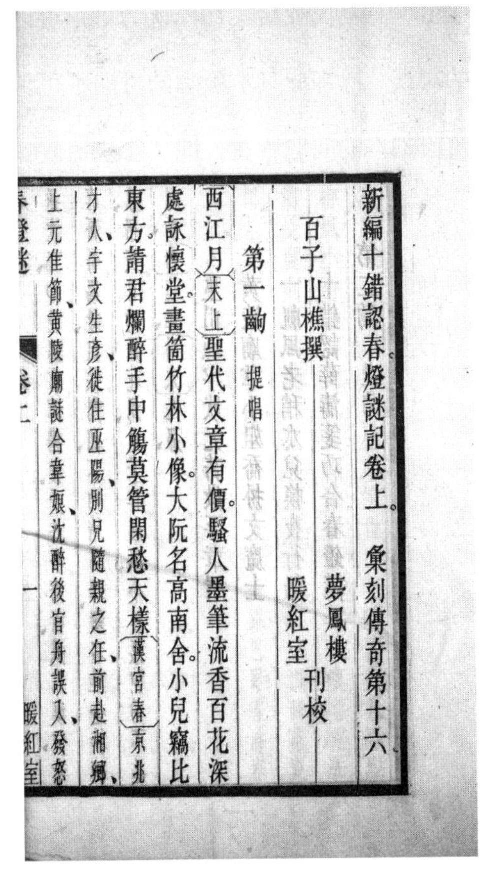

新編十錯認春燈謎記卷上。　彙刻傳奇第十六
夢鳳樓　暖紅室　刊校
百子山樵撰
第一齣　提唱
西江月 末上 聖代文章有價。騷人墨筆流香。百花深
處詠懷堂。畫箇竹林小像。大阮名高南舍。小兒竊比
東方。蒲君爛醉手中觴。莫管閑愁天樣。漢宮春 京兆
才人、宇文生彥、徙住巫陽、別兄隨親之任、前赴湘鄉、
上元佳節、黃陵廟謎合韋娘、流醉後官身、誤入發怒
春燈謎 卷上　一　暖紅室

《春灯谜》剧本卷上首页，《暖红室汇刻剧曲丛书》，刘世珩刻本。

刻剧曲丛书”中的《燕子笺》与《春灯谜》两种。于1919年间几乎同时刻印出版的这两套书，被后世读者视为民国版刻的“双子星”，皆是近代刻本中的善本。可郑振铎因其不是明代原刻，颇感遗憾，以其深厚广博的藏书家阅历而言，自然是要寻求原刻原版本，而非后世的这种覆刻新刻之本。这是一代藏书家的追求，原本无可厚非。

然而，这段评语还包蕴着三个重要指向，一是关注原刻本书前的精美版画；二是根据一代曲学名家吴瞿安（即吴梅）的说法，也认为董氏刻本谬误极多；三是吴氏死后，郑氏认为自己可以先从《春灯》一剧开始，纠正董氏刻本的谬误。除却原刻本版画的可遇不可求之外，第二、第三个指向都明确指出了董氏刻本的问题所在，即"谬误擅改处极多"。事实是否真如郑氏所言？

不妨首先考察一下郑氏所笃信的吴梅观点，究竟源出何时何地？遍览从吴梅1931—1937年几乎不曾间断的日记中，并没有发现对董康的直接评价，甚至于连"董康"这个名字都未曾提及。可想而知，二人交谊淡薄几近于无。须知，吴梅这七年日记中，事无巨细地多次提及友人交往、曲学观点、版本考证等诸多文人琐事，甚至于连家中被盗一只炒锅，坐人力车忘带钱这种事都记录了下来，却唯独没有提到董康——这位当时在藏书、刻书、曲学界里都颇有知名度的相关者。

实际上，吴梅日记中唯一提到与董康有关的，仍然是董氏刻书，只不过仅仅是作为吴氏藏书书目之一项而一笔带过。当年为避日军战火，吴梅千辛万苦从苏州老家抢运出来一部分藏书，其中除了董氏名刻《杂剧十段锦》《盛明杂剧》初、二集之外，还有他本人于1928年为之作序的经董康校订的《曲海》一部。除此之外，于董康其人其事均未置一辞。仅据笔者所见所知，现存的吴梅信札中，也未见到吴、董二人的通信记录。

反观郑氏所言的"后为吴瞿安先生所得"的董康刻书底本之明代原刻本，吴梅本人也的确颇为珍爱，对《石巢四种》每一种传奇均作有长篇题跋。题跋中钩沉稽史、论曲谈词，也曾语涉当时曲学界、藏书界多人，诸如刘凤叔、刘世珩、王季烈等，但偏偏也没有提及董康。

值得注意的却是，即便是明代原刻本，吴梅对其中的三种传奇所用到的北曲词律，也提出了诸如"平仄未谐""皆不合规律""究非正格"的批评，说明原刻本还是“终有错误”。那么，郑氏提到的“余今得此本，如有力时，当先从事于《春灯》一剧之‘发覆’也”云云，又如何“发覆”？既然原刻本都“终有错误”，郑氏又依据什么去纠正董氏刻本的错误呢？

显然，这样的“豪言”，也只不过是藏书家的私癖使然，郑振铎也不例外。一旦拿到时代较早的所谓“原刻本”，便希望对后世诸刻本进行校正和纠谬；一旦原刻本也“终有错误”时，似乎也可以用“从古”之说，来堂而皇之地敷衍过去。

吴梅自然是明曲律，会订谱，能唱曲，可写剧的曲学大家，应该说在学术批评方面不但可以是权威，而且也可以近于苛刻。然而，其人是否真的对郑振铎有所表示，是否真的对董氏刻本颇感失望，是否真有重新校正一遍的发覆之决心？在学术江湖中，郑、吴二人又是否具备了彼此推心置腹，教外别传的默契？所有这些过往，或许都是难以一语中的罢。

毋庸多言，郑氏确实曾倾心于整理古代戏曲文献，民国间成书者，颇为后世称道的有一部《清人杂剧》。即使是这部以整理清代杂剧文献为初衷的纯影印出版物，出版者郑氏本人的意愿也非常明显，实际上也存在着“擅改”的因素。如今看来，郑氏在该书凡例中所声称的各项古籍校理原则，也是颇值得推究和发覆一番的。譬如《凡例》第三条称：

> 眉评尾批，有类赘瘤；音释之作，亦嫌多事。编者于此概不染指。惟原本具有评释者则亦不加刊削。

前代学者或读者的眉评尾批，往往是一种著述内容研究、版本考证方面所需的重要补充，一概而论“有类赘瘤”，恐怕还是有失公允。而“音释之作，亦嫌多事”之说，于曲学一道而言，完全是外行话了。因为传奇、杂剧底本标注的“音释”，往往是演唱曲词的重要标示，至少也是平仄谐律的一个提示——可以说，如果这属于“多事”的话，那么，对于稍谙曲学且重点研究曲词而言，郑氏影印清代剧本却偏偏要删除其中的“音释之作”，此举则亦属多事。

郑氏随后补充的一个声明，“惟原本具有评释者则亦不加刊削”，也让人莫名其妙。这一方面既体现了郑氏对原本的重视，另一方面也体现了郑氏对原本的迷信，为什么稍晚于原本的后世评释就“有类赘瘤”“亦嫌多事”，为什么原本上就无论什么文字信息都弥足宝贵？

事实上，自明清以来，传奇杂剧的后世评本系统，早已成为戏曲文献校勘、戏曲及文学史研究、古典文学品鉴的重要资源，诸如《西厢记》王评本、凌评本，《牡丹亭》三妇评本，《红拂记》李卓吾评本等，都是学界和藏书界公认的善本与珍本。而与郑氏同时代的曲学家吴梅、刘凤叔、王季烈等也多次订正古谱旧本，将那些“终有错误”的原本一一订正之后，古剧本才能够搬上戏台，加以更好的敷演与演唱。经这些近现代曲学家校订之后的古剧本，如今也早已是弥足珍贵的曲学珍本了。

如此看来，郑氏本来还是藏书家本色居多，于曲学门径只能说是多见多闻，在曲籍版本方面，自认为有些资历与经验而已。至于包罗庞杂，专业性很强的曲学本身，尤其是关乎曲律及其相关识见经验方面，郑氏则未必当行。要为古剧本做发覆之事，恐未能胜任。试问本来即是曲学外行，即或董康所刻也皆是外行货色，外行发覆外行，无疑终是痴人说梦。

总之，藏书家可以勉力据古本校勘今本，可这藏书家如果并不是曲学家，仅仅想通过自家收藏的一部古剧本，就决意要去发覆这一剧本的今传本，还不

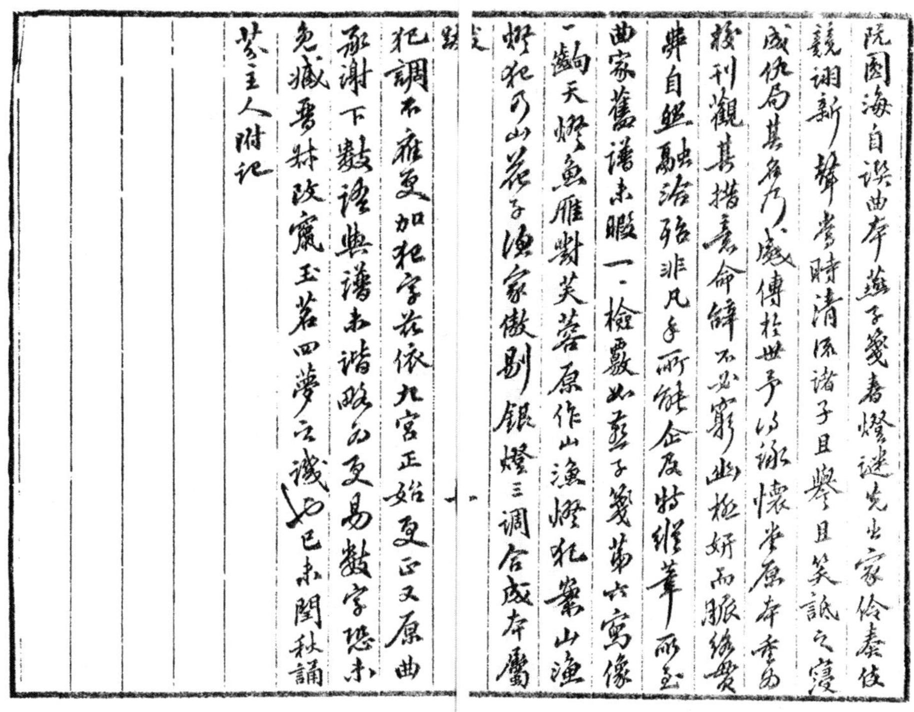

《石巢传奇四种》，董康跋文首末页。

如直接原封不动地去影印那部古剧本，以便留给真正懂行的内行者，据以校订今传本，方可称之为善本。否则，“有类赘瘤”“亦嫌多事”之类的评价，同样可以返评给这位藏书家。

特别有意思的是，在吴梅唯一一篇关于董氏刻书的文字中，这位曲学名家竟难得地表示了比较温和的赞赏。原来，董氏竭力搜求的各类曲学书籍之中，有一种久已佚失，内容丰富，品评精简的工具书《曲海总目提要》。此书历经多次校勘，终于付梓之际，吴梅于1928年7月为之撰序。序言中，吴梅认为董氏虽然不是此书的原作者，但其搜求之苦心，校勘之勤力，“盖不没文旸[①]搜集之

① 文旸：即《曲海》原编著者黄文旸（1736—1802）。

盛心也”。吴梅还为之感慨道，“余与廷尉[①]生有同耆，二十年奔走南北……”，这是说二人共同嗜好剧曲，已表明虽无密切交谊，却在剧曲搜求与研读方面，颇有默契。最终更有赞语曰：

使无文旸、廷尉，先后为之董理，不独昔贤撰述，不可得见，而元明清三朝文献所系，不更巨且大哉。

实际上，随着翻刻校印古籍生涯的持续，随之而来的各界（尤其是知识界、藏书界）毁誉参半，董康早有预见。1919年《石巢传奇四种》刻印毕事，董氏于书尾题跋中有云：

（阮大铖）特纵笔所至，曲家旧籍未暇一一检覆。如《燕子笺》第六写像一出，天灯鱼雁对芙蓉，原作山渔灯犯，案山渔灯犯乃山花子、渔家傲、剔银灯三调合成，本属犯调，不应更加犯字。兹依《九宫正始》更正。又原曲承谢下数语，与谱未谐，略加更易数字。恐不免臧晋叔改窜“玉茗四梦”之讥也。

董康的这些曲学见解，以及基于这些见解在刻书时的一些校订，当时各界并无人质疑，更没有直接予以指摘批评者。跋尾的自嘲之语，将自己校印《石巢传奇四种》之举，比作当年臧晋叔改删汤显祖剧本之事，则更见其自信。须知，即便是吴梅，当年也并不认为汤显祖剧本的所谓原刻本，就完美到无须后

① 廷尉：为掌刑狱官职之古称，这里即指董康。

人校订的程度，也曾盛赞臧氏校改本“实有见地”。

简言之，仅从合乎曲律，易于演唱的角度而言，汤显祖剧本的各种传世刊本中，吴梅认为臧氏校订本更符合善本的要求。可想而知，董康以此自嘲，其自信自得之态，已然溢于言表——当然，这份自信自得，非当行者不可知见矣。

自嘲也罢，自信也罢；书商也罢，专家也罢；戏剧本身的版本与学问，还是远不及现实生涯中的戏剧性——董康所经所历，所行所思的戏剧性，原就是“孤本”一部，原不劳后来诸君孜孜考证。

人生如戏，生涯即是一场敷演，本不是一张考卷。后来诸君的批改与评判，与此刻如我辈痴人的考索与辩证，原本就是一出隔世之剧，音腔身段皆是走了样罢。

◎1926—1936，四渡东瀛，十年授经

董康，字授经（也作绶经）。“授经”这个名字很有意思，可以意为授受经典，或者传授经典；也与“受惊”同音。辞官之后的董授经，十年间要么“受惊”，要么“授经”。

1926年11月，董康加入了沈钧儒、蔡元培等苏浙皖知名人士组织的“三省联合会”，主张实行苏、浙、皖三省自治，提出联省自治的目的与要求：其一，划苏浙皖三省为民治区域，一切军政民政，都由人民分别推举委员，组织各委员会处理；其二，上海为特别市，治同前条；其三，广州暨奉直鲁，接洽和平，应即由三省人民直接推举代表，任其职责；其四，三省以内军事行动，应即日停止。

又有《苏浙皖三省联合会第二次通电》宣告下列三事：第一，（军阀）孙

传芳分属军人，自始不应与三省政治发生关系；第二，吾皖苏浙三省已声明划为民治区域，此后主体即为人民，奉直鲁（军阀）首领如有对三省军事行动，即为对人民作战，吾三省人民誓以民意进行抵抗；第三，三省范围内的军队，赞护三省民治主张，吾三省人民供其给养，仍认捍卫地方之责，否则视为公敌。进一步声明三省实行民治主义，以人民为主体，军代不得干涉，一切本于民意。

在这里，当年的资深“海归”董康再次发话，希望向美国学习另一种“理想国”模式，即联邦制。他提倡联省自治，是反对单一制的中央集权与专制，主张地方分权与自治。这种联省自治——地方分权与自治，实际上就是主张实行联邦制。所以在立法上，已从单一制转化为联邦制，由主权在君或大总统，转变为主权在民。

租界已非政敵之樂土

請看兩外報之紀載

大陸報云、據可靠消息稱、孫傳芳已與本埠領事團商妥、拘捕蘇浙皖三省聯合會要人董康蔡元培等十餘人、移交孫氏辦理云、

文匯報云、五日上午、諸傳孫傳芳與領事團之間已有成約、拘捕三省聯合會要人當向領袖領事與爾探詢此事、據稱、外傳與領事團訂有辦法之說、完全不確、彼於此事一無所聞云云、後經記者從極可靠方面探悉本埠官廳、雖尚未有逮捕諸人之命令、但於日間隨時可下、若以此項命令交與捕房、必須從事執行、則現在上海之擁護自治諸人、皆將不免被捕、因以發生一種奇異之局面、蓋被捕之後、即由臨時法院審理、在舊日之會審公廨、由中西官會同審訊、被告非預審成立、不能引渡、今則公廨業已交還、被捕諸人、即由臨時法院之推事、代表中國當局訊問、是即以擁護孫傳芳之人、而審訊孫傳芳之政敵也、惟聞拘票至五日午刻尚未發出、諸人則已得有警告、知在滬不免被捕、大約將紛紛離開租界云、按一旦粵軍之勢力、及於上海、亦將發生同樣之局面、凡為國民黨之敵者、均將不安於租界、總而言之、則從今以後、凡本埠當局之反對派、不論其時之當局者為何人、皆將不能以租界為安樂土矣、

关于孙传芳联系上海租界抓捕董康、蔡元培等人的报道，原载《时事新报》，1927年1月6日。

因为这个“理想国”之创想，董康被孙传芳勒令通缉，于当年底仓皇逃往日本，“海归”再次被动出国“深造”。1926年12月30日，大东书局沈骏声经理的弟弟沈玉声，搭乘开往日本的“长崎丸”远赴日本。不过，沈氏本人并没有上船，他的船票被攥在董康手里，玩了一出“金蝉脱壳”的把戏。董氏感激万分，作为“替身”上了船，侥幸逃过一劫。董康在日记中写道，是日“大雾弥漫，咫尺不辨”；从这一天开始，其人十年四次东渡日本的旅程才刚刚开启。

書舶庸譚卷一上

十二月三十日遲明即起大霧瀰漫咫尺不辨自淞隱羈棲書棚託業鉛槧所入尚足生涯詎兩月前因某公會假名通電一事逮某方之誤會遂迴北轍重理東航先期託大東書局經理沈駿聲爲購是日出帆之長崎丸航行券即冒伊弟玉聲之名范叔之爲張祿古今有同慨也時避居鴻運旅社七時許摯友趙晉卿李夢驥陳蓮舫英籍費吳生牧師董少卿堂弟翁葆之妹倩先後來寓送行乃與玉娟握別娟黯然泣下余以維持家政暨撫羣兒爲囑偕諸君抵滙山碼頭大兒哲夫暨徐益齋聶華甫姪和寶押送行李先至在江干株候已久因郵船戒備素嚴非持券不得登舟也余檢點行李入一

《书舶庸谭》首卷首页，记述董康冒名搭乘“长崎丸”逃亡日本事。

1927年1月10日，刚刚度过了公历

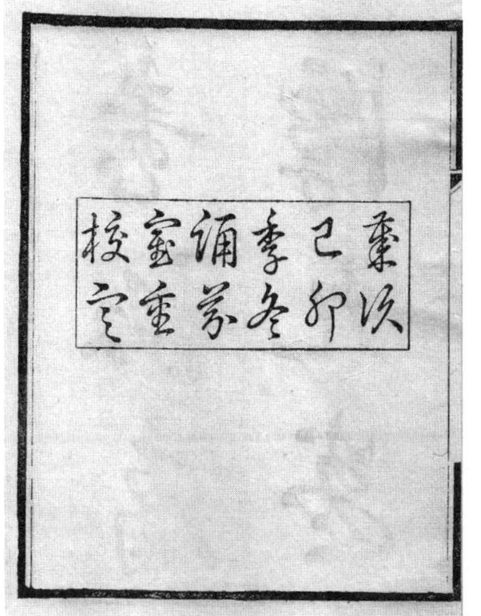

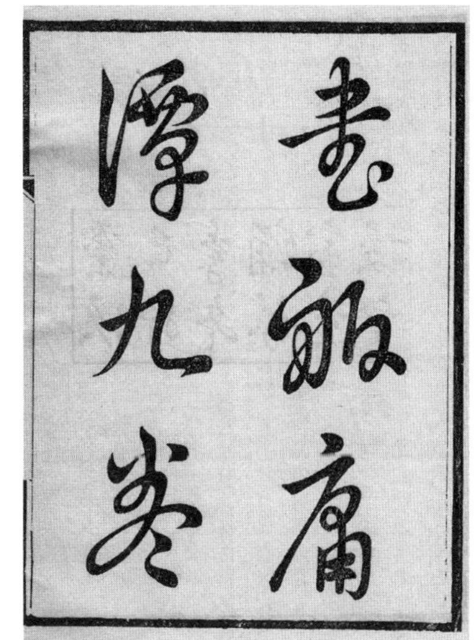

《书舶庸谭》题签及牌记。

新年不久，已过花甲之年的董康在亡命日本的途中，似乎已然忘却了那些政治法学理论中的“埋想国”，又做回了原本得心应手的藏书家与出版人。

在日本京都的古梅园闲逛，偶然间看到了本地产的碎墨块，购置了十斤准备寄回上海。董康认为，本来中国的徽墨挺好，可近十年参以洋烟，反而不如以前的品质。这种日本碎墨色泽黝黑且光泽度高，用来印刷书籍是绝好的原料。后来，经其本人亲自寄回上海的这些日本碎墨，确实都曾用于刻印书籍之需——《盛明杂剧》二集就是用这种日本碎墨印就的，也因之博得了“纸白如玉，墨黑如漆”的美誉。

这一天在日本京都购备墨块之事，董康将其写入日记，这一确实记录，也算是为日后的国内消费者，给出了一个明确的交代——本人刻书品质超群，同时售价也确实昂贵，其原因是多方面的，原因之一就在于原材料都是国外原装

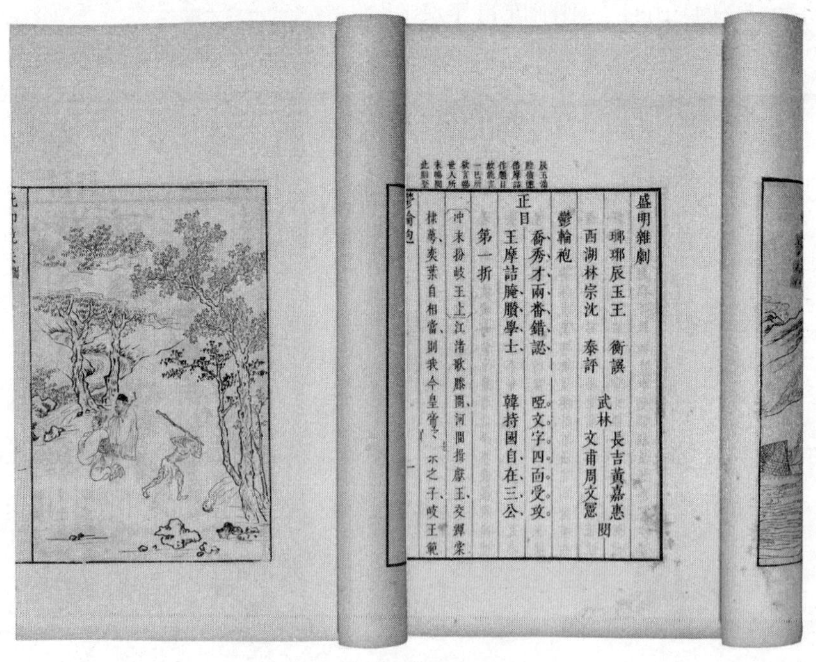

《盛明杂剧》，董康刻本。

进口的。

1927年3月24日，这一天夜里，董康梦见了自己的夫人玉娟。他在日记中这样写道：

> 梦偕玉娟共坐乌篷，赴陈湾上冢。烟波万顷，上下蔚蓝，扶椒、洞庭诸峰，历历在目。笑谓娟曰，范大夫扁舟五湖，未识较此时奚若？娟微愠曰，鸱夷之沉，开藏弓先例，此獠千古忍人。

身在异国梦中的董康，以携西施逃出江湖的范蠡自喻，却在梦中的乌篷船上，遭到了夫人的一句痛斥。夫人认为他做不了范蠡，倒像极了伍子胥。真是一语惊醒梦中人，董康在日记中记述说，听到此话正欲争辩时，“忽而惊觉”。

始终不愿意功成身退，抑或功不成亦不退的董康，此刻再度越洋逃亡，“海归”之日不知又将有何波澜。夫人在梦中的痛斥，实则亦是董康的自警，不过自警不等于自制，他仍然无法克制自己的理想主义信念。在多次目睹欧美乃至日本“理想国”模式之后，作为理想主义者的董康，当然无法摒弃理想，即便是辞官之后，即使是流亡途中。他始终没有“良弓藏，袖手观”的旧派文士的人生智慧可言，依旧是当年那副“海归”的精英做派——言必欧美，行必西化，必欲改革旧世界而造新时代。

1927年4月4日，正在　家金店为大人定制金戒指的董康，翻阅报纸时，偶然读到了毕庶澄[①]被击毙的消息。此事一方面引发了董康对军阀混战，祸国

---

① 毕庶澄（1894—1927），字莘舫，山东省文登人。1927年2月，率直鲁联军驻守上海，与国民革命军对峙。因接受蒋介石招降，4月4日，被持有张宗昌手谕的褚玉璞伏兵乱枪击毙。

殃民大发感慨；另一方面则又因军阀内讧而有“大快人心”之感，他在日记中这样写道：

历年争战莫不以主义为揭诸，其实皆竭亿兆之精神，博个人之权利。吾侪小民，耕凿成风，依时动息。所怵者，兵戈；所虑者，盗贼；所惧者，苛繁，其他悉所不问。尝游巴黎，见拿破仑殡宫及凯旋门在，多张其丰功伟烈。继访美国华将军故居，计宫室车服器皿在，昔年平价不过数千元。而二国之兴衰，舆论自有评判。所愿吾国人人学易学之华将军，庶几偃息有期。如以拿破仑自命，则寰宇崩裂与洚猛之灾有何分别？即使有雄才大略可以统驭枭杰，如古来嬴政、曹瞒、蒙古成吉斯汗，所谓应运而生者，皆吾民丁劫运也。今此辈怙乱争雄，殃民祸国，无论为异党所屠，或本党火并，俱属上应天殛，殊大快人心也。

在董康看来，“主义”不重要，重要的是“民生”。这个观念如果放在和平时代，其专业精神尤为可嘉与可用。但在那个党派纷争，兵革频生的时代，这一观念无异于空中楼阁。据其资深阅历，依然认定中国政治体制应向美国模式看齐，政府领导如何以雄才大略来统驭万民并不重要，重要的只是以欧美政治制度来规范国民，此举更来得易学实用。对刚刚死于党争的毕庶澄，董康大有幸灾乐祸之意。由此亦可见，对于任何一个党派与政府，其人皆没有特别的钟爱与偏袒。非但如此，由他看来，党派及其军队简直就是肇祸之源，只有实施联邦制体系的国家才有可能以民意驾驭党、军，只有在民意驱使下的党、军，才有存在下去的意义与价值。

在这样一种专家视野中，在这样一种所谓“中立”的政治态度中，注定了董康无论“海归”“不海归”，都是左右不逢源，里外都不讨喜欢的角色。从大清帝国覆灭到孙传芳倒台，从各地军阀派系到南京国民政府，董康作为法学专家的社会声誉并没有多大改变，剧烈变动的只是专家心态驱使下的时代境遇与个人境况。从1926年12月30日开始的这趟流亡之旅，一直持续到1927年5月1日，这位资深“海归”才得以再一次“海归”。虽然之后还续有三次东渡，并非因流亡而起，却也不能不说，还是有点“生活在别处”的意味。

自1933年11月8日，至1934年1月22日，董康赴日本讲学。自1935年4月23日至5月18日，赴日本参加一座教堂的落成典礼。自1936年8月19日至9月15日，携妻赴日本避暑。董康后来的这三次东渡，一是受邀讲学；二是参加典礼；最后一次是夫妻两人“蜜月”性质的浪漫旅行——看似平常的学术活动与私人旅行，却也悄然包蕴着一个理想主义者的心路历程。

略微探究一下，不难发现，当时在国内并无可能施展才能，实践理想的董康，却在近代向欧美学习最为成功的亚洲国家——日本，惊喜莫名地找到了“理想国”模型。这一模型的直接成果，乃是国力日益强大的弹丸小国的迅速崛起，及其潜移默化的既现代化又颇具古风的社会风尚，所有这些，对当时的董康而言，都颇具吸引力与震撼力。更不必说，在此结识的能为其刻书、印书提供秘本、珍本的诸多异国友朋，对之更是奉若上宾，彬彬有礼且惺惺相惜；异国孤旅之际，席间友朋无数，酒是杯杯动情，话是句句动心——这么多因素合在一块儿，令其频频东渡，始终钟情于此，实在是合情合理，情理中事。

在日本，君主立宪模式之下的帝制传统，首先就令这位前清旧吏心生默契；毕竟那一段虽短暂但却让人激动不已的大清帝国修律经历，始终刻骨难忘。在历经明治维新之后日益强大的现代化日本，崇古雅，尊经典，重礼俗的风尚，依然如故，甚至还得到了进一步的强化，这也令其心驰神往。更兼众多即使中国国内也难得一见的古籍秘本珍本，更是魅力无穷，令人陶醉，随行记录下的这些访书见闻本身，也已经成为后世读者喜闻乐见的书林掌故了。可以说，在日本，董康心悦诚服，神采飞扬；而在中国，除了失望，还是失望。

从日本车载船驮而回的，无论是“理想国”模式的种种方案，还是一大堆古籍珍本，在中国，似乎都没有让其落地培育，蕴藉繁衍的土壤。在中国，董康这样的理想主义者注定失望，也终归绝望。

◎尾声：1939 年的法学家“遗言”

董康的一生，为“理想主义”这个符号化的生活态度作了最好的诠解。相对而言，藏书、刻书、印书等一系列业余生活，使其未能在政法领域实现的理想得以转移实现。当然，即使是这种“缓释”层次的理想化追求，也为近现代书籍出版留下了标杆级的样板。

很难想象，一个曾是最高法院院长、财政部部长、司法局局长级别的官僚，能自掏腰包，亲自操办，留下这么多部刻印精雅、美观至极的“高仿”古籍。还是胡适的评价恰到好处，他认为董康“不仅是一个法家”，“而是一个富于情绪的老少年”。

这个“富于情绪的老少年”，在1926年至1936年间，十年间四次东渡日本，既有因逃亡而“受惊”的仓皇困顿，又有因搜求古籍而心生为后世“授经”的欣然快慰。这些纠结复合在一起的各种情绪，成为董康这十年来最无法准确界定，却又最富历史价值的个人经历。

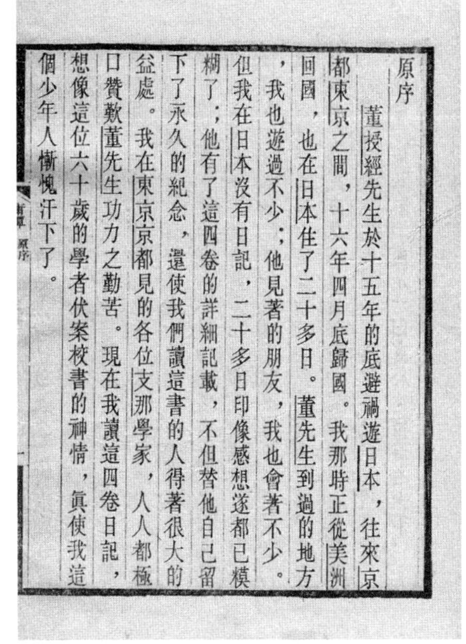
原序

董授經先生於十五年的底避禍遊日本，往來京都東京之間，十六年四月底歸國。我那時正從美洲回國，也在日本住了二十多日。董先生到過的地方，我也遊過不少；他見著的朋友，我也會著不少。但我在日本沒有日記，二十多日印像感想遂都已模糊了；他有了這四卷的詳細記載，不但替他自己留下了永久的紀念，還使我們讀這書的人得著很大的益處。我在東京京都見的各位支那學家，人人都極口贊歎董先生功力之勤苦。現在我讀這四卷日記，想像這位六十歲的學者伏案校書的神情，眞使我這個少年人慚愧汗下了。

《书舶庸谭》，胡适序。

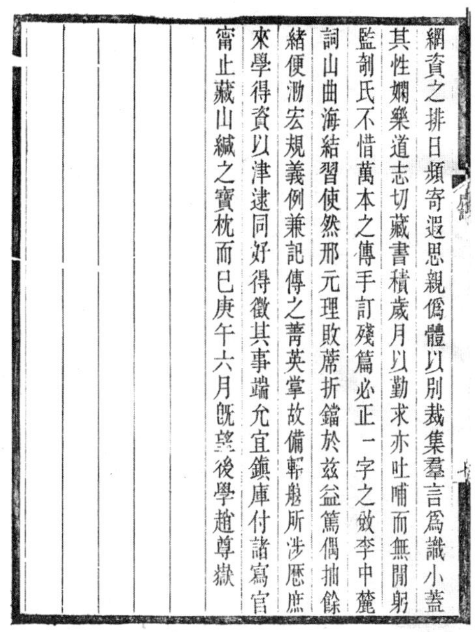
網資之排日頻寄遐思親偶體以別裁集羣言爲識小蓋其性嫻樂道志切藏書積歲月以勤求亦吐哺而無閒躬監剞氏不惜萬本之傳手訂殘篇必正一字之敓李中麓詞山曲海結習使然邢元理敗蓆折鐺於茲益篤偶抽餘緒便泐宏規義例兼記傳之菁英掌故備輶軒所涉歷庶來學得資以津逮同好得徵其事端允宜鎮庫付諸寫官甯止藏山緘之寶枕而已庚午六月旣望後學趙尊嶽

《书舶庸谭》，赵尊岳序。

所有这些经历，终于付诸文字，于1939年付印出版。仍然选择了木板刷印的中国传统印书方式，成就了一部比《浮生六记》更学术化，比《书林清话》更情绪化的，一部理想主义者的生活记录式著述《书舶庸谭》。

其实，《书舶庸谭》一书，早在1927年，即董康刚刚结束流亡之旅时，就已然完稿写定，当时已经准备付诸出版。至1930年时，将原稿重新修订誊写一番，交由上海大东书局，就径直影印誊写稿本，辑为上、中、下三册出版。到1939年再次修订付印时，决定改为木板刷印的传统刊行方式，因之又重新回到北京法源寺外的诵芬室中。

实际上，后世谈论董康之种种生涯，诸如法学家、藏书家、曲学家等，大都至1937年时就可以戛然而止了。待到《书舶庸谭》于1939年精心刻印，大张旗鼓正式出版之际，此书业已可以视作逝者存照级别的"遗书"性质了。董

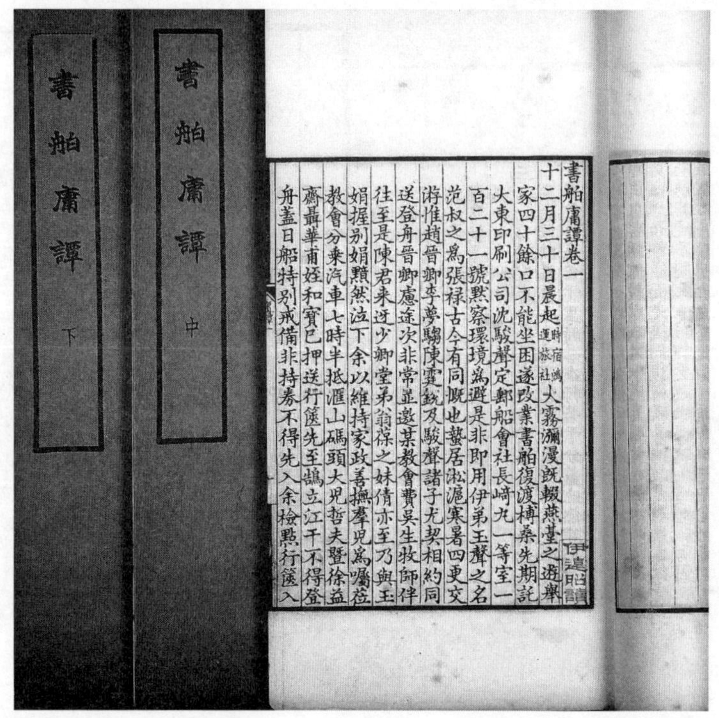

書舶庸譚卷一
十二月三十日晨起（時宿鴻運旅社）大霧瀰漫既輟燕臺之選舉家四十餘口不能坐困遂改業書舶復渡榑桑先期託大東印刷公司沈駿聲定郵船會社長崎丸一等室一百二十一號默察環境爲避是非即用伊弟玉聲之名范叔之爲張祿古今有同慨也蟄居淞滬寒暑四更交游惟趙晉卿李夢驪陳霆銳及駿聲諸子尤契相約同送登舟晉卿慮途次非常且邀某教會費吳生牧師伴往至是陳君來迓少卿堂弟翁㨗之妹倩亦至乃與玉娟握别娟黯然泣下余以維持家政善撫孳兒爲囑莅教會分乘汽車七時半抵滙山碼頭大兒哲夫暨徐益齋聶華甫姪和寳已押送行篋先至鵠立江干不得登舟蓋日船特别戒備非持券不得先入余檢點行篋入

《书舶庸谭》，上海大东书局，1930 年。

康本人似乎也意识到了这一点，在这次将十年东渡生涯记录全部结集出版之际，在此书最后一页附录跋文，写下了其人于文化史层面上的最后一篇总结，虽寥寥几笔，却近乎将一生种种行径了结。跋文最后一句话谦逊谨慎而又意味深长，称：

> 或可附森立之、杨星吾之后，备文坛探讨之一助耳。

这里提到的森立之（1807—1885），号枳园居士，乃日本江户时代后期杰出的医学家、文献学家与考据学家。其人一生著作多达百余种，所著《经籍访古志》颇受中国近代藏书家、学者叶德辉推崇，董康著《书舶庸谭》或有追慕此书之意。

至于杨星吾，即近代著名藏书家杨守敬（1839—1915），乃清末民初杰出的历史地理学家、金石文字学家、目录版本学家，且精于书法鉴藏，个人成就领域十分广博，其人一生著述也多达八十余种之多，被誉为“晚清民初学者第一人”。

更为重要的是，杨氏曾于光绪六年（1880）夏，应使日大臣何如璋之招请，作为使馆随员出使日本，就此开启了在日本访求三万多卷珍贵古籍的序幕。在此期间，杨氏结识森立之，并获赠其著《经籍访古志》，遂按目访书，极得便利。

尤其特别的是，杨氏还受森立之摹写的善本书影启发，将其在日本所访得的宋元秘本、珍本也付诸摹写刻印，刻成《古逸丛书》，共二十六种，计二百卷，使这些在国内早已散佚失传的珍贵古籍得以“重生”。

这一将原木影像逐页逐面，逐列逐字，甚至连原本上的收藏印鉴、蛀孔、蚀痕，都完全摹写下来，并将之完整付诸刻印的方法，后来被以董康为代表的藏书家群体所接受，并屡有实践这一“影刻”之法，对珍贵古籍加以逼真复制。虽然后来对珍贵古籍的复制，曾遍采用拍照影印的方式，可以影刻之法所复制的古籍版本，因为仍为木板刷印，最大限度地还原了古籍原有观感与质感，且印量往往极其有限，遂自身亦成为仅“下原本一等”的宝贵版本。

上述关涉日本访书、刻书诸种掌故，可见董康在其自著《书舶庸谭》自撰跋尾的那么一句简短话语，实则包蕴着颇为深沉辽远的历史背景与个人志趣。当然，1927年、1930年印制的《书舶庸谭》里，是没有这篇跋文的，这篇带有人生总结性质的跋文，写于1939年除夕。

撰写此跋两年之前，时为1937年，一度辞官闲居上海的董康，再度“北漂”，奔赴日占伪华北政府的“理想国”而去。在那样一个“埋想国”中，董康这位原本可以在近现代法政、文教各个层面均予表彰的历史人物，被悄然画上了从本质上加以否定的红叉，其人其思其事迹，也因之一度在历史的烟尘中成为“废档”。

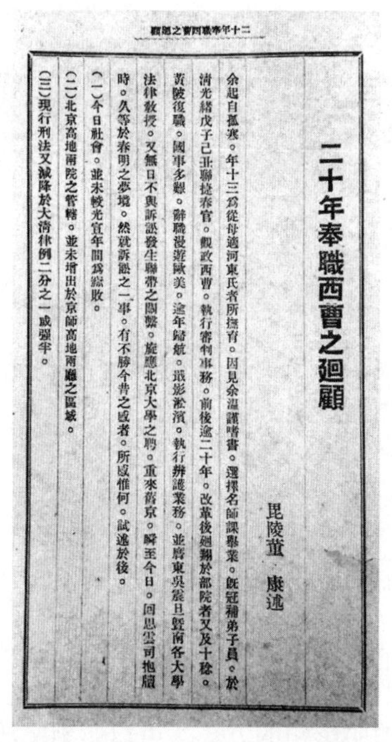

二十年奉職西曹之廻顧

二十年奉職西曹之廻顧

毘陵董康述

余起自孤寒。年十三爲從母適河東氏者所撫育。因見余溫謹嗜書。選擇名師課舉業。旣冠補弟子員。於清光緒戊子己丑聯捷春官。觀政西曹。執行審判事務。前後逾二十年。改革後迴翔於部院者又及十稔。黃陂復職。國事多艱。辭職漫遊歐美。逾年歸航。戢影淞濱。執行辨護業務。並膺東吳震旦暨南各大學法律教授。又無日不與訴訟發生聯帶之關繫。旋應北京大學之聘。重來舊京。瞬至今日。回思雲司抱牘時。久等於春明之夢境。然就訴訟之一事。有不勝今昔之感者。所感惟何。試述於後。

(一)今日社會。並未較光宣年間爲敝敗。

(二)北京高地兩院之管轄。並未增出於京師高地兩廳之區域。

(三)現行刑法又減降於大清律例二分之一或强半。

董康《二十年奉职西曹之回顾》，原载《国立华北编译馆馆刊》，1942年9月。

董康晚年肖像，原载《艺文杂志》，第二卷第四期，1944年。

令人感慨的是，也还是在诵芬室中，1939年刊行的《书舶庸谭》，成为董氏生前的最后一部刻本印书。1942年9月，年已七十五岁的董氏，在《国立华北编译馆馆刊》上撰发了《二十年奉职西曹之回顾》一文，以长达六十二个页面的篇幅，洋洋洒洒，仔仔细细地记述了自己在清末民初法学界的历历往事。略览全文，浑如一位行将就木的耄耋老人，缓缓将那恍若隔世的前朝旧事，向

北平伪政府官员合影，自左至右：高凌霨、齐燮元、王克敏、江朝宗、董康、汤尔和、王揖唐、朱深，原载《新生画报》，1938 年。

清光緒季年設館修訂法律康以曹郎與其役牽率館
務數數航渡東瀛因是與彼邦人士稔改玉而還夢醒
春明夙愛洛中山水之美託舶書事業結廬於東山之
麓無何梁新會長司法函約東歸商榷法制會藝風老
人爲潯溪某故家收購書籍知行篋薄有收藏邀作海
上之游諸賈割讓始於癸丑歲闌內渡疊經燕臺舊侶
馳函敦促遂於翌年春仲重入修門浮沉宦海垂及十
年壬癸之間漫游歐美歸航後謝政家居逮黨軍崛起
西南無端受政潮之波及不得已避地洛西迨理歸裝
時逾五月於是有丙寅年書舶庸譚之刊歷甲戌以迄
丙子復航渡三次俱有賡作寫異國之圖經不同奉使
踵先民之遺躅有類避秦假竹素爲皐蘇遺義璘於鉛
槧全編大旨略罄于斯至如郵亭嚴柝客舍寒檠悵觸
前塵偶形渲染此自屬諸靜寄非故事書空也年來節
次舊稿加以董理都爲九卷付之棗梨或可附森立之
楊星吾之後備文壇探討之一助耳已卯歲除毘陵董
康識

《书舶庸谭》，董康跋首末页。

后世读者娓娓道来，大有“莫失莫忘”一般的临终嘱托之意。如此详实可贵的一部“法界忆往录”，却因刊发在沦陷区的学术刊物上，外界知之甚少，后来也鲜有研究者提及，其知名度与影响力，也远不及《书舶庸谭》。

五年后，时至1947年，董氏病逝于北平东交民巷的一家德国医院，这位“富于情绪的老少年”，方才又成为一位可以谈论的“历史人物”——从1905年废止凌迟奏议的撰稿人，至1939年《书舶庸谭》中的总结陈辞，也随之成为近现代学术界或藏书界“谈助”之一种。

◎附录：《书舶庸谭》董康跋

清光绪季年，设馆修订法律，康以曹郎与其役。牵率馆务，数数航渡东瀛。因是与彼邦人士稔，改玉而还，梦醒春明。夙爱洛中山水之美，托舶书事业，结庐于东山之麓。无何梁新会长司法函约东归，商榷法制会议。艺风老人为浔溪某故家收购书籍，知行箧薄有收藏，邀作海上之游，谐价割让。始于癸丑岁阑，内渡，叠经燕台旧侣驰函敦促，遂于翌年春仲，重入修门。浮觉宦海垂及十年。壬癸之间，漫游欧美，归航后谢政家居。逮党军崛起西南，无端受政潮之波及，不得已避地洛西。追理归装，时逾五月。于是有丙寅年《书舶庸谭》之刊。历甲戌以迄丙子，复航渡三次，俱有赓作，写异国之图经不同。奉使踵先民之遗躅，有类避秦，假竹素为皋苏，遣羲遨于铅刊，全编大旨，略罄于斯。至如邮亭严柝、客舍寒檠、枨触前尘，偶形渲染。此自属诸静，寄非故事，书空也。年来节次旧稿，加以董理，都为九卷，付之枣梨。或可附森立之、杨星吾之后，备文坛探讨之一助耳。己卯岁除毗陵董康识。

夏仁虎："出塞"与"登楼"

我不入地狱，谁向地狱行？

这样一个句子映入眼帘之际，读者可能以为不是佛经偈语，即是烈士遗书罢。若得知作者乃是一位年过半百的斯文儒者，无论从年龄心态与知识背景的角度去揣度，恐怕都会觉得有点不可思议，继而难以置信罢。

时为1924年冬，已为"知天命"年纪的夏仁虎（1874—1963）①，就如同一千二百年前的唐人王昌龄那样，一骑绝尘，"出塞"而去。原本二十四岁即考取前清光绪年拔贡，曾任职刑部、农工商部；入民国又曾任众议院议员的夏氏，此时已经历袁世凯称帝，张勋复辟，徐世昌辞职，张作霖独立，曹锟贿选诸多家国剧变。他本人也由原籍南京一路辗转，"南渡北归"至北京定居了下

① 夏仁虎（1874—1963），字蔚如，号啸庵、枝巢等，祖籍南京。1898年，以拔贡身份到北京参加殿试朝考，成绩优秀，遂定居北京。入民国后，先后任职于北洋政府交通部、财政部，并为国会议员。张作霖入关后，先后担任国务院政务处长、财政部次长、代理总长和国务院秘书长。后弃官归隐，专事著书和讲学，著有《枝巢四述》《旧京琐事》《啸庵编年诗稿》《啸庵诗词稿》《啸庵文稿》《北京志》《碧山楼传奇》等。

来。而这一次，却还要向北远行，向关外行，作出塞行，此刻的“出塞”有激愤，亦有期盼。

夏氏虽一介儒生，却也家宅殷实，原本是可以在这乱纷纷、闹哄哄的尘世里，觅一方小天地，喝一壶小酒，写几首诗文，听几番小曲的。当年在京城里的诗酒交谊，名流酬唱颇多，亦不乏同道佳友，交游雅兴——早已加入稊园诗社的他，与一大帮诗人名流相知甚欢，樊樊山、关赓麟、易顺鼎、许宝蘅、李绮青等皆为同社中人，高朋雅集，诗酒吟咏之时颇多，并不寂寞，也不落寞。

夏氏本不是靠着诗文干谒青云功名，酒酣耳热求取富贵的寒士书生，完全没有必要非得仿效着唐人，一剑一马一壶酒式的“出塞”，并非一定要在苦寒艰辛的边关建功立业之后，才好喜滋滋地衣锦还乡。那么，他为什么要掷弃眼前的安乐窝，偏去寻那关外的苦寒地？为什么执意北行？单枪匹马到关外，到奉天，到沈阳，还要寻找什么样的“理想国”？

1916年，身着洪宪朝服的张作霖。

也许，早在1919年，夏氏被推选为众议院预算委员会委员长时，即注定了这一趟五年后的出塞之行。那时，国会为张作霖的奉系所操控，分参、众两院。作为国会年度大事的国家预算案的制定由夏仁虎主持，在其精心筹划下，竟然在由军人操控的国会中，通过了裁减军费三分之一的预算案，这不由得令人莫名欣喜。

须知，预算案为众议院最重责任，须得四分之三出席，方能决定。因党派分歧，故成立甚难。自入民国以来，尚无两院通过之预算案。这一方面说明夏氏的精心筹划，苦心周旋之功，另一方面似乎也可以视作奉系的某种开明纳谏之态度。至少，从这一年开始，夏氏进入了张作霖的视野。

1922年春，张作霖的奉军入关，全国统一之希望，似乎有望。张大帅自称镇威军总司令，即刻通电全国，谓入关之举，系以武力作统一全国之后盾。这不由令人联想起那一句著名的唐诗："但使龙城飞将在，不教胡马度阴山。"

或许，此刻的张总司令，就是那个唐诗经典中的"飞将"——这样的"飞将"，自然会使无数怀抱治国大志的儒生怦然心动。家国破碎一轮又一轮，政客走马一拨接一拨的一九二〇年代，这样的"飞将"出人意料，却也给人希望。夏氏欣然受命，出任镇威军公署政务处长一职，似乎也随着"飞将"的出现，显露出一身侠气来了。

曹锟贿选总统的丑剧上演之后，夏氏对当局彻底失望，于是出现了1924年冬毅然出塞的豪壮一幕。此举似乎是为"投奔"张作霖而去，似乎又还不能用"投奔"二字，夏氏是满怀着对"飞将"的敬意和希冀而去的，此行绝非为功名利禄而去，实则是为了千年以来出塞诗意中的那份家国襟怀而去。

也许，夏氏亲友对这趟出塞之行并不全然理解。诚如十年后夏氏的《六十自述》诗中所回忆的那样：

翻然不得意，驱车歌出塞。平生服孟轲，天下定于一。

朝衰在藩镇，民困厌兵革。磨盾朝治书，秉烛夜草檄。

妄欲策治安，空思有饥溺。冀成一匡事，或免五季厄。

平天下，息兵革的政治理想，让夏氏希望能为奉系的强力统一大业献策，希望能为此“朝治书，夜草檄”地奔忙效劳，过一种充实而富于成就感的理想生活。可以揣想，当时宦途不甚得意的夏氏，长歌迈进于“出塞”的征途中，也是别有一番快意的罢。

中华镇威军军用银票，钞票正背面。

不过，这一次出塞的时间并不长，在塞外也只待了不到两年时间。这两年时间里，是否真如“葡萄美酒夜光杯，欲饮琵琶马上催”般豪壮而富于诗意呢？夏氏在《出塞后稿》的诗集中有一小段注释，基本可以说明问题。注曰：

出关而东，奄忽再稔。弭笔论政，期定一匡。

秉烛草檄，辄至五夜。职在枢机，益寡过从。

朝出治事，归就一灯。时复吟啸，破其岑寂。

行箧硌碌，携书盖鲜。剑南一集，阮亭数册。

既恒浏览，遂入心脾。于时诗境，往往似之。

存诗如千首，为《出塞后稿》。

文中可以看到，夏氏塞外的生活，除却出塞时的豪情壮志之外，是终日忙碌中又复归于一点寂寞的。然而，传统文人的做派仍在延续，铁马金戈之余，"时复吟啸，破其岑寂"之举是常有的，否则也不会"存诗如千首，为《出塞后稿》"。虽然来时匆忙，并未带来多少书籍以供研读，但陆游、王士祯的诗集，还是不忘随行携带的。凑巧的是，陆、王二人的诗文，与夏氏此时的境遇似乎颇为契合，到底是陆游的苍凉雄浑之境，还是王士祯的诗贵神韵之说，能给这位军旅中的半老儒侠带来些许共鸣呢？究竟怎么契合，如何契合，只可意会，不可言传，这一时期近千首夏氏诗作，静待读者的挑拣与领会。

千首诗文中有一首非常特别，也非常醒目。那一句"我不入地狱，谁向地狱行？"倏忽跃然目中，读之令人血沸。诗云：

我不入地狱，谁向地狱行？割肉喂鹰犬，佛亦同此情。

仲尼栖栖在周道，沮溺睨之莞尔笑。此辈唯知洁一身，圣贤志在消群暴。

纷纷五季归强胡，民命轻于俎上鱼。此时佛亦救不得，一语能令万姓苏。

如何欧九为公传，却以伟人谥乡愿。失节事大饿死轻，终落宋儒一孔见。

张作霖戎装照。摄于一九二〇年代。以此照片头像为参照，设计印制了《陆海军大元帅就职纪念》邮票主图。

十君四姓何足论，所贵当官能救民。今日苦无长乐老，四郊白骨堆嶙峋。

此诗原题为《读五代史六首》，这是其中的“长乐老”一首。夏氏此时读五代史，自然别有深意。五代，五十三年五个王朝的特定历史年代，是唐帝国分裂之后的恶果，亦是开启大宋王朝的前奏。五代史向来是史家臧否兴废，评点功过的一段特殊历史时期，在这短短的五十三年王朝更迭中，应汲取的教训，传奇的人物，稀奇的典故，可谓比比皆是。夏氏身处清帝国覆亡十三年之后，屡经更迭的北洋政府之外，矢志一统的奉系军营之中，读五代史时自有痛定思痛的儒者怀抱。他并不愿意效仿只知维持自己节操的高贤隐士，更愿意做那个在五代时期历事五姓，备受世人非议的“长乐老”——冯道。

即使有宋一代之大儒欧阳修的批讽，也可以不在乎，因为在夏氏看来，如“长乐老”这样为民请愿的人，堪称儒之大义者。这是夏氏一己的“民国”辩证法，为民而立国者即为“民国”，没有了“民”哪来的“国”？毅然决然出塞追随“张大胡子”，并不因为儒者识见与军人做派的隔阂，就自顾自地去做遁世隐者，而是为民而谋，不计所谓名节，终为了一统家国，救民水火。

《陆海军大元帅就职纪念》邮票，1928 年 3 月印行，同年 6 月张作霖被炸身亡。

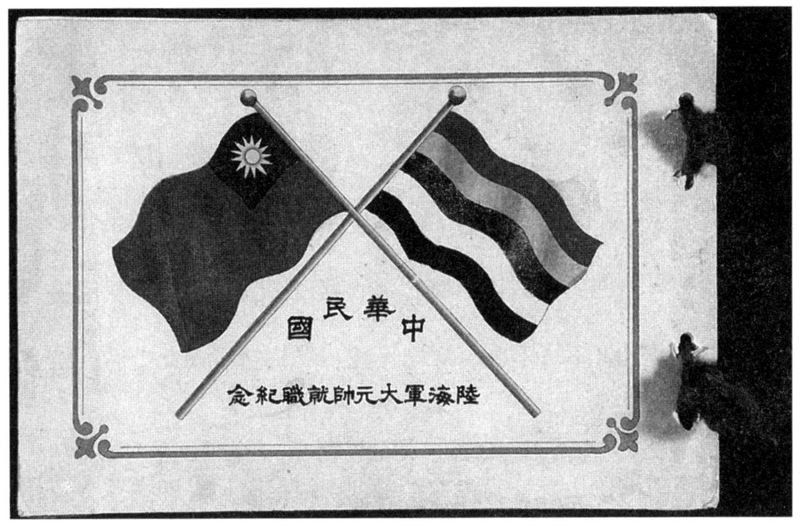

《陆海军大元帅就职纪念》，邮票折册。

然而在1925年夏，客寓沈阳时，这位出塞的儒侠，似乎转瞬间又变作了一个闲人。终日忙碌于军政要务的他，突然清闲了起来，花了十天的时间，闭门谢客，创作出了一部《碧山楼传奇》。

写了近千首慷慨诗歌的夏氏，此刻却突然写出了一部以戏曲体裁为载体的传奇来，这对其一生创作数千首诗歌、数十种著述的儒者生涯来说，本来也是一件颇为传奇的事件。自明清以来，传奇从原本可供场上搬演的戏剧底本，转变为文人儒生仅供案头遣怀的韵体文式之一，这本是无可称奇之文学史实。可对于这样一位千里出塞，致力国家一统大业，本来也忙于军政公务的官府要员而言，能写出这样一部古韵清幽的传奇剧本来，则尤为传奇。

数年后，度曲专家刘凤叔曾忆述过这一本《碧山楼传奇》，说它格律谨严，竟然还可以直接用于场上搬演而无需太大的改动，这就愈发的传奇了。先是称奇于夏氏的清闲雅兴，继而称奇于擅诗的夏氏竟然也作剧本，刘凤叔的评价则再度令人揣想，夏氏是要把这一本传奇带回京城，让他那六年前（1919）新纳的侧室林佩卿[①]为之长袖当歌，登台唱演一番的罢。

《碧山楼传奇》是根据吴梅村文集中的一首诗构思而成的，此诗原题为《过东山朱氏画楼有感》。诗前的序文称，洞庭湖后山有碧山楼一座，楼中原主人为朱某，实为朱明遗裔。朱某恃才傲物，不求仕进，甘于闲乐终老，有美姬十二相伴左右。后因奸人诬陷，指摘其布衣蓄伎不合礼法，遂尽遣美姬，后郁郁而终。有名为紫云者不离不弃，守志不嫁。吴梅村听说此事后，游碧山楼时赋诗一首，以志感怀。

夏仁虎在《碧山楼传奇》的跋文中提到，根据吴梅村的这首诗及相关记载进行创作，从中增设了一位名叫李髯的角色。增设角色的理由，夏氏加以说明道：

中间加入李髯一节，亦传奇家本色。事涉哀伤，词多侧艳，正需此一人，点缀豪语，为听者洗其沉郁，制曲家率有此种苦心也。

---

① 据考，林氏为当年北京城南游艺园坤伶，时人誉为“四卿”之一。

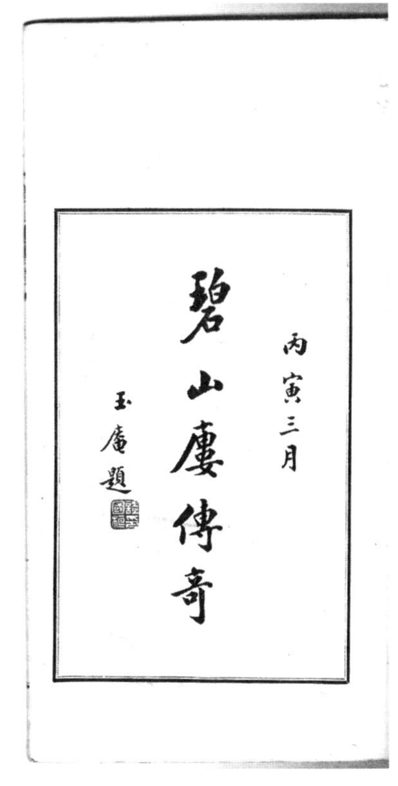

《碧山楼传奇》，封面及扉页题签。　　谈国桓题签

可以想象得到，这样一个豪壮侠气，豁达粗犷角色的加入，和一位恃才放旷却终忧愤而死的书生角色相结合，剧本里呈现出亦儒亦侠的双面合体，定然又是一番别开生面。

剧本开篇第一折"楼隐"，小生朱裔开场即唱一曲《夜行船》：

尘世浮名都是假，且湖山胜处为家，白玉雕楼，黄金选艳，也应胜凌烟图画。

这样的开场白，已令人隐约感觉到这个古典故事的背后，叙述者夏仁虎的心境，已与当初壮怀出塞时大为转变——传奇剧本中的主角书生朱裔，已替他唱出了无聊思家的心绪。

剧本中还有这样一出场景：正在楼中观赏湖山胜景的朱裔，得知朝廷开始广招人才，选贤纳士时，原本诗书传家，才情卓绝的公子，却突然展露出一种奇怪的情绪。夏氏给他安排的唱词是：

耽风雅，喜幽遐，范蠡逃名，在这湖水涯。痼癖是烟霞，情怀寄炎葭，浮云土苴，黄纸殿前麻，琼林宴上花。被俺山居人笑煞。

从唱词的内容来看，仍然是明清以来儒者惯有的山人心态使然，恃才傲物、钟情山水、不求闻达、不问世事，似乎是那个时代的文人以隐逸求高洁，以隐退表风雅的一种姿态。当从市集上打听消息的家奴回来禀报时，朱裔在确认朝廷选才消息的真实性之后，却又表现出了无可奈何，不知如何是好的情绪。从一开始甘于隐逸，到随后的无可奈何——朱裔的两番表态，转变之剧大，转化之微妙，不要说后世读者不易领悟其中玄机，就算是随身侍候公子多年的家奴，此际也不明就里，一头雾水。终了，家奴还是忍不住向主人进一言，他说：

相公既抱奇才，应为世用，岂可久耽安逸，自误前程。

朱裔回答家奴，唱道：

堂前燕，阅繁华，怎飞入寻常百姓家。把瑶源玉牒查，是金枝玉叶花。沧桑泪洒，抬眼望中华，神州竟属他，那还有青山一发。

这样的唱词，实际上再次成为夏仁虎的夫子自道。夏氏少负奇才，在十一岁初学文时，就曾因雨夜偶得断句云："窗外芭蕉篱内竹，一般夜雨两般声"而得"两声词人"之誉。戊戌变法那一年（1898），时年二十四岁的他，以拔贡身份到北京参加殿试朝考，成绩优秀，遂通籍北京，就此开启了之后整整三十年的官宦生涯。

此刻，飞入百姓家也罢，金枝玉叶花也罢；无论是少年奇才，还是前清官员；无论是北洋议员，还是奉军幕僚；夏氏的儒者怀抱，侠者豪情，似乎都没有得到应有的施展。唱词里"抬眼望中华，神州竟属他"之句，这个"他"，夏氏已经看到过太多的更替轮番，看到偌大中国从帝制到共和，从共和到复辟，从复辟再到伪共和、真军阀，战火连绵的家国，似乎已经看不到希望了。

剧本中隐逸世外的朱裔，当朝廷选才的消息传来，不但没有喜形于色，反倒踌躇不安起来，其根本原因正在于对眼前的这个"朝廷"没有信心，更无希冀可言。这样的剧中人心境，与剧本作者夏仁虎的心态，有着莫名的默契。可剧中人在这样的心境之下的作为，又与夏氏有着截然的不同。

剧本中的安排出人意料，朱裔非但没有因为国家征招贤才而应征，反而通过种种渠道，用金钱贿赂招贤官员的方式，躲过了征招，保得了一时的安稳。这不能不说是一种乱世的怪现状，也是乱世中文人的另一种生存方式。反过来，似乎也是剧本作者的一种反思与自嘲，出塞与入幕，作为施展生平抱负的手段，是否真的可以得偿所愿？

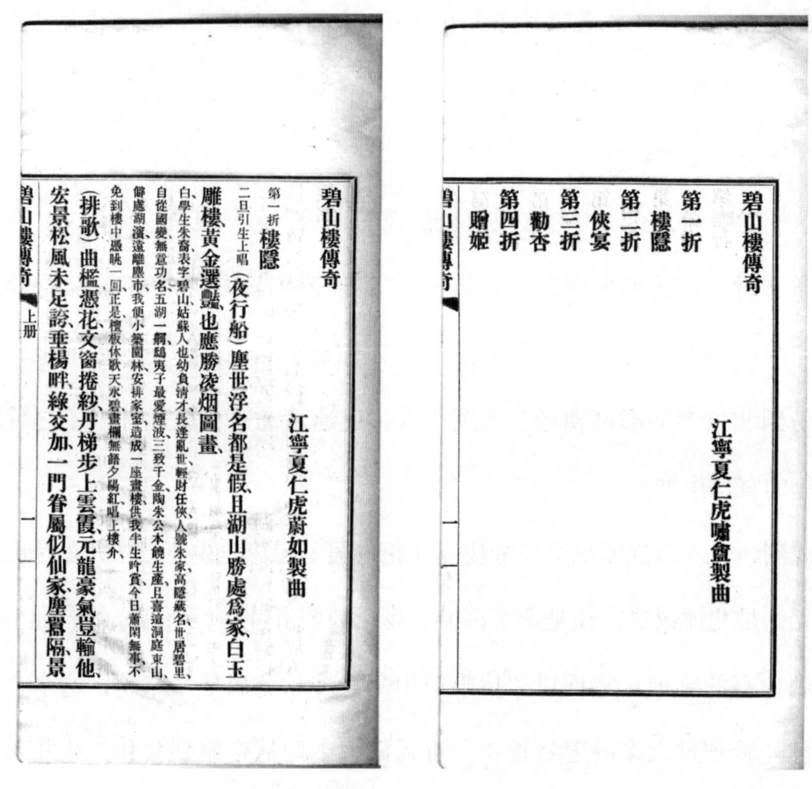

碧山樓傳奇

江寧夏仁虎嘯盦製曲

第一折　樓隱
第二折　俠宴
第三折　勸杏
第四折　贈姬

碧山樓傳奇

碧山樓傳奇

江寧夏仁虎蔚如製曲

第一折　樓隱

二旦引生上唱（夜行船）塵世浮名都是假、且湖山勝處爲家、白玉雕樓、黃金選蠱、也應勝淩烟圖畫、

白學生朱裔表字碧山、姑蘇人也、幼負清才、長逢亂世、輕財任俠、人號朱家、高隱藏名、世居碧里、自從國變、無意功名、五湖一舸、鴟夷子最愛煙波、三致千金、陶朱公本饒生產、且喜這洞庭東山僻處湖濱、遠離塵市、我便小築園林、安排家室、造成一座畫樓、供我半生吟賞、今日蕭閑無事、不免到樓中憑眺一回、正是檀板休歌天水碧、畫欄無語夕陽紅、唱上樓介、

（排歌）曲檻憑花、文窗捲紗、丹梯步上雲霞、元龍豪氣豈輸他、宏景松風未足誇、垂楊畔、綠交加、一門眷屬似仙家、塵囂隔、景

碧山樓傳奇　上册　一

《碧山楼传奇》，目录及正文首页。

第二折“侠宴”，夏仁虎增设的角色李髯上场。浓眉粗髯的须生形象，一上场就很容易让人联想到《红拂记》中的虬髯客。李髯也正是这样一个粗豪形象的角色，令人在一番沉郁消磨的隐忧氛围中，突然嗅到一丝爽朗气息，一股侠气扑面而来。李髯的开场白：

平生愿恣狂，江湖未倦，豪气欲吞云梦。

这样的唱词，分明又是剧作者心中原本的理想主义使然。剧本中，李髯与朱裔欢歌达旦，大醉酩酊的当晚，大有相见恨晚之意。一个是儒，一个是侠；

一个是恃才傲物，视功名如粪土的儒生，一个是善恶分明，视江湖即乐土的侠客，二者的结合，亦儒亦侠——这原本就是作者心中快意人生的理想形象。实际上，夏氏以半百之龄奔走关外的豪壮，已然是自己心目中预设的理想形象，这即是儒侠行径——正是壮志未泯的那份理想主义使然。

美酒与英雄，当然还少不了红颜情意。李髯随舟带来一个名唤红杏的歌伎，慷慨相赠予朱裔。相赠的理由很简单，美女配英雄，况且李髯也自称要退出江湖，皈依佛门。看来，在这样的乱世里，不但朱裔这样的"雅人"希望不问世事，归隐终老，即使是李髯这样的"粗人"也感到疲累，需要退出江湖，求得心灵上的安宁。此刻，剧本作者也一定惦念起远在京城中的老妻、儿女和新纳的侧室了罢。

李髯一个人洒脱离去之后，剩下的是朱裔与紫云、红杏等歌伎轻歌曼舞的闲乐。然而好景不长，第六折"湖船"中出现一个角色，让这一场豪侠闲儒的"双美"生涯化为泡影。这个角色是个丑角儿，名叫李不将，谐音即是"理不讲"或"不讲理"。他的开场白，这样唱道：

玻璃眼，络索肠，向人前斯文样装。豪门倚傍，木钟到处能敲响。活嘴皮，说得河干。长指爪，搔人背痒。篾片天才，枪花圣手，一时无两。

不难想象得到，这样的"帮闲""师爷"形象，在当时的各级政府、各色官方或民间机构中都曾普遍存在。夏氏如此形象地刻画出一个"不讲理"的丑角儿来，应当就与其人当时的际遇有关。

俗话说，秀才遇到兵，有理说不清。夏氏选择投奔"张大胡子"而去，原本就是冒着这个俗语经验之大不韪而去的。军营里会有“不讲理”的长官，同样也会有一大帮“不讲理”的幕僚存在。这个“理”并非夏氏一人说得清之“理”，各人在各自的利益立场上，都有铁板一块的道理。夏氏所怀抱的统一家国之理想，可能于他本人而言是“天理”，是昭昭如日月的“至理”，可于府衙中诸色人等而言，却未必如此。

剧中的李不将，不出所料地将朱畲的风雅世界，搞得天翻地覆，整得一塌糊涂。先是替主子出毒计，豪夺朱畲的“红杏”及家产，继而朱畲忧愤而死，紫云守志终老。凡此种种，原也不脱明清传奇之旧式情节构架，只不过扔掉了常见的凭借神仙救助梦境重逢式大团圆结局，更显现实世界的苦恶无常与凄凉悲怨。除此之外，夏氏没有再对这部传奇有更多的表述，全本十二折，内容不多不少，节奏不紧不慢，演绎出了一部中国古典戏剧史上少见的悲剧。作者只是在剧本末尾的跋文中，轻描淡写地提到：

今年客沈阳，长夏务简，恒以度曲消遣，偶览此篇，谱为传奇。十日而脱稿。余居文字无忌之世，彼但可四十字者，余则不妨放言，聊代梅村抒其感慨耳。

不过，现实世界中已经开始以度曲消遣的这位军中秀才，和那位曾经放言“我不入地狱，谁向地狱行？”的慷慨豪侠，似乎已经相去甚远。从亦儒亦侠的理想主义风骨，到如今聊代古人抒怀的关外闲吏，夏氏出塞之后的两年境遇若何，可想而知。九十岁时，他回忆这两年的军旅生涯时，曾赋诗一首云：

碧山樓傳奇　二

跋

右詩及序、爲傳奇之本事、朱名無考、以居碧山里、則字曰碧山、曝書亭集有朱碧山銀槎歌、彼蓋元人名華玉者、非梅村所指之朱君也、梅村過畫樓時、其姬人猶在、朱歿應未久、當爲明之遺民、詢諸蘇人、洞庭朱氏、故有明藩之遺、亂在、得非其人歟、梅村詩序、意甚委曲、其曰君以布衣畜伎、晚而有指名索其所愛者、以是不樂、遣去、無何竟卒云云、夫布衣竟不應畜伎乎、可指名強索乎、毋亦勝國王孫、橫被豪奪、賫恨以歿者歟、梅村此序、殊有言外意、特不敢明斥耳、易代勝衰之感、讀者可意會也、今年客瀋陽、長夏務簡、恒以度曲消遣、偶覽此篇、譜爲傳奇、十日

《碧山楼传奇》，著者跋文。

夏仁虎，定居北平后存照。

因思定一功，关外或有望。虚作出塞云，难副旧时愿。

又为之自作注云：

时军阀内争不已，有人谓关外兵力强，可靖内争，余乃应关外之召，终失所望。失望之情，溢于笔端。

1926年，夏仁虎带着近千首诗稿，与这一部《碧山楼传奇》，悄然返归北京。虽然仍历任北洋政府关税特别会议委员会委员、财政部次长、财政部代

部长等要职，但名不符实的尸位素餐，再度令其萌生退意。他依然赋诗抒愤，诗云：

还京任司农，惟有仰屋叹。

日坐赧王台，灾官断炊爨。

自作诗注有云：

时税收皆由地方截留，中央政费无所出，复不敢轻举内外债。中央官吏枵腹从公，惟于年节，向各私立银行告借少许，略资点染而已。

这“略资点染”的虚衔与不办实事的空位，已经让夏氏再也没有从政的热望。那曾经自命亦儒亦侠的风度，几乎沦落到儒不儒、侠不侠的两难境地之中了。

1926这一年，夏氏还有一次重要的任职，即成为故宫博物院维持会成员，与张学良、顾维钧、蔡元培、叶恭绰等名流共事一会；同时兼任基金委员会委员的他，至少还能在这千年古国的皇皇古物中找到些许慰藉。

1927年6月18日，张作霖在北京怀仁堂就任陆海大元帅。面对这个之前只有孙中山（后只有蒋介石）就任过的大头衔，“张大胡子”欢喜之余，并没有忘记当年这个单骑出塞的豪爽儒者，直接任命夏仁虎为国务院秘书长的要职。夏氏屡辞不成，忆述中这样写道：“强令为国务院秘书长，伴食而已。”

这一年，“伴食而已”的国务院秘书长夏仁虎，将《碧山楼传奇》手稿付

1928 年 6 月 4 日凌晨，张作霖乘坐的专列经过京奉、南满铁路交叉处的三孔桥时，被日本关东军预设的炸药炸毁，史称“皇姑屯事件”。此为专列炸毁后存照之一。

梓，曾为张作霖做过八年秘书长的谈国桓[①]，为其题写了书名。当然，此时的谈氏并不知道，他那一手清丽的楷书，还将在一年之后为《张大元帅哀挽录》题签。

《张大元帅哀挽录》，谈国桓题签。

1928年6月4日凌晨，张作霖的专车行经皇姑屯时，被日军炸死。张氏遇难身亡之前，与夏仁虎的最后一次会面，竟然是因为故宫古物的归属问题。原来，北伐讨张之声四起，仓皇出关之际，意欲尽携故宫古物而去。这一次，夏氏终于侠气迸发，拍案而

① 谈国桓（1875—？），字玉庵，号铁隍，辽宁人。光绪间举人，清末曾任奉天税捐总局局长，入民国后，历任奉天都督总务处秘书、奉天省官银号监理官、东三省屯垦局副局长等职。

夏仁虎遗像

《枝巢九十回忆篇》，章士钊题签，1963年印制。

起，直入帅府。

当然，亦侠亦儒之道，并非是指着大帅鼻子一通臭骂，并非是要大义凛然地去找死。夏氏斗胆进言，用一番变通的话语——谓故宫古物历年盗窃抵换，早已皆非原物，若大帅仓皇携去，正好烂账扣至关外，恐招世人耻笑云云，终使大帅拂袖而去，令人由衷敬服其胆魄与智识。

1928年6月9日，国民革民军入驻北京。6月20日，北京改名为北平。接下来，最后做了一把勇谏大帅之儒侠的夏仁虎退出官场，不再任职于政府当局，也从此结束了三十年颠沛疲累的宦途生涯。以一位局外闲人的姿态，恢复了斯文儒者的风雅，洒然无羁地走完了余下的三十五年人生。

一部《碧山楼传奇》所牵扯出来的一段“儒侠”故事，就此告一段落。出塞与登楼——夏仁虎的传奇，却依然在那字里行间，白纸黑字地镌刻着，似乎还在一遍又一遍地低吟浅唱；一缕剑光、一滴酒香，和那一声声蹄铁当当，似乎离世人不近也不远。

叶德辉：“读书种子绝矣”

◎章太炎电报救一条老命

民国元年，1912年是壬子年，鼠年。

那一年，在抱头鼠窜的前清遗老中，有一个人因为一纸电报，结束流亡生涯，回到了户籍所在地。他，叫叶德辉（1864—1927）。

作为最早响应辛亥革命的湖南省，于1911年10月22日宣布起义。和以往的改朝换代一样，饱读经史的当地富商兼藏书家叶德辉本能地联想到，避乱山中与隐遁世间的种种可能性，遂只身奔赴著名的五岳之一——南岳衡山而去。不可思议的是，其人前脚刚踏出门槛，章太炎的电报就发到了湖南省革命军政府，电报上称：

湖南不可杀叶德辉。杀之，则读书种子绝矣。

就这样，这个“读书种子”在革命元勋、国学巨擘的特别关照下，旋即安然无恙地归乡，仍然安驻于湖南长沙的坡子街上。其实，在被称作“读书种子”之前，叶德辉首先是以一名湖南乡绅兼富商的身份出现的，正是世代在坡了街上的成功经营，使其得以有足够的金钱与精力，专用于藏书、读书乃至印书、售书。

位于湖南省东北部的长沙，城外西部为湘江沿岸，遍布码头，为来往货运之要津。而要进入长沙城，则必经一个坡度较大的交通要道，即坡子街。坡子街上商铺众多，商贾云集，无论从地理位置还是商业氛围而言，皆是长沙的商业熟地，寸土寸金之地。

叶德辉一家四代在此经商，渐具规模，自清代光绪以来，其父叶浚兰充任街团团总，在当地商业团体中极具影响力和操控能力。就在章太炎一纸电报保驾护航，“读书种子”安然归乡之后不久，1912年9月29日，叶浚兰去世，叶德辉继任坡子街团总。一切似乎又回归到前清时代的乡规民约之中，安好如初。虽国运不济，商运依旧，“读书种子”似乎可以稍事喘息，安心地再读一读书去了。

因为章太炎的救命之恩，叶氏毕生将其视作知己，虽然二人之后的余生中竟从未面晤。就在1912年当年，叶氏写了一首长诗，纪念这位素未谋面的救命恩人；诗题径作《两知己诗·章太炎》(另一位知己乃文廷式)，其下有注释曰：

(章太炎)原名炳麟，字枚叔，浙江余杭人。以报诋朝政，逮系上海狱，三年期满释之。余素无一面。革命军起，君亟探余踪迹，语吾湘诸党人曰，湖南不可杀叶某，杀之则读书种子绝矣。君恒诋湘绮为词人，独引重余，是固可感也已。[①]

---

① 此诗辑入《观古堂诗录·书空集》。

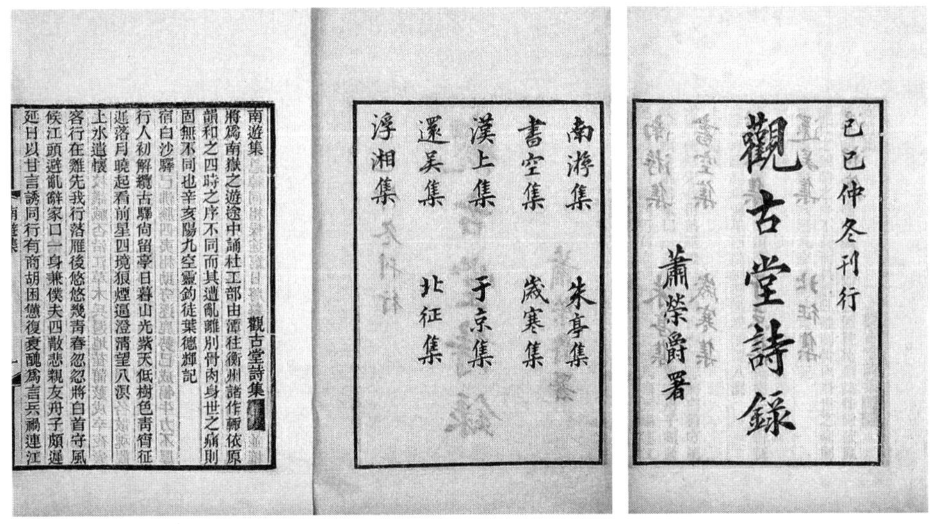
己巳仲冬刊行
觀古堂詩錄
蕭榮爵署

南游集　朱亭集
書空集　歲寒集
漢上集　于京集
還吳集　北征集
浮湘集

觀古堂詩集
南遊集
將爲南嶽之遊途中誦杜工部由潭往衡州諸作輙依原韻和之四時之序不同而其遭亂離別骨肉身世之痛則固無不同也辛亥陽九空靈釣徒葉德輝記
宿白沙驛
行人初解纜古驛尚留亭日暮山光紫天低樹色青宵征逝落月曉起看前星四境狠煙過澄清望八溟
上水遣懷
客行在雞先我行落雁後悠悠幾青春忽忽將白首守風候江頭避亂辭家口一身兼僕夫四散悲親友舟子頗遲延日以甘言誘同行有商胡困憊復衰醜爲言兵禍連江

叶德辉《观古堂诗录》，扉页题签、目录页及正文首页（避乱南岳之“南游集”）。

◎逃命不忘读书志业

一年前避乱山中的叶德辉，内心惴惴不安惦记着的，除了礼崩乐坏的王道和斯文沦丧的世道之外，还是那些曾经朝夕捧读的经典书籍。他本不是那种“幽兰独自开”的人，更不是做山人的料；他从山中来，没有带回兰花草，只带回了一大摞手稿。这些手稿，都与读书有关。

《观古堂藏书目》，是叶氏逃难途中也随身携带的一部手稿。这部手稿，记录着其人十年前的藏书目录。之所以逃难中也不忘随身携带，诚如其在手稿跋文中所称：

> 意谓兵燹之后，书必丧亡，书亡而目存，亦聊作前尘之梦影而已。

《藏书十约》，则是在初步编定《观古堂藏书目》的基础上，叶氏忽然兴起，一定要续写的另一部藏书心得。如果说藏书目录只是对自家藏书的一己经验之简要总结与大略呈现的话，“读书种子”还要把那些曾经过目、听闻、交谈过的关于藏书、读书、辨书、护书的种种经验与见识，全都记载下来，此举恐怕是认定军政革命之后还要专革“书”的命，以此要把一个读书人的经验授之后世——即便没书了，还有书目；即便书目没有了，还有书约。诚如叶氏所言：

当今天翻地覆之时，实有秦火胡灰之厄。

在叶德辉的革命想象中，焚书坑儒式的专制暴力在所难免。革命不但是改革掉政治制度，最重要的步骤，还在于要革除掉占统治地位的儒家思想及其学说，乃至受其影响的千年礼俗、世道与人心，这无疑是“革”了众多读书人包括叶德辉在内的“读书种子”的命。

暇計矣辛亥冬至前一日葉德輝序

藏書十約

購置一

置書先經部次史部次叢書經先十三經史先二十四史
叢書先其種類多校刻精者初置書時豈能四部完備于
此入手方不至誤入歧途宋元刻本舊抄名校一時不能
坐致尋常官板局板每恨校勘不精今有簡易之法尙不
近于濫收經有明南監本皆雜湊宋監元學諸刻而成其
書亦尙易覯而北監本毛晉汲古閣本次之此板之舊者
爲乾嘉以前學者通用之書官刻有 武英殿本爲最佳
廣東翻刻則未善嘉慶末年阮文達元以家藏宋元本注
疏及單注單疏合校刻于南昌府學凡諸刻文字之異同

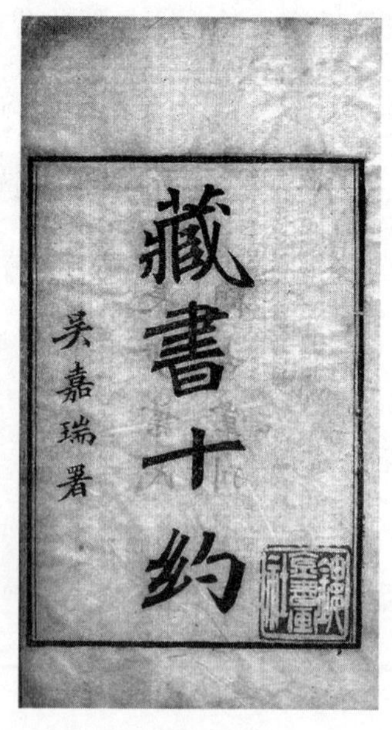

叶德辉《藏书十约》，扉页题签及正文首页。

革命、革命，前边的那个“革”字可能叶氏无力挽回，可“全身保命”的儒学应用之义，叶氏还是颇熟稔于此的。愤（奋）笔疾书而成的《观古堂藏书目》《藏书十约》，就是要以一己之力续斯文之命，其人执念之执着，的确是可以用“种子”自命的。至于后来在上述两稿的基础上，续补增录而成藏书界名著《书林清话》，则又是后话了。

可以想象出这样一幅图景：一位年近半百的读书人穿行于穷山恶水之中，时不时地拿出一摞手稿写写画画，时不时地皱着眉头长吁短叹。血流成河，人头落地的大革命，没能要了他的身家性命，于其人而言，更要命的却是自家藏书不知下落如何。这幅令人莫名感慨的图景，直到1912年初，叶氏回到坡子街时，才暂时落幕。

◎《汪文摘谬》横空出世

父亲逝世后数日，叶德辉一直住在湘潭乡间，没有即刻返归长沙，坡子街团总的继任，也暂时搁置一边。其人闭门不出，一则是因为这一年光景，经历了太多国恨家悲，老先生也需静息休养；二则是因为远在苏州的叶振宗、上海的叶尔恺相继来函，皆谈到了一件事关家族文史的旧事，同宗三人似乎于此时特别心有默契。

叶振宗，字印濂，为明代名士叶燮的九世从孙。当年姑苏叶氏午梦堂的一门风雅，十代之后，传至叶振宗时，除了家藏的先祖画像与一橱《午梦堂全集》《已畦集》等古籍之外，也无其他。能苟全祖泽于乱世，自娱自乐一番，也就不错了。至于叶尔恺，前清时曾任云南提学使，原本在叶家一脉中，还算有些显赫声势的，可此时也是捂着被云南革命军打得没牙的老嘴，摸着早被革命军剪掉发辫的散乱发根，只有在上海暂时的寓所里自顾吁叹的份儿。两人相继给叶德辉写信，都谈到了关于叶燮的一本手稿，名曰《汪文摘谬》。

叶燮（1627—1703），字星期，号已畦，叶绍袁、沈宜修幼子，浙江嘉兴人。晚年定居江苏吴江之横山，世称横山先生。康熙九年进士，十四年任江苏宝应知县。任上参加镇压三藩之乱，治理境内被黄河冲决的运河，皆有劳绩。不久，却因生性耿直不附上官意，被借故落职。主要著作为诗论专著《原诗》，诗文集《已畦集》。应当说，《汪文摘谬》并不是其代表作，叶燮晚年还曾有焚毁此书之举，谓其为意气之作，不可存之后世。正因如此，《汪文摘谬》的手稿流传至这三位叶氏后人手中之时，已属颇为难得一见的家族文献了。

《汪文摘谬》的主要内容，为叶燮对曾为同郡友人的汪琬所作文章的一次批判总结。两人之所以交恶，似只因论文观点不合所致。叶燮着力指责汪文之谬，录为《汪文摘谬》一卷，专就汪琬十篇文章摘句剥篇，条分缕析，以作驳斥，批判集中着力之处，正是汪琬一度自矜之处。《汪文摘谬引》开篇有云：

汪君摹仿古人之文，无异小儿学字，隔纸画印，寻一话头发端，起承转合，自以为得古人之法，其实舛错荒谬，一篇之中自相矛盾，至其虚字转折，文理俱悖。乃侈然以作者自合，耳食之徒群然奉之，以为韩、苏复出，此真傀儡登场，堪为大噱者也。

仅从上这百字概述之言管窥，即可知这两百余年前的文人论争何其激烈，批评措辞何其刻薄。因此，这样一部叶氏先祖的手稿，叶振宗有家藏抄本一册，从来只是私下研读品味，从不轻易示人。叶德辉对这部手稿早有耳闻，于是与叶振宗有过商洽，希望能一睹先祖文笔风采——叶振宗来函，正是寄来了这一册家藏抄本。此外，叶尔恺曾于北京旧书摊上，购得过一册当年叶燮门人私印的本子，不过从云南革命军中逃出时，即已佚失，不知所踪。好在其侨居上海期间，友人丁福保又为其购得抄本一册。正是源自丁氏的盛邀，加之叶尔恺本人也有意愿，欲促成此书的出版——他的来函，一方面是寄来了丁氏所购抄本，请叶德辉过目，另一方面也是希望叶氏能予以资助。

两个抄本聚于案头，叶德辉迅即做起了校勘工作。凭借其多年的古文功底和国学修养，《汪文摘谬》的全部校录稿进展神速，于1912年冬即已完成。

◎《汪文摘谬》重燃经师大梦

叶德辉之所以全力与远在苏州、上海的另两位叶氏后人合作，促成了这样一部两百余年前的文人论争著述，要以木刻刷印与铅字排印的公开出版方式，使之公之于众，绝不仅仅是追怀先祖高风，刊行家藏珍本，这样一种单纯的文人心态、乡愿习气使然，这恐怕还是与其一贯主张的"经学第一，经亡则国亡"的经师理想，有着某种必然且微妙的联系。

如果说《汪文摘谬》只是一部论战性质的意气之作，叶氏先祖的这股意气在叶德辉身上得到了完整的继承，还有进一步扩大延展的趋势。当年叶燮之所以写《汪文摘谬》，正如其开篇所言：

> 六经而后，先秦百家诸子之文，其体递降，而变为唐宋大家之文。自是以至元明作者，大约多本于前人，所就虽各不同，然不能创造而别有所谓变体也。

在叶燮看来，六经之后，文运递降，至多到唐宋八大家时为止，已无再行创造之可能。后世所作的任何文章，都不会脱离“经”这个范畴，一旦脱离还要自称“大家”的，不但可笑，而且可恨。对这样的人与现象，必须要加以指摘，自称“大家”的汪琬，就正是这样应该加以批评和揭露的无知文人。在叶德辉看来，眼前的这一片纷纷乱世，又何尝不是充斥着如汪琬一样不尊经典，妄称“大家”的无知、无耻之徒呢？

早在戊戌变法之时，叶德辉俨然一位“逆行者”，不但不为颇得时势的新派学说所动，还对康梁学说颇有微词。在叶德辉看来，康有为《新学伪经考》本身才是一部彻头彻尾的“伪经”；《孔子改制考》也不过是康有为借题发挥，为其新政张目而已。虽然变革中的一些合理因素，叶氏本来还是有所赞同的，

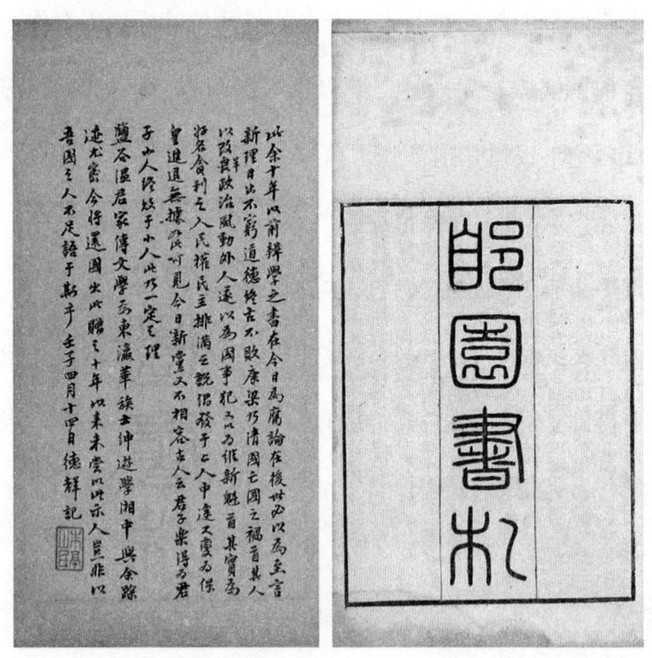
此余十年以前辨學之書在今日為腐論在後世必以為至言新理日出不窮道德終古不敗康梁巧借國亡國之禍首其人以改良政治風動外人遂以為國事犯又以為維新魁首其實為沽名貪利之人民權民主排滿之說倡發于二人中途又變為保皇進退無據然亦可見今日新黨又不相容古人云君子樂得為君子小人終始于小人此乃一定之理

鹽谷溫君家傳文學為東瀛華族士紳遊學湘中與余踪迹尤密今將還國出此贈之十年以來未嘗以此示人豈非以吾國之人不足語于斯乎　壬子四月十四日德輝記

郋園書札

叶德辉题赠日本学者盐谷温之《郋园书札》，叶氏题记内容为抨击康梁变法，且讥刺“辛亥革命”以来的革命党人。是书所收录的书札内容，大多也为抨击变法与革命党人，属叶氏私印本，只在私交甚笃的亲友间传阅。

可是这种托古变革的方式，这种篡改经典为己所用的浮夸学风，却是其人深恶痛绝的。叶氏对康梁学说的不以为然，很快转变为坚决抵制——阻止友人研读康梁学说而生公开辩难，率众攻击与关闭时务学堂等种种“意气”之举，频频涌现了出来。这些种种置身家性命于不顾的不合时宜之举中，可以清晰地看到叶氏维护正统，讲求正道的经师理想所在。

据说，当时康有为对湖南新法推进阻力之大，也颇为恼火，于当年（1898）8月上旬曾密奏光绪帝，希望通过朝廷来镇压以叶德辉为首的反对派。当年8月10日，光绪帝曾降旨查办湖南反对派，旨曰，“必当予以严惩，断难宽贷”。好在只过了三天，据叶氏所言，“孝钦垂帘之电至，余遂获免”，方才有幸逃过了康梁新派的追剿。此番又因章太炎一纸电报，再度挨过了辛亥革命的大乱，叶氏的经师理想却远没有知难而退、适可而止的迹象。其人的经学热情，在看到先祖两百余年前那一场激烈文诤之际，似乎又重新被点燃了。

◎一生摘谬，终作谬人

就在叶德辉闭门校录《汪文摘谬》之际，1912年10月31日，革命元勋黄兴由上海返归故乡湖南长沙。一时万人空巷，民众争睹伟人风采。也许是为了表达民众的崇敬，也许是当地官员的某种姿态，经湖南各界一致认可，将长沙城的德润门（即坡子街口的小西门）改名为黄兴门，城内坡子街改称为黄兴街。

不久，叶德辉因故由湘潭返归长沙，一到坡子街，便命令扫街夫撤去刚刚才启用的黄兴街街牌，继续使用原有的坡子街的街牌。由于叶氏本是坡子街商团首领，且黄兴本人亦对街道改名一事有过婉辞态度，故叶氏此举原本亦是波澜不兴，无可无不可的。没想到，这个“读书种子”却还引经据典，又写了一篇《光复坡子街地名记》的文章，印制为传单，沿街散发。

文章中提到“此商场地名断不容以一时一人之名义轻相改署者也”，这样一个从维护商号利益出发的有理有节的观点，一时看来确也无可厚非，可接着笔锋一转，有“一二无知鄙夫，狐媚贡谀，突然改德润门为黄兴门，改坡子街为黄兴街”云云，这样的明确批评一出，无疑是当众扇了起事者、议事者与商定者等大多数人一记响亮的耳光，令这一群体顿时颜面扫地，无地自容。可以想见，这样激烈的“摘谬”之举，必然招祸。

后来叶德辉为当局逮捕，复因商团作保得释，一场有惊无险的闹剧，复又再次上演。紧接着，叶氏又因讥评湖南新任都督汤芗铭，再次被捕。可又由于有副总统黎元洪的电令，以及众多友朋的周旋调停，复又逃过一劫。因“摘

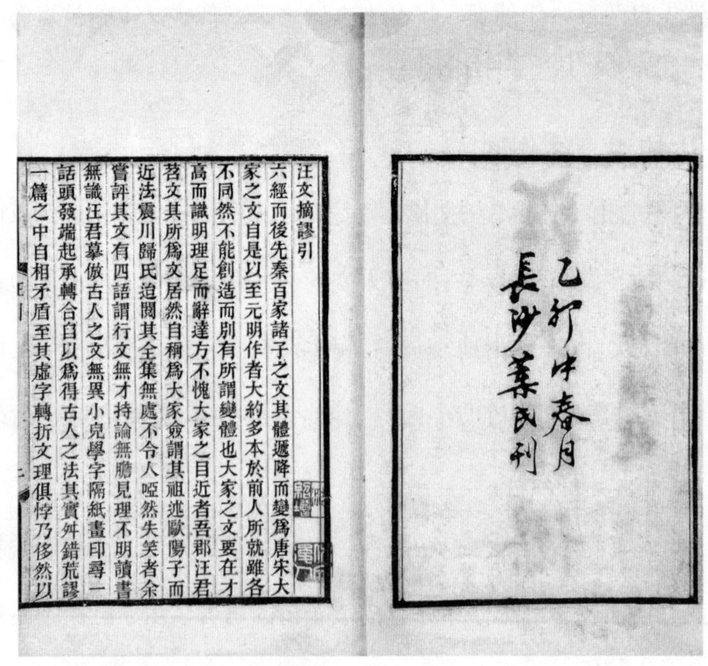
乙卯仲春月
長沙葉氏刊

汪文摘謬引
六經而後先秦百家諸子之文其體遞降而變爲唐宋大
家之文自是以至元明作者大約多本於前人所就雖各
不同然不能創造而別有所謂變體也大家之文要在才
高而識明理足而辭達方不愧大家之目近者吾郡汪君
茗文其所爲文居然自稱爲大家僉謂其祖述歐陽子而
近法震川歸氏迨閱其全集無處不令人啞然失笑者余
嘗評其文有四語謂行文無才持論無聽見理不明讀書
無識汪君摹倣古人之文無異小兒學字隔紙畫印尋一
話頭發端起承轉合自以爲得古人之法其實舛錯荒謬
一篇之中自相矛盾至其虛字轉折文理俱悖乃侈然以

《汪文摘谬》，叶德辉刻本，1915 年春，牌记与序文页。

谬"惹来的诸种祸端，却未见叶氏因之有丝毫收敛的意思。或许是自认"公道自在人心"的那份文人自信，或许是"以吾身正气存斯文一线"的那份经师自况，其人一生虽然无力匡扶世道以正人心，却始终在不断"摘谬"以存真理。

此后每一次因"摘谬"而招惹祸事之时，叶氏即奔逃于吴、沪、京、津各地，周旋于故友山水之间。那一册早在1912年冬即校录完成的《汪文摘谬》，因自己屡屡惹是生非，频频东走西避的诸多不便，始终还未能付印刊行。时至1915年春，终于还是抽身倾力，自掏腰包，刻成木版，刷印成书。是书纸白墨浓，开本典雅，扉页题签及版权页"乙卯仲春月长沙叶氏刊"十字，均为长沙著名书画家粟掞①所书，在湖南当地当时的刻本中，可谓翘楚之作。

不过，此书属家刻私印本，并不对外发售，印量本也极其有限，仅限于亲友间私下传阅而已，故外界对此书内容并不十分了解。尤为重要的是，也许是为了尽快付印，或者别有缘故，这一刻本所据底本，并非叶德辉的校订本，而是另一种版本（可能即为此书最初的刊印本）。

待到十年之后，1925年春，叶德辉在上海与叶尔恺重逢，又将箧中所藏十二年之久的校订本手稿，拿出来翻检研讨了一番。这一年，《汪文摘谬》校订本终于交由丁福保在上海付印，书页天头之上以小字加印上了叶德辉的校记。末页还以大号铅字排印了叶德辉题目记：

据横山公九世孙振宗家藏抄本、涂抹与此本不同。字句亦小有差异。因以

① 粟掞（1861—1936），字谷青，号歌凤，又号灵骞，别号歌凤生、歌凤楼主人，湖南长沙人。晚清进士，工书画，善花卉，尤擅牡丹。早岁居北京，有"粟牡丹"之称。后回湖南定居，以售卖书画为生。

墨笔校录一过。壬子立冬德辉记。

然而，这一部校订本仍然没有公开发售，仍属小范围流传的私印本。或许是为先祖讳的缘故，因书中语气激烈，措辞刻薄，实在是不便公开出版；或许也是为先祖赞的缘故，是书内容充分显露出叶氏先祖才华横溢，博览群书之睿智，所以叶德辉及其族人采取了既要把失传已久的这部书印出来，又并不公开发售的策略，可谓“两全”之法。

在《汪文摘谬》付印前一年，也就是1924年，正值叶德辉六十寿辰之时，曾为自己的画像写下像赞，语曰：

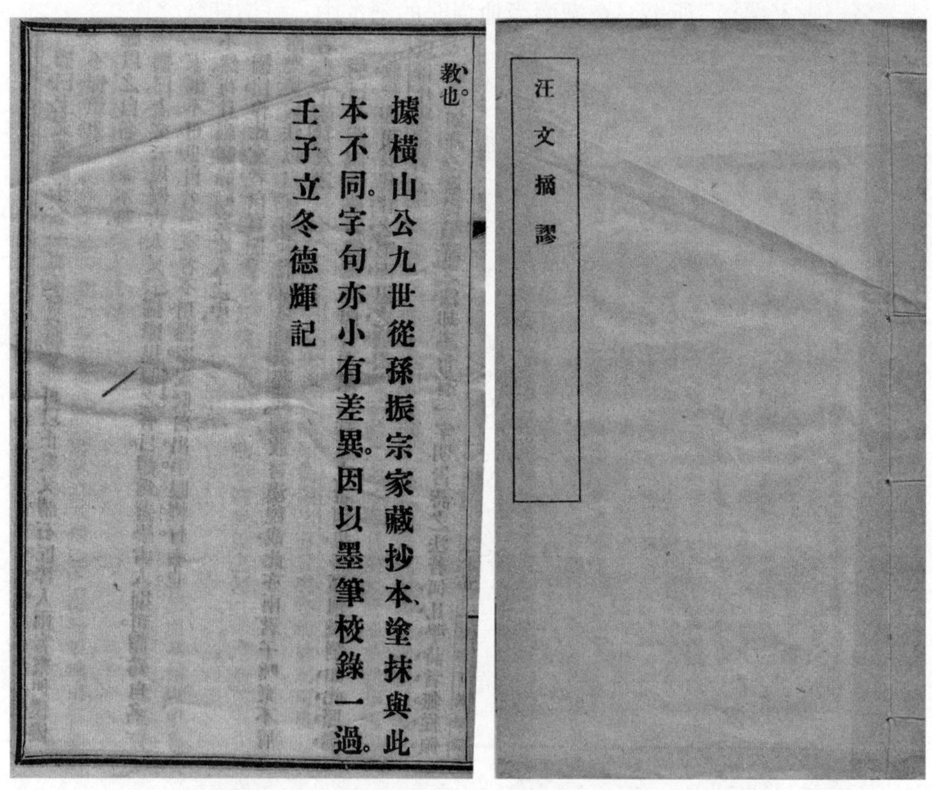

汪文摘謬

教也。

據橫山公九世從孫振宗家藏抄本、塗抹與此本不同。字句亦小有差異。因以墨筆校錄一過。

壬子立冬德輝記

《汪文摘谬》，叶德辉校印本，1925年春，封面及叶德辉题记。

少年科第，为湘劣绅。

谤满天下，人故鬼新。

叶德辉遗像，摄于 1925 年访日期间，为《湘儒叶郎园（德辉）追悼记》所附照片，原载《文字同盟》杂志 1927 年第 2 期。

这种以古代诔词为体，写成的活人之像赞，无论是近百年前在场观者，还是近百年后的不在场读者，恐怕都会感到匪夷所思，莫名其妙。

这也不由得令人联想到，叶德辉曾经的论敌阵营，"康梁新党"健将——湖南同乡谭嗣同，在早于叶氏被枪毙之前二十九年，留下的那一纸四字骈体遗书：

有心杀贼，无力回天。

死得其所，快哉快哉！

其实，读书人杀得了什么贼？有心无力的读书人们，在相互"摘谬"之后，不过是终成"谬人"罢了。从谭嗣同到叶德辉，从维新到守旧，一茬又一茬的读书人生生不息，死死相逼。那"读书种子绝矣"的感叹，恐怕终究只是空自慨叹罢了。

◎楔子一：叶德辉的日本学生盐谷温

日本著名学者盐谷温（1878—1962），在中国学术界最为知名的著作，莫过于《支那文学概论讲话》（以下简称《讲话》）一书。此书乃是盐谷温在1917年夏的讲稿基础上，又增订了中国戏曲小说研究的内容之后，于1918年底完稿，1919年5月20日（大正八年五月二十日）在日本东京正式出版的，至今已整整一个世纪了。

《讲话》一书，初经中国学者陈彬龢摘译，于1926年3月由北平朴社初版，更名为《中国文学概论》。1929年6月，经盐谷温正式授权，交付时在东京留学的孙俍工重译，复由开明书店初版，书名又改为《中国文学概论讲话》。由于孙译本图文增辑量较大，且印制精美，初版至今近百年来，业已成为《讲话》一书的中译通行本。

盐谷温肖像，原载于《中国文学概论讲话》孙俍工译本。

近百年来，中国读者评价《讲话》一书，往往将此书末章"小说"部分的内容视作最具代表性的篇章。此章之所以引人瞩目，一方面固然有其首次将俗文学纳入研究视野，具备开创性的学术价值；另一方面则与牵涉其中的所谓鲁迅"剽窃案"有关。关于鲁迅所著《中国小说史略》涉嫌"剽窃"《讲话》的那场纷争，因陈源、徐志摩、顾颉刚、胡适等多位知名学者参与其中，一度聚讼蜂起，众说纷纭。这一桩"剽窃案"，曾是二十世纪二三十年代间中国学术界乃至公共文化界的著名公案。

在此，暂且搁置这一桩曾经沸沸扬扬的学界公案，也不必再追索《讲话》的学术成就究竟若何，只不过因之忆及盐谷温曾在华师从叶德辉的旧事罢了。这一颗日本的"读书种子"，原是在中国的"读书种子"培养之下，大器初成，终造就一代文史名家。

时为1909年秋，盐谷温来华，赴北京学习汉语，一年之后，即于1910年冬赴湖南长沙，经水野梅晓（1877—1949）介绍，拜叶德辉为师，直到1912年夏留学期满而归国。

水野梅晓是日本僧人，也是将日本佛教向中国推介的先锋人物之一。他初赴中国就读于上海东亚同文书院第一期，研习道教经典和阿拉伯文，于1904毕业。之后到浙江天台山参拜如静禅师墓地，结识八指头陀敬安，经敬安介绍，旋至湖南长沙开福寺开创僧学堂，讲授曹洞宗教义，同时传授日语，利用这个机会结识当地名流王闿运、王先谦、叶德辉和岳麓山道尚和尚、庐山的太虚大师等。不久又与王一亭、张大千、康有为结交，成为在长沙的日本名僧，其宗教活动几乎遍布中国大陆。1909年，他又主持《支那时事》杂志，其影响力日益扩大。

盐谷温恰于此时留学中国，经其介绍，得以师从叶德辉，可以说是得天时地利与人和，机缘十分难得。《讲话》一书所展现出来的研究构想及其学术策略，就可以从盐谷温对叶德辉的师承中去体味。

事实上，盐谷温追随叶德辉修习中国文学的时间并不长，亲炙的时间可能至多不过半年时间。因为1911年春，叶德辉还是又从书斋走了出来，行东游之举。先是前往上海，再回苏州省亲扫墓。当年10月，辛亥革命爆发，在这一场前所未有的国变来临之际，叶德辉深感惊恐，又避难于南岳衡山。直至1912年初，局势稍见稳定之后，方才回到长沙。这段书斋之外的避难历程，盐谷温应当无法追随相伴了。

那么，在至多不过半年时间里，盐谷温究竟怎样修习，叶德辉究竟传授了哪些中国文学修养与心得呢？盐谷温曾这样忆述当年远赴湖南长沙拜师，以及在叶氏门下的修习情形：

己酉之秋，余在陕西旅行将归，得梅师资助，径住丽廔晋谒。先师一见如故，开口论学，议论风发。余至为倾倒，决意受业，一度返回北京，岁末再度南行，下榻梅师云鹤轩，日夜钻研戏曲，得暇即赴丽廔，请教质疑。先师执笔作答，解字析句，举典辨事，源泉滚滚，一泻千里，毫无凝窒。由朝至午，由午至晚，循循善诱。至会心处，鼓舌三叹，笔下生风，正书蝇头细楷，直下一二十行，乐而不知时移。戏曲原本难解，尤因异国学生不通风俗习惯，不明声音乐律，更兼不解俗词俚语，实属至难，亦有两三度难以为继，几乎前功尽弃。余不止煞费苦心，并且充分预习，只限请教难解字句，更兼候闲暇，察颜色，遇有宾客，即时告辞，务期免扰先师，不避风雨寒暑，数度为守门人所拒，终未辞劳；先师感余之诚，亦认可余之学力，许为可教，夏日酷暑，罔顾汗滴纸上，冬日严寒，罔顾指僵难以握管，开秘籍，倾底蕴以授余。辛亥革命之际，先师下乡避一时之难，旋即归省城，居家无聊，每与余论诗文，评书画为乐。余以不才，得通南北戏曲，实先师教导之赐。壬子之夏，余留学期满，及辞帷下，先师且悲且喜曰：“吾道东矣。”设宴送别，赐律诗二如卷首所刊。

盐谷温的这段忆述，摘自其《先师叶郎园先生追悼记》一文[①]。这篇文章，是叶德辉于1927年4月11日去世，消息传至日本之后，盐谷温饱含悲悼追念之情写下的。当时，其父逝世未久，之前又有大正天皇逝世，按照其人在该文开篇的说法，乃是"半年间连丧君亲师，哀恸天地，不胜哀痛惶恐之至"。

由此可见，在盐谷温心目中，叶德辉这位中国师者，确有"天地君亲师"一般的至高序列。对师从叶氏门下的点滴忆述，也应当是亲切可信的罢。另外，诚如追悼记中所提到的，其"日夜钻研戏曲"，"余以不才，得通南北戏曲，实先师教导之赐"，不难发现，《讲话》一书的学术架构重心，之所以倚重戏曲部分，正与其师从叶氏这段经历密切相关。

此外，值得注意的是，盐谷温的忆述文章，还提到了当年临别时，叶德辉曾"赐律诗二如卷首所刊"。实际上，这两首律诗不但刊载于与该文同期的《斯文》杂志之上，还于1946年至1947年刊载于盐谷温最终修订完稿并出版的《支那文学概论》(以下简称《概论》)之中。及至1952年，《概论》的订正再版本中，仍辑有叶氏所作的这两首律诗。

原来，《讲话》于1919年初版之后，盐谷温对此书体例及内容一直不懈地修改与订正，竟持续了三十余年之久。1946年6月，先是将修订之后的《讲话(上篇)》付印，书名去掉了"讲话"二字，径称《概论(上篇)》。显然，此举有将昔年讲稿体例，正式裁定为著述体例之意。1947年8月，《概论(下篇)》付印出版。同年10月，又将《概论》上下篇合辑为一册，称限定版。1952年2月，又印行订正再版。

---

① 此文原载日本《斯文》杂志1927年8月号。

上述《概论》各版，均由日本东京弘道馆出版。1946年初版的《概论（上篇）》与1947年初版的《概论》限定版，以及1952年初版的《概论》订正再版中，均在书前插页中印有叶德辉的这两首题诗手迹，诗云：

三年聚首日论文，两世交情纪与群。经苑儒林承旧德，词山曲海拓新闻。
载书且喜归装富，问字时将秘笈分。欲向晚香窥典册，蓬莱相望隔重云。

客邸重逢话劫灰，旧游如梦首同回。清谈屡诣王珣宅，乘兴还登郭璞台。
乱后知交半星散，闲来酩酊各山颓。南中四月无烽火，手奉家书笑口开。
俚句奉赠。节山仁兄同学道契，郎园叶德辉，时壬子夏五。

可以说，叶德辉的两首赠别诗，是对盐谷温才学与品行的认可，引为同道，亦师亦友般的情谊，溢诸笔端。盐谷温也相当珍视这一幅赠别题诗手迹，将其印入最终修订完稿的、可视作“盖棺之作”的《概论》一书的各个版本之中。

在印有叶氏手迹的插页之上，还印有盐谷温的介绍辞，十分恭敬地记述道：

叶德辉先生，字焕彬，号郎园，湖南长沙人。博学多识且藏书丰富，编著有六十八种，五百余卷。最擅考证，小学修养深厚，兼通晓词曲。余留学时，从游一年有半，专以元明曲学受教。这幅题诗，是余归国之际，叶氏惠赐的。

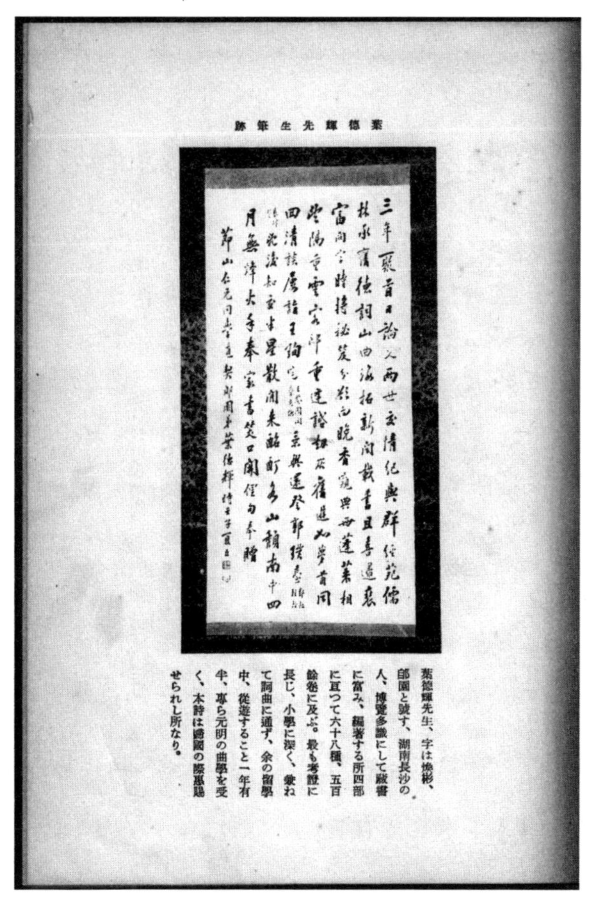
葉德輝先生筆跡

葉德輝先生、字は煥彬、郋園と號す、湖南長沙の人、博覽多識にして藏書に富み、編著する所四部に亘つて六十八種、五百餘卷に及ぶ。最も考證に長じ、小學に深く、兼ねて詞曲に通ず、余の留學中、從遊すること一年有半、專ら元明の曲學を受く、本詩は歸國の際惠賜せられし所なり。

叶德辉赠盐谷温题诗，载于1946年初版《支那文学概论（上篇）》与1947年出版的“限定版”，以及1952年出版的“订正再版”中。

◎楔子二：日本学者诸桥辙次曾与叶德辉笔谈

日本著名学者诸桥辙次（1883—1982），曾编纂有一部皇皇巨著，即那一部至今仍被一些西方学者视作研习古典汉语权威工具书的《大汉和辞典》。这部辞典以殿版《康熙字典》为中心，参考了《说文》《玉篇》《广韵》以及《中华大辞典》等中国辞书，并引证了大量的中国古籍编著而成。

诸桥曾多次访华，面晤过许多中国学者。1938年10月15日，诸桥记述其访华经历的《游支随笔》一书，在日本东京正式出版发行。据此书第五章“旅

叶德辉，1913 年存照，原载《经学通诂》，湖南教育会 1915 年版。

枕”第三节“潇湘游览”记载，可知1920年5月4日，诸桥首次参访叶德辉，因其还有别的访客接待，故让其儿媳来知会，约定后日笔谈。延至5月12日，叶氏亲自回访诸桥，二人终于笔谈了一次。

二人“笔谈”之后，诸桥忆述中对叶氏个人形象及学术水准有如下概述：

大约快满六十岁的样子，没有什么须髯，只是门齿有些突出。脸上挂着金边眼镜，一见便知是世所罕睹的男子。笔谈中，他的学问十分渊博，谈五行学说，称此学说自《焦氏易林》始。这样学识，世间绝少，叶氏本人也颇自负。

5月14日，诸桥又至叶宅参观藏书，叶氏告知，其藏书中的宋版书，大多是购自苏州转运来的。版本时代在元代之后的藏书甚多，数不胜数。应诸桥之请，叶氏还为其写了两通介绍信，一致康有为，一致章太炎。这更令诸桥欣喜无已，将这两通介绍信“顶戴而归”。诸桥与叶氏的面晤，即此1920年5月间笔谈一次，观书一次，共计两次。

《游支随笔》一书中，还附印了叶氏题赠诗札与信札各一通，权作二人两晤之缘的纪念。诗札乃叶氏抄录《陈云伯留别秣陵诗》，书于庚申初夏。那一通信札，即叶氏应诸桥之请，所写两通介绍信之一，致康有为的那一通。信中提到，"及诸桥辙次自长沙回国，道出上海，以未能得见公为憾事"，因此"属予为介绍"，还特别为之介绍称："诸桥乃东方学人，博通百家，归省程朱之学，南北闻人如柯凤荪、缪艺风诸老咸相推崇，其人可知。"

令人略感遗憾的是，或限于成书篇幅，或基于其他考虑，《游支随笔》一书中，并未披露二人笔谈的具体内容。

所谓笔谈，乃是日本学者访晤中国学者时，常会用到的方式。一般而言，中国学者群体中有相当一部分并不精通日语，无论读写均有相当困难；而日本学者尤其是如诸桥这般精通汉学者，则大多尚能书写与识别汉语，二人若有晤谈与学术交流，尚可以进行纸面上用汉语书写方式来一问一答式的笔谈。

仅就目前已知的相关记载，除叶德辉之外，诸桥来华还与章太炎、胡适、陈宝琛、曾广钧等都有笔谈，这些笔谈记录原件，均被其带回日本，辑为一部

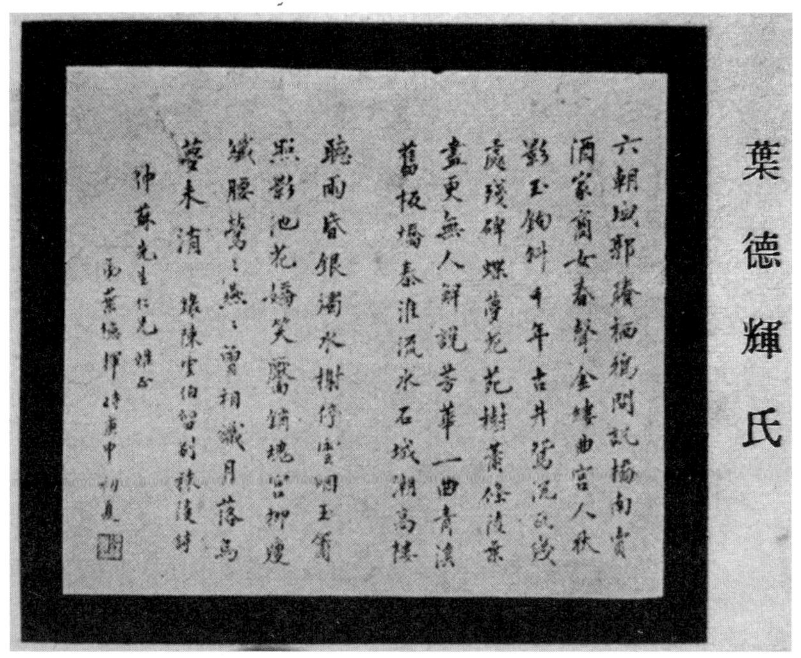

叶德辉题诗，留赠诸桥辙次。

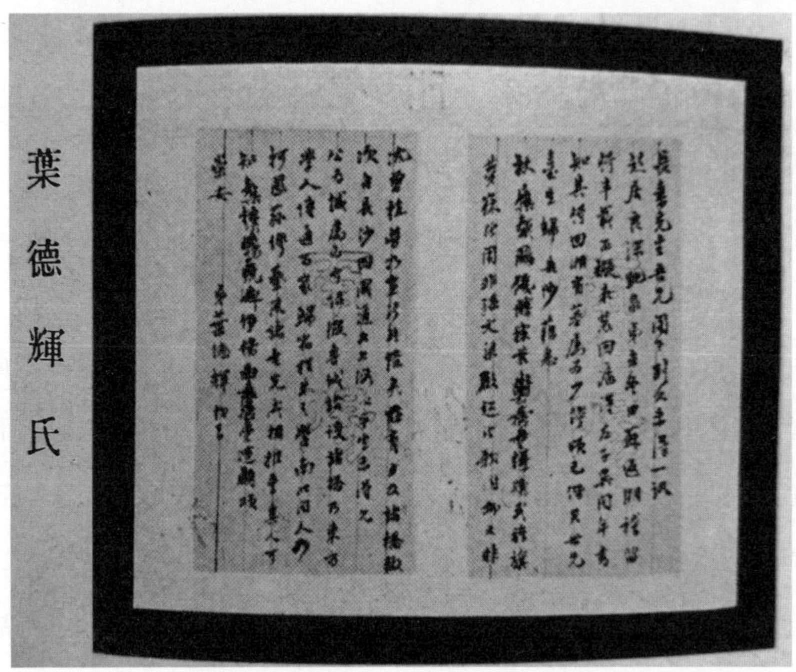

叶德辉为诸桥辙次所写，致康有为的“介绍信”。

《笔战麈余》。这一珍贵文献，至今尚未完全披露。

及至二十世纪末，方有中国学者致力于搜寻这些笔谈存件，并公开披露了诸桥与中国学者笔谈的部分内容①。其中，诸桥与叶德辉的笔谈内容，也终于随之揭晓。

二人笔谈伊始，诸桥即称“高名久仰之”，随即说明“曩在北京，请柯凤孙（苏）先生得介绍”，意即来谒见叶氏，是曾持有柯氏介绍信的。只是后来听说“先生既去沙在苏，以是不携其书”。因为听闻叶氏离开长沙去了苏州长居，所以诸桥在游历潇湘之际，就没有携带这一通柯氏介绍信。

对于没带介绍信的诸桥之谒见，叶氏仍欣然接受，还向其做了一番自我

① 详参：《东瀛遗墨——近代中日文化交流稀见史料辑注》，1999年。

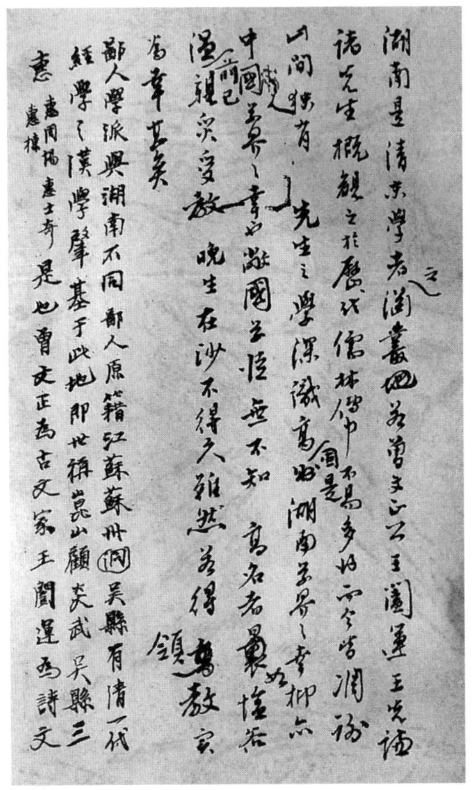

湖南是清來學者之淵叢如曾文正公王闓運王先謙諸先生概觀之於歷代儒林傳中不易多得而今皆凋謝山間獨有先生之學深識高明湖南學界之柳亦中國學界之泰斗也鄙國學界無不知高名者曩於[illegible]望親炙受教 晚生在沙不得久離然得親教實為幸甚矣 領

鄙人學派與湖南不同 鄙人原籍江蘇蘇州府吳縣有清一代經學之漢學肇基于此地即世稱崑山顧炎武吳縣三惠（惠周惕 惠士奇 惠棟）是也曾文正為古文家王闓運為詩文

叶德辉与诸桥辙次笔谈存件之一

介绍称：

自丙辰年到苏州，于去年中历十月始归长沙。本拟于本月内仍赴苏州过夏，因事稽留。适逢先生莅止，得接清谈，欣幸之至。鄙人承贵国学士商家相知二十余年，平时与贵国人交情亦更亲切，故贵国现时无不知有鄙人者。惜不能人人握手。

叶氏这一番笔谈开场白，自我介绍中颇显自负。为此，诸桥也投其所好，以措辞颇见逢迎之态的措辞回应称：

湖南是清末学者之渊丛。若曾文正公、王闿运、王先谦诸先生，概观之于历代儒林中，不易多得。而今皆凋谢。此间独有先生之学深识高，固是湖南学界之幸也。敝国学徒无不知高名者。如盐谷温前已亲炙受教。晚生在沙不得久。虽然，若得领教，实为幸甚矣。

出人意料的是，面对诸桥这样一番逢迎之态，叶氏并不接受，且还为之有相当篇幅的解释之语。叶氏以为，自己的学术领域与治学方法，源于其原籍江苏，“有清一代经学之汉学肇基于此地”，因之与湖南学派有相当差异。为此，叶氏还向诸桥透露，自称与“二王先生相交四十年，平时相见，不谈学问，以学问不同，必起争辩也”。不仅如此，叶氏还颇为自得地声称，“鄙人尚有阴阳五行之学，此皆曾文正、二王先生所不知者”。叶氏还提到，“盐谷从鄙人受曲学，松崎从鄙人受小学（《说文》之学）”，“此二学为贵国向未讲求者”。言下之意，是提醒诸桥注意，日本所谓汉学及汉学家，皆未明晓汉学的核心领域所在，古典文学并不是研习汉学的关键。

在叶德辉眼中，湖南学派虽在清末声名鹊起，但扬名海内者多属文学家，而非汉学家。叶氏向诸桥列举道：

曾文正为古文家，王闿运为诗文家，王先谦为桐城古文家，皆非汉学家也。

既然诸桥与日本诸学者皆对汉学感兴趣，且有相当一部分日本学者也被誉为汉学家，自然应当明晓汉学的研习领域包括古典文学，但并不以此为核心。

叶氏声称：

"鄙人欲传之贵国以存中国将绝之学，惜乎非一年二年所能卒业也。"

对此，诸桥连忙接续一番解释，表达了一番惭愧之意，又接着开始咨询研习之道了。诸桥问道：

"晚生未有专攻之学，但所期在溯伊洛而究洙泗。先生百家之学无不通，请问程朱之学，以读何书为阶梯？"

叶氏的答语很长，为此次笔谈中书写篇幅最大的一处。开篇即为诸桥概括"中国学问，近三百年分两派。汉学宋学是也"，之后娓娓道来，将汉学分为西汉之今文与东汉之古文的来龙去脉，皆扼要托出。除了概括学派源流，叶氏答语中最为核心的内容，乃是明确批评了先世与当世的两位大儒，一是王阳明，一是康有为。

叶氏谈到宋学，称"以程、朱为正宗"，向诸桥荐书为《五子近思录》。颇推崇清初陆陇其，称其为程、朱正宗嫡传，又称"陆最恶王阳明，凡所著书，均痛驳阳明，以为异端邪说"。叶氏认为，"王阳明全是有心立异，学无本原"。针对当时王氏颇受推崇的社会风气，叶氏痛斥道：

"现时中国学者因贵国三百年拜服阳明，亦靡然从风，群相附和，此最无识之事。"

叶氏谈到汉学，称西汉王莽以前之学，因"当时经师传授之本为隶书，故谓之今文"，但今文家传世此类书皆残缺不全，"只有学说，并无正式经本也"。康有为即乘机"以之乱中国"，"故鄙人及张之洞、章炳麟均痛斥之"。对王、康二人的批评之后，叶氏总结近世二人学说大受追捧的原因称：

盖人情畏难喜易，此中国人大病，今日科学不能深入，亦此病也。西汉学易，东汉学难。陆王学易，程朱学难。去难就易，无非为盗名起见。此类人何足与言学问。

一番感言之末，叶氏还谆谆勉励诸桥称：

“先生有志程朱之学，则知理学正轨。熟读《五子近思录》及周子、张子、朱子、吕子诸书，再参陆陇其所著书，则其功过半矣。”

康有为与梁启超合影

接着，诸桥表达了与叶氏所见略同，但对于康氏学说、张之洞著书，以及陆陇其所著书版本仍有一些疑惑，均一一提出，请予解答。叶氏答语如下：

康有为一切学说，鄙人所驳者，多在《翼教丛编》中（此书湖南、湖北、广东、云南均已有之。乱后少见传本）。张之洞《书目答问》在四川学合任内，确为其门人缪荃荪代作。其中讹误甚多，鄙人有校正之本，流传在外，惜未刊行。陆陇其所著书，为《三鱼堂集》，《正谊堂丛书》中多节删。

叶氏答语，简明扼要，措辞非常肯定，足见其学术底气。只不过，此次笔谈中提及康有为之处，皆属批评之语，此处更直接说明了叶氏驳斥康氏学说的著述所在，此情此景联系到两天后叶氏又为诸桥写了一通拜见康有为的介绍信，实在还是颇令人感到有些莫名其妙的。

只能据此揣度，叶氏对康氏学说虽深为反感，但可能对康氏本人并无恶感；尤其是辛亥革命之后（即叶氏笔谈中提到的所谓"乱后"），叶、康二人皆一度以遗民自居，在追缅前朝与文化归宿上的保守心态，二人甚至可能还是有一些同感的罢。

丁福保：为陶渊明“刮骨”

◎ 小引

中国文人历来奉为偶像，倾力追捧的两位古代文士，一是屈原，二是陶渊明。追捧的理由是简单的两条，一是有骨气，二是有文采。前者屈原，自不必多说，《离骚》《九歌》传诵千古，投汨罗江殉国亦是殉道，十足的理想主义完

陶渊明像及像赞，辑自清光绪三色套印本《陶渊明集》卷首。

美化身。而位列其后的陶渊明，各种文学史桂冠也无以复加，在田园诗派开创者、隐逸文化倡行者、节操高旷等诸多视角之下，陶氏俨然就是一位没有赴死的屈原。

◎1923 年：梁启超的“骨感论”

民国十二年（1923）的初春，梁启超因病居家静养，找来各式版本的陶渊明诗文集闲阅自娱。原本是以为读陶氏诗文可以神游田园，享用岁月静好的，可这位“新民导师”却仍然没能消停下来。

他一下子发现了重大学术线索，激动了起来。据梁氏考证，陶渊明的寿命没有到六十三岁，而是只有五十六岁。他迅即重新撰写了《陶渊明年谱》，紧接着又撰写了一篇白话文“陶学”经典之作——《陶渊明之文艺及其品格》。文中第一次从个人性格方面为屈原和陶渊明定格，即屈原是“骨鲠在外”，陶渊明则是“骨鲠在内”。

梁启超的这一鲜明观点，令当时的主流文学史专家及文学爱好者大跌眼镜。这一评价，换作一个不甚恰当但可能更为形象的说法，仿佛是在说屈原乃一个裸奔的骨感美女，陶渊明则为一个着装的骨感美女。屈原是“大美无言”，大家都瞧得见，无须多说了。而陶渊明“秀外慧中”，骨不骨感，骨感的程度如何，则需要具备透视的功力与技巧了。

当然，与维新派一贯勇于践行，却无暇考索的做派相一致，梁启超抛出这个观点之后，并没有长篇累牍地的去将陶氏诗文统统重新训诂一遍；甚至在又抛出“陶渊明是一位缠绵悱恻最多情的人”之说时，连最基本的作为这一新奇论点之论据的陶氏诗文都懒得多抄几句，只是说“因为文长，这里不全引了”。

得出几个新奇特异足以震撼人心的观点，在梁启超看来，几乎也就跟启蒙的作用差不多了，陶渊明的“古为今用”也就点到为止，言尽于此了。

当然，介绍屈原裸奔、陶渊明骨感的论文，销路应当是不错的，更何况是梁启超的大著。就在当年（1923）九月，商务印书馆将梁氏所编《陶渊明年谱》与《陶渊明之文艺及其品格》，合辑为《陶渊明》一书，正式出版发行，迅即在南北各地热销。从1923年到1948年，这一本薄薄的小册子陆续收入商务印书馆的“万有文库”“国学小丛书”“新中学文库”等各种丛书之中，从畅销书变为常销书，一时间，梁任公的“陶学”观念可谓家喻户晓。

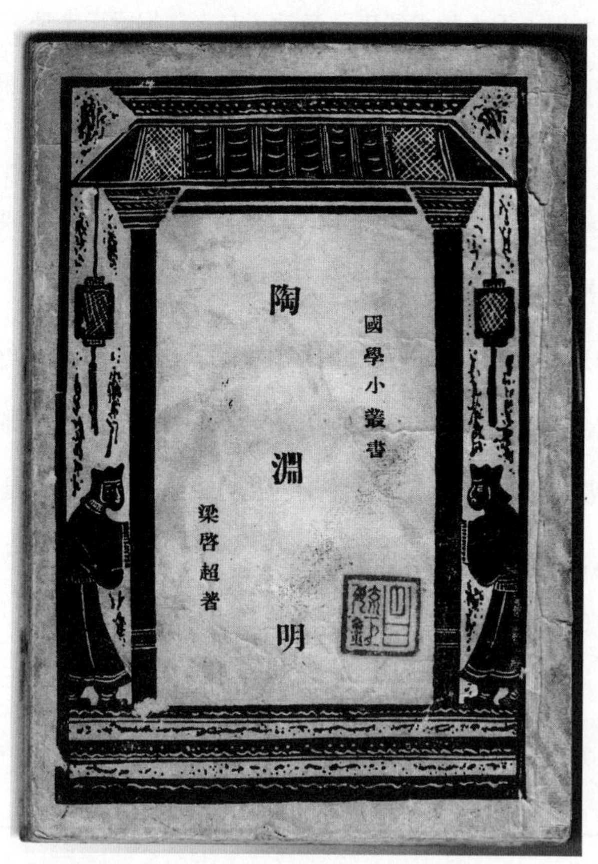

梁启超《陶渊明》，商务印书馆，1923年初版。

◎楔子：1927年：周青云知难而退

1927年，恰逢陶渊明逝世一千五百周年。但凡自以为是文人墨客的，总觉着和这个那个死去千百年的某个古人，有着所谓的灵犀，喜欢陶渊明的知识分子群体，自然在这一年希望能为“陶学”做点什么贡献，留下点什么纪念。

在上海梅白克格路一二一号医学书局里，就有一位名叫周青云的青年男子，正检点旧稿，整理良久，希望能为远在一千五百年前离世的陶渊明，重新写一部传记。

周青云对重撰陶氏传记的创意，应该说无甚创新，还颇为传统，无非是选择一个内容较完整，论述较妥帖的古代原本，在此基础之上选择多个参校本，然后施以多本之间相互比较，纠错订误，去伪存真，如此对勘之后，再比照着辑录出一个更完善的文本。自清代以来的朴学传统，都是如此这般操作，周氏此举当然也不例外。他将这个并不算大胆，也未见得会有多大创见的想法，提出来向其师丁福保（1874—1952）咨询，希望能得到丁氏支持并就在其主办的医学书局中出版。

正忙于《中西医学报》相关编辑事宜，且着手编纂千余卷巨著《说文解字诂林》已近尾声的丁福保，对弟子周青云的这个想法，一时未置可否。时已年过半百的丁氏，暂时搁下手头的烦冗事务，不动声色地让周氏誊录一则将要刊登上报的广告。这是一则丁氏本人编印的各类丛书广告之一种，刊头的大字题曰：“丁福保编，第二次预约，《说文解字诂林》。”内文有曰：

福保搜集说文各书，预备是书之资料，已三十余年。兹将各书依大徐本之次第而类列之。不避重复，不加删削。原书约一千余卷，其内容之丰富与学海堂经解相埒。总计是书之著作者凡三百余人，皆经学家、小学家也。人人究其专精之智识，取许书擘求考索，发挥而光大之，可谓极此学之大观者矣。岂近世揣摩风气，朝荣夕悴之新著作，所能望其项背哉？

周氏抄毕之后，似乎明白了什么。顿时满面羞惭，起身向其师表示歉意，连连自责自己太好大喜功，不自量力云云。

此刻，丁福保也站起身来，微笑着拍了拍弟子的肩膀说，给陶公做谱，这学问大咧。说罢，即从书橱中郑重地取出大小函册一摞书来，有宋人吴仁杰《靖节先生年谱》、王质《栗里年谱》；清人丁晏《陶靖节年谱》、陶澍《靖节先生年谱考异》四种，又从书案间抽取出近人古直《陶靖节年谱》，丁氏抚书长叹称，“陶公事迹尽于是矣”。随即又抽出一册铅印小本，就是那本梁启超所著《陶渊明》，对弟子又说道，“子重为新谱，未必更能胜此”。

丁福保《说文解字诂林》，预约广告。

望着弟子惴惴退去的背影，丁福保不禁也忆往追昔一番。对于青年人而言，理想固然重要，兴趣也很能让人激奋；然而不经历各种挫

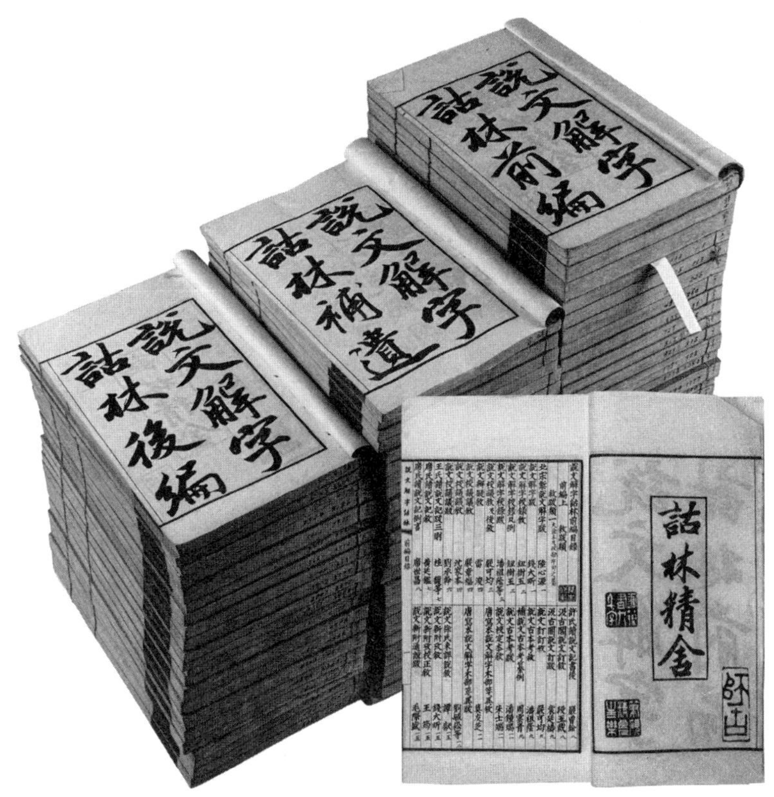

《说文解字诂林》前、后、附编、补遗全。

折与推敲，不经历种种沉浮与切磋，终是不可能在一种更为广阔的视野上去体悟人生的。训诂古书只是人生经历之一种，想要为陶渊明作传谱注诗文，也是需要有丰富的人生阅历作为学术语境的。

◎ 1899—1913 年：人心何须分中西

丁福保于清同治十三年（1874）生于无锡，七岁入家塾就读。按照丁氏自谦的说法，他“天性甚钝”，读书不上百遍不能背诵。十三岁时，长兄为其讲解《左传》《史记》《汉书》《文选》等，他每夜苦读到三更始就寝，于是学业大进。二十二岁入江阴南菁书院，受学于长沙王先谦，读《尔雅》《说文解字》

《文选》《水经注》等；并阅《四库提要》《汉学师承记》《读书杂志》等，始识治学门径。遂立志搜集各种文字学之书籍，这即是其后来倾力编纂《说文解字诂林》的初因。

时至1927年，《说文解字诂林》预约广告中宣称，“福保搜集说文各书，预备是书之资料，已三十余年”；这里提到的“三十年”这一时间刻度，就正始于丁氏就学于南菁书院之时。

乍看起来，与传统旧式文人的生平履历相类的丁福保，似乎就此应在名师指引，勤学博识的道路上，为研学治学终其一生。可是，时至光绪二十四年（1898），二十五岁的丁氏因任职算学教习，位卑薪低，深受乏钱之苦，更觉前途渺茫。某日，研读《史记·货殖传》时，忽然省悟，将书中所言“谋生之术，技艺为先”之语，奉为人生至理。正是这样一句至理名言，成为其人后来弃文从医，并广涉房地产、出版发行、杂志报刊、古币收藏等多个门类投资的思想动力所在，也是其后来之所以能跨界研学，家业兴盛的根本原因所在。

由于学术根基的扎实与灵活多变的谋世策略，早年的丁福保，对国学门径之外的各种学说，不但没有持保守拒斥态度，反而勇于尝试，并乐于拓宽自己的见识和视野。早在1899年，丁氏即辞去薪俸微薄的教习职位，赴上海从新阳赵静涵先生学医，并开始系统学习日文与西文。随即开办译书公会，邀约医学界学者翻译相关著述，朝夕研究，切磋交流，编成生理学、解剖学、病理学、药物学等医学丛书。开放中国医学视野，并随之纳入新的思路与办法，成为丁氏这一时期的重要经历。从这个意义上讲，其人与戊戌变法一派是颇有默契的，只不过他没有选择抛头颅洒热血，而是学外语开眼界；不但苟全性命于乱世，还留待来日大发展。

果不其然，后来在总督端方的赏识下，丁氏被举荐赴日本考察。此行周游帝国大学、千叶医校、青山脑病院与胃肠病院、北里柴三郎传染病研究所、冈山医校、爱知医校，以及各处之附属病院，可谓大开眼界。此行首次接触到了X光医学理论，可以采用X光检查发现肺结核患者。这束神奇的光线，洞开了丁氏三十几年来累积的学识底蕴，使其意识到，空守着故纸怀缅国故是行不通的，无论是国学本身，还是传统中医本身；无论是国家运转，还是个人谋生，都必须得有大尺度的转变，而绝非小圈子里的自信与自恋。

虽然归国之后，由于端方的失势和国内政局的突变，丁氏并没有能将这些思想上的大尺度转变即刻加以践行与施展，但那一束能洞穿人体血肉，洞察骨骼的神奇光线，却始终激励着他，投身于先行探索者的行列。见识过现代科学强大功效的中国医士，当年或许都有意无意地设想过一部“穿越剧”：那位民间传颂千年，为关公刮骨疗毒的神医华佗，如果会说外语，懂得西医，就能使用X光作预诊，注射抗生素防感染，其妙手仁心也将更臻完美。这就是丁福保的时代，已然为理想主义者打开了那扇沉重的闭关锁国之门，敢于践行者就是那个时代的“刮骨神医”。

早在1908年，当鲁迅还在为父亲抓蟋蟀治肺病的时代，也就是鲁迅笔下吃人血馒头治肺结核的那个年代，丁福保即以娴熟的日文功底，翻译了日人竹中成宽的《肺痨病预防法》一书，1911年又撰成《肺痨病一夕谈》。前一年，也即1910年，丁氏已率先创立中西医学研究会，以研究中西医药学，振兴医学为宗旨，这是一个创立较早并突破中西藩篱的医学组织。

紧接着，又于1913年编撰《历代名医列传》，这并非是一部自神农尝百草以来的传统中医群英谱，而是没有中西方学术偏见，既介绍中国历代名医，又介绍了“发明血液循环之哈斐氏（William Harvey，威廉·哈维），发明种牛痘之占那氏（Edward Jenner，爱德华·琴纳），以医术名扬广东之嘉约翰氏（John Glasgow Kerr，约翰·哥拉斯戈·科尔），发明细菌学及消毒法，号称近世之医圣者的古弗氏（Robert Koch，罗伯特·科赫）”等等。因此随着书的出版，丁氏本人也成为向国人系统介绍西洋医学家的国内第一人。也是在1913年这一年，他还创立和发行医学刊物《中西医学报》，这份历时有二十年之久的以贯彻中西医理论与实践的刊物，也当之无愧地成为中国第一份中西医结合诊疗科学的宣言书与说明书。

人心何须分中西，不拘一格降人才。应该说，丁福保从一开始就不是一个

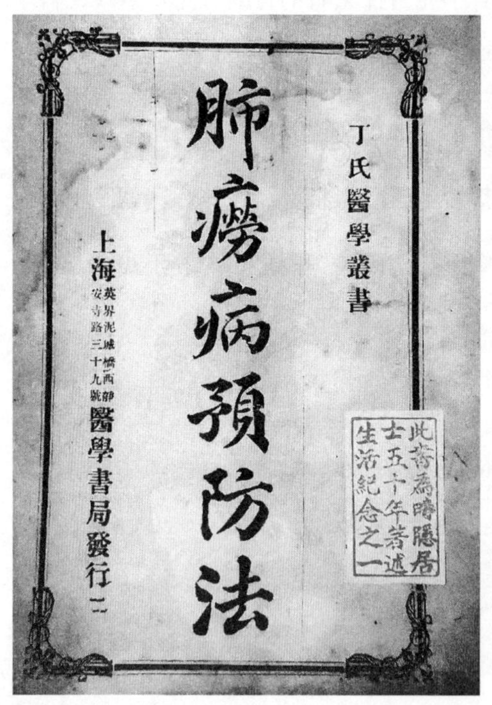

《肺痨病预防法》，丁福保译著，光绪三十四年（1908）初版，此为民国六年（1917）第四版，亦为“畴隐居士（丁福保）五十周年著述生活纪念版”。

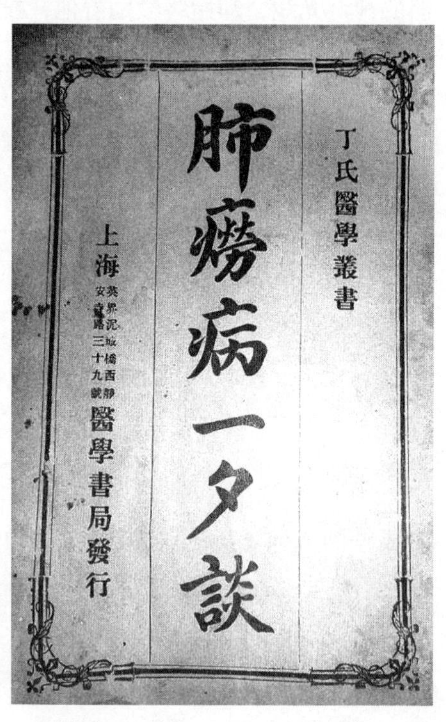

《肺痨病一夕谈》，丁福保编著，宣统三年（1911）初版。

埋首于故纸堆的书斋学者，也不完全是以悬壶济世自命的传统医士，更不单纯是经商谋财的生意人与收藏家，他的人生路径与舞台始终是开放性的，不断开拓也不断转变，很难用一个固定的尺度予其人一个定格。虽然拥有藏书数万卷的诂林精舍，自办的医学书局和各式报刊，自撰出版的各式著述数千卷，丁氏仍然没有在所谓的主流学术界去主动占据什么“大师”名衔，这恐怕仍然与其开放性的视野紧密相关。

◎1914—1920年：心外无法文字缠

1914年，是丁福保思想再次发生大转折的一年。这一年，丁氏开始深思，如何从机体上的病理治疗转向于更深层次的心理治疗。这一年，他开始接受佛教理论。

原来，1914年，丁氏母亲薛太夫人病逝，继之丁氏本人又大病几死，除却深沉的悲痛之外，自身的病痛与无法预知的生命境遇，令其深信医疗之外，人心之抚慰方为人生大药。他开始斋戒诵经，除行医、印书外，广购佛学书籍，做深入的研究。他于1920年刊印的《佛学丛书》自序中说：

余自垂髫后，即喜披览典坟，为义理辞章考据之学者十余年，奔走衣食，任算学教授者六年，翻译医书，为人治病者十余年，积书至十余万卷，而于各种学问皆一知半解，未能深入其奥窔，惟涉猎之余，性喜刻书，因成《医学丛书》《文学丛书》《进德丛书》，凡三部。

然蹉跎荏苒，年逾四十，而道不明，德不立，晓夜以思，为之惧且耻，茫乎未知人生究竟为何也。于是悉弃其向所为学，一心学佛，聚经万余卷，积数年之力，钻研穷究，始知内典之博大精深，非世间书籍所能比拟。

然而，信仰宗教是一回事，解释宗教又是另一回事。当丁氏热心于刻印佛经，校注佛经的同时，却遭受到了来自佛教界主流的批评，这是其始料未及的。

佛教经典文字艰涩，于初学者不易了解。向来精于翻译且乐于大众传播的丁福保，先是选择了一些卷数较少的经典，依照汉儒训诂的方式，逐字逐句地加以解释。这种解释方法，没有烦琐错综的宗门说教，也没有谈玄说妙的高超理论，简单的字句解释，使初读佛经者容易入门。这种逐字逐句解释的方式，原本是通俗的好办法，可在当时的一些佛门中人看来，这种方法乃是肆意割裂经文的“文字障”，不但不利于信徒领悟佛法，还有卖弄儒学功夫，将初学者引入歧途的危险。最典型的例子，莫过于印光大师对丁福保学佛的多次劝诫，这些内容就散见于二人的十九封通信之中。

应该说，二人的前七封通信中，除了僧侣与居士之间交往，必有的那种寒暄客套与互致问候之外，还是礼节性语言居多，实质性的批评与论争并不多。可随着丁氏信念愈深，且将其研读修习的成果——自撰诸多佛教经典笺注及入门指南式的各类著述一一寄达印光手中时，后者对其笺注佛经之举渐有微辞，批评之态度随之愈发明显。在“复丁福保居士书九”中，印光对丁氏欲笺注《六祖坛经》劝诫曰：

禅宗贵在参，不贵在讲。坛经虽有义路，若不开宗眼，不是挽宗作教，即是以迷为悟。禅宗语句，须另具只眼，若不善会其意，未免依文解义作三世佛怨。若或违背教义，只成离经一字，即同魔说。易则易如反掌，难则难如登天。非宗教具通，双眼圆明之人，固不宜轻易从事注解此经也。

在“复丁福保居士书十七”中，印光对丁氏佛学著述的态度，几乎已到了忍无可忍，必须痛斥的程度。信中有这样一段劈头盖脸的训斥与责问：

研究佛学时小影，丁福保存照之一。

立言之道，千难万难。纵学问渊博，欲有著作，或节录成言。必须详审斟酌，察其文势，按其语脉。方可不致因词害意，及以讹传讹之弊。前见佛学指南，引指月录，有略之文意不贯者，及老病死僧，作生老病死。意谓阁下未及详察，偶尔笔误耳。今试检本录，亦作此说，不禁叹息。大凡后世聪明人之著作，多有不审谛处。以才力有余，遂不肯再三斟酌，率尔命笔。虽能利人，人以已为通人，随之以讹传讹，则其过亦非浅显。

接下来直接针对著述本身，印光还有逐字逐句的“摘谬”与批评，最严厉的莫过于针对丁氏对《心经》的注解，对丁氏所言《心经》历代注释者“尤多纰缪”的评价颇为不满，为此大加批驳。信中这样写道：

心经注解甚多，今所流通者，有五家作一本者。其他散见于各方或各书中。然经义无尽，随人所见而为注释。阁下以“尤多纰缪”判之，不禁令人心惊胆战。若谓笺注易于领会，颇利初机则可。若谓古注纰缪，而加以尤多则不可。若果纰缪，祈将五家注中错谬之处，一一指之，以释光疑。否则祈将此句改之。庶不致令无知无识者藐视古德，起谤法谤僧之咎也。

至信件末尾处，印光的措辞几成“绝交书”，他说：

阁下利人之心甚切。以急于成书，故立言多有不审。如谛师序注之驳清凉，弥陀经注之论六方，虽属他人言句，何得以讹传讹。光素不与士大夫结交，故于叙谈不谙法式。或有冲犯，千祈勿怪。

在此之前，印光对丁氏的其他指摘与劝诫也颇多，其间可谓是一个从苦

佛學大辭典
無錫丁福保仲祜編纂
一畫

《佛学大辞典》，丁福保编纂。

口婆心到忍无可忍，再由棒喝痛斥到挥袖而去的历程。印光对丁氏在佛学理论上的理解偏差，佛学著述上的大错特错，佛教认识上的贪多泥古，以及丁氏推行静坐养生之举的佛学道家学说混杂不清等，甚至于丁氏佛学丛书的定价过高，用铅字排印的效果欠佳等各个方面，都曾予以了或严厉或委婉的批评，明确表示出不满意与不认可。

《佛学大辞典》等丁氏编印佛学类书籍，预约广告。

从现存的印光给丁氏的十九封信件中可以看到，丁氏这一次为祈求心药而皈依佛教，继而倾心于佛学著述之举，转瞬间成了一厢情愿的自求心安而已。自1920年以来，《佛学丛书》十余种陆续出版问世之后，丁氏的佛学热情随之逐渐消退。虽然在佛学界，尤其是居士群体中，丁福保之名与《佛学大辞典》《佛教小辞典》等诸多佛学入门读物，还是一样普及大众，深入人心（弘一法师曾称赞丁氏读物颇利于初入佛学门径者），但于丁氏本人而言，这一趟寻觅人世大药之举，只能算是得失参半，问心无愧而已。

◎1924—1927年：畴隐终归文字禅

人的一生，往往是画一个大圈之后，又往回走，重新走到起点。丁福保在经历弃文从医的人生大转折之后，又洋为中用地经历了诸多人生事业变革之举；自1914年虔心学佛以来，中药、西药之后的人生大药——“心药”，却仍然没能找到。之后，复又重回书斋，整理书橱，要捡识起当年的儒学根底，希望能完成多年的夙愿，成就那一部承续国学根基的大著《说文解字诂林》。

丁福保早年自号畴隐，颇具意味的是，陶渊明四十八岁时所作《还旧居》诗中首句，即有一个“畴”字。陶诗云，“畴昔家上京，六载去还归”，在这里“畴”字只是一个发语助词，没有任何含义。反观丁氏自1914年开始学佛，至1920年印行《佛学丛书》结束，从虔心学佛到回归古文字学，其间正好也是六年时间，正所谓“六载去还归”。此刻，像是与陶渊明结束六年田园生活重回故居的个人境遇，仿佛突然产生了某种莫名的共鸣。或许，二人这样类似的人生境遇，也就如同一个无义的“畴”字一样，皆是悄然进入一次人生的回归历程而已。

或许正是诸如印光等宗教界、知识界主流对丁氏的批评，让丁氏更一意发奋，要毕三十年之功撰成《说文解字诂林》一书。从印光看到丁氏笺注《心经》时的“心惊胆战”，到业界、坊间流传的丁氏印书泛滥，牟利颇厚之说，对晚年丁氏而言，都会有意无意催生出一种以学术成果证明自己的冲动与决心。这是人之常情，也是其人此刻可以实现的一种抱负。

诚如丁氏在《佛学丛书》自序中所言：

未能自度，先欲度人，以盲引盲，人已两失，甘露不善用，而翻成毒药，是余之所大惧也，然必待自度而后度人，恐度人终无其时，此余所以毅然决然而笺注佛经者，职是故也。

原本就是救渡人心，被世人视作苦海良药的佛学理论，丁氏因个人生活境遇之转变，因缘际会而为之孜孜求索，继而欲宣扬广播以利己利人。此番本意真诚，无可斥责，可丁氏自序中的一番话，读来却颇有自我解嘲之意味——未能被佛学界主流所认可的一番求索之旅，令其不得不再度回归儒学，寻求精神上的终极抚慰。

已年过半百的丁福保，自1909年到上海生活（时年三十五岁），以行医及出版为业，已经匆匆十五年过去了。每日除应诊之外，业余生活大多就是居家读书，研学不辍。每天鸡鸣即起，日间于院中应诊，晚间则于灯下研读，十五

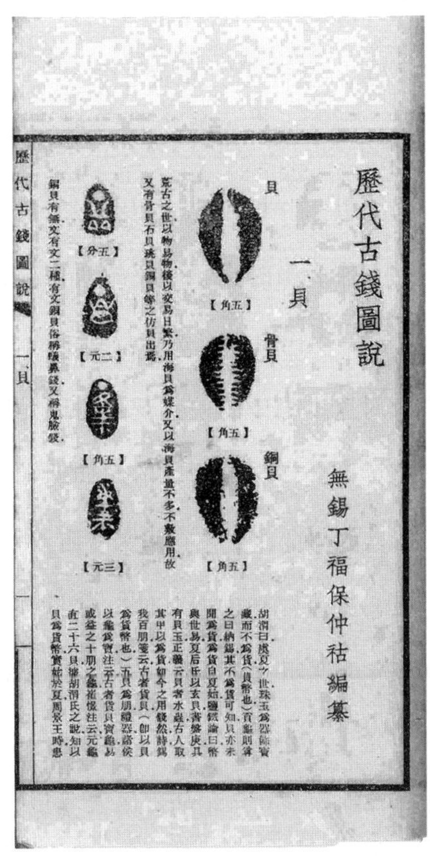
歷代古錢圖說

無錫丁福保仲祜編纂

一、貝

貝【角五】

骨貝【角五】

銅貝【角五】

荒古之世，以物易物，後以交易日繁，乃用海貝為媒介，又以海貝產量不多，不敷應用，故又有骨貝石貝珧貝銅貝等之仿貝出焉。

【分五】【元二】【角五】【元三】

銅貝有無文有文二種，有文銅貝俗稱蟻鼻錢，又稱鬼臉錢。

歷代古錢圖說　一、貝

歷代古錢圖說

《历代古钱图说》，丁福保编著。

研究文学时小影，丁福保存照之一。

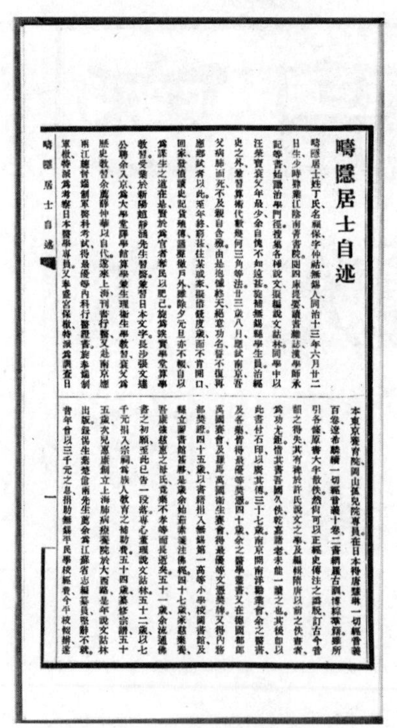

疇隱居士自述

疇隱居士姓丁氏名福保字仲祜無錫人同治十三年六月廿二日生少時肄業江陰南菁書院閱四庫提要讀書雜誌漢學師承記等書始識治學門徑搜集各種說文撰編說文詁林同學中以汪榮寶袞父年最少余自愧不如遠甚旋補無錫縣學生員治經史之外兼習算術代數幾何三角等法廿三歲八月應試南京吾父病肺而死不及親自含殮由是抱恨終天絕意功名誓不復再應鄉試者以此至年終窮甚住某戚家擬借錢度歲而不肯開口回家發憤讀史記貨殖傳踰獵徹戶外雖除夕元旦亦不輟自以爲謀生之道在是暫於爲官者寧以肥己旋爲俟實學堂算學教習受業於新陽趙靜涵先生習醫兼習日本文字長沙張文達公聘余入京爲大學堂譯學館算學兼生理衛生學教習袞父爲歷史教習余處靜仲華以自代遂來上海刊書行醫又赴南京應兩江總督端制軍醫科考試得最優等內科行醫證書旋奉端制軍檄特派爲考察日本醫學專員又奉盛宮保檄特派爲調查日本東京養育院岡山孤兒院專員在日本得唐慧琳一切經音義百卷遼希麟續一切經音義十卷二書網羅古訓博綜羣籍書所引各條原書大半散佚然尚可以正經史傳注之譌脫訂古今書韻之得失其有裨於許氏說文之學及編輯隋唐以前之佚書者爲功尤鉅惜其書吾國久佚乾嘉諸老未能一讀之也其後即以此書付石印以廣其傳三十七歲南京開南洋勸業會余之醫書及各藥皆得最優等獎憑四十歲余之醫學叢書又在德國都郎萬國賽會及羅馬萬國衛生賽會得最優等文憑獎牌又得內務部獎證四十五歲以書籍捐入無錫第一高等小學校圖書館及縣立圖書館甚夥是歲余始研索道藏注佛經四十七歲承慈秉吾康強慈惠之母氏竟棄不孝等而長逝矣五十一歲余流通佛書之初願至此已告一段落專心董理說文詁林五十二歲以七千元捐入宗祠爲族人教育之補助費五十四歲纂修宗譜五十五歲次兒惠康創立上海肺病療養院於大西路是年說文詁林出版錄偶生業楚傖兩先生薦余爲江蘇省志編纂員堅辭不就昔年曾以三千元之息捐助無錫平民學校經費今平校停辦遂

疇隱居士自述

《历代古钱图说》附录：《畴隐居士自述》。

年如一日。时至1924年，丁福保检点自家藏书，已达“十万又三千”卷，其中自然不乏珍本、善本，而大部分又与其早年接受的古文字学理论有关，遂开始兴建一所名为诂林精舍的书房，以便能够更好地静心研究。他将位于上海大通路瑞德里的旧居重新翻修，另筑一小楼，三间二层，此处即为诂林精舍。楼下为中厅，东为客室，西为食堂。楼上图书满架，古今典籍咸备，生活起居皆在此精舍之中。

精舍建成的前一年（1923），梁启超所著《陶渊明》一书出版，丁氏自然也看到了。此书作为当时文学研究的通俗读物，影响之巨，丁氏自然也是感觉到了的。丁氏本人对这本书中的一些观点也颇赞同，自幼喜读陶公诗文的他，读此如遇知音。梁氏倡言的“批评文艺有两个着眼点：一是时代心理，二是作者个性”，用这一观点来研究陶渊明，无疑是摒弃了那种酸溜溜的学究气，更有活生生的人情味。丁氏于此心存默契，其早年的经历本就与梁氏论调不谋而合，在研究陶渊明这个学术问题上，活生生的人格视野关照，梁、丁二人本就如出一辙。

至于书中提到的《陶渊明年谱》，梁氏推出陶公五十六岁而非六十三岁之寿的新论，丁氏也非常认可。在他看来，书中都是旧式儒学根基上的新发明；这些根基上用足功夫是能够清楚证明的，即使是有一些言辞新奇的“怪论”，丁氏向来照单全收，绝不因噎废食。梁氏本就是儒学根底上的同道中人，梁、丁二人的儒学根底，也是早就预设了这种认可的。当丁氏后来得知其弟子周青云拟编《陶渊明年谱》时，梁著《陶渊明》就是一本很好的参考资料，即刻被其强力推荐。

当然，这薄薄的一册《陶渊明》勾起丁氏的记忆，还绝不仅仅是一种单纯的学术认同，恐怕还会因之联想到当年印光在信中，对梁启超和他本人相提并论与一并指责。忆昔“复丁福保居士书十七”之中，曾有这样的评述：

梁公文章盖世，聪明过人。惜于佛法未深研究，但依日本人所论者而叙之。故致虽无大碍，颇有不合宜之论，间次而出也。梁公如是，阁下亦如是。皆由急于成书，未暇斟酌之所致也。

评述之后，印光还为之总结称：

大聪明人，大名人，立言必须详审，不可率尔。以人以己为模范故也。若平常人有错谬处，人尚易知而易改。若名人则人必以讹为正，而互相讹传也。

作为“有幸”为印光将之与梁公并提的“大聪明人”丁福保，此刻不禁掩卷长叹，先前只是认为一帮遗老宿儒的守旧之顽固不可救药，没想到在舶来千年的佛学界竟也同样如此。更令丁氏始料未及的是，在佛教界内部人士的眼中，即使作一些佛经笺注的基础普及工作，也会招来如此严苛的非议。为此，也不妨换个角度思考，遥想梁公此著一出，势必也会招来一大帮所谓的“国粹专家”之围攻，推己及人，两两境遇相似，不禁令人哑然。

话说正忙于一千零三十六卷皇皇巨作《说文解字诂林》整理编撰的丁氏，读到梁公新著，别有心契，也颇得振奋。丁氏觉得梁公创见的“骨感论”，新奇震撼，令人过目难忘，梁公的那双闪烁着如X光般透彻识见的巨眼的确了得，似有震烁古今的神通力量。而以中西医结合救助病患多年的丁氏，也终归要从多年修习的文字训诂上一展身手，要尝试着去为陶渊明的“骨感”验明正身。试想千年之前的华佗，为关公刮骨疗毒的故事流传千古；现今的丁氏，则要为陶渊明这一文化经典符号，剔除历来的种种“文字障”，着力返本清源，

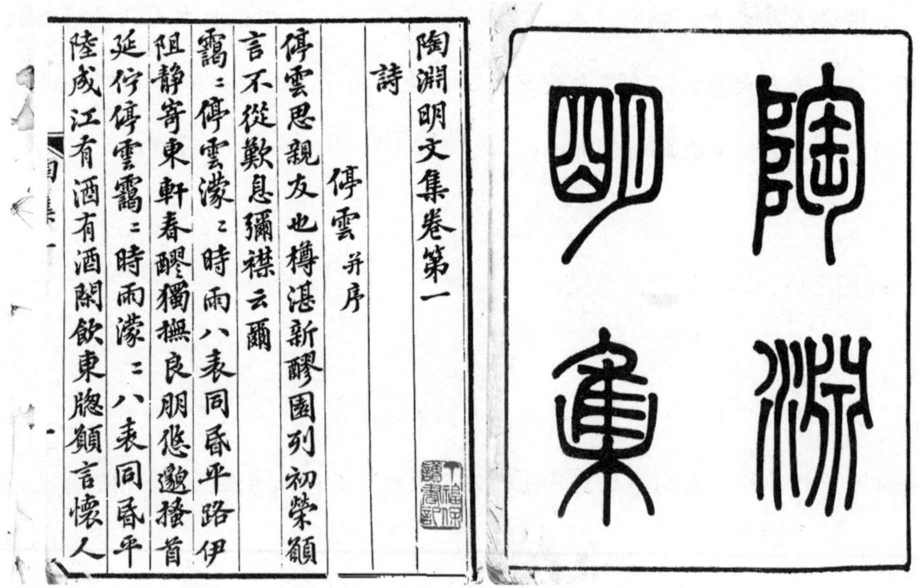
陶淵明集

陶淵明文集卷第一
詩
停雲 并序
停雲思親友也罇湛新醪園列初榮願言不從歎息彌襟云爾
靄靄停雲濛濛時雨八表同昏平路伊阻靜寄東軒春醪獨撫良朋悠邈搔首延佇
停雲靄靄時雨濛濛八表同昏平陸成江有酒有酒閑飲東牕願言懷人

《陶渊明集》，摹刻苏轼手书陶诗，丁福保藏书。

让后世读者得以一睹“骨感”真容。

1927年夏，丁氏所编著的《说文解字诂林》基本完成，进入出版前的审校阶段，对外的宣传预约也已展开。终于在告一段落的巨量编著工作之后，他开始于“公余之暇，笺注陶诗”。

◎1927年：创新诠解陶渊明

研究陶渊明的学者圈子里，对十九世纪末至二十世纪末的百年，有一个很显著的阶段划分，即十九世纪末到1928年，可以被称之为“陶学”现代化阶段。什么叫现代化，无非是新文化运动以来，运用所谓的新语体、新观点、新视角来对陶渊明及其著述加以新的评述而已。当然，首当其冲的是王国维、梁启超、鲁迅、胡适等人。之所以选择1928年这个时间刻度，无非是因为胡适所著《白话文学史》是在这一年由上海新月书店初版，可以视作文学史研究领域的现代化历程告一段落了。

王国维提到陶渊明，是在《人间词话》里对陶诗的评价，他认为陶诗是“无我之境”，抒写的是“不隔之景”。鲁迅提到陶渊明，是在各篇杂文和讲演稿中；1927年8月在广州所作《魏晋风度及文章与药及酒之关系》讲演，就曾明确提及：

陶潜总不能超于尘世，而且，于朝政还是留心，也不能忘掉“死”，这是他诗文之中时时提起的，用别一种看法研究起来，恐怕也会成一个和旧说不同的人物罢。

应该说王国维谈陶渊明，是从审美技术角度的评判，还带有一定的旧式文论性质；而鲁迅谈陶渊明，则已经步梁启超后尘，重点在谈人格，是新派的文艺评论了。胡适则干脆将陶渊明“革命化”了，其著《白话文学史》中提到：

陶潜的诗在六朝文学史上可算得一大革命。他把建安以后的一切辞赋化，骈偶化，古典化的恶习都扫除得干干净净。

这种观点似乎又将梁启超的论点更向前推进了一步，胡适借陶公诗文摇身一变成为彻头彻尾的“革命派”，梁启超曾经的高论一下子被打压成缩头缩尾的“改良派”了。在这场乱纷纷“我注陶公，陶公注我”的文艺大评判中，“千年隐士、田园鼻祖”的陶渊明也未能再隐居下去，其人势必要作为一个被各种思潮所吸纳改造的文化符号，重新演绎与解说之后，高举着粉墨登场，招摇过市。然而，在后世主流文学史、思想史的种种阵营划分中，唯独缺少了一个里程碑式的时间刻度，在这个重要的时间刻度上，应当对应着一位重要人物与一本重要出版物。

那就是1927年8月由上海医学书局出版的，丁福保编著的《陶渊明诗笺注》。这是一部对陶渊明诗以及年谱加以专题研究的专著，是同时代唯一能与梁启超著《陶渊明》相匹配的专题著述。王国维、鲁迅、胡适所提到的陶渊明，皆为其著述之一小部分内容而已，绝非专题专著；可奇怪的是，丁氏此著唯独不入主流学界法眼。

如果说王国维为旧学大师，梁、鲁、胡皆为新派旗手，各自声名赫赫、引人注目的话，丁氏此著至少也应归入陶学的传统整理类著述之重要一环。令人

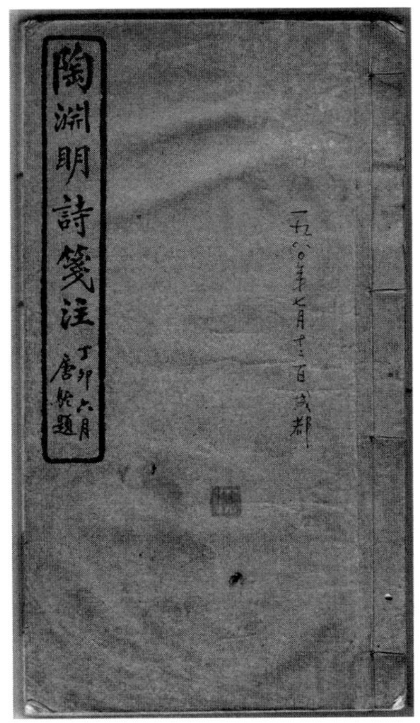

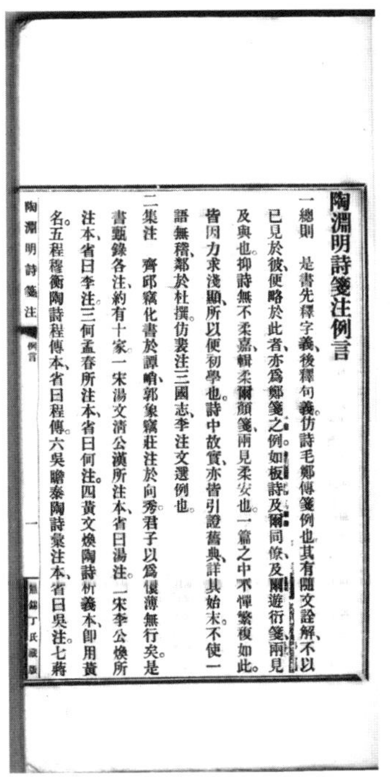

陶淵明詩箋注例言

一總則　是書先釋字義、後釋句義。倣詩毛鄭傳箋例也其有隨文詮解、不以已見於彼、便略於此者、亦爲鄭箋之例。如板詩及爾同僚、及爾遊衍箋兩見及與也。抑詩無不柔嘉、輯柔爾顏箋、兩見柔安也。一篇之中不憚繁複如此。皆因力求淺顯、所以便初學也。詩中故實、亦皆引證舊典、詳其始末。不使一語無稽、鄰於杜撰。倣裴注三國志、李注文選例也。

二集注　齊邱竊化書於譚峭、郭象竊莊注於向秀。君子以爲偎薄無行矣。是書甄錄各注、約有十家。一宋湯文清公漢所注本、省曰湯注。一宋李公煥所注本、省曰李注。三何孟春所注本、省曰何注。四黃文煥陶詩析義本、即用黃名。五程穆衡陶詩程傳本、省曰程傳。六吳瞻泰陶詩彙注本、省曰吳注。七蔣

陶淵明詩箋注　例言　一

無錫丁氏藏版

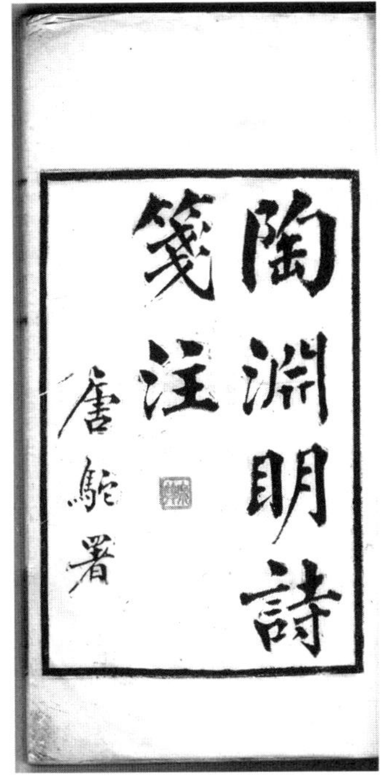

《陶渊明诗笺注》，丁福保编著，1927年医学书局初版，封面、扉页题签及例言。

费解的是，古直所著《陶靖节诗笺》及《陶靖节年谱》，傅东华所著《陶渊明年谱》也为学界津津乐道，丁氏此著却湮没无闻。难道说丁氏在佛学界对其笺注佛经颇多微辞之后，即使笺注一本古代诗词，也这么令人不屑一顾吗？丁氏著述是否真有所谓的硬伤，不符合学术规范或妄自篡改经典而为人所不齿吗？

在编著《陶渊明诗笺注》之前，丁氏已有一千零三十六卷的《说文解字诂林》撰毕，其古文字训诂方面的功底，即便是做抄书匠，边抄边学着做完这千余卷的“小学”功夫之后，也应无大碍且略有小成了罢。少年师从名儒王先谦门下，又坐拥数十万卷藏书的丁氏，当年已出版各类著述数十种，为陶诗作注，当是深思熟虑，轻车熟路而后为之；之前的各式笺注著述也练兵久矣，不至于一上陶诗之战场，即丢盔弃甲而归吧？

尚有一题外话，是1922年丁氏的又一“豪举”。可能由于在佛学殿堂的门槛上被印光痛责而颇为失望之故，丁氏转而对道家学说忽然心生向往。1922年，他又选辑道教经籍百种，编成一部《道藏精华录》。就在1927年，编著《陶渊明诗笺注》之前，还编著了《老子道德经笺注》。道家学说对丁福保的思想观念，到底有多大影响，“无为无不为，无可无不可”的中间立场，在一生多与文字打交道的丁氏生涯中又将促成怎样的变革？或许，翻一翻《陶渊明诗笺注》就可明了。

《陶渊明诗笺注》一书的最大特点，就是既非纯粹的合乎旧学训诂传统，更非完全的古为今用式的新派评论。很难用一个固定的著述模式去判定丁氏撰述此书的基本思路，往往是刚看了两句笺注，以为是回归旧式集注传统的博学做派；再往下看两句笺注，又忽而变为言之凿凿的评判论争。

且看在例言中明确指出的十个参考注释本，实际上在正文中引用的各式注

《老子道德经笺注》《陶渊明诗笺注》等图书广告。

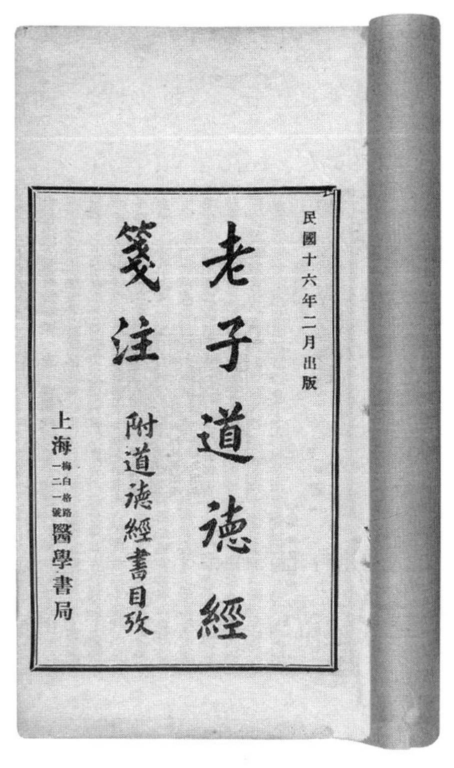

《老子道德经笺注》，丁福保编著，1927年初版。

本、论著却多达数十种，上至先秦诸子，下达明清诸儒，可谓洋洋大观，这些博学广涉的诸多版本，在例言中却只字未曾提及。再者，书中注、校、释、论混杂，也并不符合严格的学术体例；尤为奇特的是，大量的《庄子》《老子》原文及其注释充斥其间，大肆引用庄老诸语词来论释陶诗，不但在“陶学”史上闻所未闻，且于例言中也并未提及。诸此种种，此书从体用二端上，都无法为正统学术观念所接受。

如果预先对丁氏笺注陶诗之前的心境有所了解，如果预先对丁氏曾研读过大量道教经典有所知悉，那么，就应当可以揣测到，这“无为无不为，无可无不可”的中间立场，可能即是丁氏笺注陶诗的一个预设前提。若这一揣测成立，此书在体用上与主流知识界的做法背道而驰，也就不足为奇了。譬如，在《陶渊明诗笺注》卷二《形影神》三首的注释中，“正宜委运去”一句，丁氏在句子下方的双行小字尾注中写道：

彭祖非不卫生，三皇非不立善，今同归于尽矣。然日醉乃至促龄，立善亦无汝誉，念之甚而徒伤其生也。能委运而去，则其神全矣。委运二字，是三篇结穴。纵浪四句，正写委运之妙，归于自然。

试问这样的句子，是注？是笺？是论？是评？是按语？还是丁氏本人的读书笔记？丁氏没有明白标注，可字里行间，透露出来的道家无为思想，可谓淋漓尽致。

至于宋代以后流行的关于陶渊明“耻事二姓”的忠君论调，丁福保通过细致的校勘查验，给予了明确的批驳。在《陶渊明诗笺注》卷三开篇，丁氏即以三百字的一篇小序论述“反忠君论”的基本要点。他根据持“忠君论”者所持晋亡后陶诗只以甲子记年而不用新国年号这一观点，查考出在晋亡之前二十年，陶诗已用甲子纪年，因之“忠君论”之说并不成立。他为之总结道：

其所题甲子，盖偶记一时之事耳。后人类而次之，亦非渊明之意也。世之好事者多尚旧说，今因详校故书，于第三卷首，祛来者之惑焉。

无疑，这样的学术评判虽用语平和，实则严苛之至，让持反对意见者哑口无言、无言以对。

虽然梁启超在《陶渊明》一书中也意识到“忠君论”的不可信，可能由于无法“详校故书”，所以只能站在个人的情理立场上说“我们是最不赞成的”，又不得不在情理上揣测着说“对已覆灭的旧朝不胜眷恋，自然是情理内的事”。丁氏则因坐拥群书，有条件也愿意下功夫，运用训诂校注的技术手段，给出了梁氏只是在情理上得出判断的真实依据，这即是丁氏的旧学底子与新学眼界，以及新旧参半的技术手段。当然，这样的别出心裁，无论在新学、旧学圈子可能都并不十分讨巧。还好，丁氏出版自个儿的著述，一不靠他人举荐，二不借稿费糊口，自办的医学书局，完全是自负盈亏，自说自话。这或许就是“无为无不为，无可无不可”这一道家理念，能在世间达到的最高境界罢。

作为对后进晚辈的提携，可能也是对自己往昔理想主义的一种缅怀，徒弟周青云先前撰著《陶渊明年谱》的想法被丁氏重新启动。原本已经中断撰著的周青云重新在丁氏的鼓励与扶助下，也于当年完成了年谱编写。年谱秉承和坚持了梁启超的观点，即陶渊明世寿五十六岁而非六十三岁，这在当时，也是唯一以专著出版方式支持梁氏观点的案例。

研究医学时小影，丁福保存照之一。

至于陶诗“悠然见南山”句中的“南山”，丁氏指定为庐山；《读山海经》诗中“形天无千岁”，丁氏力排前贤众议，力主“天”应为“夭”字。凡此种种“创获”，不胜枚举。所有这些看似标新立异之论，皆是丁氏通览诸多稀见版本之后，自然而然得出的自信结论。这些结论，在陶学研究中，有的至今还在沿用，有的则还在争论。始作俑者丁福保，却在笺注完这一部诗集之后，一头扎进了训诂学、目录学和古币收藏之中，自顾自地回归了自己的本来喜好之中。

◎尾声

或许，在丁氏看来，为陶渊明“刮骨”之后，治病救人的功夫与责任已经尽到。各界精英要将“陶渊明”这一符号作为祖师供奉也好，作为标本解剖也好，都不再是他作为一名医者能继续参与的事业了。参与过算学教习、西医译述、开办书局、地产投资、笺注佛经、静坐养生、选辑道藏，可除了对古籍经典的热爱与对诊疗疾患的自信之外，实在再也找不出可资信赖，并为之付诸一生精力的事业来了。

1940年，丁氏生前出版的最后一本大部头著述《历代古钱图说》中，附录了一份《畴隐居士自述》，时年六十六岁的丁氏，有一段略带谦逊又自作慰藉的夫子自道，可谓这样一位“刮骨”级神医的生涯存照。文中这样写道：

余天性鲁钝，口才体力，文章学问，事事皆不如人，故不敢奔走夤缘，乘机攫利非分之为。而即此闭户安居，有稀粥足以果腹，有蔬果足以适口，有布帛絮绵足以蔽寒岁，有子女足以娱晚景，有奴仆足以应门户，代洒扫，有小屋十余间，足以蔽风雨，有老友七八人，每逢七日来复之初，咸集诂林精舍，足以破岑寂而为丽泽之资，有书十五六万卷，足以消余暇而为温故知新之一助。此种冷淡生涯，在十丈红尘中，虽不为世所歆羡，而余则已觉享用之太过矣。

乌乎！年近七十，寡过未能。读书不克实践，学道未能深入。欲以驳杂不纯之学，以自文其浅陋，聊一覆视，辄自恧然。

或许，先师王先谦的汉儒风范，“新民导师”梁启超的胆魄雄识，佛学宗师印光的精严，乃至陶渊明的“骨感”，都并不能真切契合丁福保的人格与生涯，他既为之惭愧，更为之遗憾。然而，作为一个“百科全书”式的先行者，丁氏之后，又有几人能望其项背呢？抛开其人生前已然印行的数十种专著不谈，单单是那些为初学者准备的各式丛书、入门指南的一大摞册子，而今又有

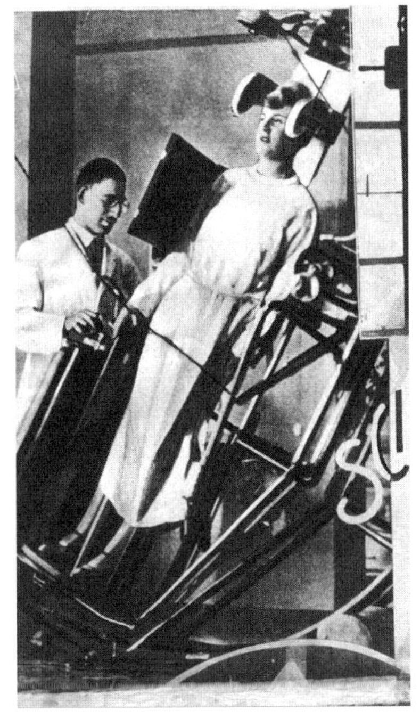

X光摄影机为医界重要之器械，然因其构造之复杂不易移动，现有人发明活动摄影床，一种置病者于床中可以随意移就X光摄影器，极称便利云。此图文介绍原载《寰球画报》，1930年第1期。

《X光下》，以漫画方式呈现X光之下的都市男女，间接表明当时的国内都市大众的医学经验里，已普遍有以X光诊察病症的惯例与常识。作品原载《中国漫画》，1935年第3期。

几人能真正领会，并敢于堂而皇之地为之“摘谬”呢？

丁氏生前不为人理解，或者说不全然为人理解，其根本原因就在于，他太博学，太勤奋——让人难以思议的博学，令人不可思议的勤奋。他的博学，不仅仅是其个人的进步，时人能否随之进步，也成为是否能理解其人其事的关键所在。他可以给陶渊明“刮骨”，剔除历代对陶氏的扭曲与误解；也可以是中国最早用X光诊疗，并倾力推行中西医结合治疗的医者；可他唯独做不到的是，给整个社会“刮骨”，为整个时代“诊疗”。

王季烈：物理学家变形记

◎ 小引：物理学家“北逃”记

1911年，武昌城头一声炮响，给中国送来了革命党和三民主义，也送走了一位原本住在北京，名叫王季烈（1873—1952）的物理学家。说送走了，送到哪里去了？其实离北京不远，就送到天津。只不过这位将近不惑之年的物理学家，声称再也不愿意回到北京，因为他认为此时“国将不国”，那里“人亦非人”。

1935年，王季烈的五妹写信给他，希望其尽快结束二十多年的漂泊生活，返归北京安家置业。已经年过花甲的他，仍然不愿踏上归途，在回信中写了一首诗，表达了不可能归去，以及不能归去的理由。诗题《五妹贻书劝作归计以诗答之》，诗云：

同怀总九人，我长妹最稚。稚者年四五，长者六十二。

棠棣荣连枝，萱草茂于背。天伦有至乐，曷为辽东滞。

殷勤寄远音，劝归亦良是。岂知阿兄心，别有难言意。

我幼秉庭训，家世传修名。人臣既委贽，所矢惟忠贤。

我年当强仕，遭遇帝祚倾。故乡交蹄迹，狺狺吠尧声。

正言触时忌，跬步胥榛荆。鸿鹄远罗纲，宁可事遐征。

在昔谢叠山，十年逋闽峤。母寿登九十，寄诗述怀抱。

教子欲何为，冰玉坚清操。痴儿何时归，江东兴礼教。

我亦有此心，旦夕苍穹祷。中原澄清时，儿归奉色笑。

吾妹通诗礼，甫嫁丧所天。靡他柏舟心，抚孤逾廿年。

河间妇闻之，谓愚不谓贤。恶直而丑正，浊世良宜然。

兄妹性情肖，相期秉彝全。独行我所是，何恤今人言。

诗中提到的“岂知阿兄心，别有难言意”，王季烈究竟有什么难言之意，使其背井离乡，二十年不能返家？当年，其人离开北京时，虽然时任资政院钦选议员，也不过是一个无足轻重的空饷虚衔；还有所任的学部专门司司长一职，在京官中也属并不起眼的清闲职位。国民革命军即使来了，宣统皇帝退位也都还能住在紫禁城里，像王季烈这样的小官，也不会怎么追究法办，多半还会委以适当职位，继续留任或调任。这一点，他自己心里应该明白，他的家人们，包括五妹也迟早会明白。那么，这“难言意”从一开始，就不会是大家都能理解的那个意思，不会是改朝换代时的保全性命之意。这“难言意”，终于在其离开北京二十三年之后，以一首诗的形式表达了出来。

王季烈借用古人典故，以“痴儿何时归，江东兴礼教”之句，谈到了对民国时代“礼崩乐坏”的愤慨——如果不恢复王朝时代的礼教，看来是永世不会再回到北京的。又有“中原澄清时，儿归奉色笑”之句，看来其人此时心境，还颇有点像当年陆放翁之悲壮，中原不重新平定，王朝不重新恢复，也绝不会返京。

诗中后半段还提到五妹的一段伤心往事，原来她婚后不久即遇夫丧，含辛茹苦抚育遗孤也达二十年之久。但其兄王季烈认为，在当时那个“礼崩乐坏”的时代，像五妹这种美德不但不会得到赞扬与尊敬，反而会被“谓愚不谓贤”，引来世人讥笑。在这样一个“恶直而丑正”的“浊世”里，兄长在外漂泊二十年与五妹守寡二十年，实质上都是一回事，既然都得不到世人的认可与理解，“独行我所是，何恤今人言”即是唯一的办法。于是，王季烈仍然没有回去。

《北京失守，宣统逃走》，辛亥革命时期木刻套色宣传画。

◎ 物理学家学术履历概览

1873年9月7日，王季烈出生于江苏省长洲县（今苏州市）。1894年，也就是中日甲午海战那一年，他参加乡试，考中举人。后边两年时间，在考中举人静待效命朝廷的间隙，跑到浙江兰溪去做了幕宾，就是那种没有正规编制的官府师爷。戊戌变法期间，又奔赴上海，出任《蒙学报》助理编辑。

《蒙学报》是上海蒙学公会的会刊,是一个“专为蒙养说法”的学会，是近代国人自办的，第一份专门针对儿童教育的刊物。这一时期的王季烈，开始接受维新思想，从一个没有正规编制的师爷角色，转变为以维新救亡为己任的新派知识分子。可能正是在这一时期，也开始接受西方学术，并对之产生浓厚兴趣，为之后成为一名物理学家，奠定了知识基础。不久，又进入上海江南制造局，参与译著工作。正是在这一阶段，作为物理学家的王季烈声名鹊起，俨然西学达人做派。

1898年，王季烈与受聘于江南制造局的英国人、著名翻译家J．傅兰雅（Fryer）合作翻译，将美国W. J. 莫耳登（Morton）与E .哈麦（Hammer）的合著《X射线，或不可见射线的照相术及其在外科中的重要性》中译出来，并以《通物电光》的中文译名，在当年即予印行。

虽然在翻译过程中，王季烈仍然可能与当年的林纾一样，只是扮演了一个中文转述者或中文编辑的角色，但在当时的历史背景与客观条件下，理解国外尖端科技理论，远比理解外国文艺作品要专业和困难得多；转述出来的文字，对于普通读者而言，也无异于天书。所以，这样的理工科类中译本出版物，在当时的中国图书市场里，必然是寂寞乃至落寞的，不可能像林纾所译的那些外国小说一样，受到国内读者追捧与热炒。也正因为如此，作为物理学家的王季烈，似乎从来没有进入过所谓近现代翻译史专家们的法眼，因为即便如今翻检这些王氏译文，恐怕也会觉得并无什么“文学价值”，毕竟科学与文学，从来就不是一码事。

另外，《通物电光》的出版时间，比伦琴发现X光（1895）仅仅晚了四年，因此中国物理学史专家戴念祖又称此书是当时所有译书中最为及时的一种，这可以算是后来为王季烈正式加冕“物理学家”这一桂冠的定论，从此王季烈的“物理学家”头衔不必再加上引号。

值得注意的是，《通物电光》的出版时间，还几乎与严复所译《天演论》同步[①]。在翻译文字的信、达、雅方面，王季烈熟练的中文转述功夫，似乎与严复所主张的译事旨趣如出一辙。譬如，对X这个英文字母的中文译解，王氏就明确指出：

爱克司即华文代数式中所用之“天”字也。今因用“天光”二字文义太晦，故译时改之曰“通物电光”。

王氏将X光译为“通物电光”，虽然这一译名后来并没有通用，可这一译名还是比较能反映X光的特点的。对于当时还生活在千里眼、天眼、神通等各种神话系统、感性思维体系中的国人而言，较为形象生动，更易于接受。

时至1900年，由江南制造局出版的《物理学》，第一次将“物理学”这个名称在中国正式提出，也第一次将这一学科与王季烈本人联系起来。因为这部《物理学》也是王氏的译著，这部大学水平的教科书问世后，迅即产生较大的影响。清末学者顾燮光在《译书经眼录》中这样评价道：

---

① 按照学术界通行说法，一般而言，认为《天演论》成书的最初版本，乃是光绪二十四年四月，即1898年6月，由湖北沔阳卢氏慎始基斋根据严复改订的样本刊行，分上下两卷，刻本一册。

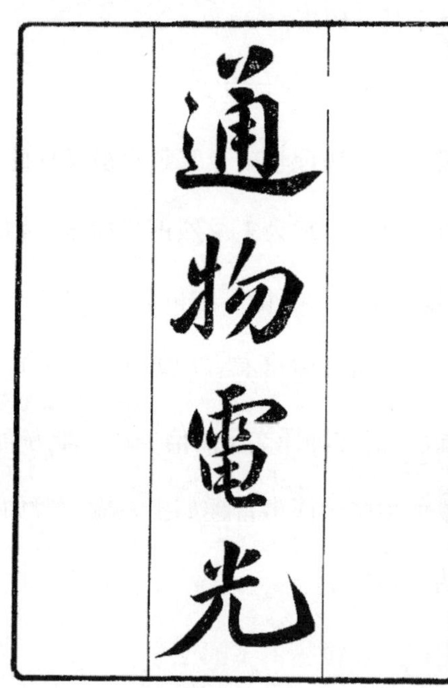

通物電光

光緒己亥年刊
於江南製造局

通物電光卷一　論各名目解說

美國莫耳登撰　英國傅蘭雅口譯
長洲王季烈筆述

第一章論弗打

常人以爲已所不知之事必最難知之事凡與電氣有相關者咸以爲必有大奧妙之處或可震驚之事存焉查電氣一事西國格致家現在尚未考求得爲何物而萬物內所具之別種力亦未能確知其所以然者如平果生於樹上秋時已長足則蒂鬆而脫落平果自墜於地而其所以落之故問之格致家則以爲地球有吸力將平果吸下至

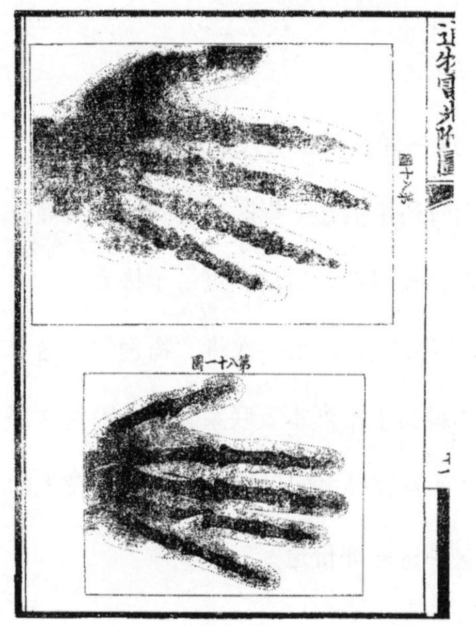

《通物电光》，王季烈等编译，江南制造局初版本。扉页题签、牌记、正文首页及附图（X光通过人类手掌所成图像）。

论理精确，且有实验、列式以相发明，洵理科中善本也……理既精，译言亦雅，言格致者亟宜读之。

《物理学》一书在此后流行了近二十年，成为二十世纪初高等学校（堂）普遍采用的物理教材。当然，严格说来，这部《物理学》也只是属于王季烈的转述性质的编译作品。因为提出“物理学”中文译名的第一人并非王季烈，而是一位叫藤田丰八的日本人。第一本称之为《物理学》且具有大学水平的物理学教科书，是依日文本翻译过来的，也是由江南制造局出版的，译者正是藤田丰八。藤田原本打算用中国当时通用的“格致”作书名；但参与该书中文翻译并予以转述重编的王季烈，则主张用中国古已有之且日文已经采用的译名“物理学”一词。最终，《物理学》横空出世，中国传统文人的“格物致知”理论，开始走向现代化学科体系，虽然只是更换了一个小小的译名，王季烈却师出有名地让传统学术迈向了现代化。

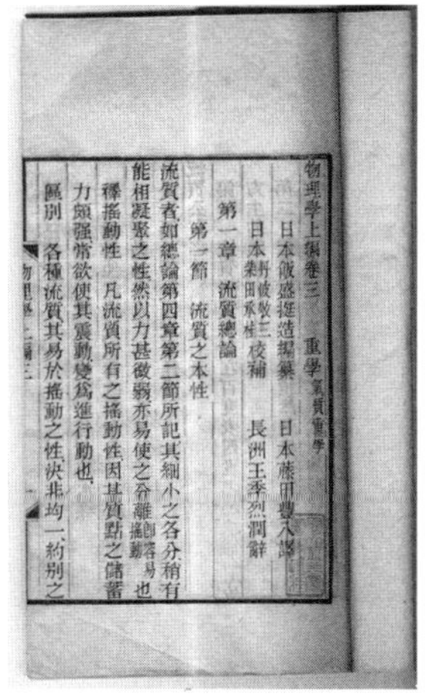
物理学上編卷三　重學 氣質重學
日本飯盛挺造編纂　日本藤田豐八譯
日本丹波敬三 柴田承桂 校補　長洲王季烈潤辭
第一章　流質總論
第一節　流質之本性
流質者如總論第四章第二節所記其細小之各分稍有
能相凝聚之性然以力甚微弱亦易使之分離[illegible]也
禪搖動性　凡流質所有之搖動性因其質點之儲蓄
力頗強常欲使其震動變爲進行動也
區別　各種流質其易於搖動之性決非均一約別之

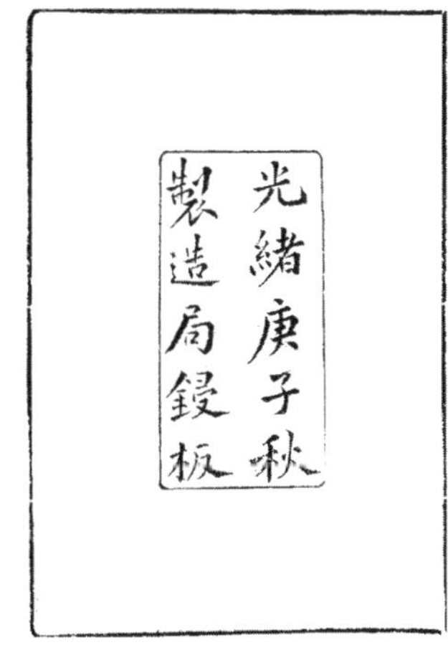

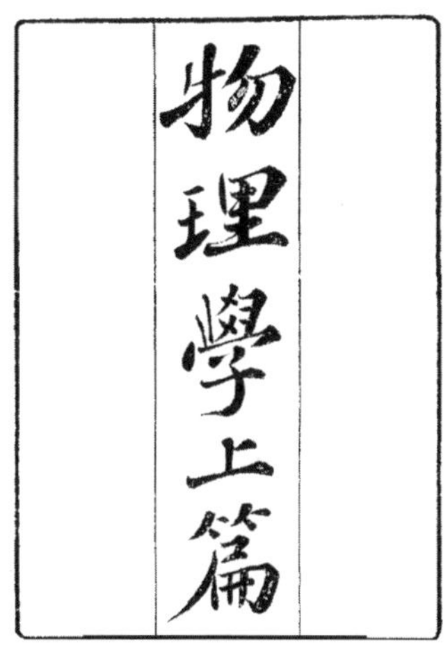

《物理学》，日本饭盛挺造编纂，藤田丰八译，王季烈润辞，江南制造局 1900 年初版（上篇）。上篇扉页、牌记及正文首页。

在参与编译《物理学》以后，王氏还到汉阳铁厂、北京译学馆任理化教员，并兼任商务印书馆理科编辑。“物理学家”的盛名传到紫禁城中，刚经历过甲午惨败、戊戌变法、庚子国变的清王朝对王季烈予以了提拔重用，1905年至1911年期间，委任其为学部专门司郎中、司长，兼京师译学馆监督，又任资政院钦选议员。“物理学家”终于可为国效力，中国文人传统中的“穷则独善其身，达则兼济天下”的永恒逻辑，眼看就要接着演绎出来了，王季烈由物理达人升格为政治达人的逻辑链条已然畅通。

教職員姓名錄（依姓字筆畫爲序）

姓名	別號	年歲	籍貫	在館職務	從前職業	現在職業	現在居所
丁福保	梅軒		江蘇無錫	算學 生理衛生學		著書行醫	上海梅白格路一二一號醫學書局
卜朗西			法國	法文			
于德懋	森圃	八十	貴州貴筑	庶務提調			
孔拉德			德國	德文			
巴克斯			英國	英文			
水鈞韶	孟庚	五十四	江蘇阜甯	法文	京奉鐵路局長		
毛邦偉	子龍	五十七	貴州遵義	教育	教育部編審		
王季烈	君九	五十九	江蘇長洲	理化 監督	清學部司長	↑	上海西愛咸斯路三八六號轉黃涵之先生宅
王鴻年	魯璠	五十八	浙江永嘉	國際公法	記名全權公使駐日代辦使事		北平東四北船板胡同內財神廟胡同十四號
王季點	琴希	四十四	江蘇長洲	理化	農商部技正		

教職員姓名錄

壹

京师译学馆教职员名单及照片（王季烈），辑自《京师译学馆校友录》，1931年印制。

◎物理学家的窘途末路

格物致知，是中国文人传统中的重要一环。旧式知识分子的人生路径，往往是在知识学习→实践论证→知识运用的互动循环中经历的。由格物致知获得经过证实的正确理论，这一过程最终指向的是“道”。“道”不是简单的知识体系或认知模式，而是一种思想只能企及，不能最终抵达的超验代名词。

儒家传统的理想目标，则把这种不可抵达的超验境界挪移至人间，退而求其次，寻求道与理的结合，追求道在理中的实践与实现。道与理的结合，遂成为中国传统知识分子的日常功课和终生志向。诸如治国之道、治学之道、治家之道，甚至替天行道、盗亦有道之类，无一不是这种儒家理想的日常实现。在这样的千年传统中，儒生王季烈，自然也不例外。其人势必需要从物理学家的角色，转变为更为理想化的政治专家，进而实现格物致知的终极目标——治国之道。

学部专门司司长，相当于国家教育部司级领导的职位，正是为王季烈这样的专家级知识分子设置的一个特别岗位。在这样的岗位上，格物致知似乎可以直接转化为治国之道。

上任伊始，王季烈即参与游美学务处（清华学校前身）选派留学生的工作。1908年，清政府学部颁发了中、日、英三种文字对照的《物理学语汇》，收入物理学名词近千条，由商务印书馆出版发行，这是我国第一部由政府颁发的物理学名词规范。名词语汇的标准化，对中国近代物理学的专门化与现代化铺平了道路。

虽然作为政府官员的王季烈，不再逐字逐句地去揣摩中译本的可读性，不再从事具体的转译编辑工作，可编印《物理学语汇》及选送留学生的具体工作，都是在其亲自主持下进行的。从行政工作开展的角度上讲，其人亲自主持，专业性得以保证；从政治热情的角度上讲，其人亲自主持，主动性与责任心也远远高于那些没有专业背景的平庸官僚。

然而，要从物理转到治国的思维路径上去，王季烈还有很长的路要走。除了学部专门司司长，如何扮演好资政院钦选议员的角色，成为这一路径转向中的重要关卡。1910年10月，资政院第一次常年会在北京召开。其间，民选议员以半在朝，半在野的姿态，已然形成了一股立宪派政治势力。作为钦选议员的王季烈，身在朝，心在朝，如何周旋其间，如何为国效命，成为比物理学研究困难得多的课题。

1911年7月25日，资政院下设的中央教育会第五次大会召开，讨论国库补助小学经费案，身心俱疲的王季烈又要集中精力，准备与民选议员们辩难一番，没想到这一次竟然听到了朝中同僚陆光熙的诘难。陆氏公然提出："学部之开中央教育会，原欲聚多数人士相与琢磨，学部会员不应列会员之席。"①

这不禁令其惊诧万分，原来同是身在朝廷吃皇粮的同僚，也未必同心相携、共克时艰。数日后，1911年8月3日，中央教育会第十次大会召开，这一次集中讨论国民教育案，钦选与民选代表激烈争执，双方相持不下。半路杀出个程咬金，又是陆光熙倒戈一击，他甚至公然指责"学部司员把持会议"。此时此刻，王季烈忍无可忍，立即予以回击。他率学部诸员群起辩难，会场秩序为之一乱。②

在这场清末立宪大戏的分会场中，逐渐体力不支的王季烈，仍竭尽全力，履行了一个国家官员的应尽职责。他不顾物理学家的专家本色与颜面，竭力维护了一个苟延残喘的国家政权之体面。早在会议筹备之初，学部本议设记者席，王季烈考虑再三，出面反对，因之作罢。当时，他还打趣说："使此次果列新闻记者席，则吾政策将为之一变，临议时吾亦须略骂学部一二语，以博声

---

① 详参：《中央教育会第五次大会纪》，原载1911年7月31日《申报》。

② 详参：《中央教育会第十次大会纪》，原载1911年8月9日《申报》。

誉。今若此，吾心略安矣。”[1]

看来，这“物理学家”经过近十年的官场历练，已充分领悟了治国之道的变通与无奈。虽然设法阻止了设记者席的提议，可后来为了平息众议，还是设置了旁听席位，王季烈在随后的内部会议中，为之解释道：

当时原议即普通旁听席一律概不设置，以冀免去一切闲话。后始行预备普通旁听券，然须严加限制，在京议员由学务大臣领取，在外议员由会长领取，独于新闻记者则深闭固拒。[2]

王季烈的一再变通，仍然没能挽回早已预料到的窘迫处境。旁听席一说被曝光后，京师报界对此愤愤不平，“且有直揭不设席之隐衷者”[3]。迫于压力，当局只好将会场略加扩充修饰，添设旁听席，准许新闻记者入座旁听。结果，会议期间旁听的记者多达百余人，几乎和代表人数接近。

1911年8月3日，中央教育会第十次大会上的那场骚乱，成为各家媒地竞相报道的焦点新闻。各家传媒纷纷以大量篇幅予以报道，十分详尽地记述了会议的全过程。这一场让媒体叫绝的好戏，很容易令人联想到如今还偶有见到的，欧美各国议会中唾沫横飞，老拳狂挥的场景。一场群争闹剧之后，王季烈拂袖而去可矣；事后的艰难履职，自不必为外人道。这样举步维艰的状况，直到1911年10月之后——武昌城头一声炮响，彻底震垮了立宪大戏台。

---

① 详参：《中央教育会开会三纪》，原载1911年7月23日《申报》。

②③ 详参：《中央教育会杂闻》，原载1911年7月26日《申报》。

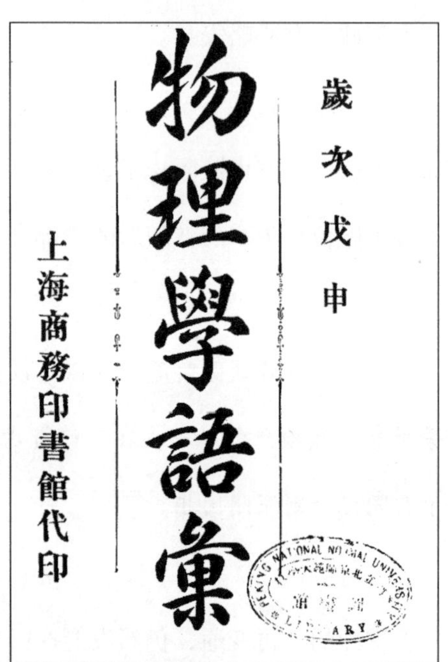

光緒三十四年正月第一版印刷
光緒三十四年二月第一版發行

翻印必究

編纂者 學部審定科
刷印者 上海北河南路北首寶山路 商務印書館
總發行所 學部圖書局售書處
發行所 京都 上海 商務印書館

《物理学语汇》，学部编定印行，封面及版权页。

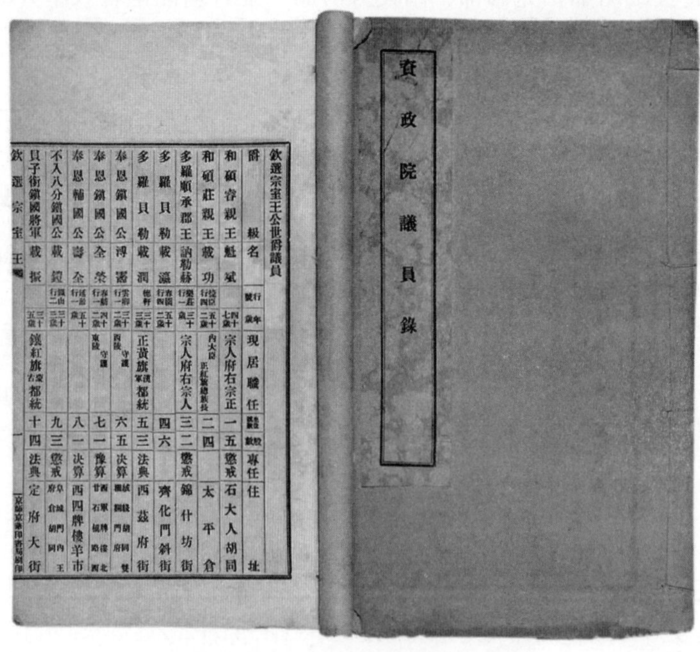

欽選宗室王公世爵議員

爵級	名	行號	年歲	現居職任	議席號數	股數	專任	住址
和碩睿親王	魁斌		四十七歲	宗人府右宗正	一	五	懲戒	石大人胡同
和碩莊親王	載功	[illegible]行四	五十二歲	內大臣 正紅旗總族長	二	四		太平倉
多羅順承郡王	訥勒赫	[illegible]行一	三十歲	宗人府右宗人	三	二	懲戒	錦什坊街
多羅貝勒	載瀛	[illegible]行四	五十二歲		四	六		齊化門斜街
多羅貝勒	載潤	德軒	三十三歲	正黃旗漢軍都統	五	三	法典	西[illegible]府街
奉恩鎮國公	溥[illegible]	[illegible]行一	三十二歲	西陵守護	六	五	決算	[illegible]
奉恩鎮國公	全榮	[illegible]行一	四十二歲	東陵守護	七	一	豫算	[illegible]
奉恩輔國公	壽全	[illegible]行一	五十歲		八	一	決算	西四牌樓羊市
不入八分鎮國公	載鎧	鐵山行二	三十三歲		九	三	懲戒	皇城[illegible]胡同內[illegible]王
貝子銜鎮國將軍	載振		三十五歲	鑲紅旗蒙古都統	十	四	法典	定府大街

京師京華印書局鉛印

《资政院议员录》，清末印制。

黎元洪率军攻打清军阵营，民国初年明信片。

◎1912—1927 年：十五年寓公生涯

民国元年（1912），身心俱疲的王季烈，终于得到解脱。既不是物理学家，也不是政治专家的他，既不仓皇也不张狂地撒手而去，颇有点挂印归田的意思。原籍苏州的他，却没有选择南归，而是继续向北，“北逃”而去。

在天津已经注册公司的王季烈，并不是一个非得靠公务员薪水养家糊口的人。乐利农垦公司、华昌火柴公司，两家公司的董事长，都正是王某人，似乎可以彻底清闲下来，去做一位寓公，开始享受人生了。

收拾起大地山河一担装，四大皆空相。历尽了渺渺程途、漠漠平林、叠叠高山、滚滚长江。但见那寒云惨雾和愁织，受不尽苦风凄雨带怨长。雄城壮，看江山无恙，谁识我一瓢一笠到襄阳。

在天津的私人别墅里，时常听得到王季烈几句苍凉的昆腔唱词。“家家收拾起，户户不提防”的票友口头禅，在他这里，倒成了每日必修的功课了。那一出《千钟禄·惨睹》里，讲的是朱棣攻陷南京，建文帝剃度出逃，唱的那一支著名的《倾杯玉芙蓉》，就经常从王氏口中吞吐而出。

可在众友朋眼中，王季烈可不是一位只会唱唱曲的闲人，他是见过世面，撑过场面，能别开生面的人。以物理学家定格他的身份，会有很多问学者前来请教西学精义，没想到在天津作了寓公的王氏，对这样的拜访者往往答非所问，甚至还经常当面痛斥所谓的西方文明，他常说：

欧西之物质文明确胜东亚，而其精神则未脱其野蛮之积习，以金钱万能之故造成社会上种种罪恶，以扩张权势之故牺牲国际间无数民命。

他甚至隔着别墅的窗子，指着租界中那些对外国人过分殷勤的国人，连连说他们“恨不能皙其肤而碧其睛，庶几谓他人父”。看来，王季烈是彻底不想再做物理学家了。那么，面对旧日同僚、朝中故友的探访，又作何应酬呢？

1917年正月，刘幼云、陈诒重、章一山等人到访，他们希望王季烈赴上海，策划溥仪复辟的“大业”，王季烈双手摊开，摆手示否，同时却说出了四个字，“宜缓十年”。十年后的1927年，时年五十五岁的王氏，突然惶恐不安。在天津租界里已做了十年寓公的他，不知道是需要兑现十年前的那个承诺，还是有什么别的不祥之预感，匆匆迁居至大连。据其后来忆述，这1927年的北迁之举，确有隐情，笔下似仍有后怕之意：“丁卯，又一大变。虑后来之乱更甚于今，不愿玉石俱焚，乃避地辽海。”

这里提到的“大变”，指的是什么？是蒋介石与汪精卫两个国民政府的横空出世？“后来之乱”，所指又为何事？这一笔带过的语焉不详中，可以真切地体味到王季烈当年的惶恐。或许，这段从1912年开始，至1927年结束的寓公时光，意味着这位做了十五年大闲人的王季烈，就此又将开始一段新的人生旅程，说不定摇身一变，又做回了一个大忙人。

实际上，从1922年开始，王季烈就已然有些忙碌了。不过这一次非关物理学，非关其一直从事的房地产生意，更不与政治沾边。原来，一直慨叹“礼崩乐坏”且自诩还能唱点小曲儿的王氏，这一次不再从礼法的国家体制层面去实践，而直接从曲乐入手，希望能改变“尚新声而轻雅乐”的世道风气。为此，结识了北京的度曲名家刘富梁，共同着手整理大量的昆剧经典剧目，并标注能够随之演唱的工尺谱，以便恢复人们对“最为古雅”的昆曲之正确理解与喜爱。

时为1925年，王季烈与刘富梁共同订正编辑的《集成曲谱》，以皇皇三十二册的巨制，由商务印书馆出版发行。该谱分金、声、玉、振四集，共

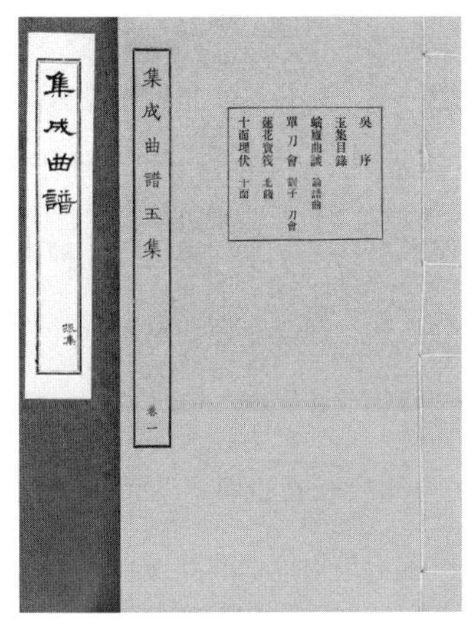

《集成曲谱》，王季烈、刘富梁合编，函面笺条、封面及特制书匣。

三十二册，收八十八种剧作，四百一十六个折子戏。所选曲子皆流行于时，宾白完备，颇受业界内外人士好评。继之又成立曲社，谈论曲学；低吟高唱，笛韵弦歌的生活，已俨然曲学家身份的王季烈，忙得不亦乐乎，直至1927年突然北迁大连为止。

◎1927—1937：十年“螾庐”心事与心史

1927年，王季烈迁居大连，筑别墅于白云街九号。刚到大连时，仍然陶醉在那一段长达十五年的寓公生活方式之中。时不时地，邀友呼朋，唱上几支小曲儿，谈论几段戏文，研讨几部曲谱。

1928年，在友朋的再三追捧与怂恿之下，王季烈将为《集成曲谱》所撰的四章总论摘选出来，合编为一部《螾庐曲谈》，仍由商务印书馆出版发行。这样一来，其曲学家身份更为各界周知——从前的那位北京的物理学家与钦选议员，就此更是隐没无踪了。

螾庐，是一个很古怪的别号。所谓螾，通蚓，意即蚯蚓。螾庐，也就是蚯蚓的住所。王季烈为什么要以蚯蚓自喻呢？试想一下，蚯蚓其实是根本没有固定居所的，它钻进土壤里，始终不会轻易钻出地面，它的天地就是一片狭窄、泥泞的地底通道，自己钻探，自己前进，自己保护自己。王季烈以这样一种生物自喻，估计内心的安全感与成就感也并不十分强烈，他究竟还要钻研到什么程度，钻探到什么样的天地呢？

1930年秋，罗振玉弟子孙宝田陪同大连的金州会长曹世科，恭请王季烈到金州明伦堂讲学。此次讲学的主题有些特别，既不是物理学的翻译心得，也不会是学部专门司的从政心得，更不会是其终日哼唱的那些小曲儿的唱法心得，这一次他要讲《孟子》心得。虽然王氏并非什么国学名门出身，也不是什么自学成才的国学大师，但由于罗振玉也到场讲《论语》心得，他也就相应着讲《孟子》；一个论“仁”，一个取“义”，两位曾同在中央教育会任职的同仁，此刻你仁我义，倒是非常妥帖的安排。

王季烈每周在明伦堂讲学三小时。讲学期间曾自撰一副对联，以示心得体会的总纲。对联是集合《论语》《孟子》中的文句而成，联曰：

三代学皆明人伦拒诐息邪，予不得已也；

十室邑必有忠信博文约礼，可以弗畔矣。

从继续唱小曲儿，到讲学《孟子》心得，王季烈迁居大连之后的生活，似

1925 年，因冯玉祥逼宫，逊帝溥仪被迫离开北京。在日本人的保护下逃往天津日租界，原为清末湖北提督的遗老张彪，将溥仪全家连同宫女、太监、遗老遗少，接入张园暂避。此为溥仪在张园与日本军官合影。

乎不闲也不忙，生活一如过往。直到一年后，给郑孝胥写了一封信之后，生活方式才发生了重大变化，开始忙碌异常。

1931年11月24日，时在旅顺陪同溥仪参观龙王塘水源地的郑孝胥，给王季烈回了一封信。12月5日，郑孝胥则直接在大连会晤王季烈、陈曾寿等人，信和会谈的内容虽然都无从查考，但当后续的一些史实材料与之拼接之后，终于可以搞明白此时的王氏究竟在忙些什么了。

《庚子辛亥忠烈像赞》，收录八国联军侵华及辛亥革命时期，殉清七十位将领、官员之小像，印制于伪满洲国时期。

原来，就在郑孝胥给王季烈回信三天之后，1931年11月27日，陈曾寿护送婉容一行秘密登上了开往大连的长山丸号舰，同行的除了婉容的随从之外，还有那位著名的女扮男装的川岛芳子。第二天，他们抵达大连码头。随后，婉容迅即住进了位于文化台的一栋别墅之中——业主正是王季烈。八天之后的12月8日，溥仪将婉容接到了旅顺。而接待过婉容的王氏，此刻肯定闲不下来，还有很多新的任务将去执行。

接续下来的史实，郑孝胥的日记中，可以清楚地看到王季烈当年的忙碌。当年的12月10日，时在旅顺的郑氏，突然决定要在大连租屋，委托王氏租得文化台九十五号。这一天，郑氏还兴致勃勃地为溥仪讲《左传》。12月16日，郑氏向溥仪乞假，在大连再次秘访王氏。12月17日，郑氏移居文化台九十五号，与王氏作竟日之谈。12月18日，再次与王氏久谈。12月19日，日本军方催郑氏速返，在临行前，再次与来访的王氏谈话。12月20日，因船票时间问题，暂时羁留大连的郑氏，再次会晤王季烈、罗振玉等人。12月24日，郑氏再次入住大连文化台新居，工藤忠带来溥仪所赏赐的二百元。12月25日，郑氏收到了王氏由墨缘堂兑现支取的汇款二百元。12月26日，郑氏又将十一月房租一百元，交王氏送去。12月29日，郑氏委托王氏赴交通银行存钱。12月30日、31日，郑、王二人有过会谈。

1932年1月1日，郑氏在大连新居中读王氏远祖王文恪《震泽集》。1月2日，郑氏再访王氏。1月3日，王氏来访郑氏。1月6日，王氏来访郑氏。1月8日，郑氏访王氏，不遇。稍晚王氏回访。1月9日，王氏再次来访。1月10日，再访王氏。1月11日，王氏来访。1月12日，郑、王又有会晤。1月13日，郑氏为王氏题其远祖王文恪书《洞庭山赋》，作七古一首。王氏携杨咏春之子杨宗瀚来访。1月16日，王氏来访。1月17日，王氏来访，言云，安原在墨缘堂云。1月18日，王氏来访。1月20日，郑氏访王氏，晚邀王氏于登瀛阁用饭。1月21日，王氏邀郑氏至俄国饭店用饭。1月23日，王氏来访。1月26日，与王氏等午餐。1月30日，王氏等来访。2月1日，作《遐谷》诗示王氏等。2月4日，王氏来访，谈吉林事，言张之洞九子燕卿明日欲觐见溥仪。2月5日，是日除夕，王氏等来访。2月6日，王氏等来访。2月9日，王氏等来访。2月10日，王氏等来访郑孝胥。2月12日，郑氏邀请王氏等至星浦大和旅馆，晚邀众人赴登瀛阁用饭。2月14日，王氏邀郑氏晚饭。2月18日，溥仪27岁生日，郑、王等赴旅顺贺寿。2月19日，王氏来访，郑氏云，可以开列五十人名单，得到日本关东军司令部批准后，方可觐见溥仪。2月20日，郑氏邀王氏等至星浦大和旅馆用饭。2月24日，郑氏为溥仪拟定《即位宣告文》，是日王氏来访。2月25日，郑氏访王氏。2月27日，王氏来访。2月28日，王氏来访。

从郑孝胥日记中提到王季烈的频率来看，继其委托王氏在大连租房之后，但凡暂寓大连期间，基本上都有王氏相伴左右。不是郑访王，就是王访郑，其间甚至还有一次共同离开大连，奔赴旅顺为溥仪贺寿的事件。从1931年底到1932年初，王氏奔走于帝制复辟“大业”之中，忙得不亦乐乎。

伪满洲国主要官员列影，辑自《登极大典纪念明信片》。

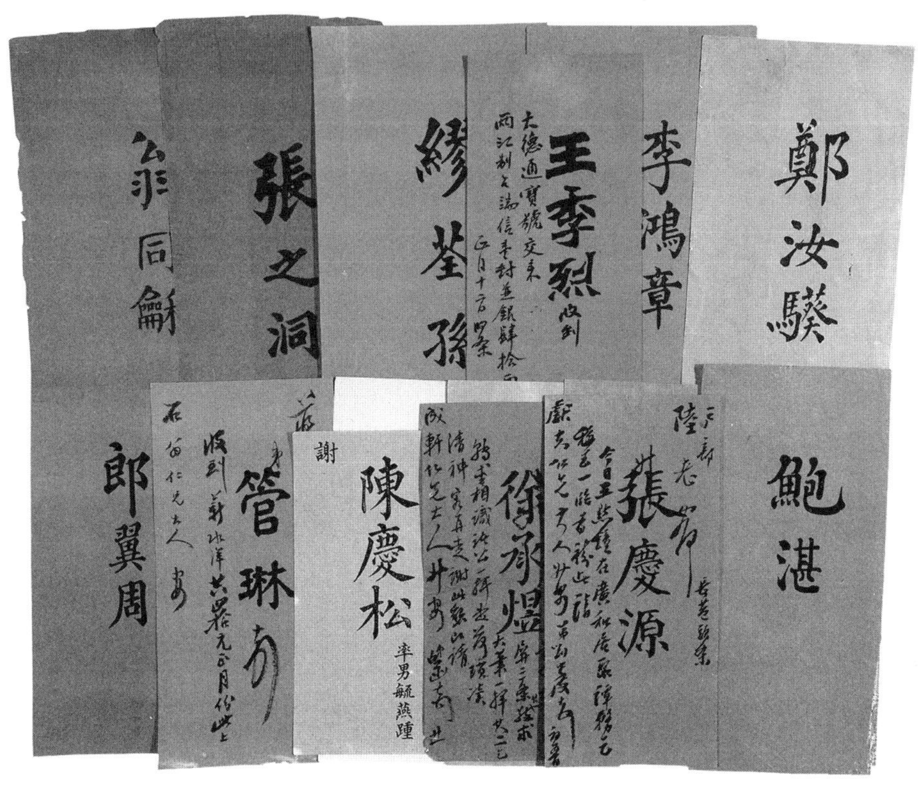

晚清官员名刺一组，其中有王季烈名刺一枚。

1932年最为重要的时刻终于来临，这一时刻对于王季烈来说，是其离开北京二十年后，一次真正意义上的“精神回归”。1932年3月6日，王季烈随溥仪乘火车抵长春。第二天，“伪满”成立，时年六十岁的王季烈，被授予内务官职位。

1934年春，已忙活了好几年的王季烈，突然又感到身心俱疲，遂向溥仪上了一道《乞归奏折》，悄然返归大连。这一年，他时断时续编撰的《螾庐未定稿》终于写定，基本整理完毕。到1937年时，又续补了一些内容，辑成《螾庐未定稿续编》。1938年，终于准备结束已长达二十六年的漂泊生涯，无论从精神寄托上还是地理空间上，都彻底回归故都——北京。

在离开大连回京前，王氏又重游了当年大讲《孟子》心得的地方——金州。孰料，在金州北屏山突遇一场败兴的大雨，不得不即刻寻处暂避，随之即兴挥笔，在躲雨的屋壁上题诗留念，诗云：

半年苦旱望甘霖，我到金州辄雨淋。
今日非关游览至，为求云霓慰人心。

◎楔子：《蟫庐未定稿》签赠本中的伪满遗痕

向伪满洲国皇帝溥仪递交辞呈，诚惶诚恐“乞归”之后的王季烈，一度闭门著书。拣选这一时期自以为重要的个人文字，辑为《蟫庐未定稿》两卷。是书罗振玉题签，宝熙作序，足见其人在逊清遗老中的人缘还是不错的。

《蟫庐未定稿》两卷，虽写定于1934年，可当时未曾公开刊行。金州弟子孙宝田手抄校录后，将之石印数部，只在亲友间赠阅，外界少有人知。此时王氏虽已辞去伪满职务，可书中多有涉及任职期间“宫内事”，因此不但是研究其人生平的重要资料，亦是间接探研伪满政权的相关史料。

此书经台湾文海出版社于1969年影印之后，也不再是深锁高阁的罕见之孤本，有兴趣的读者与研究者，尽可以取阅研读。只是笔者新近又发现一部此书原刊本的王氏签赠本，且书中随附手札一通，或可为其生平做一补注。

此签赠本为王氏赠日人小平总治之物，随书附有手札一通，原文如下：

绥方先生阁下：别来三月，思念为劳。许次长来连，悉吾兄围棋清兴不异畴昔，想高怀空旷，宠辱不惊，自非寻常人所能比拟。兹奉上新印拙稿二册，乞赐教正。文不足存，聊见弟之心迹耳。外附致中岛谦皆及石丸武官各一部，乞为转交。又贵师牧野先生，弟素所钦仰，兹亦附上一部，乞转寄为盼。因无缘晤面，故并附以写真一纸，一切费神叨叨。敬请台安。

弟 王季烈 六月十一日

签赠题字及手札中都提到的绥方先生，即日人小平总治（1876—1935）。据日本《南安昙郡志》（第三卷）记载，小平总治字绥方，毕业于日本善邻书院。自1898年始，进入中国，在广东一带游学考察。义和团运动期间，任陆军省翻译官，正式从事军务情报工作。1914年结交肃亲王善耆（川岛芳子之父，曾主审汪精卫刺杀摄政王案），客寓肃王府十余年，相交甚厚。肃王逝世后，为之辑印《肃忠亲王遗集》，于1929年在北平刊行。又曾于1931年，与罗振玉等在旅顺新市区肃亲王府院内，营建树立“清故和硕肃忠亲王之碑”。1932年伪满洲国成立之后，历任执政府内务官、国立博物馆主事等职，还被授予过所谓“建国功劳”勋章。

据郑孝胥日记载，1932年2月24日，郑氏在大连为溥仪拟定《即位宣告文》之后，次日即往访王季烈，同时小平总治亦到访。二人应当共同参与过伪满洲国策立的筹备工作，皆为复辟“大业”中的“同志”。

至于手札中还提到的许次长，则是指时任伪满洲国文教部次长的许汝棻（总长为郑孝胥兼任）。许汝棻（1863—？），江苏丹徒人，字鲁山，号梦虚跛叟。光绪二十四年（1898）登进士，曾任福建财政监理官。1932年，任满洲国国务院文教部次长，1937年辞职。信中还提到的石丸武官，则是溥仪的侍从中将武官，日本人石丸志都磨。此人在伪满的身份极其特殊，地位也相当重要。

原来，1932年3月9日，溥仪在日本军方的扶植下充任伪满洲国“执政”后，按照伪满洲国的官制，“执政”下设侍从武官处，武官长由上将或中将充任，侍从武官至少有四人，为中将或少将。侍从武官的职责是：第一，溥仪举行典礼时，如“特派式”“亲任式”“建国节”“万寿节”或接见外国使节，侍从武官要在溥仪的左右两侧站班。第二，溥仪出访或到外地“巡幸”，侍从武官都要随行，日夜不离身边。第三，每年年终，侍从武官都要代表溥仪，携带慰问品，到日军驻地和伪军队、伪警察驻地慰问，向士兵宣读溥仪的“敕谕”。

可是，石丸志都磨作为侍从武官是具有其特殊使命的，非同一般的侍从武官。他原是日本陆军退役少将，是日本关东军司令官武滕信义的亲戚。武滕将石丸安排在溥仪的身边，作为特派“监护人”；并以溥仪的名义，任命石丸为中将侍从武官，有了这样一个头衔，石丸便可名正言顺地监视溥仪。他还时常给溥仪进讲所谓的军事课、时事政治，吹捧日本帝国主义的“赫赫战果”，试图在思想上震慑与把控这位傀儡皇帝。1933年7月武藤死后，石丸在关东军中失去了靠山，旋即离职归国；1935年他这个“监护人”的位置，被吉冈安直取代。

此外，手札中提到的“贵师牧野先生”，即日本著名学者牧野谦次郎（1862—1937）。牧野曾执教于早稻田大学，曾任大东文化学院教头、早稻田大学高等师范部部长。因为其精通汉学，对中国文化研究颇深，曾作为大偎重信、平沼骐一郎等政治家的学术顾问，而受到日本朝野各界的重视。他的《墨子国字解》《庄子国字解》《战国策国字解》，收入早稻田大学出版的《汉籍国字解全书》，也名重一时。

从王季烈这部签赠本及随附手札来看，涉及伪满洲国官员及日本学者多位，所蕴含的历史信息是相当丰富的。手札的内容，清晰地反映出一桩八十年前的中日“文化交流”轶事，但这却并非普通的、民间的、纯粹的“文化交流”。

1934年《螾庐未定稿》完稿付印之际，王氏向远在日本的小平总治赠书，却一并寄了四部过去，“因无缘晤面”，还附带了一张个人照片[①]。他之所以这样做，一方面固然是旧日交情、友朋常态使然；另一方面，恐怕还仍有以伪满旧臣之本分，表达人臣“心迹”，来尽可能维系“友邦”情谊之苦心的因素。

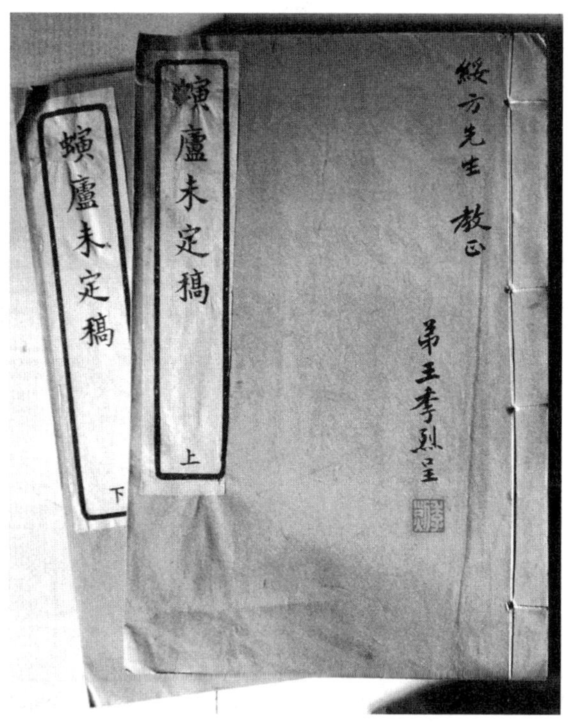

《螾庐未定稿》，王季烈签赠日人小平总治。

① 这张照片虽已佚失，但可能与2011年北京雍和嘉诚春拍的那张王氏签赠日本友人黑崎先生照片相同。

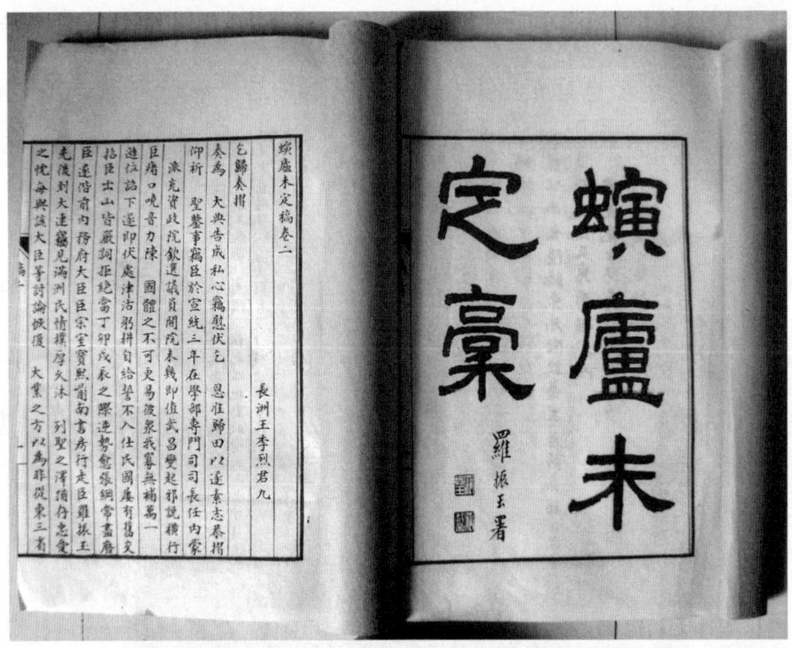

螾廬未定稿卷二

長洲王季烈君九

乞歸奏摺

奏為大典告成私心竊慰伏乞恩准歸田以遂素志恭摺仰祈聖鑒事竊臣於宣統三年在學部專門司司長任內蒙派充資政院欽選議員開院未幾即值武昌變起邪說橫行臣瘏口嘵音力陳國體之不可更易彼衆我寡無補萬一遜位詔下遂即伏處津沽躬耕自給誓不入仕民國屢有舊交招臣出山皆嚴詞拒絕當丁卯戊辰之際逆勢愈張綱常盡廢臣遂偕前內務府大臣臣寶熙前南書房行走臣羅振玉先後到大連竊見滿洲民情樸厚久沐列聖之澤猶存忠愛之忱每與議大臣等討論恢復大業之方以為非從東三省

螾廬未定稿

羅振玉書

《螾庐未定稿》，罗振玉题签，卷二首页印有王季烈呈溥仪的“乞归”奏折全文。

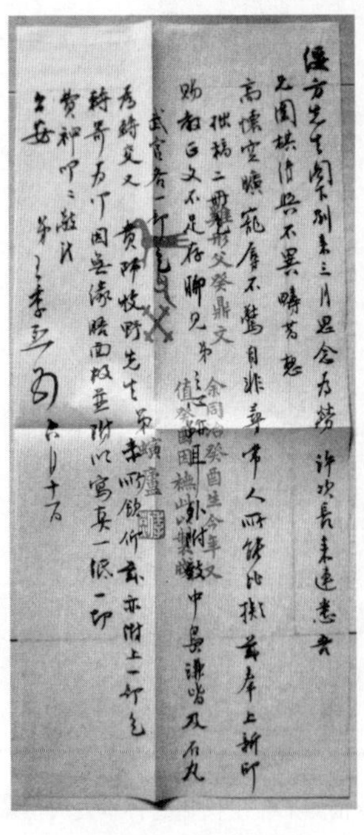

王季烈手札，致小平总治。

王季烈签赠照片

但可以揣测得到，这些王氏仍有所寄望的“友邦人士”，最终都未能对他的这番“心迹”有所回应。小平总治在收到赠书一年后即逝世，牧野谦次郎也于三年后逝世，石丸志都磨在日本军政界也已失势；所有这些王氏赠书者，均再未有涉足“伪满”军政之可能。

1934年11月，王季烈的母亲逝世，身心俱疲的王季烈返乡奔丧。至此，与伪满洲国似再无瓜葛。在苏州、上海等地，与旧友们唱曲欢宴，开始了安享晚年的生涯。然而，即便是在组曲社，会票友,唱折子的闲适生涯中，王氏仍还时不时地会心怀“故国”，抒发一下遗老心态的。

友人吴梅就曾在日记中提到，1935年4月3日，“下午王君九季烈至,谈及满洲国事,不无感喟”。4月6日，王氏又为死于太平天国战乱的清代画家戴熙画作题词，还将这首词出示给吴梅，请其品评一二。词云：

图中觅徧旧巢痕,沧海已扬尘。栩栩漆园身,问津处桃源笑人。　　故宫离黍,容台茂草,寒尽自生春,静待八风均,且休恨生不逢辰。

吴梅在日记中评价说：“此词亦过得去,惟尚有遗老气息耳。”[①]

的确，题词中的遗老气息浓稠难解，开卷即可嗅闻。末句“且休恨生不逢辰”，恐怕不仅仅是在抒写戴熙的生平遭遇，倒更像是王氏对自己这段“事伪”生涯的自勉自答罢。

① 以上关涉吴梅日记者，均摘自《吴梅全集（日记卷）》，河北教育出版社，2002年。

◎1939—1942年：曲学家北归记

话说“乞归”之后，回到北京[①]之后，物理学、众议院、满洲国、《孟子》心得、未定稿等等，都可以当作从来没有存在过的东西，统统不再搭理了。既然“北归”，找三两个旧友，唱几支小曲儿的自娱自乐，这样的生活，总还是应该有的。于是，王氏开始遍寻旧友，希望重新拣拾起，那唱曲谱曲的闲适生活。

当年合作编撰《集成曲谱》的刘富梁，原本是接受了王季烈的引荐，也曾参与到复辟“大业”中；可惜在见到溥仪之后，就再也没有过讯息。事实上，刘氏已于1937年11月25日死于伪满洲国中。而王氏旧友之一的吴梅，因避战乱，此刻正仓皇奔逃于湖南、广西之间，无从再聚。就因为“满洲国”背后那只看得见的手——大日本帝国，王季烈的旧友死的死，逃的逃，再也不复当年雅集盛况。

1939年3月17日，昔日与王季烈共商曲事的旧友吴梅，在云南病逝于逃亡途中。这一年，王氏十一年前出版的《螾庐曲谈》仍然没有卖完。曲学，在普通民众与一般读者眼中，仍然是一个类似于物理学的艰深学科体系，王氏曾力图恢复的中国最古雅之昆曲，还是只能在他自己口头哼唱自娱而已。

虽然《螾庐曲谈》《集成曲谱》仍然没有卖完，但后者由于抗战时期的毁损，已经稀少难觅，如果通过二手市场购置，仍然会提价不少。同样由于物价飞涨，《螾庐曲谈》也统统被出版商提价销售，所有的版权页上均加盖了两枚

① 北伐胜利之后，国民政府定都南京，遂于1928年6月间，将北京改名为北平。七七事变之后不久，北平沦陷，1937年10月间，日伪政府又将北平改为北京，不过这一伪称并未获得国人承认，外界仍称北京为北平。

淡紫色说明图章，一枚图章上刻着“自二十八年九月五日起，售货一律加价五成”；而另一枚则刻着“加邮运汇费二成”。虽然明知道自己的曲学著作滞销，可因为要应付友朋的索赠，面对价格上涨与不易寻觅的两难现状，还是让王季烈颇感懊恼，哭笑不得。

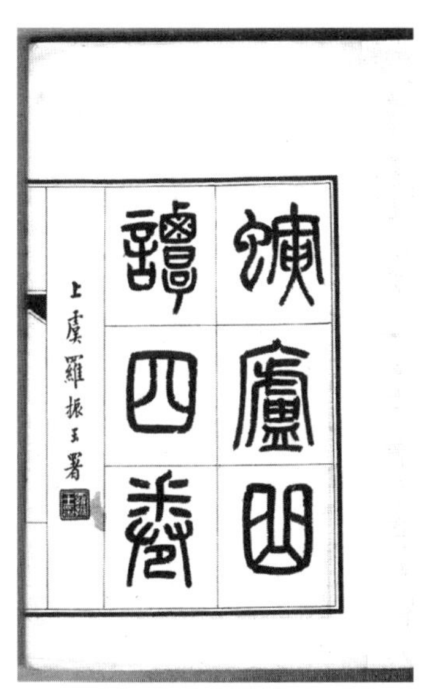

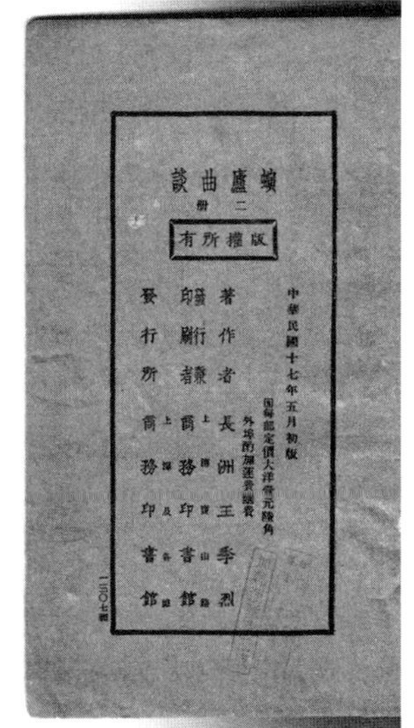
蟫廬曲談
二冊
版權所有
中華民國十七年五月初版
每部定價大洋壹元陸角
外埠酌加運費匯費
著作者 長洲王季烈
發行兼印刷者 上海寶山路 商務印書館
發行所 上海及各埠 商務印書館

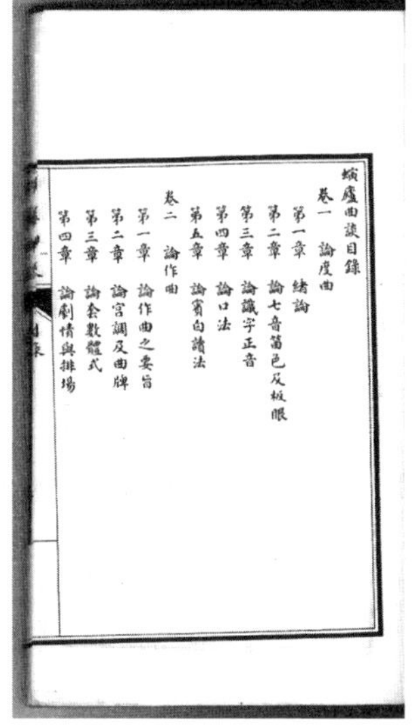
蟫廬曲談目錄

卷一 論度曲
第一章 緒論
第二章 論七音當色及板眼
第三章 論識字正音
第四章 論口法
第五章 論賓白讀法

卷二 論作曲
第一章 論作曲之要旨
第二章 論宮調及曲牌
第三章 論套數體式
第四章 論劇情與排場

王季烈编著《蟫庐曲谈》，封面、罗振玉题签、目录页及版权页。

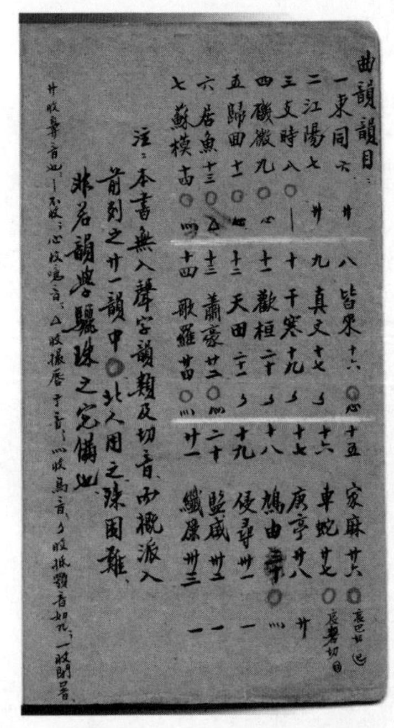

曲韻韻目：

一 東同　二 江陽　三 支時　四 機微　五 歸回　六 居魚　七 蘇模

八 皆來　九 真文　十 干寒　十一 歡桓　十二 天田　十三 蕭豪　十四 歌羅

十五 家麻　十六 車蛇　十七 庚亭　十八 鳩由　十九 侵尋　二十 監咸　廿一 纖廉

注：本書無入聲字韻類及切音，而概派入前列之廿一韻中，北人用之殊困難，非若韻學驪珠之完備也。

《蟫庐曲谈》，陈宗登读书题跋。

这一年，北京大学政治学会的陈宗登原本将赴美国进修，由胡适出面向美国罗氏基金会请求奖学金虽已获成功，可陈君突染重病，只得遗憾地继续待在北京休养。无聊之余，这位“新青年”竟也突然像王季烈一样，想哼上几支小曲儿来解闷消乏。由于同是旧式文人做派，亦属知识分子好奇心使然，凡事总想弄清楚源流体用，所以在朋友的介绍下，开始研读《蟫庐曲谈》。

这部原价大洋一元六角的书籍，此时购置已是大洋二元四角的高价，陈宗登兴之所至，且花费不菲，自然读得仔细，看得认真。他把曲学的难点、重点部分均以朱笔在页边上作了标识，逐页研读；还将书中采用的“二十一韵”学说，逐一抄录于扉页之上。

通过对发音方式的仔细揣摩，陈氏发现《蟫庐曲谈》并非无可挑剔的完美实用。他认为，这本原籍苏州的北京人所编著的曲学著述，可能并没有考虑到北方人发音的习惯和方式。为此，在扉页上郑重题写下结论，曰：

> 本书无入声字韵及切音，而概派入前列之二十一韵中。北人用之殊困难，非若《韵学骊珠》之完备也。

读书人陈宗登并不知道，这本书的作者，此刻正与之身处同一座城市。当然，王季烈也并不知道，他的曲学旧作，还会有这么认真研读的“业余”读者。如果知道，北京人对他的曲学也不再推崇的话，一定又要大发感慨，以为这一趟久违的“北归”之行原已无谓，此刻倒又增遗憾了。这六十六年浮生细算，物理学、政治学、曲学三条学术路径，在北京都将黔驴技穷，此刻也真真算是穷途末路了罢。

无论王季烈对自己的学术生涯是否满意，时至1940年，还是在北京组建了合笙曲社，勉强张罗了一帮能继续陪他唱小曲儿的朋友。复又将《集成曲谱》的巨量内容加以删节修订，缩减为原有规模的四分之一，编成了八册的《与众曲谱》，分线装本和普装本出版发行。

诚如“与众”这个书名一样，这套经过剪辑的曲谱，不但规模大不如前，且在印制成本上也有严格控制，使原本古雅高深的昆曲以普及通俗的方式得以

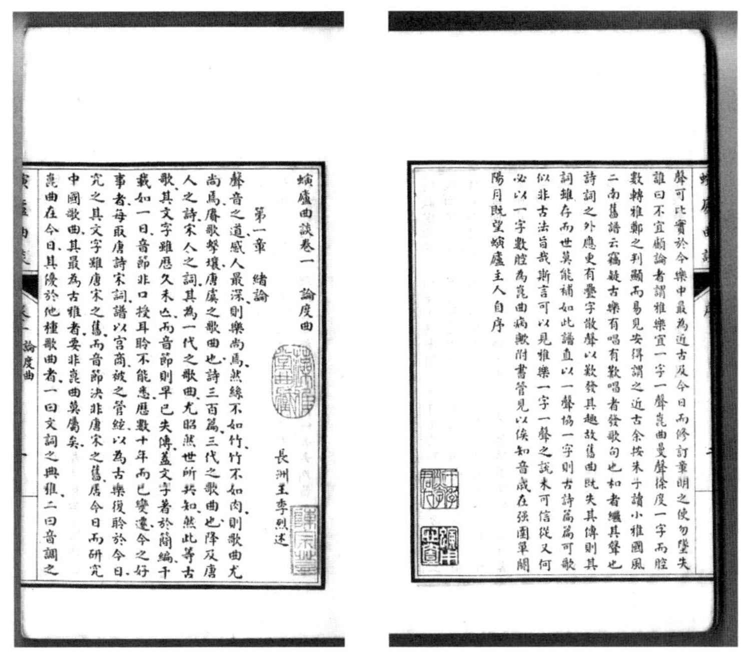
聲可比實於今樂中最為近古及今日而修訂章明之使勿墜失
誰曰不宜顧論者謂雅樂宜一字一聲崑曲曼聲徐度一字而腔
數轉雅鄭之判顯而易見安得謂之近古余按朱子讀小雅國風
二南舊譜云竊疑古樂有唱有歎唱者發歌句也和者繼其聲也
詩詞之外應更有疊字散聲以歎發其趣故舊曲既失其傳則其
詞雖存而世莫能補如此譜直以一聲協一字則古詩篇篇可歌
似非古法旨哉斯言可以見雅樂一字一聲之說未可信從又何
必以一字數腔為崑曲病歟附書管見以俟知音歲在强圉單閼
陽月既望螾廬主人自序

螾廬曲談卷一　論度曲

第一章　緒論

長洲王季烈述

聲音之道、感人最深、則樂尚焉、然絲不如竹、竹不如肉、則歌曲尤
尚焉、賡歌擊壤、唐虞之歌曲也、詩三百篇、三代之歌曲也、降及唐
人之詩、宋人之詞、其為一代之歌曲、尤昭然世所共知、然此等古
歌、其文字雖歷久未亾、而音節則早已失傳、蓋文字著於簡編、千
載如一日、音節非口授耳聆不能悉、歷數十年而已變遷、今之好
事者、每取唐詩宋詞、譜以宮商、被之管絃、以為古樂復聆於今日、
究之其文字雖唐宋之舊、而音節決非唐宋之舊、居今日而研究
中國歌曲、其最為古雅者、要非崑曲莫屬矣、
崑曲在今日、其優於他種歌曲者、一曰文詞之典雅、二曰音調之

《螾庐曲谈》，王季烈自序末页，正文首页。

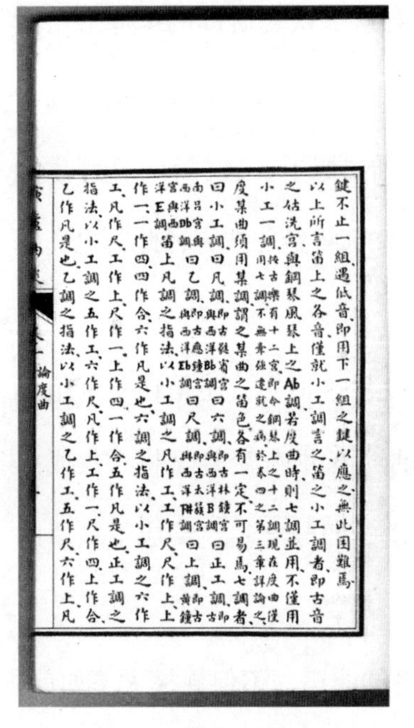

鍵不止一組、遇低音、即用下一組之鍵、以應之、無此困難焉、以上所言笛上之各音、僅就小工調言之、笛之小工調者、即古音之姑洗宮、與鋼琴風琴上之Ab調、若度曲時、則七調並用、不僅用小工一調、（按古樂有十二宮、即今鋼琴上之十二調、現在度曲僅用七調、不無牽強遷就之病、於卷四之第三章詳論之、）度某曲須用某調、謂之某曲之笛色、各有一定、不可易焉、七調者、曰小工調、曰凡調、（即古蕤賓宮、與西洋Bb調）曰六調、（即古林鐘宮、與西洋B調）曰正工調、（即古南呂宮、與西洋Db調）曰乙調、（即古應鐘宮、與西洋Eb調）曰尺調、（即古太簇宮、與西洋F#調）曰上調、（即古黃鐘宮、與西洋E調）笛上凡調之指法、以小工調之凡作工、工作尺、尺作上、上作一、一作四、四作合、六作凡是也、六調之指法、以小工調之六作工、凡作尺、工作上、尺作一、上作四、一作合、五作凡是也、正工調之指法、以小工調之五作工、六作尺、凡作上、工作一、尺作四、上作合、乙作凡是也、乙調之指法、以小工調之乙作工、五作尺、六作上、凡

《螾庐曲谈》，用西洋音乐解释中国古乐的论述。

传播与研习。这虽然也算是一种创举，但毕竟与当年“以雅胜俗，以古克今”，为曲学正本清源之初衷已相去甚远。从某种意义上讲，此举甚至是一种让步与退步。不过，这以雅让俗、独乐乐不如众乐乐的选辑主旨，还是赢得了已经身处“俗乐横流”世风之下的相当一部分读者。《与众曲谱》的“俗”，《集成曲谱》的“雅”，可谓各有得失。无论如何，这两部由王氏主持编撰的曲学大小部头，始终还是后世研究或谈论近代昆曲曲谱的必修课。

1942年，忙过，闲过，而今不忙不闲的王季烈，再一次离开北京，只是不再向北，而是向南，南归而去，回到故乡——苏州。时年已七十岁的曲学家，或已不再有任何迁居的计划，如此终老乡里，依然是可以成就的最后理想。在故乡，他又相继成立了两个曲社——1943年与1945年分别成立俭乐曲社、吴社曲社。

1947年12月，由王季烈主持编撰的《正俗曲谱》，由上海锦章书局出版发行。仅以这套曲谱的命名而言，又有点“否定之否定”的辩证逻辑线索，继《集成曲谱》的“大雅”至《与众曲谱》的“小俗”之后，王氏可能又起了“矫俗”之意，欲再次纠正昆曲唱腔、昆剧演绎中所谓的“庸俗”与“滥俗”。

正如“编印正俗曲谱小引”中所言，“三代以前，礼乐并重。礼记曰，移风易俗，莫善于乐”，这套曲谱，是时年已七十五岁的王季烈，又一次“寓曲

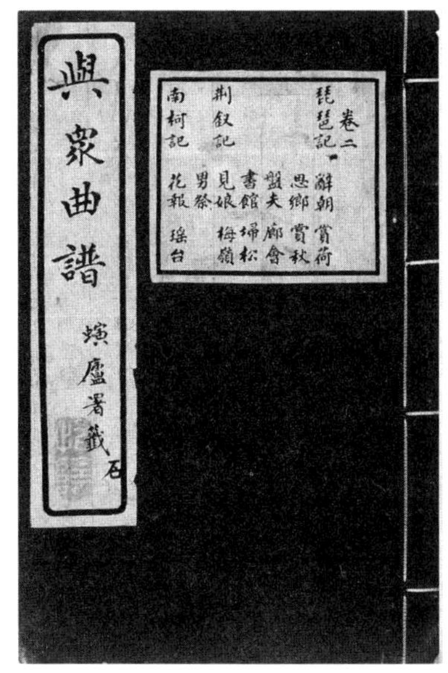

《与众曲谱》，王季烈编著，线装本。

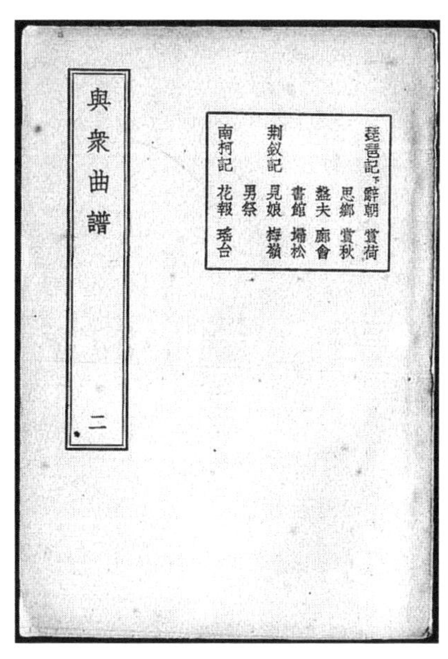

《与众曲谱》，王季烈编著，普装本。

于教”的苦心尝试。遗憾的是，心力仍在，体力不再。这套原计划十二种分辑印行的大型昆剧全本选集，在王氏生前只印行了两种即告中止。

1949年，王季烈差一点“北上”。1949年底，已经受邀参与文史馆工作之后，突然因病瘫痪不起，与那座承载着太多理想与无奈的故都再次失约。1952年3月1日，八十岁的王季烈，终于结束了时闲时忙、这样学家那样学家的种种“变形”生涯，溘然长逝于苏州。

冒广生：诗学曲学，旧梦新声

◎小引：补笺与江西诗派追随者

北宋诗人陈师道（1053—1102，字履常，号后山居士，江苏徐州人），作为宋代江西诗派仅次于黄庭坚的重要人物，宋人任渊即已为其诗集作注，并传世有《后山诗注》一部。

奇特的是，先祖为忽必烈的近代词人、学者冒广生（1873—1959，字鹤亭，号疚斋，江苏如皋人），在年届花甲之际，突然对《后山诗注》发生了浓厚兴趣，矢志要为其"补笺"一番。

所谓补笺，即是要为后山诗作原文做一些补充解说与评述。那么，冒氏是察觉到原有的宋人注解有什么不妥或疏失，还是感觉个人的诗学修养比宋人任渊更能接近于后山诗作的诗意本身吗？无论如何，后来成书出版的《后山诗注补笺》，确为学界公认的近现代宋诗研究之代表作，也是后世研讨冒氏诗学思想的重要著述。

据考，1932年至1934年两年间，冒氏一直在进行《后山诗注》的补笺工

近代三文学家遗像，冒广生（中立者）与前排坐者林纾（左）、吴汝纶（右）合影，原载《北洋画报》第八卷第三六六期，1929年9月3日。

作。对陈师道生平及作品风格、创作旨趣、版本流衍的考证，可谓精耕细作、穷搜冥思，确乎用心良苦，用力至深。

时至1936年，商务印书馆初版《后山诗注补笺》。直至冒氏逝世，之后二十余年间，其人基本致力于宋词、曲学研究，以及对早年经学、子学的学术总结，其诗学方面的专著或编著，再少有出版。基于这样的个人学术生涯分期之考察，这一部《后山诗注补笺》，既可谓冒氏诗学思想的开山之作，亦可视作其人在这一领域的收山之作。

后世研究者也大多据此认为，冒氏一生皆为江西诗派的追随者，必定接受并且推崇江西诗派的创作风格与诗学理念。按照宋元间江西诗派的方回著《瀛奎律髓》所论，曾得出唐宋诗派“一祖三宗”之说，即以杜甫为祖，三宗便是黄庭坚、陈师道和后来较晚的陈与义。不难设想一下，冒氏为《后山诗注》竭尽全力作这一番补笺，在古典诗派研究领域，恐怕也确有“认祖归宗”的意味在里边。对于只能据一部《后山诗注补笺》，来探讨冒氏诗学思想的后世研究者而言，推论出以上这些观点，似乎也无可厚非。

《后山诗注补笺》，冒广生编著，商务印书馆 1936 年初版封面。

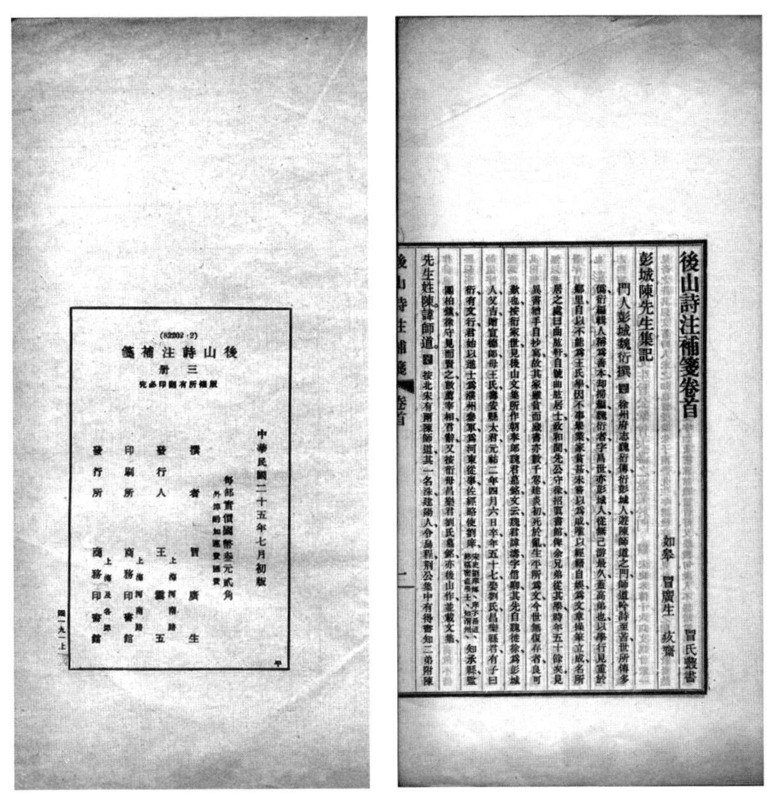
(82202·2)

後山詩注補箋

三册

版權所有翻印必究

中華民國二十五年七月初版

每部實價國幣叁元貳角

外埠酌加運費匯費

撰者　冒廣生　上海

發行人　王雲五　上海河南路

印刷所　商務印書館　上海河南路

發行所　商務印書館　上海及各埠

後山詩注補箋卷首　冒氏叢書

如皋　冒廣生　疚齋

彭城陳先生集記

門人彭城魏衍撰【箋】徐州府志魏衍傳衍彭城人遊陳師道之門師道吟詩至苦世所傳多衍編輯人稱爲善本却掃編魏衍者字昌世亦彭城人從無己游最久蓋高弟也以學行見重於鄉里自以不能爲王氏學因不事舉業家貧甚未嘗以爲戚唯以經籍自娛爲文章操筆立成名所居之處曰曲肱軒自號曲肱居士政和間先公守徐招寘書館俾余兄弟從其學時年五十餘矣見異書猶手自抄寫故其家雖貧而藏書亦數千卷建炎初死於亂生平所爲文今世無復存者良可歎也按衍家世見後山文集所作朝奉郎魏君墓銘文云魏君諱漆字偕翱其先自魏徙徐爲彭城人父吉贈宣德郎母王氏壽安縣太君元祐二年四月六日卒年五十七娶劉氏昌樂縣君有子曰衍有文行君始以進士爲濮州參軍爲河東從事佐經略使劉庠（宋史劉庠傳、庠字希道、彭城人、知渭州）知承縣監陽柏鎮徐守見而賢之歎薦宰相君辭又按衍母昌樂君劉氏墓銘亦後山作並載文集

先生姓陳諱師道【箋】按北宋有兩陳師道其一名洙建陽人令爲程荊公集中有得書知二弟附陳

後山詩注補箋　卷首　一

《后山诗注补笺》，冒广生编著，商务印书馆 1936 年初版正文首页及版权页。

◎吴宓点晴冒氏诗学

反过来直接研读冒氏的诗作本身，或许有助于厘清冒氏诗学体系中，江西诗派的基因与分量。著名学者、诗人吴宓（1894—1978，字雨僧、玉衡，陕西省泾阳县人），是较早注意到冒氏诗作，并对之有过系统评价的近代著名学者之一。《吴宓诗话》中就收有冒氏《无题》组诗八首，吴氏对其诗作的评价题于诗前。评曰：

前辈谓王荆公以拗体学杜，最能得神似，以外则李义山。学者学杜，须从义山入手。今之为香艳诗者，每托始义山，不知义山诗皆言时事，句句比兴。词微而远，风人遗旨。后人无病而呻，何足言仿效也？旧见冒广生作《无题》八首，皆言癸丑年事，爱而录之。

吴宓认为，王安石（号荆公）学杜甫诗法，最能“得神似”，其次则要算李商隐（字义山）。后世仿效李氏的人很多，都以为其诗作是专写香艳，其实是完全不了解李氏诗法的。李氏诗作的主旨，仍就是杜甫以来的“以诗言史”的路子，后世仿效者的无病呻吟，从根本上就走错了方向，连仿效都谈不上。

按照吴宓的评价，冒氏诗作的确是承袭了杜甫诗风，在当时诗坛算是深得杜诗意旨的。为此，他“爱而录之”。辑录的冒氏诗作，“皆言癸丑年事”，皆是记录1913年间民国史实的。其中有一首描述宋教仁被害的，诗云：

凝碧邻家水满池，兰姨李妹各芳姿。蛾眉身世谁无恨，蛇影杯盘我亦疑。痴想连波能悔罪，可怜宋玉剩微词。乐昌辛苦团圆镜，多恐今生未有期。（吴宓注：宋玉指宋教仁之死）

如果吴宓没有首先申明，这首诗“皆言癸丑年事”；如果没有后边的吴宓加注，说“宋玉指宋教仁之死”，恐怕能读懂这首诗所言说的史实者，当时没有几人，如今更是几近于无。所以，虽然对冒氏诗作“爱而录之”，但最后在为此次辑录诗作附撰的跋文中，吴宓还是感而慨之曰：

其中事实，帷灯匣剑，蛛丝马迹，读者当能记之。李孟符世丈岳瑞《春冰室野乘》录《彊村词》若干首，皆言同光朝事者，而加以诠释。谓非并世人为之爬梳笺注，后将不知其意旨所在。吾于此诸诗，有同感焉。

吴宓将冒氏诗作与朱祖谋[①]词作相提并论，可能并非是认为二者意趣、风格、水准相仿。不过有一点倒是共通的，即都不属于直接明快的表达方式，冒诗与朱词都是需要详加注解，才能予以确切解读和正确理解的。

冒氏后来转向词曲研究创作，由此可见其诗风之细腻深潜，自然而然地由宋诗转向宋词的思维路径与格调格式上去了。那么，是否正是这样一部《后山诗注补笺》的完成，也同时标志着冒氏诗学思想在江西诗派一脉上的最后总结，也就因此促成了其人不久之后的词学转向呢？

事实上，江西诗派历来毁誉参半，因诗歌创作者的心性与诗学研究者的偏好，而对其各有褒贬，莫衷一是。在宋代，江西诗派还算可领风骚的诗坛标杆，方回就曾大赞特赞曰“老杜诗为唐诗之冠，黄、陈诗为宋诗之冠”，可见当时之推崇。但之后反对江西诗派的各方人士，则对陈后山诗作及其诗学理念进行了全面抨击，如清初主张西昆体的冯班等人，就认为其诗作风格生硬、费解、晦涩、拙俗，非但不是无懈可击，简直就一无是处。

到了民国时代，冒氏的诗作、吴宓的诗评，都或多或少反映着以上这些历代聚讼已久的观念之争。文坛学林都常言“诗无达诂”，推而论之，则诗派亦无达诂，更无高下成败之定论。因此，无论是有意追随，还是冷眼旁观，都无可厚非。冒诗与吴评，实在都可以平常心视之。

---

① 朱祖谋（1857—1931），原名朱孝臧，字藿生，一字古微，一作古薇，号沤尹，又号彊村，浙江归安（今湖州）埭溪渚上彊村人。

冒广生肖像，原载《青鹤》杂志。

不过，吴评中所提到的杜诗两支，一为最得神似的王安石，二为学杜者的入手处李商隐，这一观念却值得重视。将这一观念置于其所辑录的冒氏诗作之前，其深长意味，更耐人寻味。

◎后山之前是义山

以冒氏的诗学修养来看，冒氏的诗学思想与理论着力点，不可能弃唐诗而先宋诗，在宋人陈师道之前，理应还有其诗学研究方面先行选取的着力点。从冒氏的诗作风格来看，这个着力点可能就是，也只可能是李商隐。

新近发现的一册冒氏手批《李义山诗集》，从某种程度上映证了笔者的揣测。《李义山诗集辑评》上、中、下三卷，清刊三色套印本，首为篆书书名，后署“同治庚午季冬刊于广州倅署，粤东羊城龙城街萃文堂刊刷”。每半页十行，行二十一字，小字双行，单鱼尾，四周单边。前有“朱鹤龄序”，次为凡例，再次为“《旧唐书》文苑传”，再次为“附录诸家诗评”，再次为“李义山诗谱”。正文首署“吴江朱鹤龄笺注，武林沈厚塽辑评”。以朱笔（红色小字）印何焯诗评，墨笔（黑色小字）印朱彝尊诗评，蓝笔（蓝色小字）印纪昀诗评。

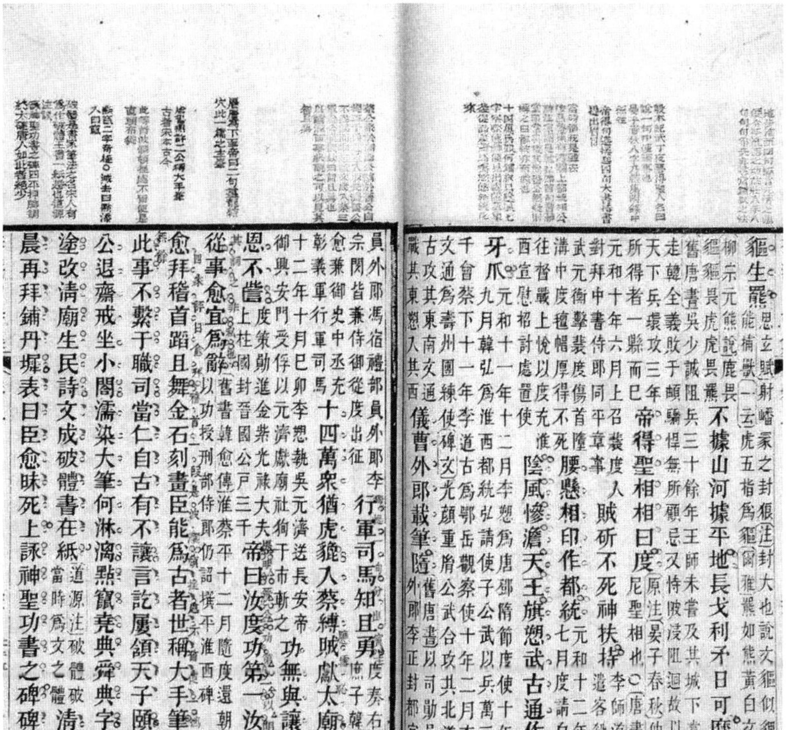

《李义山诗集辑评》，三色套印汇注本，清同治庚午年（1870），广州刊版印行。书中印有何焯（硃笔）、朱彝尊（墨笔）、纪昀（蓝笔）三人批注。

冒氏的手批集中于扉页、“朱鹤龄序”末页、“李义山诗谱”末页及目录页等处。其扉页手批文字为：

义山诗何尝不学杜韩。但少时从长吉入手，又生在晚唐，震于樊川。丁卯诸时贤耳目濡染，未能脱尽凡骨，处处要好，此即义山不好处。播见初学诗，极意从后山追杜，恐其流入枯寂。为点定义山诗一过，使之浏览，其去与取，自信尚具手眼，不致堕入西昆恶道也。己巳正月疚翁冒广生时寓北京东厂胡同。

由此可见，早在1929年前后，冒氏就有意让其子冒景璠研学李商隐诗作。冒氏认为，李商隐当然是承袭杜甫诗风的，但因生于晚唐，无论社会环境还是自身气度都偏于深沉晦涩。加之其人又曾效仿李长吉、杜樊川等诗风，所以无法“脱尽凡骨”。从这个评价来看，冒氏完全有可能试图以江西诗派的“夺胎换骨”法，来让李商隐“脱尽凡骨”，使江西诗派与李商隐的诗学理念最终“铁金合熔”，助其子冒景璠的诗学水准更上层楼、“点铁成金”。

初学诗的冒景璠，秉承其父诗法，也是急欲直接从后山（即陈师道）入手，追随杜诗风骨。可冒广生认为儿子有些操之过急，还担心其因此“流入枯寂”，就推荐他先读一读义山（即李商隐）。在冒广生看来，要登临抵达古典诗学的巅峰——杜甫，须得先翻过义山，再越过后山，次序与力度均要得当，始有登临之可能。

从目录页上，冒氏亲笔为每一首诗作亲手点定的笔迹来看，诗作体裁与重要程度皆一一标示。的确，冒氏也相当自信，诚如其手批中自谓“其去与取，自信尚具手眼，不致堕入西昆恶道也”。非但如此先行去取一番，还对书中附印的三位前贤评注，也有着自己的评判，并为之写出评语曰：

定远[①]于义山专取纤巧秾艳，何义门[②]盲人瞎马不知所云，竹垞[③]不见精到，纪文达[④]虽不能诗，却能评诗。

显然，除了纪晓岚，冒氏似乎都不认可。可纪晓岚却“不能诗”，似乎又正应了那句话，“当局者迷，旁观者清”。那些以诗学为志业的前贤名宿，在冒氏看来，反倒都有些迷障，都有点执迷不悟；或有失偏颇，或冬烘木讷。即使对清代顺治年间朱鹤龄[⑤]的旧序，他也评价曰：“此篇议论不足据。”

看来，冒氏对李商隐诗作的评判，早已自成体系，自有一套手眼。

对于李商隐所承袭的杜诗风格之水准，冒氏认为写得最好的乃是《漫成五章》。他在书中的“李义山诗谱”末页，特别批注曰：“漫成五章，虽是学杜，亦隐括一生踪迹，较杜戏为六绝句尤有关系。”

在冒氏眼中，这组《漫成五章》是可以与杜甫的《戏为六绝句》相提并论的，甚至在隐括作者生平方面的细密功夫，还有过之而无不及。在此，不妨将李诗与杜诗各列举一首，以作品鉴：

---

① 冯班（1602—1671），字定远，江苏常熟人。明末诸生，从钱谦益学诗，为虞山诗派的重要人物。

② 何焯（1661—1722），字润千，号义门，江苏长洲（今江苏省苏州市）人。先世曾以“义门”旌，学者称义门先生。清代著名学者、书法家。

③ 朱彝尊（1629—1709），字锡鬯，号竹垞，浙江秀水（今浙江省嘉兴市）人。清代著名词人、学者、藏书家。

④ 纪昀（1724—1805），字晓岚，直隶河间府献县（今河北省沧州市）人。官至礼部尚书、协办大学士、太子少保，曾任《四库全书》总纂官。因其“敏而好学可为文，授之以政无不达”（嘉庆帝御赐碑文），谥号文达。

⑤ 朱鹤龄（1606—1683），字长儒，号愚庵，江苏吴江（今江苏省苏州市）人。明诸生，尝笺注杜甫、李商隐诗，故所作颇出入二家。

漫成五章 之一

李杜操持事略齐，三才万象共端倪。

集仙殿与金銮殿，可是苍蝇惑曙鸡。

戏为六绝句 之一

王杨卢骆当时体，轻薄为文哂未休。

尔曹身与名俱灭，不废江河万古流。

可以看到，在这组自传体诗作中，世人一贯认定的李诗深沉晦涩的风格，却几无踪迹可循。与类似于《锦瑟》等传世名篇不同，这组诗作的叙事手法平实且意指明确，以史为叙的旨趣非常明显。

那么，冒氏所称赏的李诗既然是这种风格，在指导其子研读《李义山诗集》时的主旨也就可想而知了。凑巧的是，冒氏本人也曾作过《漫成》诗一首，大致是抒写自己老年光景的。此诗从1931年题赠吴仲珺[①]的条幅上，可得以观瞻。诗云：

一春怀衰付冥冥，如梦难成酒半醒。

便懒出门犹苦雨，不录忏绮自钞经。

药炉浃月愁中伴，花叶侵晨静里听。

罢把此心无著处，又惊檐角乱风铃。

---

① 吴仲珺（1897—1971），原名仲垌，别署仲珺，江苏扬州人。

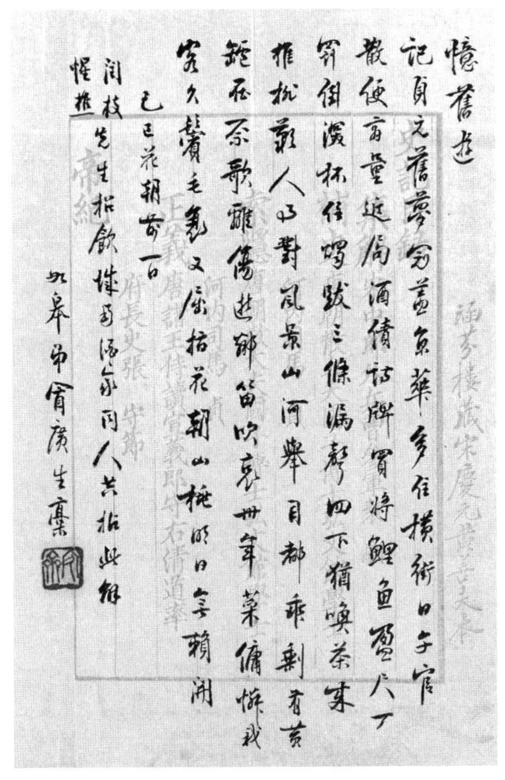
憶舊遊

記貞元舊夢，舊京華，多在橫街，日午官散。便商量近局，酒債詩牌，買將鯉魚，蜀尺丁罰，倒漢杯，任蠅蹴三條，漏聲四下，猶喚茶來。推枕[illegible]人以對，風景山河，舉目都乖。剩有黃鐘在，奈歌罷傷遊，鄰笛吹哀。卅年菜傭[illegible]我，客久鬢毛衰。又屈指花朝，山桃明日[illegible]賴開。

乙巳花朝前一日

閏枝先生招飲，[illegible]與漚尹同人共拍此解

閏枝 [illegible]

如皋弟冒廣生稾

《忆旧游》诗札，冒广生致夏孙桐。

◎ 小结：民国诗学山外山

杜甫、李商隐、冒广生，三位跨越千年的诗人，将其各自的带有自传体性质的诗作，搁在一起一对比，其体格旨趣，可谓一目了然。

显然，凡骨与枯寂，都是冒氏无法接受的诗家癖病。无论是在1929年批点《李义山诗集》，还是在1932年开始补笺《后山诗注》，冒氏的诗学旨趣始终是要在唐宋的巅峰人物之间，寻求一条完美之路。

在义山与后山之间，冒氏屡屡探索与攀登，试图调和唐宋诗学，力图营造杜甫诗学在民国境遇中的新境界。当然，既要超凡脱俗，不拘一格；又要平实

有据，咏史言志，这样的诗学旨趣，无论何时何地都有些过于理想化了。

在已经饱受新文化运动、西学思潮，及各类社会变革力量冲击的中国传统学术场域中，冒氏的一支老笔，无论如何纵横捭阖，无论怎么经天纬地，也不过是一己园囿中的一些零笺碎语，自说自话罢了。

《后山诗注补笺》算是冒氏诗学的唯一一次完整表述，而那些散落在《李义山诗集》手批中的点滴心得，或许总还能通过其后人的诗学修养，得以间接表达。但无论如何，中国古典诗歌及其诗学的时代，毕竟已经覆水难收，逝水难返了。

胡适与鲁迅们的革命也罢，钱玄同与顾颉刚们的疑古也罢；徐志摩与卞之琳们的“挥一挥手”“看一看风景”也罢，冒广生本人后来的学术志趣转为词学、曲学也罢，那些一己天地中的固守与抒写，也都自顾自地运转着。这一切，与古典诗学都已相去甚远，终归是渐行渐远了罢。

古人云，诗是文之余，词是诗之余，曲又是词之余。冒氏诗学从力图超越义山、后山的雄心壮志，到最终转向“三余”的混杂消磨，这不正是一部近代史意义上的私人诗史吗?

据说，1957年6月，时年已经八十五岁的冒广生，与某要人畅谈其诗词见解，曾有这样一段慷慨激昂的说辞：

拘泥太甚，则作茧自缚。写诗填词岂能桎梏性灵，何苦在高天厚地之中，日日披枷戴锁作诗囚？宋代是词的鼎盛时期，那时还没词谱、词律和词韵呢。我作《四声钩沉》，即在提倡词体的解放。

看来，这“三余”之间的混杂消磨，经过二十年的漫长蹉跎，似乎已经达到了相当融洽的程度。如果再多给他一些时间，如果不是两年后即离世的话，岂止义山、后山两座“大山”，冒老夫子要超越的已经不仅仅是古典诗学范畴里的某种流派学说，简直是要独辟蹊径，另立“山头”了。

试想，如果冒氏诗学终于又在其后期词学理念中“夺胎换骨”，在两座“大山”之外，其人另立的“山头”风光如何？恐怕至今无人能予评说。当然，这也只能算作中国古典诗学主流评价体系之外的一番题外话罢。

遗憾的是，冒氏的另立“山头”之高论发表后两年，旋归道山。无论如何，冒氏诗学体系中的两座“大山”，相信倾心于中国古典诗歌的后来者，都曾努力去登攀过。冒氏独辟蹊径而未竟，后来者是停驻流连，还是再续征程，这却已经不再是一个诗学问题了。

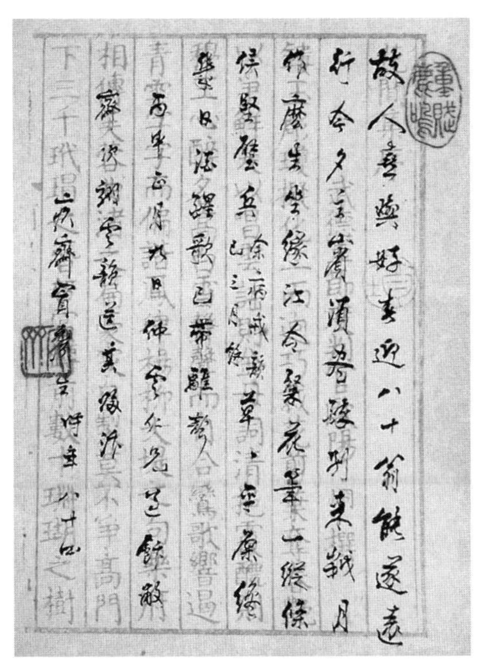

冒广生诗札，1956 年。

蒋兆和绘冒广生像

记得冒氏曾作有一首题为《送潘兰史归广州》的诗作，原本是为南社诗人潘飞声[1]送行的，或许还可以送给如今所有中国古典诗学研究场域中在场者们。诗云：

燕台三月雨溟溟，门外骊歌那忍听。春水方生君便去，今宵何处酒能醒。

◎“后山”之中，初晤吴梅拍即合

话说1933年7月，正在为《后山诗注》做补笺的冒广生，在南京鸡鸣寺，第一次见到了当时在南京中央大学任教的曲学名家吴梅（1884—1939）。已届知天命年纪的吴梅，比之已逾花甲之龄的冒氏，无论是年龄还是资历，实属晚辈，与冒氏的初晤，不免有些拘束。不过，因有老友叶恭绰等作陪，在鸡鸣寺中的素宴上，二人还是逐渐熟络起来，开始畅叙江山风物、词曲掌故，一时也颇欢洽。

也许是与吴梅初晤时的兴之所至，也许是被其人曲学修养深为感染，原本就精于诗词的冒氏，开始对曲学萌生浓厚兴趣。当年10月，就托李拔可代购一部《集成曲谱》，以供研读。

《集成曲谱》是由王季烈、刘富梁考订汇编的一部集大成之作的昆剧曲谱。是谱1925年由商务印书馆初版，分金、声、玉、振四集，共有三十二册之多。从当时流行于世、尚可搬演的昆剧剧本中甄选，共收入八十余部传奇剧本里的四百余出折子戏，书中曲词、曲谱、宾白之记述俱属完备，既可作难得一见的

① 潘飞声（1858—1934），字兰史，号剑士，又号独立山人，广东番禺（今广州市海珠区）人。受业于乡贤叶衍兰，近代著名诗人、书画家。

古典戏曲史料看待，更可为研习曲律曲学者之工具书。显然，冒氏购置此书，不但颇具专业眼光，更可见其有意于曲学一道，绝非只是着眼于泛泛了解的程度。

时至1934年1月，冒氏又赠石榴予吴梅，以示友好与关切。吴梅随即作《卜算子·谢冒鹤亭馈石榴》，表示谢意；冒氏则为之又和《青玉案》一首。至此之后，二人屡有酬唱，渐成忘年之交。当年5月，冒氏开始试着度曲填词，但“心终不怡”；写了一首《粉蝶儿》，就拿去向吴梅请教“订谱”之事。

冒广生签赠冒景琼照片

所谓订谱，是指为已经填制好的词作拟订歌谱，使之能合曲歌唱。原本古人填词，皆是可歌之词；故诗歌、词曲，同是浅吟低唱之娱乐。然而，谱曲之法久已失传，只能倚仗少数懂音律、识曲谱的“曲学家”，方可办到。冒氏此刻以词人本色，求教于曲学家吴梅，可谓一拍即合，相见恨晚。

当然，冒氏此时对曲学的兴趣与冀望，并非一支两支词佳韵美的小曲儿，即可予满足，即可供消遣。与其精通诗词，淹博文史的一贯作风相承袭，其人当然还希冀于曲学一门有更为专业的修为，有更为出色的成绩。

就在向吴梅请教订谱之后一个月，当年6月，冒氏即返回如皋旧宅，捡出《词林摘艳》《碎金词谱》《盛明杂剧》《缀白裘》等四部曲学典籍，将之带回上海，“为撰写新杂剧之用”。

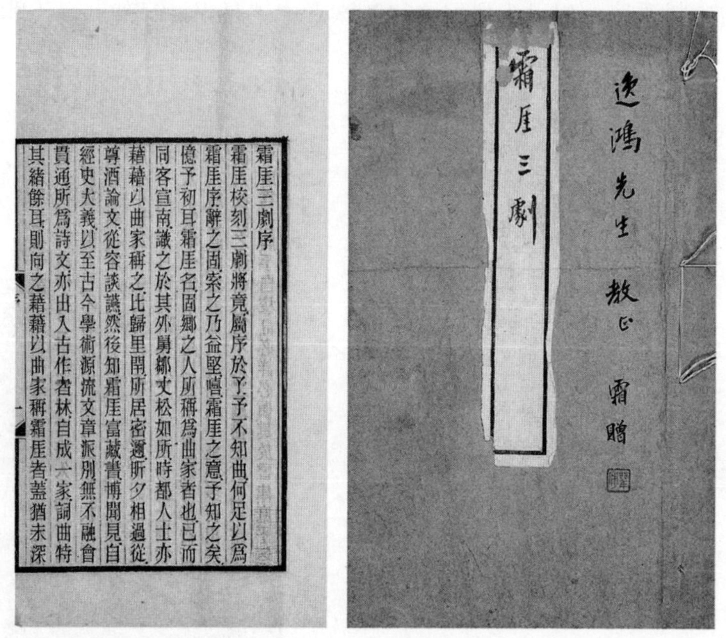
霜厓三劇序

霜厓校刻三劇將竟屬序於予予不知曲何足以爲霜厓序辭之固索之乃益堅噫霜厓之意予知之矣憶予初耳霜厓名固鄉之人所稱爲曲家者也已而同客宣南識之於其外舅鄒丈松如所時都人士亦藉藉以曲家稱之比歸里閈所居密邇昕夕相過從尊酒論文從容談讌然後知霜厓富藏書博聞見自經史大義以至古今學術源流文章派別無不融會貫通所爲詩文亦由入古作者林自成一家詞曲特其緒餘耳則向之藉藉以曲家稱霜厓者蓋猶未深

吴梅签赠《霜厓三剧》，赠予上海昆曲社啸社主持人居逸鸿。

◎初涉曲学，花甲词人四折剧

1934年9月，冒氏创作了《下玉京死忆梅村老》杂剧一折。10月，又撰成《马湘兰生寿百谷王》杂剧一折。紧接着，又完成《叶小鸾魂返午梦堂》《吴蕊仙泪洒别离庙》杂剧各一折。10月8日，冒氏将这四种杂剧的稿本整理汇总，又邀约叶恭绰，一道去南京求教于吴梅。吴梅在当天的日记中写道：

冒鹤亭（广生）、叶誉虎（恭绰）同至，各赠《霜厓三剧》一本。鹤亭以新作杂剧四种见示，题曰《吴蕊仙泪洒别离庙》《叶小鸾魂返午梦堂》《下玉京死忆梅村老》《马湘兰生寿百谷王》。每题一句，亦如余《惆怅爨》，而排场冷淡，殊不好看，词亦无豪爽俊美意。但六旬老翁，尚学此艳语谑词，其风致亦不可没也。拟为细校，更为商量排场云。

原来，吴梅曾将其三种代表作——按照元代杂剧体裁撰就的“新杂剧”三种，于1933年汇辑刻印成一册《霜厓三剧》。每每有友朋探望时，就赠送一册。此时冒、叶二人的到访，也各领受一册。真是无独有偶，作为回礼，冒氏此次前来，也赠予了吴梅一册自著杂剧作品集，其体裁竟与《霜厓三剧》中的《惆怅爨》无异。

所谓《惆怅爨》，是吴梅一部杂剧的总名。该剧是严格按照元代杂剧每剧四折的定式撰就，唯一不同的是，剧中每折单独成篇，每折都描述敷演不同的故事。这种做法又与明代以来，用南曲填词而成的一折一剧的所谓“南杂剧”非常相似。所以，类似《惆怅爨》的这种创作体例，实际上是融汇了元代杂剧格式、明代杂剧样式，并加以整合安排的一种现代杂剧创作模式——在当时则代表了以吴梅为首的曲学家们的古剧修养与审美取向。

诚然，以吴梅严苛的专业眼光来审读，指出“排场冷淡，殊不好看，词亦无豪爽俊美意”，乃是冒氏剧作的一些不足。所谓“排场冷淡”，是指剧作中安排的场上表演因素不足，诸如插科打诨的调笑场景、突如其来的戏剧冲突、细致周到的布景交代等等，皆未考虑周全。这些因素当然都是将这一剧本用于实际搬演的需要，这需要相当专业的经验与考究。

不过，冒氏创作杂剧的初衷，应当与旧式文人的旨趣相仿，仅仅是将剧曲格式中所填成的词章拿来吟咏欣赏，仅仅是将其作为一种抒怀遣兴的文字作品来看待，并没有将其真正作为演出底本来付诸演绎的诉求。因此，“排场冷淡，殊不好看”的评价，着实是过于苛刻了一些。至于“词亦无豪爽俊美意”之评，不知冒氏是否知晓，对词作本身的批评，或许更能触动这位诗词老手的心弦罢。

1934年10月12日的吴梅日记中写道：“夜饭后，评鹤亭杂剧，眉端几满，此可餍心矣。”

次日，吴梅为冒氏杂剧题词，以小令《鹧鸪天》一首，来抒写自己的读剧感受。词曰：

水绘园空午梦荒，湘兰垂白玉京亡。南都旧事重挥滋，北部新声此擅场。怀梦草，返生香，填胸哀乐对衰杨。金荃词笔翻关马，一笛蘋风倚夕阳。

这首题词，一年后被冒氏印在了《疚斋杂剧》一书的首页，成为对这部杂

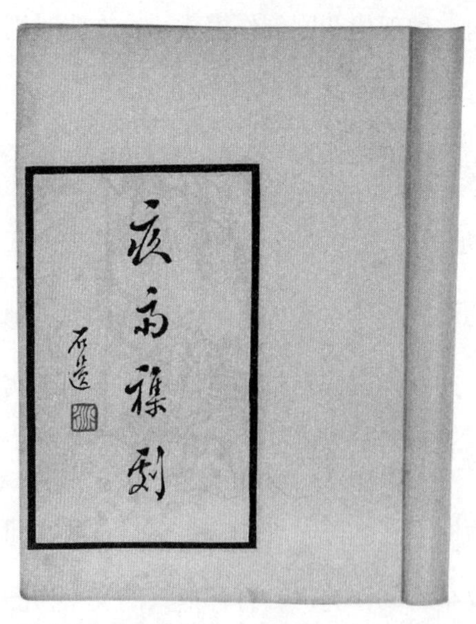

冒广生著《疚斋杂剧》，1935年10月自印本。扉页陈石遗题签。

冒广生著《疚斋杂剧》，“午梦堂叶女归魂”版画页面之一。

剧作品最重要的品评题词。当然，要领会这一题词的重要性，首先还是得对剧作本身的内容与旨趣有所了解。

其实，作为一折一剧的方式创作的这部剧作内容并不复杂，皆是抒写明末人物世事的某个具体细节而已。杂剧剧本每一折的主角，分别为吴蕊仙、叶小鸾、卞玉京、马湘兰，皆是明末传奇女子，各有各的传奇故事。

◎水绘园中，四折杂剧缅先祖

通观《疚斋杂剧》中的四位女主角，除却午梦堂中的早夭才女叶小鸾，吴梅村的红颜知己、擅长画兰的秦淮名姝卞玉京，追慕才子王穉登、“秦淮八艳”之一马湘兰，皆是芳名远播、才情卓绝的一代佳人之外，剧本里第一个出场的吴蕊仙，虽相较而言，声名似稍逊，可缘何却做得这头一位登场的女主角呢？

原来，这吴蕊仙，乃是与冒氏先祖有过旷世情缘的奇女子。前边已经提到过，冒氏远祖可能是大名鼎鼎的忽必烈，可冒氏还有一位“近祖”，名气也不小，且其遗泽于后世子孙的祖业当时尚在，此人即是“明末四公子”之一冒襄①，其人旧居在江苏如皋的私家园林——水绘园，那时也还由冒广生一家人掌管着。

与吴梅擅长取材唐宋文士佚事不同，冒氏剧作皆取材于晚明乱世中的爱情故事，这自然与其源自冒襄一脉有着莫大干系。这种独一无二的文脉体现，仅以冒氏杂剧第一折《吴蕊仙泪洒别离庙》，就可见一斑。

杂剧女主角吴蕊仙，名琪（“琪”亦作“淇”），别字佛眉，明末长洲（今

---

① 冒襄（1611—1693），字辟疆，号巢民，南直隶扬州府泰州如皋（今江苏如皋）人，明末清初文学家，明末四公子之一。一生著述颇丰，传世有《先世前征录》《朴巢诗文集》《水绘园诗文集》《影梅庵忆语》《寒碧孤吟》等。其中《影梅庵忆语》流传甚广，书中忆述与董小宛缠绵悱恻的爱情生活，为中国忆语体文学作品之先声。

冒广生著《疚斋杂剧》,“别离庙蕊仙入道”版画页面。

苏州）人。其祖父吴挺庵在明朝位居方伯（布政使），父亲吴健侯官至孝廉。吴氏之夫管勋，原是冒辟疆的复社好友，因反清事败遇难。吴氏只身渡江投靠冒氏，被安置在了“洗钵池边的深翠山房”。

吴氏来到水绘园的时候，恰巧董小宛刚刚去世，《影梅庵忆语》中的故事已然剧终。此刻，冒、吴二人同病相怜，日久生情。可后来吴氏面对冒氏已纳婢女吴扣扣这一事实，既无法承受，更不愿插足其中。为回避矛盾，她在给冒氏的诗中，称“自许空门降虎豹，岂容弱水置鸳鸯”，又称“绮罗自谢花前影，笠钵聊为云中人”，表达了自己愿意遁入空门的想法。冒氏不好强留，便由其自主选择，在城南杨花桥旁盖了一座小庙，名号别离庙，吴氏自名法号辉中，从此入庙修行，告别红尘。吴氏死后，冒氏曾只身前往凭吊，并有题词刻石，立于庙中，词曰：

别离庙，春禽叫，不见当日如花人，但见今日花含笑。春花有时落复开，玉颜一去难复来。只今荒烟蔓草最深处，愁云犹望姑苏台。

与世人熟知的冒襄与董小宛的绝世爱恋不同，剧本选取冒襄情爱生涯中一位看似稍逊的配角，来演绎这一场晚明时代中的人情冷暖。稍作考索，便不难发现，这样一场无甚波澜可言，看似平淡无奇的晚明悲情故事，却有着颇耐人寻味的历史背景。

作为冒襄后人，曾以重金赎回水绘园的冒广生，清同治十二年（1873）农历三月十五出生于广州，恰巧与二百余年前的冒襄生日相同。又据说当其出生之夕，祖父文川公梦见“其先巢民先生来”（叶衍兰《小三吾亭词序》中语），故冒广生一生常自比为先祖冒襄转世。冒广生后来取字鹤亭，应当就是缘于仰慕先祖曾隐居架亭，与鹤同栖的高洁之举。其诗、文、词乃至学术论著集，则又俱以“小三吾亭”名之，这“小三吾”亦是当年冒襄在水绘园中所置景观。就这样，如此因缘际会之下，人为也罢，天然也罢，冒广生恍若再世的冒襄一般，竟凌波微步于民国时代了。

带着冒襄骨血，有着特殊家世的冒广生，身处“晚明想象”一度大盛，乃至于“无报不谈明末事”的清末民初，较之同时代大众而言，他本人的“晚明想象”本应当更为浓厚炽烈，可却并不随意张扬，并不将个人情怀散漫于秦淮烟花的空自揣想之中，并不将一己随想轻易托付于纸上风月之中。他始终致力于精细梳理、整理乃至进一步发掘相关史料文料，以此为基础，来表达自己对冒氏先祖的特殊情怀。

时为1893年，年仅二十岁的冒广生，即撰成《冒巢民先生年谱》。1896

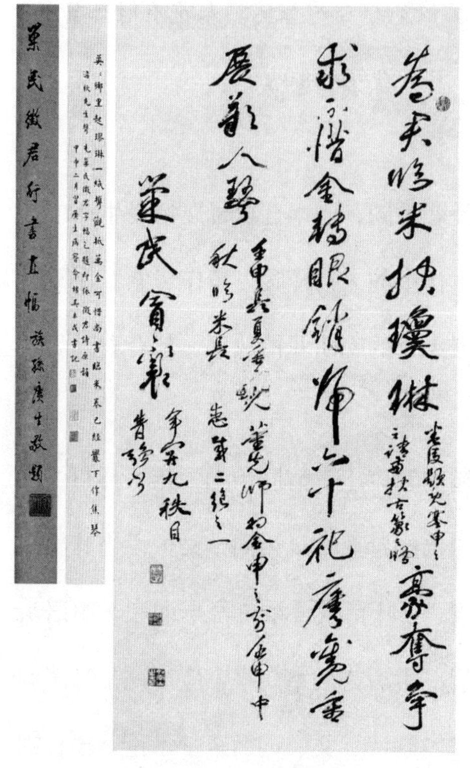

冒襄手迹，冒广生旧藏。

年，著名学者孙诒让为此谱作序，云其“诵芬述德，其事甚盛，非徒以钩辑排比，为传记家言也”。后来，梁启超也为此谱作跋，文中忆及1896年春夏间在上海与冒广生初见时的情形，“问姓字，审邑居，辄忆其先德巢民先生言论行事，而口摹之，而目营之，而心追之”，直称“鹤亭之文，史家之文也。鹤亭之志，殆先生之志也”。梁氏后来还在《清代学者治学之总成绩》一文中，将此谱列为“无一不佳”之类，赞许之意溢于言表。

可以看到，冒广生青年时代的才华初显，既有赖于对冒氏宗族的文史梳理之成果，也可以视作源于其对“晚明情怀”的倾力追慕与特殊表达。此刻，已过花甲之年的冒氏，通过杂剧所要表达的，也无非就是这份“初心”之变奏。只不过，这一次所要表达的更为直接，更为戏剧性，是在文史整理基础之上的感性抒发，是在人物故事梳理之后的情感再造。

《吴蕊仙泪洒别离庙》一剧，正是以突显冒氏先祖事迹而设置，并非一味地宣扬情爱细节。正是在这样的创作旨趣之下，选取吴蕊仙而不是董小宛为剧本主角，选取别离庙而不是影梅庵为剧本演绎之象征场域，以此来展现与抒写明末世风——只有这样的主题设置与情节安排，才不至于喧宾夺主，才更有益于表达剧本的微言大义。

应该说，吴梅的题词还是颇得其中默契的，首句就拨开了冒氏心弦，“水绘园空午梦荒”——水绘园不但是冒氏的先祖故居，更是其此时此刻的精神归宿。从冒氏剧作完成的时间顺序上来看，以水绘园为故事发生地的《吴蕊仙泪洒别离庙》杂剧一折，乃是四折剧中最后完稿的一折。从试笔的角度上而言，这一折剧本应是整部四折剧本中，准备最充分，构思最精致，寓意最深远的一折。

值得注意的是，当整部四折剧本全部完稿之际，延请曲学大师吴梅为之作校正与题词时，冒氏又特意将四折剧的排序重新安排，并不以各自的完成时间为序，而是几乎完全颠倒过来，最后完成的《吴蕊仙泪洒别离庙》杂剧一折被排到了第一位。这样的苦心经营，匠心独具之状，从中不难体会，这一直接以

《水绘园图》，顾则扬绘于 1938 年，为冒广生祝寿。

冒氏先祖故事为题材的剧本，不但有开篇见意之功，更有压轴绝唱之重。无论如何，冒氏对此剧的重视程度与刻意安排，都会让人感受到此剧的分量之重，颇堪玩味。

吴梅题词的最后一句“金荃词笔翻关马，一笛蘋风倚夕阳”，盛赞冒氏是以温庭筠的词笔，来翻作关汉卿、马致远的元曲腔调，虽有褒扬捧场之客套，但这样的赞辞，却也算落到了实处。毕竟，冒氏词名远播，以笔触华丽繁密著称，晚年以这样的词笔来试作元曲杂剧体裁的剧本，本也是事实。吴梅这样的评价虽有溢美之嫌，却也不算是空穴来风，胡乱吹捧罢。

◎新篇再谱，统共八折终定本

或许是受吴梅题词的激励，或许是杂剧创作的兴致不减，冒氏紧接着又创作了四种杂剧。这四种杂剧仍旧取材于晚明史事，将“岭南三大家”屈大均、复社诗人阎尔梅、秦淮八艳之一郑如英、死守广东的抗清名士邝露，这些知名或不太知名的晚明奇人轶事，均写入了冒氏新创的四种杂剧之中。

大约在1935年2月之前，这四种杂剧就已经完成。这在冒氏当月与胡汉民唱和的一首诗中，就已经透露。诗云：

百忧既相煎，可人又不至。哀歌张独丝，偷减到声字。

当其得意时，邈然有余思。情文两相生，比物复连类。

犹贤于博弈，君子或不弃。明知有涯生，姑为无益事。

杯酒怀古人，而出以己意。

（余近成南海神、云辩娘、廿五弦、郑妥娘四杂剧）

敢云沈汤外，列缺自掉帜。其次致曲言，衰老觉有味。

（王九思尝谓，太上立德，其次立功，又其次则致曲而已）

据上述这首诗的内容来考察，可知至1935年2月时，冒氏又完成了《南海神》《云弹娘》《廿五弦》《郑妥娘》四种杂剧。另据冒氏年谱还可知，当月冒氏还将这后作的四种杂剧，以蓝墨油印本简易印制成册，旋即分赠给友人胡汉民、张汉三、汪憬吾等。同年3月，又将这一油印本寄赠吴梅、夏剑丞、黄公渚等友人。

到同年6月时，吴梅阅毕冒氏八种杂剧，并一一校点完毕。冒氏依然请其阅毕后赐序，而吴梅也不失曲家风度，遂以一套曲词【南吕懒画眉】，将八部杂剧本事与特色简明概括，并从中拈提旨趣风神，特意撰就一篇可以唱出来的《读疚斋杂剧即赋南词代序》。曲词原文如下：

【懒画眉】海庙延宾屈翁山，天女重登大将坛。廿五弦愁语倩谁弹？更妥娘翻尽东塘案，倒教我荡气回肠不忍看。

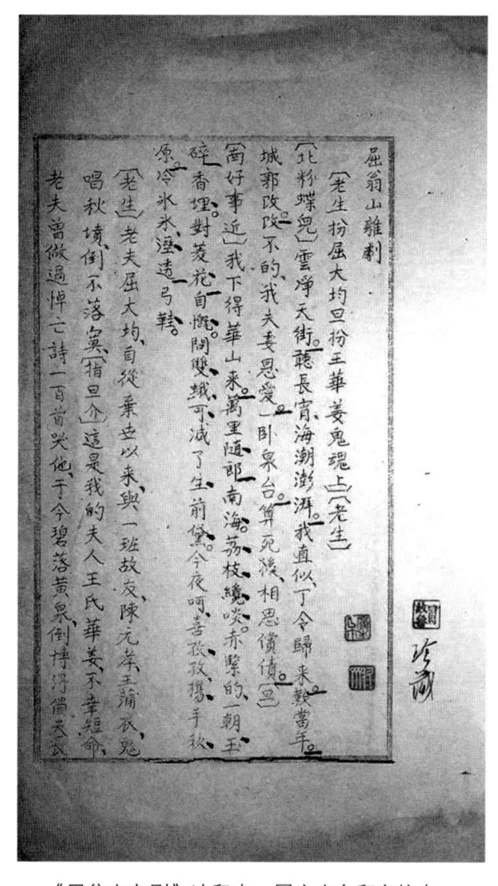
屈翁山雜劇

（老生扮屈大均旦扮王華姜鬼魂上）（老生）【北粉蝶兒】雲淨天街。聽長宵、海潮澎湃。我直似、丁令歸來。數當年城郭改改。不的、我夫妻恩愛。一別泉台。算死後、相思債債。（旦）【南好事近】我下得華山來。萬里隨郎。南海、荔枝纔喫。赤緊的、一朝玉碎、香埋。對菱花自慨。悶雙蛾、可減了生前黛。今夜呵、喜孜孜、攜手秋原。冷冰冰、溼透弓鞋。

（老生）老夫屈大均、自從棄世以來、與一班故友陳元孝、王蒲衣、鬼唱秋墳、倒不落寞、（指旦介）這是我的夫人王氏華姜、不幸短命、老夫曾做過悼亡詩一百首哭他、于今碧落黃泉、倒博得個天公

《屈翁山杂剧》油印本，冒广生自印自校本。

【太师引】遍尘寰，恨识先生晚，论词场孰是宫乔马关？你走南海参军蛮语，甚赋南都乐府长干。算湖山花月经醉惯，数不尽燕嗟莺叹。真和幻，蕉黄荔丹，丈碎虚空还呕出心肝。

【大迓鼓】加餐，旅况安。恨桃花扇底，宫冷商残。填胸哀乐无从按，单衣试酒意阑珊。满纸柔情，都是泪斑。

【前腔】邯郸，借枕难。纵五陵裘马，御李瞻韩，怕艳娘书记也人情泛，便茜娘诗句也誓盟寒。阅尽章台，依旧老鳏。

【尾声】旗亭赌唱黄河爨，同一样风流放诞，遮莫你绣出鸳鸯犹自懒。

这套曲词作为一通信札的附件，由吴梅亲自寄呈。信札原件，近年现身拍场[1]，后世读者亦有幸可再据此信文，略观当年这段吴、冒交谊之点滴史迹。在此，仅摘录关涉《疚斋杂剧》的信文如下：

鹤亭先生大鉴：

大作已细加稽校，小注眉端。君才雅近吾家石渠，字字镂心，为之佩服佩服。拙词一套，聊以代序，通首无重韵，别纸写呈拍正。……晚吴梅顿首。五月朔。

在吴梅的激赞与关注中，在相见恨晚的吟咏酬唱中，冒广生的杂剧创作终于得以圆满完成。1935年10月，冒氏将八种杂剧合为一册《疚斋杂剧》（后作四部杂剧作为附录），更辑入吴梅首度题词与再度赋词代序，以及友人题词等，

① 此信札首现于北京百赏雅集2014年春拍。

一并交付广州登云阁印制。

应当说，这一部由冒氏出资出品的自印本，印制工艺相当考究，别是一番精雅风貌。除了选用登云阁自制的仿宋字模竖式排印，白纸线装之外，还在正文之前插印了八面四幅通版的版画。书中版画根据前四部杂剧的故事内容来描绘，雅致传神；绘画中的钤印还采取了朱墨套印，极其逼真。可以想见，当年以此书赠予友朋的冒老夫子，应当是颇为自得与欢悦的罢。

值得一提的是，就在《疚斋杂剧》付印前后，冒氏还将这八种杂剧先后交付上海《青鹤》与《群雅》杂志，予以分期连载，更进一步扩大了其剧作之传播。

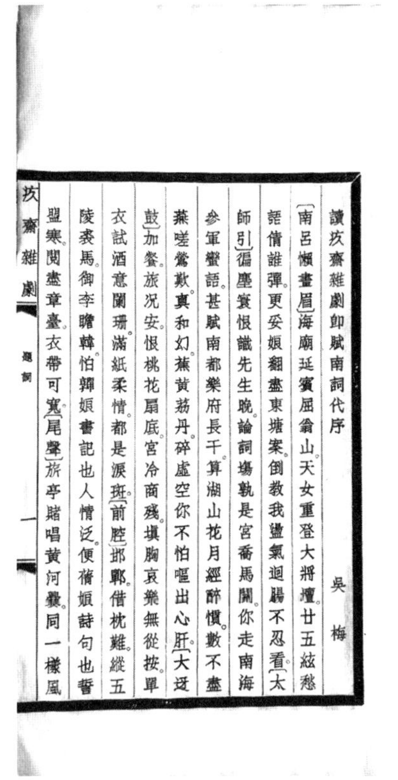

讀疚齋雜劇卽賦南詞代序　吳梅

〔南呂懶畫眉〕海廟延賓屈翁山。天女重登大將壇。廿五絃愁琵倩誰彈。更妥娘翻盡東塘案。倒教我鹽氣迴腸不忍看。〔太師引〕徧塵寰恨識先生晚。論詞塲孰是宮喬馬關。你走南海參軍蠻語。甚賦南都樂府長干。算湖山花月經醉慣。數不盡蕪嗟鶯歎。真和幻。蕉黃荔丹。碎虛空你不怕嘔出心肝。〔大迓鼓〕加餐。旅況安。恨桃花扇底。宮冷商殘。填胸哀樂無從按。單衣試酒意闌珊。滿紙柔情。都是淚斑。〔前腔〕邯鄲。借枕難。縱五陵裘馬。御李瞻韓。怕箏娘書記也人情泛。便循娘詩句也誓盟寒。閱盡章臺。衣帶可寬。〔尾聲〕旗亭賭唱黃河囊。同一樣風

疚齋雜劇　題詞　一

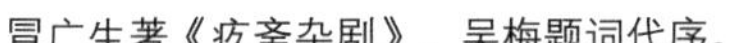

冒广生著《疚斋杂剧》，吴梅题词代序。

吴梅旧影

冒广生肖像立轴，1954 年绘制，郑慕康绘肖像并补鹿，冯超然补石壁坡草，吴湖帆补柏龄泉石，三人为冒氏八十二岁寿辰贺寿之合作。

遥想从1934年9月，冒氏试笔第一折杂剧开始，到1935年10月，在广州印制出图文皆精的《疚斋杂剧》，年过花甲的老人，不惜花费整整一年的光阴，倾力投身于之前从未涉足过的戏曲创作。原本精于诗词文赋的冒氏，留传于世的剧作只有这八种杂剧，这一册制作精良的自印本，也理应成为其戏曲创作生涯中的“定本”之制罢。

许之衡："余桃公"的人生戏剧

◎ "余桃公"登场北大

有一位教师进来，身穿西服，光头，前面留着一个桃子，走上讲台，深深的一鞠躬，随后翻开书来讲。学生们有编织东西的，有写信看小说的，有三三两两低声说话的。起初说话的声音很低，可是逐渐响起来，教师的话有点不大听得出了，于是教师用力提高声音，于嗡嗡声的上面又零零落落的听到讲义的词句，但这也只是暂时的，因为学生的说话相应的也加响，又将教师的声音沉没到里边去了。这样一直到了下课的钟声响了，教师乃又深深的一躬，踱下了讲台，这事才告一段落。

上述这段文字，摘自整整一百年前，二十世纪二十年代北京大学女子文理学院国文系学生的一篇习作，题目叫《教室印象》。文中提到的这位古怪扮相，状况窘迫的教师，名为许之衡（1877—1935，字守白）。

許之衡　守白
籍　貫：廣東番禺
履　歷：北京大學教授

许之衡肖像，辑自《国立师范大学第二部女师大毕业同学录》，1931年印行。

时为1962年2月，转述并摘录这一篇学生习作者，乃是曾与许氏做过同事的著名学者周作人（1885—1967），当时将这一印象深刻的校园事迹写入了《北大感旧录》的第四个章节。周作人对许氏当时的个人形象，也有自己的一番感触与见解，文中这样写道：

看他模样是个老学究，可是打扮却有点特别，穿了一套西服，推光和尚头，脑门上留下手掌大的一片头发，状如桃子，长约四五分，不知是何取义，有好挖苦的人便送给他一个绰号，叫做“余桃公”，这句话是有历史背景的。

周作人称许氏绰号“余桃公”，乃“好挖苦的人”为之，且这一绰号“是有历史背景的”。那么，这一绰号究竟有什么好“挖苦”的，究竟又有着什么样的“历史背景”呢？周文中没有明言，只是一笔带过地提及道：“他这副样子在北大还好，因为他们见过世面，曾看见过辜鸿铭那个样子……”

其实，只要约略了解其学术生涯，对许氏这副“余桃公”扮相的缘起乃至历史背景便能窥知一二。

◎青年“余桃公”的中间立场

原籍浙江仁和的许之衡，出生于广东番禺。作为广东文坛名宿许其光之孙，家境殷实，早年就曾入广雅书院修学，并曾问学于康有为。或许是受到康氏维新救亡思想的感染，许氏于光绪二十九年（1903）拔得贡生之后，不久即东渡日本，追寻救国之策而去。

自日本明治维新以来，日本人的发型和社会思潮一样，开始崇尚简约与力度。长发、盘发被剃除，越来越短，越来越少的头发除了明示此人不是秃子之外，发型本身已退居次席。作为中日甲午海战惨败之后，东渡而来"师夷长技"的中国留学生，不可能不受这股时潮之影响，青年许之衡自然也不例外。

先前师从康有为期间，早已领受过欧风美雨洗礼的许之衡，此刻在日本更感同身受着邻邦现代化进程的强悍与发达，越发地厌恶身后那条象征着落后与奴役的长长的发辫。毅然挥刀剃发，是那个时代中国青年反抗专制的时尚之举，是那个"觉醒年代"的中国青年接受现代文明启蒙的最初行动。可能正是从那时起，青年许之衡就已然光头短发示人，接近于后来的"余桃公"扮相了。

1905年2月23日，章太炎、刘师培、罗振玉等人在上海创办《国粹学报》，这标志着以章氏为首的"国粹"阵营，与以梁启超为首的"维新"阵营，开始同台竞技，各展其能。面对这一番喧嚣纷杂的时代景象，时年二十八岁的青年读者许之衡，没有表现出非此即彼，泾渭分明的思想立场，呈现出与其实际年龄极不相符的某种出奇的冷静与理性，他还为此特意撰写了一篇文稿，来表达自己与众不同的中间立场，并向《国粹学报》投稿。

这篇文稿的题目十分普通，甚至可以说平淡无奇，并没有高举什么主义、民族之类的鲜明旗帜，径直就题为《读国粹学报感言》。虽然此稿应刊物之要求，用文言文行文，但青年许之衡用词平易，表达清楚，毫无国粹圈子中人习用古语，惯于古典的晦涩文风。许氏明确提出了对中国文学乃至文化发展方向

《国粹学报》

的总体希望，文中这样写道：

宜适晚近，不宜返之皇古。虽不必效东瀛之文体，然亦当为智识普及起见，宁肯失之平易，无失之艰深。盖我国识字者太少，识古字者尤少。必字字返之古义，无亦与文字进化之公例不符且窒碍滋多耶？

发表在《国粹学报》1905年第六期之上的这篇许氏文章，无论是国粹派还是维新派学者及其阵营，读到这篇文章，恐怕都不甚欢愉，颇不以为然。因为文章中所表露出来的中间立场，明显是不偏袒于任何一方的；简言之，既不必为尊民族而倡复古之国粹，亦不必为求维新而效东瀛之变法。这样的观点，自然是两头不讨好，大有左右不逢源，我且中道行的独立品格了。

当时身在日本，留学深造的许之衡，当然知晓，中国国内教科书译本主要来自日本，转译自日文的种种新名词及行文习惯，中国的时文风气肯定会有所沾染，且因之大为流行。无论是以章太炎为首的国粹阵营，还是以梁启超为首的维新阵营，对这样的情势，都有所洞察亦有着不同程度，不同思路上的力求解决之道。应当说，两大阵营对这样客观存在的文化危机，都力图以种种学术方法予以纠正与扭转。

然而，许之衡认定，两大阵营各自力图实施的纠正与扭转之道，是无益亦无力的，因为学术传播需要一种约定俗成的路径与圈层认可的规范，希望在这个层面上标新立异或者食古不化，皆是不可行的。剪掉辫子不等于不要头发，光头不一定就是秃头——这么浅显的道理，在许之衡看来，同样也适用于当时的中国文化之现代化变革。

诚如辛亥革命之后仍蓄辫不剃的辜鸿铭所言，"头上的辫子容易剪掉，心头的辫子不易剪掉"，言行上的激进，形式上的激变，并不等同于真正意义上的社会变革与文化进步。许之衡的"余桃公"发型，保持着明治维新以来的舶来样式，却也并非据此标榜维新余风，更不是要以此表达自己对日本维新运动的全盘接受。简言之，发型只是个人生活形式上的偏好，并不代表着某种顽固不化，非此即彼的思想立场。

所以，周作人在忆述中的那一句一笔带过之论，还是颇见妥洽的。毕竟，在那个"觉醒年代"里，对待国粹与维新，对待传统与革命，无论是章太炎、梁启超等，还是辜鸿铭、许之衡等，都有着各自不同的觉悟与体察，绝非众口一辞，而是百家争鸣。只有这样的世面之下，才会允许有"余桃公"式的中间立场存在，才会出现"余桃公"式的别样人生罢。

◎ 饮流斋中吹拉弹唱

在亲友眼中，1905年之后，许之衡是喝了一肚子洋墨水，带着一身洋气，返归故土之后，恐怕是要有一番洋为中用的大作为的。孰料除了简单料理在广东的家业之外，许氏更乐于以中间立场去处理人际关系与理解传统事物，在家族产业与个人事业方面，都并没有什么特别令人瞩目的举动。

大约在1913年，许氏离家北上，悄然赴京。在宣武区前门王皮胡同里的仙城会馆住下，后又移居到宣武门外上斜街五十五号番禺会馆。此行似并无特别目的，仅仅是为了感受一下京城的文化气息，了解一下京城的学界动态罢了。

许之衡在京城周旋多日，访友论学，交游应酬，平日里都凭借着在日本留学时结识的友人李宣倜（1876—1961）的安排调度。李氏乃福建闽侯人，毕业于日本陆军士官学校步兵科，归国后曾任大总统侍从武官、京师河道处处长、国务院秘书等要职，京城人缘颇熟络，社交圈层颇广泛。此时，李氏弃军从文，虽然还兼着行政院参议等职，却已然身为北京大学的教授，许氏来京游学的安排调度，自然不在话下。

李宣倜为许之衡介绍了时为北京大学教授的吴梅，时年三十七岁的吴梅已经在北大任职三年，专事戏曲学研究，度曲填词皆擅，一时声名远播。而许氏于曲学之道，亦颇有研究，加之吴梅的居所离许氏居所甚近，只数百米而已，二人结识后自然常相往来，评词论曲，乐此不疲。

整整一百年前的北京，1921年的北京，宣武城南两处相邻寓所里，时常高朋满座，欢声喧语，吹拉弹唱，曲声袅袅。许氏这一处唤作饮流斋（许氏著有《饮流斋说瓷》一书，被古董玩家奉为鉴瓷宝典），吴氏那一处唤作奢摩他室（吴氏编有《奢摩他室曲丛》，一度被戏曲研究者视作曲坛秘笈），一斋一室之间，名士接踵而来——许之衡、吴梅、刘凤叔、王季烈、朱锟、李宣倜、周梦鸳等人于此盘桓磨跎，欢会良多。

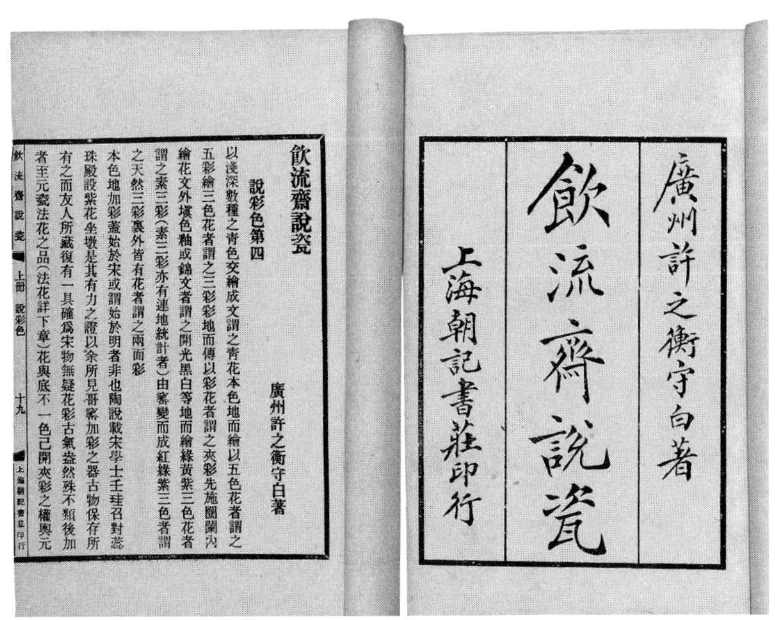

廣州許之衡守白著

飲流齋說瓷

上海朝記書莊印行

飲流齋說瓷

說彩色第四　　廣州許之衡守白著

以淺深數種之青色交繪成文謂之青花本色地而繪以五色花者謂之五彩繪三色花者謂之三彩彩地而傳以彩花者謂之夾彩先施圈闌內繪花文外壎色釉或錦文者謂之開光黑白等地而繪綠黃紫三色花者謂之素三彩（素三彩亦有連地統計者）由窯變而成紅綠紫三色者謂之天然三彩裏外皆有花者謂之兩面彩

本色地加彩蓋始於宋或謂始於明者非也陶說載宋學士王珪召對蕊珠殿設紫花坐墩是其有力之證以余所見哥窯加彩之器古物保存所有之而友人所藏復有一具確爲宋物無疑花彩古氣盎然殊不類後加者至元瓷法花之品（法花詳下章）花與底不一色已開夾彩之權輿元

飲流齋說瓷　上冊　說彩色　十九　上海朝記書莊印行

《饮流斋说瓷》，许之衡著。

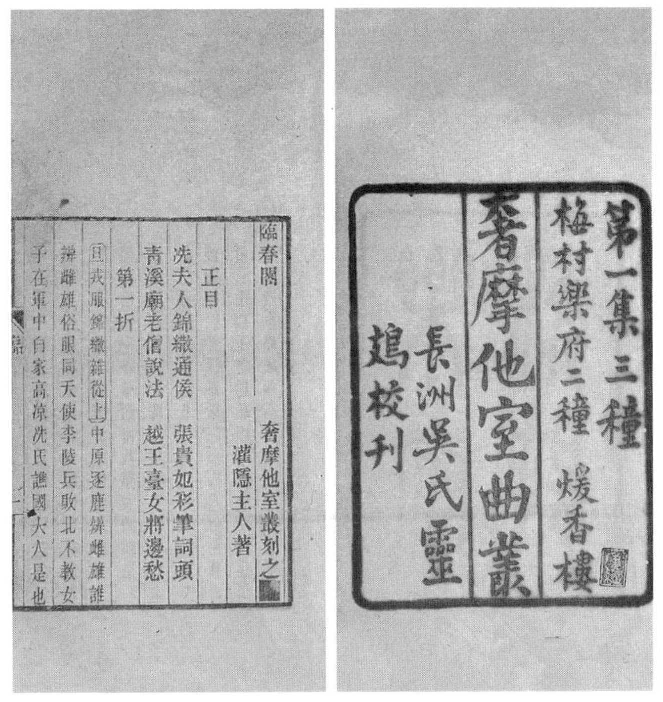

臨春閣　　奢摩他室叢刻之

灌隱主人著

正目

冼夫人錦繖通侯　張貴妃彩筆詞頭

青溪廟老僧說法　越王臺女將邊愁

第一折

（旦戎服錦繖雜從上）中原逐鹿辦雌雄誰辦雌雄俗眼同天使李陵兵敗北不教女子在軍中自家高涼冼氏譙國大人是也

第一集三種

梅村樂府二種　㬊香樓

奢摩他室曲叢

長洲吳氏靈鵻校刊

《奢摩他室曲丛》，吴梅编印。

◎《霓裳艳》专写刘喜奎，不写梅兰芳

或也正是在1921年的某个春风沉醉或者秋意萧瑟的深夜里，许之衡抠了抠脑门上那一撮短茬，忽然想起了心头的某个话茬，捻了捻毛笔，挥毫题写下一个剧本的名字——《霓裳艳》。迅即又一笔呵成，创作了一首词，作了这部剧本的开篇语，词调“水调歌头”，词曰：

古今大戏剧，天地一梨园。看尽风云幻态，只合纵狂颠。偶拾京尘轶事，付与红牙按板，低唱百花前，韵史霓裳艳，写入锦霞笺。　这些时无聊日、奈何天，试学量宫刻羽，倚笛小词填。恰遇才人粉墨，我亦此中过客。同调倍相怜，幻合风流梦一段、戏因缘。

这一部剧本是严格按照明代以来的昆腔传奇格式写就的，统共有二十出戏文。剧中的男主角为小生阮心存，配有一个副角，为友人蒲后轩。女主角为小旦刘喜娘，也配有一个副角，为梨园姐妹芝娘。

此剧与许之衡先前写成的《玉虎坠》《锦瑟记》等都绝然不同，因为《霓裳艳》绝不是把两三百年前的旧轶事翻作新故事，而是径直将这两三年来眼跟前的人事编作故事，唱念做打出来。

可是，许氏笔下的这部“新剧”，偏偏又与当时颇流行的时事剧、摩登剧绝然不同。《霓裳艳》并不涉及大的时事政治背景，更没有直接的历史事件作叙事线索；它既与当时欧阳予倩、梅兰芳频换行头的那种场上革新没有可比性，也与梁启超的《新罗马》（鼓吹西化革命）、吴梅的《轩亭血》（赞颂秋瑾义举）等人的纸上革新无法对接。

女伶刘喜奎，约摄于 1917 年，与《妇女之百面观》所辑肖像类似。

梅蘭芳之新寵福芝芳豔影

記福芝芳

近日各報爭載梅郎娶妾事而福芝芳之香名遂深鐫人腦海中亭亭倩影世人固仰望至矣本社特覓得其最近小影刊列於此用供讀者瞻仰云按芝芳京人與梅郎有同門之雅紅氍毹上頗著盛名今茲百兩迎歸實以並妻視之非若之側室也從茲蘭芝聯芳豔福不淺記者既為之賀且為之豔羨不置耳

梅兰芳之新宠福芝芳艳影，辑自《游戏世界》杂志第六期，1921 年 12 月。

剧中的女主角刘喜娘，自述“小字魁儿”，对此，稍通梨园掌故者一眼便知，此女主角原型即是那个曾大红京津两地的坤伶名角儿刘喜奎（1894—1964）。剧中另一女副角芝娘，在剧中身份亦是京城名角儿，这也很容易让人联想到梅兰芳的夫人福芝芳（1905—1980）。可是，却仍然不能仅仅以这两个剧中女角的出现，即顺理成章地推测出剧中男主角原型应当就是梅兰芳，且剧本主体内容也根本就不是去演绎什么“才子双美”的艳史。

须知，剧中确实没有以梅兰芳为原型的角色出现，而是许氏把自个儿搁在了男主角的位置上。其人不过是要在这样一部特立独行的剧本中，去抒写一番专业票友的红尘情怀罢了。

◎“余桃公”剧中化身阮心存

从剧本第一出“订曲”即可以判定，剧中男主角阮心存的原型，乃是许之衡本人；而剧中男副角蒲后轩原型，正是与其朝夕论学评曲的吴梅。

在第一出“订曲”当中，阮心存开场便唱了一曲《浣溪沙》表明心志，曲词曰：

几度飞花减却春，感时无泪溅芳尘。只呼阮籍作朋伦。　何代王侯非短梦，难邀宇宙一闲身。且抛心力做词人。

在一曲《浣溪沙》之后，阮心存的独白则更为直白。剧中男主角独白称：

小生阮心存，表字冷云，生于钟鸣鼎食之家，夙具啸月吟风之致。值此俯仰尘形，伤心时局，正是忧从中来，百无聊赖。不免学习些曲子消遣，做个长歌当哭的唐衢也罢。

至于后来与蒲后轩的对白，说什么“近日与词曲大家蒲后轩研究昆曲，颇觉兴味，每日必来这里谈话”云云，则几乎就是当年宣武城南饮流斋中的聚会重演。至此，以当代曲词学家许之衡、京津名伶刘喜奎为原型的一场纸上“艳遇”就此展开。

走了十几年中间路线的许之衡，对时局之狂澜激变渐趋回避，对文化改良或者复古之论不过一笑置之。简言之，在饮流斋中玩瓷吟曲的许氏，早已不是当年那个挥刀剃辫，上书国粹的青年了。本就有些少年老成，一直理性独存的许氏，此时自号“曲隐”的许氏，眼中心头早已了无挂碍，业已有些“大隐”于市的做派了。

只是对于刘喜奎这样一个活生生的奇女子，及其活脱脱的传奇经历，却是颇可令许氏拍案惊奇的。

事实上，刘喜奎不但在梨园行内有颇多追慕者，与梅兰芳的互相敬慕早为行内人所熟知；其追求者甚至广涉当时京津两地军政高官，有袁世凯的盛邀、张勋的垂涎、曹锟的强夺以及长期甘作护花使者的陆军总长陆绵等轶事掌故，颇为时人乐道。

许之衡心中所揣想的刘喜奎，自然有古往今来才子神交佳人的人性共情，自然亦有历代文人书生心怀里总揣着的那一份挺身而出“救风尘”的梦想，这样的惊艳与追慕之抒写是必然的。与此同时，也应当看到，许氏剧本中，还随之流露出了对那个时代、那种时局下所呈现的纷乱世道的种种反思与莫名无奈。

霓裳艷傳奇卷上
曲隱道人塡詞
借園居士評點
家門
水調歌頭 末上 古今大戲劇天地梨園看臺風
雲幻態只合縱狂顛偶拾京塵軼事付與紅牙按板
低唱百花前韻史霓裳艷寫入錦霞箋這些時無
聊日奈何天試學量宮刻羽倚箇小詞塡恰遇才人
粉墨我亦此中過客同調倍相憐幻自風流夢一段

霓裳艷
若雨題

《霓裳艳》传奇剧本，许之衡著，扉页题签及正文首页。

◎曹锟强夺刘喜奎之事写进剧本

正是在许之衡着力搜求刘喜奎种种轶事，倾力编写《霓裳艳》剧本之际，更让其震惊的一场“时事剧”就在眼皮底下上演。

1921年11月21日，曹锟六十大寿，邀请北京名伶大演会堂戏。为躲避曹锟，已经两年没有登台演戏的刘喜奎，在时任北洋政府陆军部次长陆绵的一再保证下，也勉为其难地参加了演出。谁料戏一唱完，曹锟竟强留刘喜奎，意欲不轨。幸亏曹锟的正室大太太赶来，醋意大发，唬住以怕老婆著称的曹锟，刘喜奎才得以逃离虎口。

这一桩轶事，被许之衡写进《霓裳艳》的第九出“述美”。剧中曹锟化身蒋奇，借蒲后轩之口说，“上月是蒋奇的寿辰，特自把刘喜娘调去演唱，及唱完了戏，就把他留起来。”阮心存心急如焚，问道，“这可是不了的事，那喜娘怎样哩？”在得知刘喜娘机智脱险后，阮心存为之叫好不迭，说道，“我真佩服那刘喜娘。她是一个女优，竟然有此气节，真是可传了。”蒲后轩也评论说，“你想他是做戏的人，最难讲贞操的，他竟然能出淤泥而不染，那不是更可敬么？”

除了以蒋奇为代表的军政高官对刘喜娘的强夺之外，许之衡还穿插于第十四出“拒客”和第十七出“打媒”中，描述流氓票友与无聊文人对刘喜娘的死缠滥追。剧中先后出现的丑角、净角有单作梅、牛善催、马能柏、范统、文伯善、尤士恭、杨紫香等，均为擅做媒、善吹牛、能拍马、饭桶、不擅文、尤工诗、想娘子的谐音，讽谑之意溢于言表。

严格说来，剧中的阮心存与刘喜娘，是惺惺相惜多过缠绵爱恋的。男主角阮心存除了听过刘喜娘的戏，拿到过一张友人转赠的喜娘照片，与其同台串演过一出戏之外，再无过多的实际交道与生活历程的。

《霓裳艳》更多的是呈现同时代的纷乱时潮与癫狂世象，即使如刘喜奎这样一个恪守坚贞，不随波逐流的伶人，尚且要经历如此之多的艰辛与劫难，可想而知，社会各界各阶层各色人等，当然更包括以自由人格与独立思想为生存基础的知识分子，又将经历怎样的变迁与沉浮。

许之衡当然是敬佩刘喜奎的。试想，如许氏这般衣食无忧，闲事风雅的文士，当得知刘喜奎奇闻轶事之后，恐怕都会对之有所同情共情，都会自感要如她那般既入世求存，又独善其身是何其困难的罢。文士心中由之而来的感慨与激愤，追慕与思索，自然就促成了《霓裳艳》这样一个既非摩登时事，又非追古怀旧的特异剧本之诞生。

反观剧本，全剧的结局在第十八出"远游"和第十九出"扇梦"中早已黯

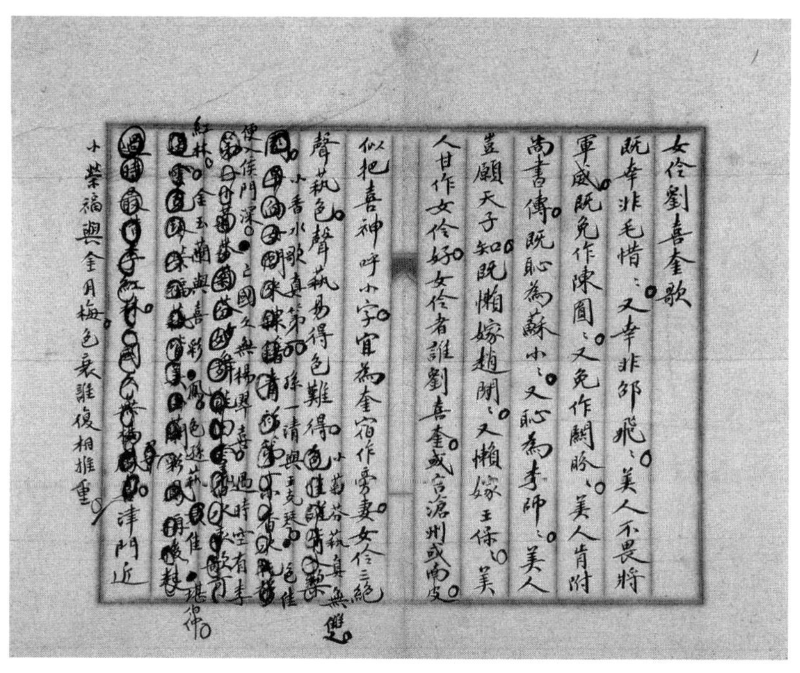
女伶劉喜奎歌
既幸非毛惜惜，又幸非邵飛飛，美人不畏將
軍威。既免作陳圓圓，又免作關盼盼，美人肯附
尚書傳。既恥為蘇小小，又恥為李師師，美人
豈願天子知。既懶嫁趙閑閑，又懶嫁王保保，美
人甘作女伶好。女伶者誰劉喜奎，或言滄州或南皮。
似把喜神呼小字，宜為奎宿作旁妻。女伶三絕

易顺鼎撰并书《女伶刘喜奎歌》。

然收场。以阮心存负气远游，抱憾江湖；刘喜奎独守母孝，孤芳自怜的结局收场，几乎就是同时代所有坚持“存一己之心”而不为时潮所左右者，可称之为最好也是最常见的结局了。

不过，许之衡终究还是不能免俗。且看剧本之末，许氏笔法还是返归到传统大团圆的老路子上，希冀着一种非人的、超社会的、极端理想化的神话力量促成第二十出“幻圆”的总结，最终由掌管梨园的神仙老郎神，派出所谓“氤氲使者”接二人上天，终成就了美满姻缘。

◎“余桃公”黯然离场

《霓裳艳》剧本于1922年11月印成之际，朝夕论曲的友人相继星散而去。

是年9月，吴梅辞去北京大学教授之职，赴东南大学任教，临行之前向校方举荐了许之衡继任其教席。而刘喜奎自逃出曹府之后，与军政府参谋崔承炽相恋通好，在《霓裳艳》剧本之外续谱自己的传奇。

《霓裳艳》剧本完成之后的许之衡，着力于总结其曲学观念与曲律之道，同年12月，其精心编撰的《曲律易知》一书刊行。此书获得友人吴梅盛赞，在其所撰序文中称此著超越他之前所著《顾曲麈谈》。此后，许氏再无自创的“新剧”，继续钻研曲学曲律之道，成为其终身的志业。1923年10月9日，许氏正式接替吴梅，在北京大学续教吴梅所遗戏曲、戏曲史和中国古声律三种课程。

据当时的学人回忆说，许氏在北大对人是异常的客气，或者可以说是本来不必那样的有礼，他却太过有礼，譬如一般到了公众场所，对于在场的许多人只要一总地点一点头就行了，等到见到特别接近的人，再另行招呼。他却是不

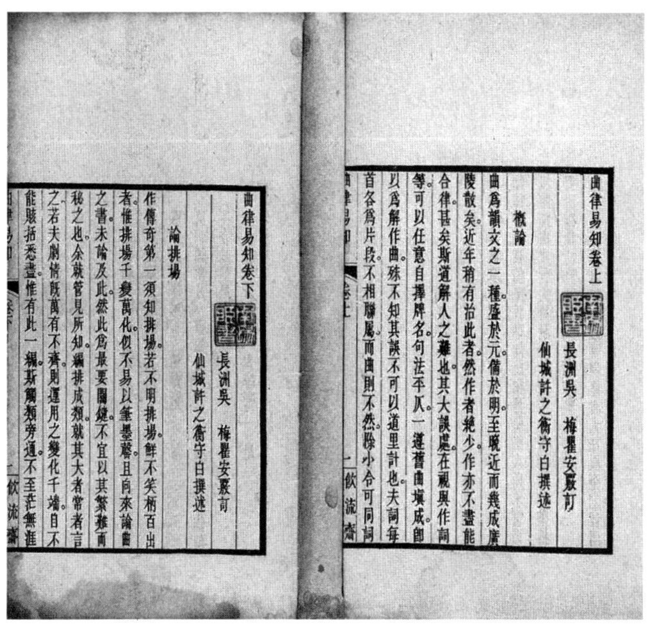

曲律易知卷上

長洲吳　梅瞿安審訂

仙城許之衡守白撰述

概論

曲爲韻文之一種盛於元備於明至晚近而幾成廣陵散矣近年稍有治此者然作者絕少作亦不盡能合律甚矣斯道解人之難也其大誤處在視與作詞等可以任意自擇牌名句法平仄一蹴著曲填成即以爲解作曲殊不知其誤不可以道里計也夫詞每首各爲片段不相聯屬而曲則不然除小令可同詞

曲律易知卷下

長洲吳　梅瞿安審訂

仙城許之衡守白撰述

論排場

作傳奇第一須知排場若不明排場鮮不笑柄百出者惟排場千變萬化似不易以筆墨罄且向來論曲之書未論及此然此爲最要關鍵不宜以其繁難而秘之也余就管見所知編排成類就其大者常者言之若夫劇情既萬有不齊則運用之變化千端自不能賅括悉盡惟有此一編斯觸類旁通不至茫無涯

《曲律易知》，许之衡编著。

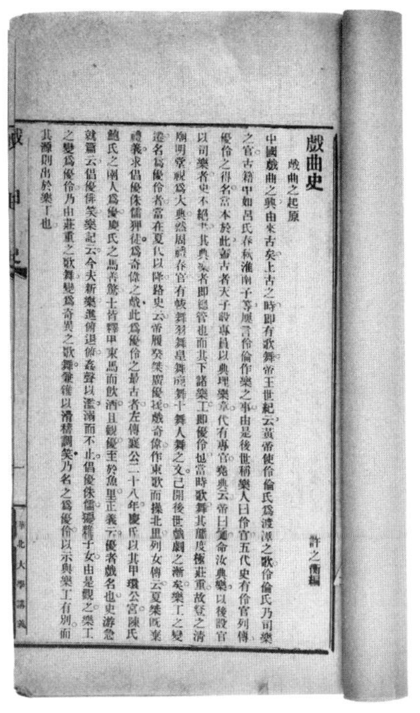

戲曲史

戲曲之起原　許之衡編

中國戲曲之興由來古矣上古之時即有歌舞帝王世紀云黃帝使伶倫氏爲渡漳之歌伶倫氏乃司樂之官古籍中如呂氏春秋淮南子等屢言伶倫作樂之事由是後世稱樂人曰伶官五代史有伶官列傳優伶之得名當本於此蓋古者天子設專員以典理樂章代有專官堯典云帝曰夔命汝典樂以後設官以司樂者史不絕書其典樂者即總管也而其下諸樂工即優伶也當時歌舞其儀度極莊重故登之清廟明堂視爲大典然周禮春官有韎舞羽舞皇舞旄舞干舞人舞之文已開後世戲劇之漸矣樂工之變遷名爲優伶者當在夏氏以降路史云帝履癸桀廣優猱戲奇偉作東歌而操北里列女傳云夏桀既棄禮義求倡優侏儒狎徒爲奇偉之戲此爲優伶之最古者左傳襄公二十八年慶氏以其甲環公宮陳氏鮑氏之圉人爲優慶氏之馬善驚士皆釋甲束馬而飲酒且觀優至於魚里正義云優者戲名也史游急就篇云倡優俳笑樂記云今夫新樂進俯退俯姦聲以濫溺而不止倡優侏儒獶雜子女由是觀之樂工之變爲優伶乃由莊重之歌舞變爲奇異之歌舞兼雜以滑稽調笑乃名之爲優伶以示與樂工有別而其源則出於樂工也

華北大學講義

《戏曲史》，北大讲义本，许之衡编著。

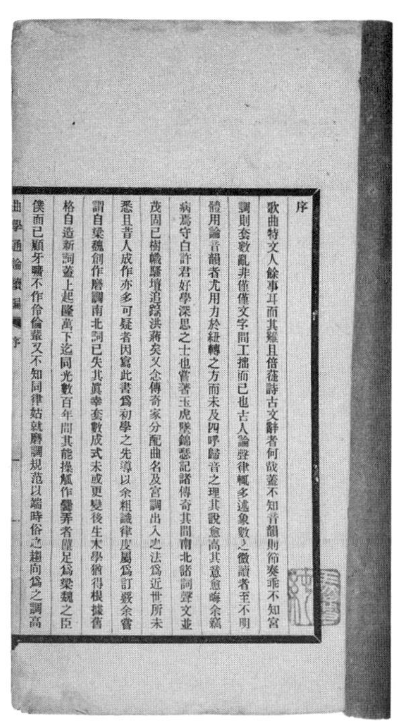

序

歌曲特文人餘事耳而其難且倍蓰詩古文辭者何哉蓋不知音韻則佮奏乖不知宮調則套數亂非僅僅文字間工拙而已也古人論聲律輒多述象數之微讀者至不明體用論音韻者尤用力於紐轉之方而未及四呼歸音之理其說愈高其意愈晦余竊病焉守白許君好學深思之士也嘗著玉虎墜錦瑟記諸傳奇其間南北諸詞聲文並茂固已樹幟騷壇追蹤洪蔣矣又念傳奇家分配曲名及宮調出入之法爲近世所未悉且昔人成作亦多可疑者因寫此書爲初學之先導以余粗識律度屬爲訂竄余嘗謂自梁魏創作磨調南北詞已失其眞幸套數成式未或更變後生末學猶得根據舊格自造新詞蓋上起隆萬下迄同光數百年間其能操觚作譜弄者僅足爲梁魏之臣僕而已顧牙曠不作伶倫輩又不知同律姑就磨調規范以端時俗之趨向爲之調高

曲學通論續編　序

《戏曲通论》正续编，北大讲义本，许之衡编著。

然，进得门来，他就一个一个找人鞠躬，有时哪边看不见，还要重新鞠过。

不仅在北大授课的情形如此，许氏在别校兼任讲师的授课情形也大致如此。据1935年9月3日北平《世界日报》所刊《怀沙室随笔·许之衡称弟》一文，亦可知许氏不善言辞，行事谨慎的个人风格，在辅仁大学兼课时也是如此，并非只在北大方才如此。文中这样记述道：

甫故不久之名词家许之衡，在北大任教多年，为老教授之一。许氏通音律，善度曲，惟为人沉默，不喜多言，尤不善讲学。某年任辅大讲师，授词曲，慕名而来者，挤满一堂，大有水洩不通之势。无何，许氏至，秃头，束腿，鼻尖撑着陆克式眼镜，迈步登台，立正，双手下垂，向众深深一躬，约九十余度之谱。众窃笑之。甫开口即讷讷不辨。以故一星期后，听众锐减，尤以查过堂后，众相率蹓去，室内空空，许氏亦无可如何。一日月考，学生多有未知，故参加者不及半数。许氏因留字于黑板上，其辞曰："卷子现存听差处，诸君可去领；作后交弟可也。"以故学生皆以"老弟"呼之。

不知何故，客气，木讷，谨慎，对学生也自称"弟"，还不时向人鞠躬的许之衡，终于还是于1934年4月，被北大校方通知解聘了。更令人意想不到的是，这一消息公布之后，北大国文系学生竟还集体向校方请愿，要求续聘许氏。这些平日里并不一定对许氏授课内容感兴趣，甚至对其个人风格不乏调笑的北大学生，竟再次印证了周作人所做的那个评价"见过世面"——喜不喜欢是一回事儿，水平高低是另一回事儿，至少北大学生对许氏在戏曲研究方面的学术水准还是相当认可的。

据说，早在1933年6月之后，许氏的大学授课便一度中断许久，而他本人亦未作任何解释。在得知校方解聘之意见后，便一声不吭地离开了校园，仿佛什么事情也没有发生过似的。学生们还以为是许氏休假，很长一段时间未见其授课之后，方被校方告知，许氏已被解聘。

然而，之后的北大校园里，也并非就此见不着这位发型怪异的“余桃公”。解聘教授职衔之后，许氏仍愿以讲师的身份，继续为青年学子们讲授着多年积淀的词曲心得。此外，许氏还曾在辅仁大学、华北大学、北平大学女子师范学院等处兼任讲师。1933年底，又参加了刘半农、傅惜华组织的北平昆弋学会。直至1935年2月25日，因心脏病发在北京逝世，终年五十八岁。

一个世纪之后的今天，知晓并对许氏其人其事有所了解者，已不多见，研究者大多也只是对其学术生涯偶有提及罢了。对于绝大多数后世读者而言，要想一窥这位“余桃公”尊容也绝非易事。笔者虽数年前即搜求许氏相关著述及文献，可其肖像照片却也一直未曾获见。

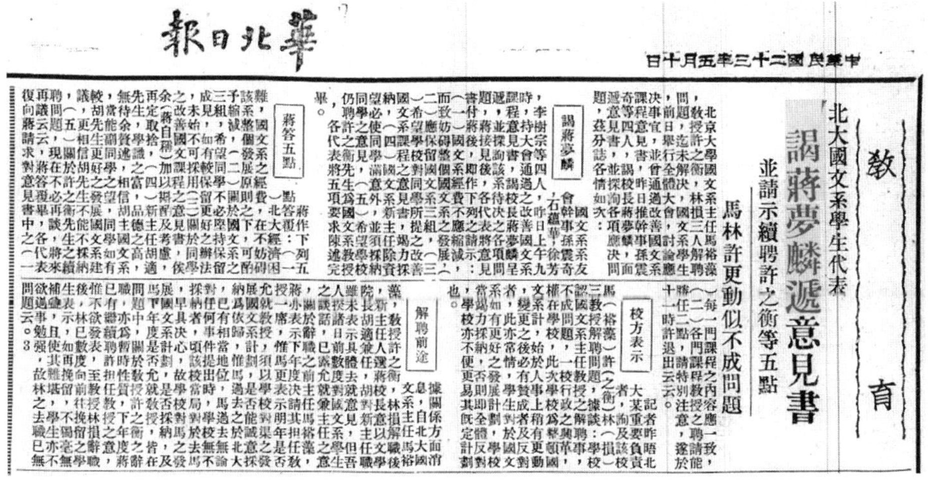
華北日報

中華民國二十三年五月十日

教育

北大國文系學生代表
謁蔣夢麟遞意見書
並請示續聘許之衡等五點
馬林許更動似不成問題

謁蔣夢麟

蔣答五點

校方表示

解聘前途

北大学生向校长请求续聘许之衡的报道，原载《华北日报》，1934年5月10日。

懷沙室隨筆 頑石

許之衡稱弟

甫故不久之名詞家許之衡，在北大任教多年，爲老教授之一。氏通音律，善度曲，惟爲人沉默，不喜多言，尤不善講學。某年任輔大講師，授詞曲，慕名而來者，擠滿一堂，大有水洩不通之勢，無何，許氏至，禿頭，束腿，鼻尖擎陸克式眼鏡，遙步登台，立正，雙手下垂，向衆深深一躬，約九十餘度之譜。衆竊笑之。甫開口即訥訥不辨。以故一星期後，聽衆銳減，尤以食過堂後，衆相率蹓去，室內空空，許氏亦無可如何。一日月考，學生多有未知，故參加者不及半數。許氏因留字於黑板上，其辭曰：「卷子現存聽差處，諸君可去領；作後変弟可也。」以故學生皆以老弟呼之。

又許氏少年時，風流倜儻，秦淮河上，時有其游踪。有某名妓慕許氏名，因徵聘之教授詞曲，不數日兩情繾綣，墮入情網中矣。日後許氏忽患惡症。至晚年兩腿上猶留豆大紅斑數枚，每至春間，即現紅紫色。識者謂係許氏少年時與該妓戀愛遺跡，不知其然否？

《许之衡称弟》，记述许氏在辅仁大学兼课时的情状，原载《世界日报》，1935 年 9 月 3 日。

近日，竟有幸在一册1931年印制的《国立师范大学第二部女师大毕业同学录》上，意外地获见了许氏肖像照片。且见晚年许氏尊容，已非复早年“余桃公”之相，头顶发茬日渐稀疏，恍如光头一般，只能依稀想见当年面目了。

童斐：工尺谱还是五线谱

◎前奏：从“代国歌”走来

1936年9月25日，国立中央大学的吴梅教授一大早有些头晕，下午的课，实在是没法再上了。于是向校方请假，待在家里休养半日。可这半日也未得闲，国民党中央党部的一封函件，又让其不得不强打精神，忙活了一阵子。

原来，这是一封党部邀请吴教授谱写国歌的公函。民国二十五年（1936）时，国民政府就已组建了国歌编制研究委员会，专门负责主持国歌编制研究事宜，并正式登报公开征求国歌歌词。但数以千计的来稿，并未获得委员会的青睐；他们迫切需要专业人士给予专业指导，于是通过党部公函约稿的方式，向吴梅、王陆一、汪东、柳亚子、唐学咏、赵元任、萧友梅等七人发出邀请，并聘为委员会委员。

其实，中华民国当时的国歌也是有的，即国民党党歌（代国歌）。

三民主义，吾党所宗；以建民国，以进大同。

咨尔多士，为民前锋；夙夜匪懈，主义是从。

矢勤矢勇，必信必忠；一心一德，贯彻始终。

这是出自民国十三年（1924）六月十六日，孙中山在广州黄埔军官学校开学典礼中，对该校师生所做之训词。北伐成功以后，戴传贤建议将此训词，采为中国国民党之党歌歌词。其后经中央常务委员会通过，并公开征求乐谱，最后以程懋筠谱曲，拔得头筹，民国十八年（1929）一月十日，中央常务委员会决议：采程懋筠所谱者为国民党党歌。之后不久，以党歌替代原北洋政府国歌，是为代国歌的做法，在南京政府当局某些场合与部门间流行开来。

事实上，在国民党党歌代国歌之前，北洋政府的国歌乃是《卿云歌》。那是直接从传说中的“四书五经”之一《尚书》中选取的经典原文，由萧友梅谱曲配乐而成的“官宣”国歌。

时为1920年11月，北洋政府教育部曾按西洋音乐标准，颁布过《卿云歌》五线谱，确定此代国歌地位。当时的官方文件中这样介绍道：

右歌词旧传虞舜所作，出《尚书·大传》。“卿云”见昭明美大之容，复旦同日进无疆之旨；言由古圣，理符今时。乐谱为国歌研究会会员萧友梅所制，用E调长旋法，当中国姑洗宫调。鸣盛大于先，申咏叹于后，依义成谱，克协前词。经本部国歌研究会选定，本年十月由本部提出国务会议，经议决为国歌，并定十年七月一日实行。①

① 详参：《卿云歌乐谱》，原载《东方杂志》第十七卷第二十四号，1920年12月25日。

据此可知，自1921年7月1日起，《卿云歌》的“官宣”国歌地位，已然确立。至1929年国民党党歌创作完成，其间共计八年时间。那么，这八年间《卿云歌》的传唱状况究竟如何，怎么会短短八年之后，迅即又被国民党党歌取代了呢？无须多言，国内政坛与时局剧变，北洋政府垮台，南京政府登台，在这一历史背景之下，《卿云歌》的“官宣”国歌地位被取代，势所必然。这源自《尚书》，宣扬圣贤治国的上古之音，与来自革命，弘扬三民主义的政党之歌，你方唱罢我登场，不但势所必然，这一现象本身，也表征与呈现着历史走向。

《卿云歌》的“官宣”国歌地位被取代，这些宏观层面的因素，固然是最根本的因素，可来自歌曲本身的古奥拗口，非但不朗朗上口，反而令歌咏者自

《卿云歌乐谱》，原载《东方杂志》第十七卷第二十四号，1920年12月25日。

《中国国民党党歌》，原载《东方杂志》第二十六卷第八号，1929 年 4 月 25 日。

觉拙舌笨口，更让听歌者深感倦怠无力，这或亦是其被取代的根本原因之一。胡适的学生章衣萍就曾提到过国外友人对《卿云歌》这一“官宣”国歌的糟糕评价，其著《窗下随笔》[1]中专列《卿云歌》一条，文中这样写道：

吴建邦说，在比国的时候，每逢元旦，大家唱国歌。听英、法、德各国学生唱起国歌来，都觉得慷慨激昂，令人起舞。独有中国学生唱《卿云歌》，一种不死不活的声调，实在令人叹气。

据考，章氏笔下的吴建邦（1897—1935），字元名，安徽太湖县人。曾于

① 《窗下随笔》，北新书局，1929年12月初版。

1919年考取公费赴法国与比利时留学，获巴黎鲁文大学法学博士和比利时岗城大学政法兼外交博士。1925年归国，任民国政府外交部科长等职。[①]

《窗下随笔》，北新书局，1929年12月初版。

据吴氏出国留学的这一段生平履历来考察，可知至少在1920—1925年间，《卿云歌》这一“官宣”国歌，确实为中国公民统一传唱，海外留学生也曾有过传唱。遗憾的是，传唱效果确实不佳，那“一种不死不活的声调”，“实在令人叹气”。

试想，选择一首国歌，首选当然是那种有鼓舞民族，振奋民心之力的歌曲，绝不会仅仅只是将歌词源自经典，系出古典作为唯一选择标准。然而，苦于一时无法创作出十分满意的国歌，或者说无法征集到与甄选出非常合适的代国歌，自国民党党歌确立以来，以党歌代国歌的方式，逐渐成为一种不成文的惯例，在当局某些场合、某些部门中间流行开来。

至1930年前后，以党歌“代国歌”的方式，渐成官方惯例之际，竟然还有来自南京政府教育部的通令，来为这种不成文的惯例予以了官方明确认可的说明。时为1930年4月9日，北平《世界日报》的“教育版”头条，就公开颁布了这一通令。报道原文如下：

① 详参《安徽人物大辞典》，团结出版社，1992年。

教部通令

国歌可以党歌代用

因国歌尚未正式制定

南京教育部昨有通令到平，令各校在国歌未正式制定以前，可以党歌代用。兹录原令如次：

案奉行政院第一一六〇号训令，以奉国民政府令据前雅渡中华学校电陈，能否以党歌代替国歌一案，经中央第七十八次常会议决“在国歌未制定以前，可以党歌代用”，仰饬属遵照，等因，奉此，除分令外，合行令仰该校遵照，此令。

不过，此举几年后就遭到了包括国民政府各部门在内的各界人士反对，在内忧外患的国家动荡时期，迫切需要一首正式的国歌，激发爱国热情，凝聚民众

中華民國十九年四月九日 星期三

教部通令

國歌可以黨歌代用

因國歌尚未正式製定

南京教育部昨有通令到平，令各校在國歌未正式製定以前，可以黨歌代用，茲錄原令如次：案奉行政院第一一六〇號訓令，以奉國民政府令據前雅渡中華學校電陳，能否以黨歌代替國歌一案，經中央第七十八次常會議決「在國歌未製定以前，可以黨歌代用」，仰飭屬遵照，等因，奉此，除分令外，合行令仰該校遵照，此令。

“教部通令”之报道，原载《世界日报》，1930 年 4 月 9 日。

力量。简言之，自辛亥革命以来，从北洋政府到南京政府，民国政府运营二十年来，从源自《尚书》的《卿云歌》到国民党党歌代国歌，无论“官宣”与否，这些所谓国歌，根本上皆是代国歌，并无全新创作，统一传唱，举国公认的国歌。

为此，当时的国民党中央宣传部，曾召内部会议，专门研讨重新创制国歌的方案，会后达成一致意见称：

党歌与国歌，自应有所分别，盖其含义各不相同，党歌原系总理策励党员之词，其中如“咨尔多士，为民前锋”等句，若正式规定为国歌歌词，恐有未妥。加以党歌虽善，但未能表现吾民族五千年来之立国精神，其歌词既平直，且有声病。际兹国难方殷，应有以激发吾民族精神之国歌歌词，以供吟唱，而振国魂。

于是，当局宣传部提议，由宣传部、组织部、民众训练部、文化事业计划委员会、党史史料编纂委员会会同内政部、教育部各派代表，并聘专家若干人，组织国歌编制研究会，由宣传部主其事，暂聘专家王陆一、汪东、吴梅、柳亚子、唐学咏、赵元任、萧友梅七人为委员。吴梅收到的特邀公函，正是以上这番原委。只是吴梅对此并无太高的兴致，因为接到创制新国歌的邀请，已经不是第一次了。

吴梅上一次是应邀为章太炎等作词的《中国雄立宇宙间》（也曾选为代国歌）谱曲，那已是十几年前的事了[①]。这一次是既要求创制歌词，还需据词谱

① 1921年之前，《中国雄立宇宙间》曾一度作为代国歌，在正式场合公开演奏与传唱。1921年5月，其代国歌地位尚存。据报道，童子军远东运动会就曾以此歌为代国歌演奏，原载上海《民国日报》，1921年5月12日。关于唱错国歌的报道，仍时见诸报端，更有国民党苏州党部会议中，出现请求仍以《中国雄立宇宙间》为国歌的提议，报道原载《苏州明报》第二版，1927年7月26日。

曲。国父与国学大师们当年创制的代国歌，尚且各用了不到十年，即引来重新创制国歌的举国呼声一片，自个儿不过一介寒士，怎么能担此重任呢？吵闹无休的国民政府与中央党部，这会儿不去研究怎么跟日寇玩命，跑来兴师动众地要改国歌，又是何必呢？

吴梅翻着当天的报纸，成都、广东、汉口、上海等处的日军已战舰四达，兵荒马乱，哪里还有什么心思创制这新国歌。当天的吴梅日记中写道：

是日得党部函，要我作国歌，余既在都，势不可辞。因效《美新》体，聊以塞责。身非扬子云，后人莫论议我也。（言不由衷，思之可愧。）

第二天一早，吴梅还是勉强拟定了“新国歌”的歌词。又过了三天，委员会召开国歌研究会，当看到萧友梅、唐学咏、赵元任三人被聘为制谱专家时，他颇觉不满意。在当天的日记中写道：

国歌之作，须有中学根底，而曲谱亦须中国气味。今请萧友梅、唐学咏、赵元任三君制谱，渠等止知西洋乐耳，乌足语此。虽然，此时正黄钟毁弃，瓦釜雷鸣时也。尚复何言。会中人亦推我作一谱，拟姑试之。

显然，吴梅作为传统曲学家，是更强调中国文化特色的；国歌不但在歌词上应该体现传统文化精神，在歌谱上更应保持传统韵味。萧友梅、唐学咏、赵元任三人在他眼中，并不是歌谱创制的合适人选，因为他们“止知西洋乐耳”。虽然并不认为自己的歌词与歌谱，会在当时的情势下入选，但还是想勉力一试，为中国传统音乐争一席之言。

五日后，吴梅的歌词歌谱完成，挂号信一封寄至国民党党部。除了歌词是亲自抄录之外，还为之附上了工尺谱和五线谱。在当天的日记中，吴梅感慨地写道：

> 国歌谱既成，因嘱四儿译成五线谱。近日学子，但识外国乐谱，若书工尺字，反瞢如焉。此即可征欧化之广矣。余谱未必采用，然既费心力，姑存日记可也。

五嶽四瀆揚大風，中華立國雄，三民五權開大同，中山

建國隆，天下為公，地貨不棄，惟興農，盜竊不作，惟興工，

息禮教崇，固邊圉，睦鄰封，齊唱河清頌，中國萬歲

春融！

此譜四兒譯至十一時方畢，明日送去。

吴梅创制的“新国歌”，歌词及歌谱。

与萧友梅、唐学咏、赵元任三人不同，吴梅只会写工尺谱，不会作五线谱。不过，让其子补作了五线谱之后，所呈报的“新国歌”也可谓中西结合，

舊的國歌

（大衛）

《旧的国歌》，文中胪列了自《卿云歌》以来的数首代国歌歌词，原载上海《民国日报》，1930 年 8 月 15 日。

童斐（1865—1931）

适合潮流了。或许，当天感慨之余，吴梅还会想到一个既懂得运用西洋音乐，更有中国音乐根底的友人，那就是江苏宜兴人童斐（1865—1931）[①]。

◎《中乐寻源》见真功

吴梅没有写进日记，“新国歌”创制也没能聘请到的这位音乐高手，当时已经逝世五年了。事实上，包括吴梅在内的七人专家委员所创制的新国歌歌词或歌谱，后来都未能通过评审，以国父训词为内容主体的国民党党歌，仍旧以代国歌的方式维持。

要么中国特色，要么西洋标准，非此即彼的抉择，显然已无法征服同时代的国民大众。中西怎么结合，中西结合能否臻至完美，由于当时国内的中国音乐与西洋音乐的专家群体各执一辞的偏好，更由于术业专攻造成的彼此不熟悉进而隔阂，“新国歌”的创制当然举步维艰，左右为难，终于胎死腹中，不了了之。

岂止是国歌的歌词与曲谱风格之争，当时的民众音乐教育与中国音乐传统的脱节，已经是不争的事实。吴梅感慨“欧化之广”，继而自己作工尺谱，却让儿子作五线谱以便应用，也正是此种现实状况之写照。原本，早在十年前，

---

① 童斐，字伯章，江苏宜兴人。师从精通古乐的宗亶卿十余年，后中秀才，曾做塾师；又求学于江阴南菁书院，中癸卯科举人。1907年常州府中学堂创立，应聘国文教员，1911年任学监。1913年常州府中学堂改名为江苏省立第五中学，任命童斐为校长，兼授国文。

吴梅创制“新国歌”时的感慨种种，就已在为一位友人著作所撰序言中，曾经淋漓尽致地阐发过一遍了。

此书名为《中乐寻源》，作者正是那位精通中西音乐，当时可能是“新国歌”创制最佳人选的童斐。吴梅在序言中曾提到：

吾友童君伯章，悯近世俗乐，皆取材岛夷，中邦法曲，若存若亡，因作《中乐寻源》一书，备论八十四调之原，乐器弦管之法，以及聆音作谱之方，复取古代旧谱，一一为之厘订，上自《关雎》，下自唐诗、宋词、南北曲，燦然毕具，自有乐书以来，未能或之先也。

与吴梅观点相近，童斐本人对当代人不知中国音乐传统，却偏偏热衷西洋音乐，也是感到难以接受与认同。他专门写成的这一本《中乐寻源》，实际上就是要对中国音乐传统作一次寻根溯源的阐释，并将这种阐释普及到同时代人的音乐教育中。可以看到，童斐把中国诗歌可“歌”的这个古老功能，一一拈提了出来，在书中通过自己的研究心得与演唱经验，将上自《诗经》下至昆曲的歌谱，都做了一些可“歌”的曲谱出来。这不能不说是一个创举，吴梅也为之击节称赞。

吴梅在序言中还提到，书中的“琵琶转角”一说，令其彻悟南北词中的“角调”之由来，为之由衷地赞叹道：

得君一言，而深谷峭壁，夷为康庄，不亦大可快耶。

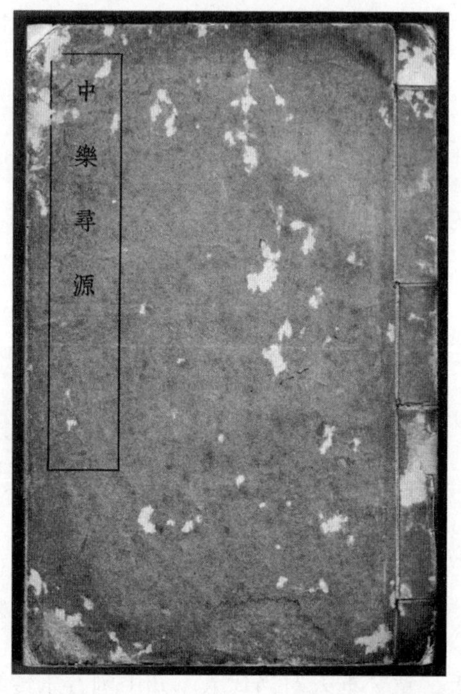

攷所論金元樂名之異同宮調正犯之要妙多有前人未發者顧釋理而遺器審音而略譜未能如君之明且備也君書出而海內承學之士知華夏自有正聲不囿於島夷簡陋之習因進而考同律辨音韵發輝光大復還正始之舊阮咸神解世或不乏通人也歟屬為校核爰序而歸之

乙丑又四月長洲同學弟吳梅譔并書

中樂尋源 序 四

《中乐寻源》（线装本），童斐编著，封面与吴梅撰并书序文。

这样的赞叹，在吴梅为他人著述所撰序言中是罕见的，因其自身的曲学修养与学术识见之精深，能在他人著述中获得共鸣与默契已属至为难得之事，如这般通过研读童斐的著述来解答自己多年学术疑难的情况，则更是少之又少，几近于无。因此，这一句由衷赞叹，足以说明此书学术价值之高，著者学术水准之高。也正因为如此，吴序之末，还热切地寄望此书能将中国音乐的学术价值广为传播与弘扬，为之写道：

《中乐寻源》（普装本），童斐编著，商务印书馆 1926 年 2 月初版，与线装本同时印行。

君书出而海内承学之士，知华夏自有正身，不囿于岛夷简陋之习，因进而考同律，辨音韵，发挥光大。

试想这十年前，1926年《中乐寻源》一书出版之际的中国音乐研究及教育界状况，竟然与十年后吴梅等人创制“新国歌”时的困境如出一辙。可想而知，这十年间，即北伐至七七事变前后的这十年间，中国音乐学术与教育领域的困境，始终未能改善，更不用说彻底改观了。那个时代，西洋音乐的普及化，早已冲击了中国音乐的传统地位，诚如孙中山先生的名言：“世界潮流，浩浩荡荡，顺之则昌，逆之则亡。”

在这股全盘西化的汹涌大潮裹挟之下，中国音乐无论在学术还是教育领域，在面临固守传统还是随波逐流的抉择中，都已处于举步维艰，每况愈下的两难境地了。

与吴梅吹着笛子，在北大讲授昆曲原理相仿，童斐在自己任校长的省立五中也提倡学习中国古典音乐，培养学生曲学兴趣与修养。不过，与吴梅为代表的固守传统型学者不同，童斐在推行中学音乐教育的同时，更多地考虑到了教育普及的实际问题，那就是怎么样将中国音乐的原理与精华，通过西洋音乐表达出来。这仍是那个时代的知识分子精英的习惯性思维，即中学为体，西学为用；中国与西洋音乐，一体一用，体用结合之下，并行无碍可矣。这样一来的好处在于，中国音乐不是因西洋音乐的潮流袭来而销声匿迹，恰恰相反，还可以通过西洋音乐的普及性，来放大或再造中国音乐的通俗性、流行性。

童斐所理解的中国音乐，如同常年出现在眼中的滚滚长江一般，奔腾不息之下的潮流纷涌，支流蔓延是常态，但最终合流同道，融会贯通之势实乃大势所趋。《中乐寻源》一书中的著者自叙，充分表达了其人的音乐史观与价值观，原文如下：

江苏居长江下游，第当春夏之交，水潦大至江流，东驶加急如万马奔腾，波涌涡从，飞花溅沫，谲诡万态，瞬息千里，诚伟观也。顾其所以如此者，良非一水之力。昆仑之南，穆里乌苏之流涓涓滥觞耳。既东而滇蜀之水汇，之又东而湘鄂之水汇，之又东而赣皖之水汇，之又东而淮泗诸水亦汇，之汇愈多量愈壮阔，波澜淼瀚，气势磅礴，冲潮荡汐，撼岳摇山，实非偶然。徒观其委，不足以言江也。

世界万事莫不如是。大之为民俗文化，小之为偏长曲艺，恒翕受众英之助，以成其华。即如演剧戏耳。戏耳，苟追法之则断竹击壤有歌之源，执笏秉翟有舞之源，优孟衣冠像孙叔敖，初为之扮侏儒，滑稽以取笑乐。初为之诨踏摇娘、苏郎中，初为之演兰陵王，代面实粉墨涂面之起端，扶卢缘橦角抵之戏。亦武行之昉。调笑转踏入队放队，似于歌舞外已加说白，西子薄媚导传奇之先路，董氏西厢为说唱所取资。其初似不相谋，其既杂糅混合乃成今日戏剧，犹之长江源分而委并也。歌曲亦然。律吕宫调节拍音韵以及南词北曲，皆有其源，未之问津则睹其名而眩焉。苟知其原委亦寻常事耳。非有神秘不可学者在也。

甲子之夏，江浙战起，学校辍业，自顾愚陋无能，不堪奔走，闭门静守以预备教材自课，因念中国自学校之兴，设有音乐一科。二十年来，教者学者，歌谱乐器，悉资传于外国。若中国固无音乐者，然颇自短气。平心思之，中国言乐之书，累箧盈架，欲举以为教正，不知从何处说起，是未可启教音乐者之取材异国，不揣冒昧，遂举平日所得，一知半解，强自整理，复参考旧籍，精立标目，以成此编。名曰《中乐寻源》。中乐者，对乎西乐而言也。寻源者，私心所探讨而认之为源，其果为正源与否，不敢自决。待吾国之深研音乐者辨正之，谓所寻得者如此而已。倘讨论者日多，纠吾缪者日众，而中国音乐竟因是以留传，不为异国音乐所克灭，幸甚幸甚。至于发挥光大，纳任昧于一堂而同化之，则俟之贤者。

中华民国十四年旧历乙丑四月童斐伯章叙

这篇作于1925年的序文，不啻一篇抒写中国音乐困境与矢志为之探索出路的时代宣言书。通观全书，不难发现，与同时代中国传统曲学家的著述相比

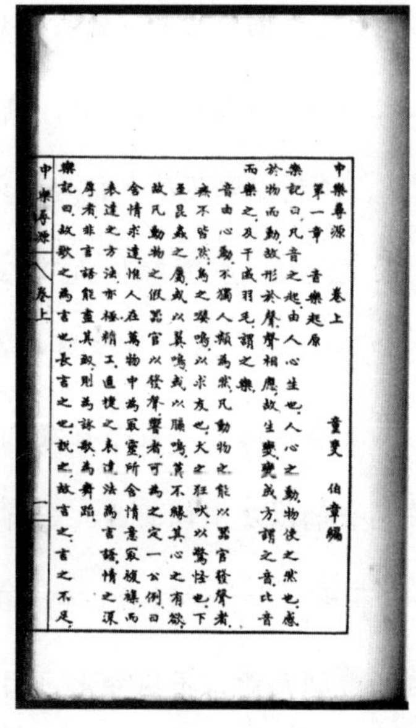

中樂尋源 卷上

第一章 音樂起原 童斐 伯章編

樂記曰，凡音之起，由人心生也。人心之動，物使之然也。感於物而動，故形於聲。聲相應，故生變，變成方，謂之音。比音而樂之，及干戚羽毛，謂之樂。

音由心動，不獨人類為然。凡動物之能以器官發聲者，無不皆然。鳥之嚶鳴，以求友也。犬之狂吠，以驚怪也。下至昆蟲之屬，或以翼鳴，或以腹鳴，莫不緣其心之有欲。故凡動物之假器官以發聲響者，可為之定一公例曰：含情求達。惟人在萬物中為最靈，所含情意最複雜，而表達之方法亦極精工。直捷之表達法為言語，情之深厚者，非言語能盡其致，則為詠歌，為舞蹈。

樂記曰，故歌之為言也，長言之也。說之，故言之。言之不足，

中樂尋源 卷上 一

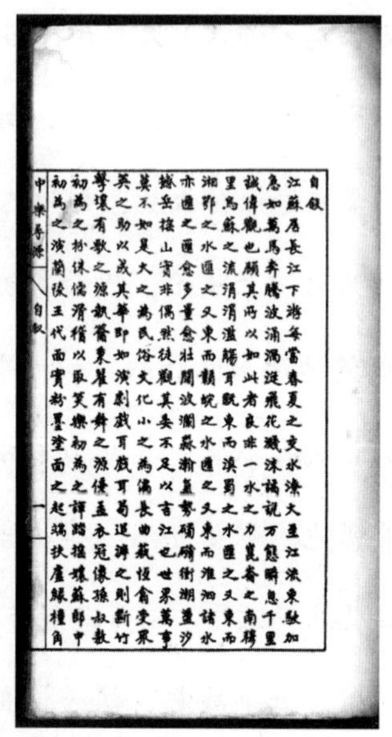

自敘

江蘇居長江下游，每當春夏之交，水漲大至，江流東馳，加急如萬馬奔騰，波涌濤旋，飛花濺沫，譎詭万態，瞬息千里，誠偉觀也。顧其所以如此者，良非一水之力，蓋合之南稀里為蘇之流，滑滑溢腸可歇，東而滇蜀之水匯之，又東而湘鄂之水匯之，又東而贛皖之水匯之，又東而淮泗諸水亦匯之，匯愈多，量愈壯，闊波瀾，蘇瀬盈勢，磅礴衝湖，盈汐嶽岳擁山，實非偶然。徒觀其委，不足以言江也。世界萬事莫不如是。大之為民俗文化，小之為偏長曲藝，恆會變界英之助以成其華。即如演劇戲耳，蓋退溯之，則斷竹擊壤，有歌之源；飄蒼東羣，有舞之源；優孟衣冠，像孫叔敖初為之扮休；滑稽以取笑樂，初為之諢；踏搖娘、蘇郎中初為之演；蘭陵王代面，實粉墨塗面之起端；扶盧緣橦角

中樂尋源 自敘 一

《中乐寻源》，童斐自叙及正文首页。

较，如1926年出版吴梅的《中国戏曲概论》、1927年出版王季烈的《螾庐曲谈》等，《中乐寻源》一书，在通俗性、普及性及多样性方面，尤其是在“可操作性”层面上，确实要更胜一筹。

或许，作为一位中学校长的童斐，有足令当世曲学家衷心佩服的曲学修养，更拥有一颗普及与推广曲学教育的平常心，因此，抚读《中乐寻源》一书，似乎缺少了那么一点曲学家的“范儿”，倒更像是一位中学教师的循循善诱，令人备感平易与亲切了。

◎ 校歌谱出少年心

反观童氏在是书自序中提及的“中国音乐汇流论”，并非只是一种理想主义的学术假设，更多的已经在其教学生涯中获得实践。由他自己填词谱曲的五中校歌，就是这样一个范例。且看歌词如下：

大江浩瀚，灌中吴万顷膏腴。更笠泽澄波，铜峰攒翠，秀灵磅礴扶舆。是为毗陵名郡，自延陵文物启东吴，迄今四千余载，名誉震寰区。峨峨讲舍，是我中学，八邑建中枢。莘莘群彦，敦品立行，拔汇复连茹。愿养便楠作栋梁，擎天有柱巩皇图。勉诏前微，为光家国，宏兹远模。

歌词一开头的“大江”意向，气势磅礴，与“汇流论”不谋而合。悠悠长江孕育出来的人杰地灵，在一首洋溢着中国传统文化意象的校歌里充分挥洒。难能可贵的是，整首校歌虽用词古典，但并不晦涩。普通学生都能理解歌词的基本含义，且无古奥生僻字词，发音上口也极便利。

早在这首“大江浩瀚歌”之前，童斐还创作过一首代校歌，后来成为运动会会歌。原来，当民国六年（1917）出任江苏省公立第五中学校（今江苏省常州高级中学）校长之际，童氏曾创作过一首《少年心》。这首歌不但成为由国民政府教育部认定的公立学校校歌，而且还在此后举办的江苏省立学校第一次联合运动会上，又被官方确定为此次运动会的会歌。《少年心》歌词曰：

漫说从前，形态尽斯文，养成疏懒。任屠龙，多绝技，缚鸡无奈，弄得个病国残衰。今后当成雄迈好身手，男儿爽快。有少林遗术，南中分派。看练出东亚壮夫来。

这首歌气魄雄壮，针对清末以来国人背负的“东亚病夫”之蔑称，以刻苦锻炼，争当“东亚壮夫”为号召，的确有着振奋精神，鼓舞人心的艺术感染力。应当说，这首歌不但符合少年学生的爱国精神之陶冶，也非常切合学生运动会的体育精神之引导。所以既可为代校歌，又可上升其意义价值，成为一次省级运动会会歌。

“大江浩瀚歌”与《少年心》，作为童斐有据可查的歌曲创作，从某种程度上而言，这样的创作思路，也代表着其人的教育理念与音乐理想。这一理念与理想，在当时是颇具先进性的。就拿十年后吴梅与汪东创作的“新国歌”与之相比，童氏创作的校歌与会歌，比之也毫不逊色。

吴梅所作“新国歌”：

五岳四渎扬大风，中华立国雄。三民五权开大同，中山建国隆。天下为公。地货不弃惟兴农，盗窃不作惟兴工。干戈息，礼教崇。固边围，睦邻封。齐唱河清颂，中国万岁春融融。

汪东所作“新国歌”：

中华立国，为世界先。包孕五族，宏启山川。革封建之旧制，创三民与五权。盛矣哉，绵我世泽，于亿万年。中华文明，为世界先。以仁覆物，以勇除残。值多难而兴邦，乃先民之遗言。赫矣哉，奋我威积，于亿万年。

无可否认，作品创制体现的是音乐修养与专业能力，但要将修养与能力转化为教育技艺，却并不是每一位高水准的专家学者都能很好地胜任的。就此而论，童斐则是个例外。《中乐寻源》一书不但具备了学术争鸣的价值，其更大的价值，又在于是书已然具备了转化为教材的“可操作性”。

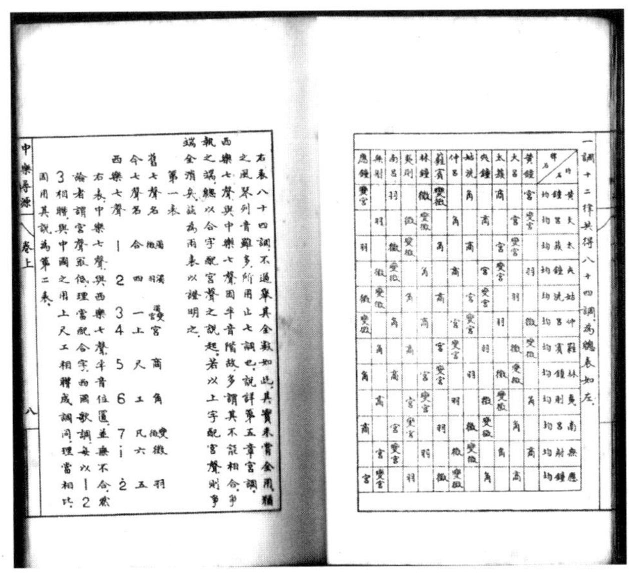

一調十二律共得八十四調為總表如左。

律名／均名	黃鐘	大呂	太蔟	夾鐘	姑洗	仲呂	蕤賓	林鐘	夷則	南呂	無射	應鐘
黃鐘均	宮		商		角		變徵	徵		羽		變宮
大呂均	變宮	宮		商		角		變徵	徵		羽	
太蔟均		變宮	宮		商		角		變徵	徵		羽
夾鐘均	羽		變宮	宮		商		角		變徵	徵	
姑洗均		羽		變宮	宮		商		角		變徵	徵
仲呂均	徵		羽		變宮	宮		商		角		變徵
蕤賓均	變徵	徵		羽		變宮	宮		商		角	
林鐘均		變徵	徵		羽		變宮	宮		商		角
夷則均	角		變徵	徵		羽		變宮	宮		商	
南呂均		角		變徵	徵		羽		變宮	宮		商
無射均	商		角		變徵	徵		羽		變宮	宮	
應鐘均		商		角		變徵	徵		羽		變宮	宮

右表八十四調，不過舉其全數如此，其實未嘗全用，猶之風琴列音雖多，所用止七調也。說詳第五章宮調。西樂七聲與中樂七聲，因半音階故，多謂其不能相合，爭執之端，總以合字配宮聲之說起。若以上字配宮聲，則爭端全消矣。茲為兩表以證明之。

第一表

舊七聲名	濁徵	濁羽	濁變宮	宮	商	角	變徵	徵	羽
今七聲名	合	四	一	上	尺	工	凡	六	五
西樂七聲	1	2	3	4	5	6	7	$\dot{1}$	$\dot{2}$

右表中樂七聲，與西樂七聲，半音位置，並無不合。然論者謂宮聲宜低，理當配合字。西國歌調，每以1 2 3相聯，與中國之用上尺工相聯成調，同理，當相比，固用其說為第二表。

中樂尋源　卷上　八

《中乐寻源》，以中国音乐古谱工尺调对应西乐，逐一列表条目说明。

《中乐寻源》一书，最大的特点在于阐释中国音乐原理与特点时，始终紧密地与通行的西洋音乐相联系，始终将音乐教育的通俗性放在首位。解决中国音乐在教育实践中的诸多难点与盲区，既是此书的重要价值，也是此书的一大特色与特点。

且看在第三章“律吕”中，对中国古代乐理的阐释时，童斐就明确指出其难点所在：

> 自学校教育列入音乐之科目以后，教学者贸然求音乐之教材而教授之。中国言音乐之书，头绪纷繁，不易寻理。兼以乐器不精，即庠序钟悬，亦仅备形式，而未尽协律。旧时乐府佳篇，有词无声，等于诗集。可读而不可歌。至于俗乐，当时帖括家固以俳优贱技目之，未便采用于教育。以此四因，于是音乐教材不得不取资于西乐，器用西器，音用西名。

针对教无教材、器无器材的难点，童斐紧接着现身说法，因材施教，创造性地发明了一种以风琴琴键对应中国律吕音调的教学图示。他解释说："右所举六律六吕，其音之高下与西乐之音是否相同，尚待确较。惟其于一段中匀分十二阶级，固中西相同。"

虽然这是一种尚待验证的假设，但对学生基本认识中国音乐原理，无疑还是有着积极的探索意义的。在谈到西洋乐谱与日本简谱在中国大行其道时，童斐更一针见血地指出：

> 于六律六吕之中，取用七声以协歌，中国旧名宫商角徵羽变宫，西名则曰do\re\mi\fa\sol\la\si，其在日本，日本受西乐之传入，舍其旧而从西，复变西人之五线谱，而自创简谱代之。于音名假阿刺伯数目符号，书为1234567。中国初设音乐教科于学校，未遑自考国故，则一借日本成法，自传习以来，于谱之辨识，音之呼唱，几人人共喻矣。

现状如此，不易变革，童氏只是列出表格，将中国旧七声与工尺谱七声、西乐七声一一对应说明，实际上是在劝导音乐教育者不要妄自菲薄，不要唯五线谱、简谱马首是瞻，要多为中国传统音乐的现代化想办法，找对策。

在第七章"谱式"中，童氏更是生动形象地举出例证，将中国传统谱式与西洋五线谱式、日本简谱的转换方式，明确地加以讲授。他不无担忧地写道：

> 自学校设音乐教科以来，对于日本式简谱及西洋之五线谱，咸能按谱歌之，惟对中国旧式之谱尚多茫然，因未教未习故耳。然则歌谱虽具，不习亦将

亡，非有中难西易之别也，兹欲说明谱式，先举一曲为例。

他认为，中国旧式曲谱并不难学，只是因为没人去学，而且不知道这个谱式其实和五线谱、简谱是同一原理，根本不存在孰难孰易的问题。

特别有意思的是，书中还直接选取一首宋词来做曲谱的范例。这首宋词即秦观所作《忆王孙》，词曰：

萋萋芳草忆王孙，柳外楼高空断魂。　　杜宇声声不忍闻，欲黄昏，雨打梨花深闭门。

童校长告诉学生（读者），这一脍炙人口，久为世人传诵，简洁隽永的宋

《中乐寻源》，为宋词《忆王孙》作五线谱、简谱、工尺谱。

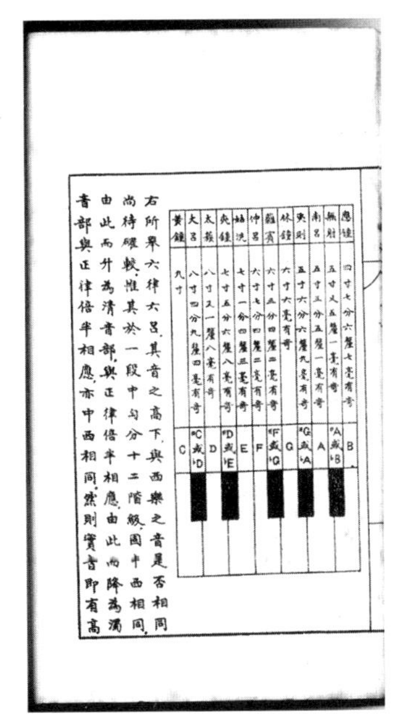

右所舉六律六呂，其音之高下，與西樂之音是否相同，尚待研較，惟其於一段中勻分十二階級，固中西相同，由此而升為清音部，與正律倍半相應，由此而降為濁音部，與正律倍半相應，亦中西相同，然則實音即有高

黃鐘	大呂	太簇	夾鐘	姑洗	仲呂	蕤賓	林鐘	夷則	南呂	無射	應鐘
九寸	八寸四分九釐四毫有奇	八寸又一釐八毫有奇	七寸五分六釐八毫有奇	七寸一分四釐三毫有奇	六寸七分四釐二毫有奇	六寸三分四釐二毫有奇	六寸六毫有奇	五寸六分六釐九毫有奇	五寸三分五釐一毫有奇	五寸又五釐一毫有奇	四寸七分六釐七毫有奇
C	#C或♭D	D	#D或♭E	E	F	#F或♭G	G	#G或♭A	A	#A或♭B	B

《中乐寻源》，以钢琴琴键对应中乐古调，说明中国音乐与世界音乐同源共性。

人词句，完全是可以根据曲谱轻易付诸演唱的。书中可以形象地看到，这一首近千年以前的宋词，在三种谱式中都可以演唱。一时间，中式工尺谱、西洋五线谱、日式简谱之上，宋人的声音“复活”了，宋词的声音“重生”了！

试想，对于接受过现代普通学校教育的国人而言，对于并不知悉中国传统谱式为何物，根本不会识读工尺谱的大众读者而言，一首平时只能当作佳妙文字来品读的宋词，竟然可以通过五线谱或简谱的方式来按谱演唱，该是何等有趣，何等令人惊喜的事情？

当然，如果在现代音乐教育中，再加入第三种谱式即中国传统谱式，这种“非遗”范儿的音乐技能，无疑也将是令现代国人共享一种古老文化意象的非凡体验。虽然童校长在书中并无如此“深远”的展望，可书中关于中国音乐教育方式的探索与尝试，实在是值得后世如我辈读者的长远关注罢。

◎从中学昆曲游艺到大学国文教授

此外，《中乐寻源》一书对昆曲演唱及教学的重视，也几乎占到了全书内容的半数以上。事实上，童斐可能是最早见到吴梅《南北词简谱》的人。这部吴梅生前并未公开出版过的著述稿本，在《中乐寻源》中采录有其中的部分曲目，亦足见当时这两位曲学大师的深厚交谊。

值得一提的是，说到昆曲教学，曾是省立中学学生的钱穆（1895—1990）后来忆述道：“遇孤寂，辄以箫自遣，年逾七十，此好尚存，实为生平一大乐事，则乃伯章师当年之所赐也。”

原来，早在光绪三十四年（1908），常州府中学堂课余游艺班设有昆曲组，童斐作为校长，就曾亲自兼任指导老师传授昆曲。诚如其在《中乐寻源》中专设“音乐与教育”一节论述之，已然明确提出：

教育之大要，可别为两端：一曰知能之增进，一曰性情之涵养。两者轻重之较，以涵养性情为尤亟。性情正，而后道德正。道德正，而后智能之用，不入于匪僻。……正性闲情，莫善于乐。

显然，由童校长来教授昆曲，一方面活跃学校文艺氛围，另一方面也正是他音乐教育思想的体现与实践。

童氏在音乐教育上的一专多能，在昆曲的教授方面表现出过人的操作与把控能力。笛、笙、箫、唢呐、三弦、二胡、鼓、板诸乐器，生、旦、净、末、丑诸角色，皆能一一分授演唱和演奏。这样的器乐及表演技能，恐怕早已超越

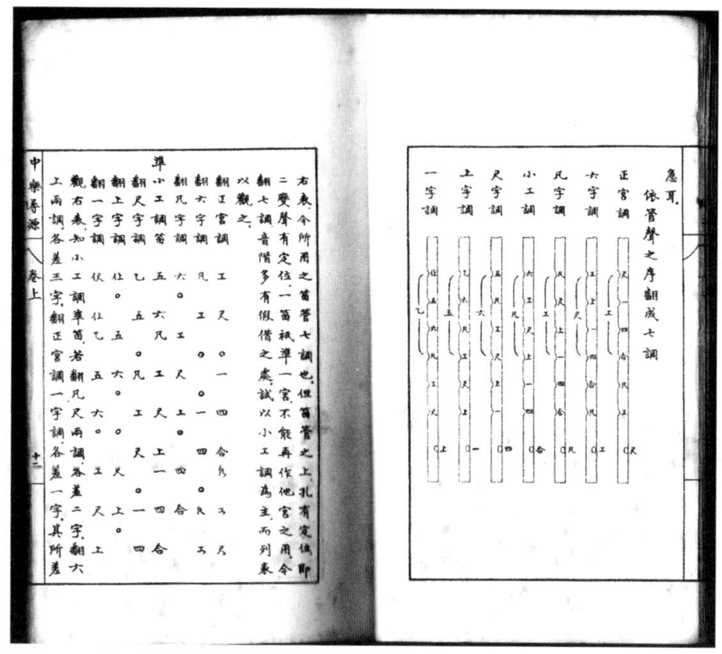
中樂尋源　卷上　十二

右表，今所用之笛管七調也。但笛管之上，孔有定位，即二變聲有定位，一笛祇準一宮，不能再作他宮之用，令翻七調，音階多有假借之處，試以小工調為主，而列表以觀之。

翻正宮調　工　尺　○　一　四　合　[illegible]　[illegible]　尺
翻六字調　凡　工　○　○　一　四　○　[illegible]　[illegible]
翻凡字調　六　○　工　尺　上　○　四　合
準小工調笛　五　六　凡　工　尺　上　一　四　合
翻尺字調　乙　五　○　凡　工　尺　○　一　四
翻上字調　仩　○　五　六　○　○　尺　上　○
翻一字調　伬　仕　乙　五　六　○　工　尺　上

觀右表，知小工調準笛，若翻凡尺兩調，各差二字，翻六上兩調，各差三字，翻正宮調一字調，各差一字，其所差

急耳。依管聲之序翻成七調

正宮調　六字調　凡字調　小工調　尺字調　上字調　一字調

《中乐寻源》，讲解笛子音调原理及演奏方法。

单纯的曲学家或音乐教师的能力。这样的演奏技艺与教学能力无疑是罕见的，恐怕在其身后百年也不多见。

回首中国近代思想史、文化史上一连串熠熠生辉的名字，刘半农、刘天华、瞿秋白、张太雷、钱穆等，这些后来的著名学者、革命者、音乐家等，都曾是常州府中学堂昆曲组的学生，都曾是观赏过童氏精湛表演，聆听过童氏教诲，且还亲身体验过戏曲表演的学生。譬如，钱穆就曾扮演过昆剧《长生殿》中的郭子仪，瞿秋白也曾参加昆曲组学唱《拾金》一折。

很难想象，这样一所中学，竟然可以培养出这么多杰出人才；更难以想象的是，这么多杰出人才，都曾经接受过童氏卓越非凡的音乐教育，这该是一所在中国近现代教育史上何等重要，何等独特的中学学校啊！

然而，与这些日后在各个领域里大显身手的学生相比，童校长的命运并不算幸运。时为1925年，童氏辞去校长职务，应上海光华大学之聘，任该校国

童伯章先生作古

教育界前輩弱去一人

光華大學中國文學系教授童伯章先生、於前日二十六日作古滬墅關寓次、定今日(二十八日)未時入殮、享年六十有七、先生籍隸江蘇宜興、爲人老誠、治學不倦、對於詞曲經史子學、研究尤深、士林推重、生平著述極多、但已出版者、僅有虛字之用法一書、其餘作品、先生曾言祇得留待子孫付印、以惠後學、蓋別有所感也、先生出身貧寒、少年時嘗映雪攻讀、得中舉人、清末、首倡興學、設竺西學堂於本鄉、灌輸新智、作育人才、對於東西教育悉心研究、而斯時一般人民固猶不知學校爲何物者、先生以先覺覺後覺、識見可謂高人一等、旋執教常州府中學堂、繼改省立第五中學、先生即升任校長、誨人不倦、任事凡二十年、學風之純良、成績之佳好、稱冠蘇省、後以年近古稀、精神不濟、乃棄行政而就教職、校長一席、於以告辭、海上光華大學賞其學、委以國故講座、從其學者、無不欽敬、詎知天不憖賢、遽而長逝、從此教育界中竟失一導師、聞者無不悼惜、(湘青)

童斐逝世之报道，原载《时事新报》。

文系主任。这样的生涯变迁，依常理推想，原本是应当还有一番更大作为的。遗憾的是，仅仅六年时间过去，时至1931年2月26日，童斐即于苏州浒墅关寓所去世，享年六十七岁。

两天之后，2月28日，童氏逝世的消息传至上海，《时事新报》在“教育界”栏目里，予以公开报道。报载原文如下[①]：

童伯章先生作古
教育界前辈弱去一人

光华大学中国文学系教授童伯章先生于前日二十六日，作古浒墅关寓次，定今日（二十八日）未时入殓，享年六十有七。先生籍隶江苏宜兴，为人老诚，治学不倦，对于词曲经史子学，研究尤深，士林推重。生平著述极多，但已出版者，仅有《虚字之用法》一书，其余作品，先生曾言只得留待子孙付印，以惠后学，盖别有所感也。先生出身贫寒，少年时尝映雪攻读，得中举人。清末，首倡兴学，设竺西学堂于本乡，灌输新智，作育人才，对于东西教育悉心研究。而斯时一般人民固犹不知学校为何物者，先生以先觉觉后觉，识见可谓高人一等。旋执教常州府中学堂，继改省立第五中学，先生即升任校长，诲人不倦，任事凡二十年，学风之纯良，成绩之佳好，称冠苏省。后以年近古稀，精神不济，乃弃行政而就教职，校长一席，于以告辞。海上光华大学赏其学，委以国故讲座，从其学者，无不钦敬。讵知天不慭贤，遽而长逝，从此教育界中竟失一导师，闻者无不悼惜。

① 报载原文仅以顿号点断，笔者酌加整理，施以通行标点。

上述四百余字的报道，在当天仅有半个版面的“教育界”栏目里，篇幅已为可观，也较为醒目，对此予以关注并知悉者应复不少。童氏之死，在当时的苏沪两地教育界内外，应当还是有一定影响力的罢。

值得注意的是，报道中提到“生平著述极多，但已出版者，仅有《虚字之用法》一书”，又称“其余作品，先生曾言只得留待子孙付印，以惠后学”，并指出童氏所言“盖别有所感也”。这里特别指出的“别有所感”，究系何感，究竟是做何感想，并未明言，可言下之意，并不难揣摩。

这一言下之意，应当是暗指童氏一生勤于研究，乐于撰述，可却苦于社交不广，以致虽著述宏富，却难于出版。这样的意旨，或许确有一定的道理，不过，仅据笔者所见所知，作为童氏学术代表作、曲学处女作的《中乐寻源》一书，确于其生前即已初版印行。时为1926年2月，乃是交由上海商务印书馆初版的，且还分为线装本与普装本两种并行，当时销量还不错，初版不到一年之后，两种印本于1927年1月都还再版了一次。这一讯息，报道中却只字未提，报社方面显然对童氏学术生涯还并不十分熟悉。

此外，尚有童著《学文三要》一书，也已于1930年5月由上海会文堂书局初版印行。此书乃是童氏教授国文之心得总结，应当与其在光华国文系任教有关，或正是为配合其教学，某种类似“教辅”之类的读物。只是此书出版之际，距离童氏病逝不过数月而已，应当已为童氏生前出版的最后一种著述了。

而报道中提到所谓仅有的已出版者，“《虚字之用法》一书”，书名也不对，应为《虚字集解》。此书最初由童氏自费出版，早在1923年即交由常州新群书社印行，后来还曾转由商务印书馆寄售。

平心而论，报道有意反映童氏学术成就斐然，著述却少有公开出版的境

《学文三要》，童斐编著。

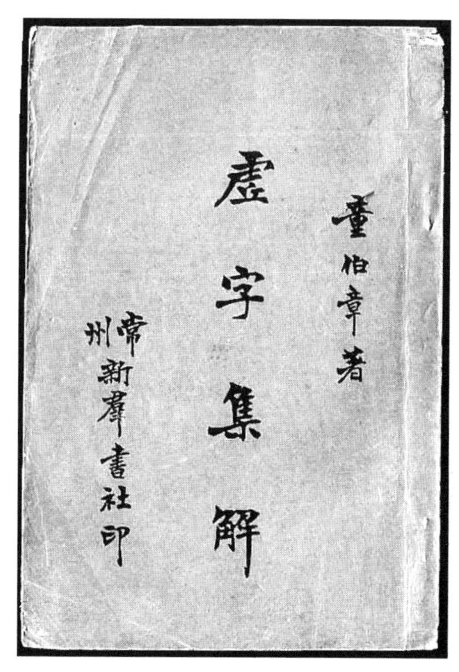

《虚字集解》，童斐编著。

况，说辞虽有一些偏差不实之处，可也确有一定现实意义，间接产生过积极影响。童氏逝世之后不久，1931年10月，童氏生前编选的《元曲》一书的初版，以及《虚字集解》的寄售，皆由商务印书馆实现。1933年9月，《中乐寻源》的“国难后第一版”，即第三次印行，亦由商务印书馆达成。

应当说，从当时的社会宏观层面上考察，童氏之死，虽确有一定社会反响，但这一反响毕竟还是比较局限与抽象的。那么，童氏生前执教的光华大学方面，对其逝世又作何反应呢？

且看1931年的《光华年刊》之上，特意附印了一页童氏遗像，图注为[①]：

---

① 刊载原文无标点断句，笔者酌加整理，施以通行标点。

童斐遗像，辑自《光华年刊（1931年）》。

> 童伯章先生以十五年春，来任国文系主任，善诱能教，允称士程，于二十年春卒。同人永怀德音，靡所寘念，敬刊遗影，用志哀悼。

可想而知，光华大学校方为这位曾经的地方中学校长委以国文系主任的重托，令这位已年过花甲的老先生，确实是呕心沥血，欲尽献平生所学，为之鞠躬尽瘁，死而后已了。仅仅执教六年，即告病逝的童氏，留给光华师生的，除了对其学养品格的追思之外，此际唯无限哀思而已。

回望这六年间，童氏终于脱离地方中学烦冗无休的行政实务，得以在近古稀之年进阶大学教育领域，一度把精力与时间集中投入在了国文教育层面。为此，在音乐教育、曲学探索方面，再没有能超越《中乐寻源》的著述问世。虽然逝世后数月，即有遗著《元曲》一书问世，可此书实为便利元曲爱好者或初学者的入门读物（或为当年讲义之重编），并非研究著述。这六年个人生涯究竟若何，虽亟待探知一二，但因相关文献记载的匮乏，至今还只得停留在空发感叹的阶段。

为此，却免不了，也禁不住会令人心生疑问：与钱穆有北大顾颉刚的赏识与举荐相类，童斐原本也有曾任北大曲学教授，后来又执教中央大学、东南大学的吴梅之激赏，为什么前者日后声誉渐隆，而曾经作前者师长的童氏，却渐行渐远渐无声？这一历史谜题的“谜面”如此清晰，“谜底”却终难揭晓。

《元曲》，童斐遗著，商务印书馆，1931 年 10 月初版。

◎异曲分道·昆曲双子星

或许，可以将这归因于钱穆搭上了新文化运动这趟“快车”飞驰而去，而童斐却在传统教育的现代化探索中俯首躬耕，并不急于或者说并不乐于随潮流而动，顺时势而为。向来以一种质朴无华的实诚心态，投身于中学音乐教育（后有短暂的六年大学国文教授生涯，其时已步入暮年），而不是口若悬河搞讲坛神话，也不是埋首故纸整书斋学问——这样切实“入世”却在现世恍如“出世”的人世立场，久而久之，自然而然地，也就把自己疏离于所谓“主流群体”之外了，进而功成身退于乡邦一隅，虽可为县志里乘等乡邦文献中的乡贤，却亦随之为后世学术史研究序列中的“非主流”了。

正如《中乐寻源》出版十年后，被南北各所大学左聘一个教授，右聘一个教授，看似际遇不错，口碑颇佳的曲学家吴梅，却因始终不愿意接受西洋音乐，也仍然只能游走于遗老遗少的圈层中一般[①]；从国内高等音乐教育乃至文教

① 注：吴梅本人并不欣赏亦不接受所谓的“遗民情怀”，政治立场上更倾向于“革命”，早年曾谱写《血花飞》剧本，讴歌推翻帝制的革命行动。遗存至今的吴梅日记中，也不乏讥评遗老遗少及“遗民情怀”之记述。

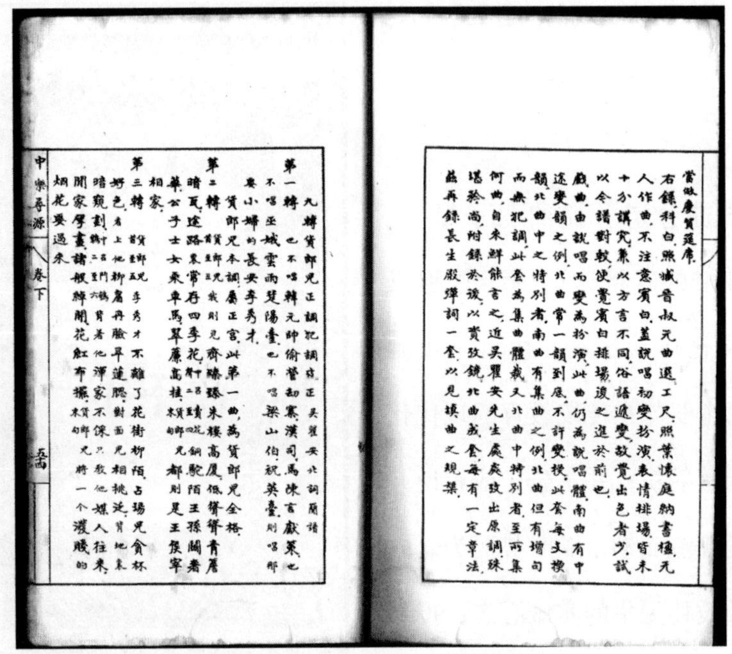

當做慶賀筵席.

右錄科白,照臧晉叔元曲選,工尺,照葉懷庭納書楹.元人作曲,不注意賓白,蓋說唱初變扮演,表情排場,皆未十分講究,兼以方言不同,俗語遞變,故覺出色者少.試以今譜對較,便覺賓白排場遠之進於前也.

戲曲,由說唱而變為扮演,此曲,仍為說唱體.南曲有中途變韻之例,北曲常一韻到底,不許變換,此套每支換韻,北曲中之特別者,南曲有集曲之例,北曲但有增句而無犯調,此套為集曲體裁,又北曲中特別者.至所集何曲,自來鮮能言之,近吳瞿安先生處處考出原調,殊堪矜尚,附錄於後,以資考鏡,北曲成套,每有一定章法,茲再錄長生殿彈詞一套,以見填曲之規矩.

九轉貨郎兒正調犯調 正吳瞿安北詞簡譜

第一轉 也不唱韓元帥偷營劫寨,漢司馬陳言獻策.也不唱巫娥雲雨楚陽臺,也不唱梁山伯,祝英臺,則唱那娶小婦的長安李秀才.

貨郎兒本調,犯正宮,此第一曲,為貨郎兒全格.

第二轉 貨郎兒首至五 我則見齊臻臻朱樓高廈,低聳聳青層晴瓦,途路象常存四季花,[illegible] 銅駝陌王孫鬭耆華,公子士女乘車馬,翠簾高挂,貨郎兒末句 兒都則是王侯宰相家.

第三轉 貨郎兒首至五 李秀才不離了花街柳陌,占場兒貪杯婿色,看上他柳眉丹臉早蓮腮,對面兒相挑逗,背地裏暗窺劃,[illegible] 背着他渾家不保,只教他媒人往來.閒家學畫,諸般樂閒花紅布擺,貨郎兒末句 兒將一个潑賤的烟花婆過來.

中樂尋源 卷下 五十四

《中乐寻源》，收录吴梅《南北词简谱》之“九转货郎旦”部分及说明。

学术史考察序列着眼，其人虽确为世无二出的曲学大家，却依旧还只能是现代学术史意义上的“非主流”。与之相较，童斐其人其事其学术，后世研究者更是少之又少了。

事实上，童氏逝世后八年，吴梅也客死异乡，两位曲学名家就此陨落，中国传统音乐研究及教育领域方面的“双子星”，就此黯然退场；这一领域也就此少了两位学术带头人与教学领路人。

两位曲学名家的先后离世，不禁又令人联想到那一册印有童氏遗像的1931年的《光华年刊》。在这一册年刊里，在介绍校内团体“国乐会丝竹部”与“国乐会昆曲部”时，也提及昆曲部之所以创立，即缘于童氏来校任教之契机；昆曲部之所以续得发展扩充，更有童氏与后来延请的吴梅同心协力，精心指导团体的一番贡献。除了有童、吴二人端坐于众人前排的合影照片之外，还将二人对昆曲研究及教育的心得，也十分生动细致地概括了一番，附印于同一页面之上。

今观册中遗像、合影及页面上的介绍文字，不禁令如我辈后世读者感慨莫名，在传统音乐教育，尤其是昆曲教育领域，童、吴二师之“双子星”，曾经何等光耀无已，曾经何等动人心目。且看页面上那一篇介绍短文如下：

本校国乐会，相袭已久，其原详于丙寅年刊，兹不赘。

自丙寅之春，童伯章先生来校授国文。会员中以其能昆曲也，乃于国乐中增昆曲。时未甚盛，而因毕业以散去者，复有其人。

丁卯之秋，杨石湖先生，来校授商科之学，石湖先生，为本会前会长荫浏君之兄，于国乐尤精，同人乃匄求指导，所得良多。

戊辰春，本校复得吴瞿安先生为教授。吴先生，本国内曲学大家也。于宋元明清四朝之歌曲，原原本本，考订精详。于是同人之请于吴先生而习昆曲者，人数骤增，先生亦欣然许之。

复得吴先生少君冻青先生为之助，既童伯章先生，三人共为指导。国乐自丝竹之外，兼及歌曲，其为声也，今乐之中，复增古雅之音，洋洋乎盈耳矣。

吴先生之教，凡声贵当其情。有以静为贵者，释其躁，平其矜，从容而曰合乎自然；有以和为贵者，洪纤相间，清浊迭经，高下应律，疾徐赴节，如百官各供其职，以赴大政之要，四民各尽所长，以成互助之局。至于宜刚宜柔，宜哀宜乐，皆以能达其情，然后为至。歌非第以适人之听也，兼以养己之性焉。

童先生之教曰，凡事之可以速成者，其不足贵者也。若可贵者，皆无速成之效。伯牙学琴于成连，三年而尽其术，然尚未能移情。故昌黎之论为文曰，养其根而竢其实，加其膏而希其光。根之茂者其实遂，膏之沃者其光晔。歌而期善，亦复如是，原学者推为学之道以学歌；亦愿学者推学歌之效，以证为学。国学（乐）会员，于此所得，良非浅显矣。

应当说，以为学为人之道，推论习音唱曲之道，乃是童、吴二人的论学共通之处。不过，童氏以国文之道，推绎国乐之道；吴氏以情感之道，推演曲乐之道，这两种学术立场与旨趣，还是有着微妙差异的。概而言之，童氏的曲乐学术，乃是直指教学领域的，有着成就他人的“利他性”；而吴氏则更倾向于一己之修为与修养，更富于“利己性”。从某种程度上讲，或者说通俗地讲，

光华大学国乐会丝竹部与昆曲部合影，摄于 1928 年，辑自《光华年刊（1931 年）》。

童氏的学术体系更像是专为教育培养他人而设计的，吴氏则更纯粹地指向个人成就与自我陶冶。

无论童、吴二人的学术立场与旨趣有着怎样的差异，也无论二人在曲学领域有着怎样的交集与分道，总体而言，二人曲学水准相近，成就业绩却大不相同。一生既不主动沾染新文化、新文学，也不特别热衷国学、国故与国粹，童氏学术生涯的评述背景，实在无法扩展到那个时代的前沿重地。可以说，除了《中乐寻源》一书之外，童氏其人其学只能以地方校史中的前贤地位来加以某种历史定位；关涉其生平事迹的记述，也就只好仅仅止步于乡邦文献之一种罢了。彰而不显，贤而不达的童氏，似乎也就此湮没于琐屑史料与掌故逸闻之中了。

在上海各学校游艺联合大会上，童斐与学生合演昆曲之预告，原载上海《民国日报》，1926年5月22日。

蔡莹：安乐窝外味逸轩

◎1917—1929年：青年才俊·学思兼优

1917年6月出版的《余兴》杂志卷首刊单人照片四幅，为“约翰东吴两大学辩论会之优胜者”，其中一幅署名“蔡振华”。实际上，那一年参赛之际，在《约翰声》杂志第二十八卷第五期之上，就早已刊发过了这张照片。

圣约翰大学华文辩论代表：蔡振华，原载《约翰声》杂志。

《约翰声》杂志，瞿鸿禨题签，此为第二十九卷第五期。

圣约翰大学校徽

这位优胜者，优秀学生中的佼佼者，乃正在约翰大学就读的浙江吴兴人蔡振华（1895—1952）。那一年，他才二十二岁。男生原名为蔡莹，字振华，后又改字为正华。

一般而言，“约翰大学”只是民间俗称，这所大学正式的全称，应当是“圣约翰大学”。创建于1879年的圣约翰大学，是上海的一所教会学校，其校训英文为“LIGHT AND TRUTH”，意为光明与真理，基督教教义旨趣一目了然。但由于身处华邦，免不了入乡随俗，所以又有了摘自《论语》的中文校训：“学而不思则罔，思而不学则殆”。

蔡莹，无疑就是一位学思兼备的优秀学子，在这所大学里成就了自己，也迅即成为校内青年学子的榜样。1917年，这一年其人不但是辩论赛的优胜者，也于这一年以优异成绩毕业，且得以留校任职。

工作之余，蔡氏撰成一部《图书馆简说》，可能与其留校之初，曾着手校内图书馆管理工作有关。留校五年之后，此书由中华书局于1922年12月出版。这一次出版专著，没有署用“蔡振华”这个名字，而径直署为原名“蔡莹”。

《约翰年刊》第九卷，吴昌硕题签。

专著出版次年，1923年，“蔡正华”的肖像与署名，开始出现在《约翰年刊》之上。这一次，年仅二十八岁的青年才俊，竟然已出任代理教务长一职，成为圣约翰大学的管理高层人士。

1924年，蔡莹又被正式聘为圣约翰大

蔡正华（代理教务长·约翰文学士），辑自《约翰年刊》第九卷，1923 年。

学国文系讲师。任国文系讲师不久，因为积极参与校务改革，迅即又被委以管理国文系的重任，升职为国文系主任，不久又被聘为国学系主任兼教授。这样的际遇，看似校务改革的机遇时势使然，实则与其个人长期的修为密切联系。

长期双语学习的环境下，蔡莹英文水平不错，也有机会接触大量英语著述，这其中包括吉卜林、罗素、杜威等人的文学与哲学著述。与此同时，他还始终希望在国学的根子上寻找一条更为广阔的路径，“洋为中用”的思想贯穿其人中青年时期的学术生涯。在他身上，既有新文学运动以来的弄潮儿性情，亦有尊重民族自觉，推崇国学根基的文人传统。

三十岁之后的蔡莹，旧体诗、词、曲的研学功力渐趋深厚，且兴趣也颇浓厚。除了自撰的词集《画虎集》之外，还耽情于六朝古诗校注，曾撰《谢宣城诗注》稿。此外，还广泛交游于前辈同道之中，出自教会大学教育背景的青年学者，俨然也有旧式文人的那份风雅蕴藉了。

不同于旧式文人要么严苛古板，要么恃才狂放的做派，蔡莹虽有意培养自己的国学修为，却并非要效法这些文人性情上的做派。其人治学路径始终有一种源自西学体系的严密逻辑，这一逻辑要求足够量级的样本，精确的数据，接下来才谈得上辨析、归纳与总结，否则并不轻易得出任何所谓“创见”式的结论。

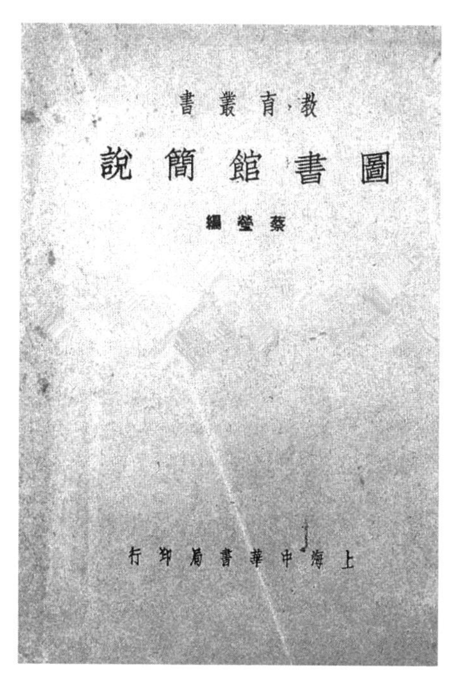

《图书馆简说》，蔡莹编著。

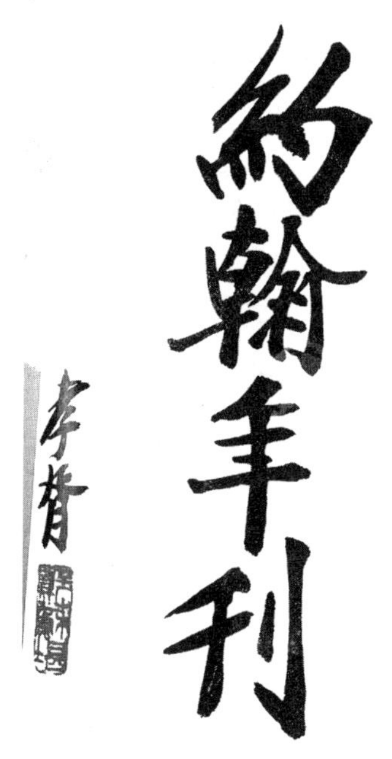

《约翰年刊》，郑孝胥题签。

在其出版第一本专著《图书馆简说》之后，数年间并没有出版过任何学术著作；自撰诗词的集子深藏箧中，校注古诗的稿本屡写屡改，似乎不臻至完美，出版便没有任何意义。除却日常教学、校务管理之外，于公于私上的必要应酬，同道同仁间的交游，也占据了个人太多的时间。一时间，蔡莹仍未有什么拿得出手的所谓“学术成果”，就这样匆匆流年，悄然步入中年。

◎ 1930—1934 年：钟情杂剧・博古觅奇

1930年夏，蔡莹携家人赴河南、安徽一带游玩，途中忽有创意，开始酝酿一部新的著作。回到上海后，随即开始投入创作。但不幸的是，这时妻子突然亡故。悲恸之余，料理妻子后事之后，又振作精神，于次年（1931）重

蔡正華先生
MR. T. W. TSHA

顾问蔡正华先生，原载《约翰年刊》第十七卷，1931年。

新着手撰著，并于当年联系到商务印书馆，开始商洽出版事宜。

紧接着，蔡莹郑重地邀请同窗好友瞿兑之为这一部可称为个人学术处女作的著述题词。瞿氏翻了几页稿本之后，恍然大悟，原来这数年来，蔡君一直在构思着这样一部著作。于是乎，瞿氏在题词中发出了“十年违别，适睹成书”的感慨。

与此同时，略早于瞿氏看到这份手稿的，是早已声名卓著的曲学名家——吴梅。其人兴致勃勃地于1931年3月3日，传统的上巳佳节之际，为之撰写序言，高度评价了蔡莹的这部著作，随之亦有“振华此作，可弥吾缺矣”之感叹。

天有不测风云，人与书也俱有旦夕祸福。1932年日军突然发动“一·二八”事变，覆巢之下，焉有完卵——战火殃及无辜，商务印书馆也随之被日军炸毁。原存放于馆中待刊的蔡氏处女作的稿本，也在这一场劫火中化为灰烬。家国破碎，人书俱焚之际，蔡氏复又闭门重撰此稿，完全凭借记忆，在基本恢复原稿规模与水准的基础上，迅即再度交付商务印书馆，准备出版。

1932年10月，蔡莹妻子的堂兄，时任中央监察委员的周觉（1889—1933）[①]，用一笔沉稳有致的隶楷，为其书稿题签，书名为《元剧联套述例》。

① 周觉，名延龄，字君鹤，号柏年，浙江吴兴（今湖州）人。同盟会元老，曾为同盟会上海支部负责人之一，辛亥革命中参与攻打上海制造局。入民国，任上海同盟会支部评议员，《民权报》驻北京记者。后应于右任之请，出任中央监察委员。

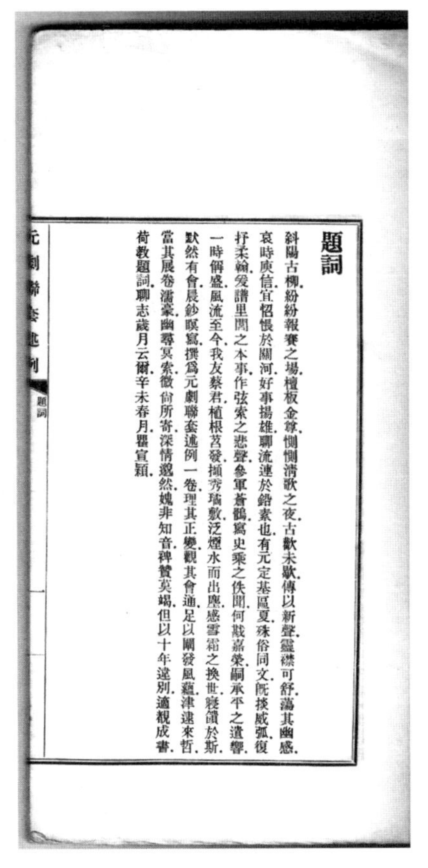

題詞

斜陽古柳．紛紛報賽之場．檀板金尊．惻惻清歌之夜．古歡未歇．傳以新聲．靈襟可舒．蕩其幽感．哀時庾信．宜怊悵於關河．好事揚雄．聊流連於鉛素也．有元定基區夏．殊俗同文．既挾威弧．復抒柔翰．爰譜里閭之本事．作弦索之悲聲．參軍蒼鶻．寫史乘之佚聞．何戢嘉榮．嗣承平之遺響．一時儷盛．風流至今．我友蔡君．植根茗發．擷秀瑤敷．泛煙水而出塵．感雪霜之換世．寢饋於斯．默然有會．晨鈔暝寫．撰爲元劇聯套述例一卷．理其正變．觀其會通．足以闡發風蘊．津逮來哲．當其展卷濡豪．幽尋冥索．徵尚所寄．深情邈然．媿非知音．裨贊莫竭．但以十年違別．適覩成書．荷教題詞．聊志歲月云爾．辛未春月．瞿宣穎．

元劇聯套述例　題詞　一

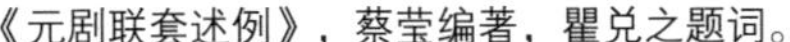

《元剧联套述例》，蔡莹编著，瞿兑之题词。

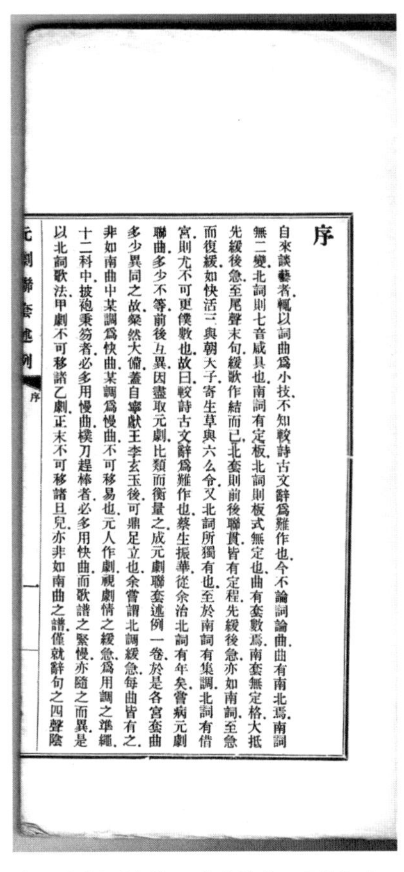

序

自來談藝者．輒以詞曲爲小技．不知較詩古文辭爲難作也．今不論詞論曲．曲有南北焉．南詞無二變．北詞則七音咸具也．南詞有定板．北詞則板式無定也．曲有套數焉．南套無定格．大抵先緩後急．至尾聲末句．緩歌作結而已．北套則前後聯貫．皆有定程．先緩後急．亦如南詞．至急而復緩．如快活三．與朝大子．寄生草與六么令．又北詞所獨有也．至於南詞有集調．北詞有借宮．則尤不可更僕數也．故曰．較詩古文辭爲難作也．蔡生振華．從余治北詞有年矣．嘗病元劇聯曲．多少不等．前後互異．因盡取元劇．比類而衡量之．成元劇聯套述例一卷．於是各宮套曲多少異同之故．粲然大備．蓋自寧獻王李玄玉後．可鼎足立也．余嘗謂北調緩急．每曲皆有之．非如南曲中某調爲快曲．某調爲慢曲．不可移易也．元人作劇．視劇情之緩急．爲用調之準繩．十二科中．披袍秉笏者．必多用慢曲．樸刀趕棒者．必多用快曲．而歌譜之緊慢．亦隨之而異．是以北詞歌法．甲劇不可移諸乙劇．正末不可移諸旦兒．亦非如南曲之譜．僅就辭句之四聲陰

元劇聯套述例　序　一

《元剧联套述例》，蔡莹编著，吴梅撰序。

原来，数年来，蔡氏一直致力于元代杂剧体例与曲律研究，这是相当艰深冷僻的一种专门学术。蔡氏早已师从曲学名家吴梅，只不过一直自顾自地深研细究，很少对人提及矢志曲学罢了。

直到1932年春，吴梅因避日寇战火而客寓上海时，蔡氏张罗为其师寻租住房，设宴款待，甚至还竭力为其师在圣约翰大学谋一教职。所有这些，可能方才令蔡氏身边的亲友知悉吴、蔡二人的师生关系及交谊罢。

时为1933年4月，《元剧联套述例》由商务印书馆出版发行，不过由于内容过于深僻，销路不佳，只此一版，再也没有重印过。每册大洋七角的售价，

元劇聯套述例

吳興蔡　瑩述

北曲聯套，最稱謹嚴，高下亢卑，聲以類從，而世代縣邈，聯綴釋安，昔人規範，若隱若顯，今就元劇，訂其同異，以目附綱，用證所說，雖類鈔胥，貴存繩尺，庶尊聲定譜，不致用置乖方，前後失次云爾。

今存元劇可得而見者，凡百十有九種。

關漢卿十三本，曰關張雙赴西蜀夢，曰閨怨佳人拜月亭，曰錢大尹智寵謝天香，曰杜蕊娘智賞金線池，曰望江亭中秋切鱠旦，曰趙盼兒風月救風塵，曰關大王獨赴單刀會，曰溫太真玉鏡臺，曰詐妮子調風月，曰包待制三勘蝴蝶夢，曰感天動地竇娥冤，曰包待制智斬魯齋郎，曰崔鶯鶯待月西廂記第五本，高文秀三本，曰黑旋風雙獻功，曰須賈誶范叔，曰好酒趙元遇上皇，鄭廷玉五本，曰楚昭王疎者下船，

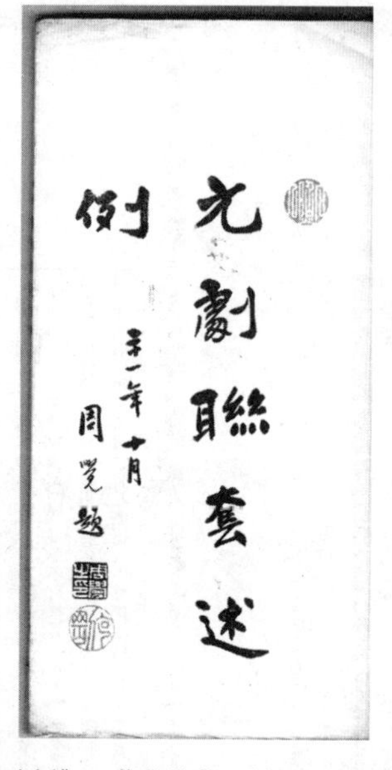

《元剧联套述例》，蔡莹编著；封面，扉页题签及正文首页。

后来更降至六角，还特别在版权页上加盖了一枚蓝色的售书印章，镌有“廉价书籍，概不退换”的字样，当年的门庭冷落，可想而知。

此书精心甄选一百一十九种现存元代杂剧范本，从中摸索总结出曲牌联套使用之规律与规则。无论从初学元代杂剧的角度，还是从仿效元代杂剧格式进行新剧创作的角度而言，这部《元剧联套述例》都是一部元剧曲律模式研究的开篇佳作。然而，蔡氏寄望颇高的这一“处女作”，数年苦心编撰而成，却没有获得多少读者认可与学界盛誉。

虽然有吴梅的盛赞，可那是从专门的曲学角度给予的，读者寥寥，降价难销的局面却是不争的事实。这样的状况，不能不说是一个时代社会风气与文化风尚的真实映现。

在那个西学浪潮滚滚而来的时代里，蔡氏原本只需靠翻译几本英文小说，写几部话剧或电影剧本，即可大行其道，名利双收。可是，却偏偏把治学路

径，锁定在了曲学一途。然而，即便在固守传统的国学阵营里，词曲之学原本即是小道末技，也素来不为博金石、通经史的宿儒名士所看重。作为一位教会大学培养出来的高级知识分子，却既不去顺理成章地踏上摩登西学的道路，又没有毅然决然地投身于经史国学的门径——如蔡氏这样的学者，一路寂寞落寞，都是情理中事。

且说吴梅的另一位高徒王玉章，于1933年春，《元剧联套述例》即将出版之际，曾致信蔡氏，对书稿提出了很多修改建议。诸如，从元代杂剧的种类应为一百二十一种而非一百一十九种；关于现存元杂剧版本优劣、挑选方式等，都应再行推敲等等。可这一切对于蔡氏而言，似乎已成过往，不再重要。此刻，没有时间也不再有精力，对本就是靠回忆重写的残稿，再做进一步校正与修改。毕竟，其人并不是一个终身从事戏曲研究的专家，元代杂剧或许只是一个阶段的学术兴趣而已。

当然，有一代曲学名家吴梅的赞赏加持，蔡氏多少还是有些欢欣与自慰的。或正因如此，对曲学的兴趣还得以持续了一段时间。不久，蔡氏又仿照元代杂剧体例，创作了一部名为《连理枝》的杂剧。恐怕是出于对自己这一剧本处女作的重视，却又限于篇幅实在太过简短，无法正式出版之故，蔡氏遂自掏腰包，将之排印成了一册单行本，末页没有任何版权及售价标注，显系文人雅玩的自印本，实乃分赠师友亲朋的纪念之物罢了。

抚看这一不及巴掌大的袖珍本，不过寥寥数页，竟还是用的筒子叶印制的传统线装本，倒也别是一番雅致况味。题签仍请周觉书写，且于1933年秋即找来当时隐居于青岛寄庐的黄孝纾，以骈体文为这一袖珍本作了一页雅致的小序，并没有再向曲学师友或同校学友索序，这一次只是自顾自地展露性情与才

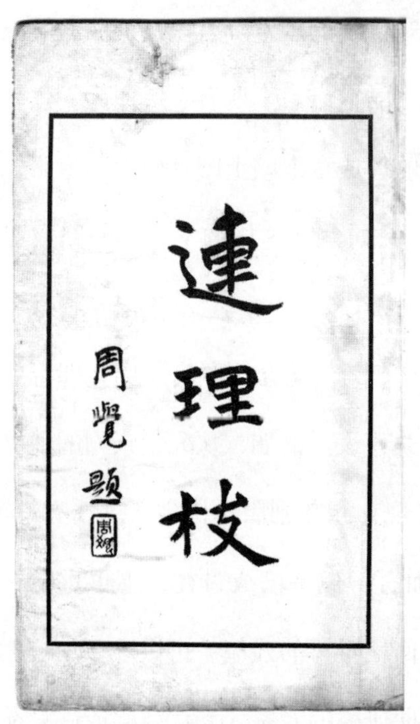

連理枝雜劇

第一折

（卜兒扮趙婆引搽旦扮小姑同上詩云）膝下兒能孝。家中我獨尊。眼前無別慮。媳婦禍殃根。老身趙婆是也。山陰人氏。嫡親四口兒家屬。夫主早年辭世。所生一女一男。女名彩姐。男名二官。自幼曾讀詩書。現在衙門裏充當文案之職。到也掙些錢財回家。一門衣食無憂。只是孩兒十九歲的時候。替他娶下一房媳婦。哄得俺那孩兒服服帖帖的。聽他調度。倒把老身丟在一傍。你想俺十月懷胎。吃盡千辛萬苦。把他撫養成人。怎肯干休。今天早上。俺問他要錢。他倒推說沒有。一定是那狐媚子的媳婦在那裏作祟。這時不煞一煞他的威風。休想再管得住這一家。左右閒着無事。不免喚他出來。消遣這個。也教他識得老娘的利害。（做喚科）

（正旦扮孫三娘上詩云）堂上奉甘旨。心中佇苦辛。姑恩原不薄。妾命不猶人。奴家孫三

連理枝 一

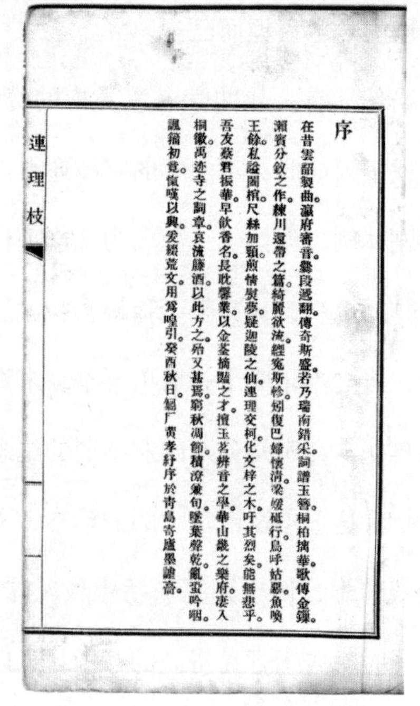

序

在昔雲韶製曲。瀛府審音。爨段遞翻。傳奇斯盛。若乃瑞南錯采。詞譜玉簪。桐柏擒華。歌傳金鏁。灑賓分釵之作。棘川還帶之篇。綺麗欲流。經冤斯慘。娟復巴婦懷清。棠媛砥行。烏呼姑惡。魚喚王餘。私謚圍棺。尺絲加頸。煎情熨夢。疑迦陵之仙。連理交柯。化文梓之木。吁其烈矣。能無悲乎。吾友蔡君振華。早飲香名。長耽謦欬。以金荃摘豔之才。擅玉茗辨音之學。華山畿之樂府。凄入桐徽。禹迹寺之詞章。哀流藤酒。以此方之。殆又甚焉。窮秋凋節。積潦兼旬。墜葉聲乾。亂蛩吟咽。諷籀初竟。愾嘆以興。爰綴荒文。用篤嗥引。癸酉秋日。錫厂黃孝紓序於青島寄廬墨譴齋。

連理枝

《连理枝》杂剧，蔡莹撰著。封面、扉页题签、黄孝纾序及正文首页。

《约翰声》第四十五册封面。

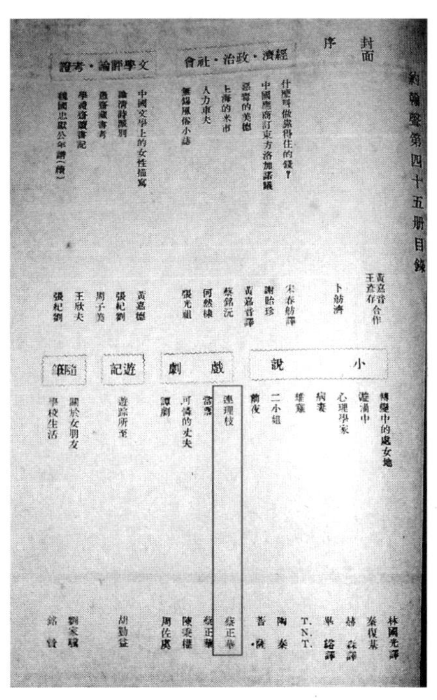

約翰聲第四十五冊目錄

封面　黃嘉音 王益存 合作
序　卜舫濟

經濟·政治·社會
什麼叫做靠得住的錢？　宋春舫譯
中國應商訂東方洛加諾議　謝貽珍
[illegible]的美德　黃嘉音譯
上海的米市　蔡銘沅
人力車夫　何然棣
無錫風俗小誌　張光[illegible]

文學評論·考證
中國文學上的女性描寫　黃嘉德
論濟詩派別　張紀劉
愚齋藏書考　周子美
學[illegible]讀書記　王欣夫
魏國忠獻公年譜（續）　張紀劉

小說
轉變中的處女地　林國光譯
漩渦中　秦復基
心理學家　赫森譯
病妻　畢銘譯
[illegible]　T. N. T.
二小姐　陶秦
[illegible]夜　[illegible]

戲劇
連理枝　蔡正華
當[illegible]　蔡正華
可憐的丈夫　陳秉權
譚劇　周佐虞

遊記
遊蹤所至　胡勤益

隨筆
關於女朋友　劉家駿
學校生活　銘曾

《连理枝》杂剧，署名“蔡正华”，载于《约翰声》第四十五册，1935年。

华而已。自印本之后，蔡氏仍意犹未尽，又于1935年，将这一剧本发表在了《约翰声》第四十五册之上。

时至1934年秋，蔡氏又偶得一册《悲秋杂识》。同样是不及巴掌大的小册子，这很容易令其联想到自印的那本《连理枝》。虽然明知道是一本哀挽录之类的“晦气”物件，可还是禁不住抚卷展读一番。读毕，又于卷末写下题记一则：

余曾作连理枝杂剧，尾折有句，从来最是人心硬，看遍了昏颠世事，冷暖人情。今得观此悲秋悼玉小辑，方知浮世之悲，实难有看遍之时矣。若真看遍了，亦无非梵典中一句“舜若多”矣。味逸轩琴客甲戌秋日感怀偶记。

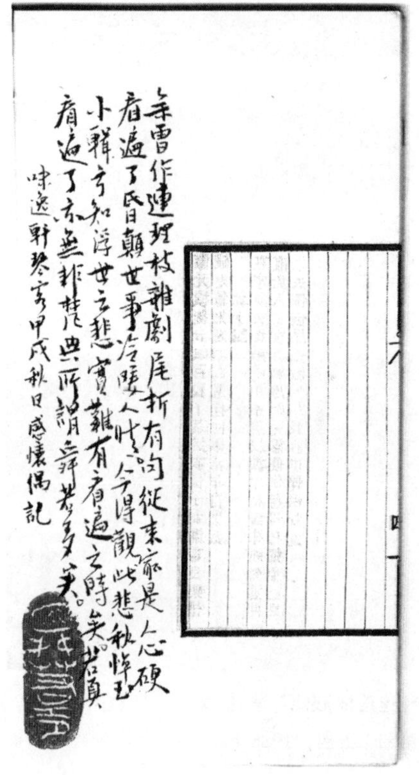

《悲秋杂识》，封面及末页蔡莹题跋。

或者人生如戏，或者人生似梦，这一册小小的《悲秋杂识》，或许竟是可以当作一部折套完备的传奇、杂剧来品读的罢。除了卷首的女子玉照之外，这本小册子里还印着不少令人唏嘘叹惜的追悼诗作，这令不久前亦曾有过亡妻之痛的蔡莹，不禁感同身受，心有戚戚焉。一番追忆伤怀之后，拈管题记数行，聊作自遣罢了。

遥思八十余年前，蔡莹伏案闲读，却难耐万千感慨，留下了这般莹莹如玉，怜香悼玉的一番题句。这一番书斋自遣忧思的私密之举，却亦令世人意外得知，他从未发表过的一个别号：味逸轩琴客。

《亡妇周静墓碣》（拓片局部），蔡莹记，周觉书，1930 年 5 月刻制。

◎ 1935—1947 年：现代思潮 · 回归古典

1935年，可以视作蔡莹与曲学兴趣渐行渐远之年。这一年或稍早，他又自费印制了一册《南桥二种》的作品集，书中第一种即为《连理枝杂剧》，第二种为其新撰独幕话剧《当票》。杂剧的创作，其时代性、规范性和技术难度，与现代话剧创作可谓相去甚远，将自撰的杂剧与话剧同置一册，不能不让人联想到其人学术兴趣与治学路径可能正在发生转变。先前的洋为中用，到现在的古为今用，恐怕还会转变到更为现代性的创作实践中去罢。

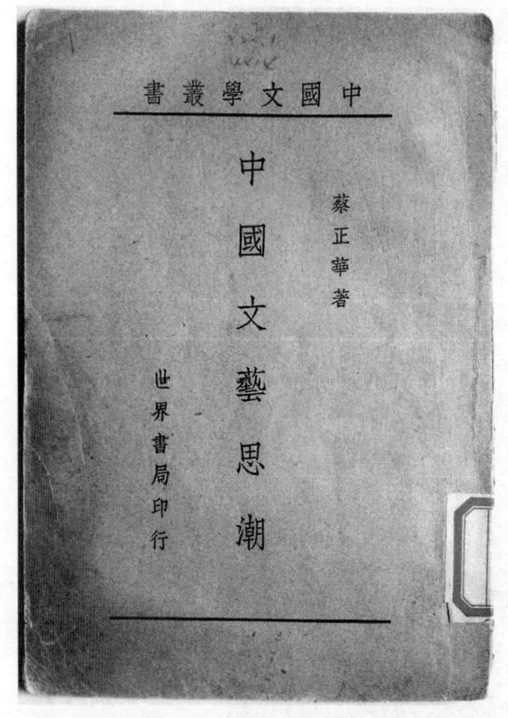

《中国文艺思潮》，蔡正华编著。

1935年12月，刘麟生主编的《中国文学丛书》由世界书局出版发行，辑入八种著述，第八种即为蔡莹所著《中国文艺思潮》，这一次署名为蔡正华。这套丛书的面市，可谓集中展现了圣约翰大学国文系精英的非凡才华。以刘麟生、瞿兑之、蔡莹、方孝岳一系为代表的，洋为中用的文艺批评体系，十分齐整地同台亮相于此套丛书。直到1944年，这套丛书还在新版发行，可见至少在这十年间，曾风行于国内文艺评论界。

丛书中，蔡莹《中国文艺思潮》、刘麟生《中国文学概论》与《中国诗词概论》、方孝岳《中国散文概论》与《中国文学批评》、瞿兑之《中国骈文概论》、胡怀琛《中国小说概论》、卢冀野《中国戏剧概论》，八本著述形成强势合力，为读者集中呈现出了一九三〇年代的中国文艺评论及研究领域的现代化趋向。

这些著述熟练运用西学理论及西方思想，解释与总结了中国本土的文艺现状，还以古为今用的姿态，试图化解现代性与古典的对抗，以民族性的责任感，将中国本土文艺之发展纳入现代化评判视野。蔡莹的著述位列其中，标志着其人开始涉足文艺评论领域，似乎即将完成一次重大学术方向的转变。

《中国文艺思潮》一书，其评述结构与思想取向，皆有独到之处。全书分为民族特性、宗教与哲学、对于自然界、恋爱、民族思想、非战、社会经济、新文学运动八个层面，全面评析中国文艺产生的根源、特点及其发展规律。是书开篇即引用英国作家吉卜林的观点，强调称：“东方终是东方，西方终是西方，双方是永远合不来的。”

一贯治学严谨的蔡莹在引用这一观点时，将中译文与英文原句皆列出来。紧接着，引用罗素的哲学观点时，也以双语并列方式加以论述。不过，这一严谨的学术行文习惯，并不妨碍其在随后的现代文艺评论方面，予以淋漓尽致的阐论。

他以当时能够征引到的最大限度的中外相关文献，对中国五千年文艺发展及其现状，与同时期西方文艺进行了比较研究。作者观念最终回到吉卜林的观点中——东西方自成特色，可能会有相互影响之趋势，但最终仍将各自前行。这一观念在新文化运动之后的文艺评论界，无疑是一剂中西医结合疗法的良药。抛开非此即彼的悖论，国故与摩登并非水火不容，但国故与摩登终将服从各自的民族特性，发展出不同的模式与特性来。

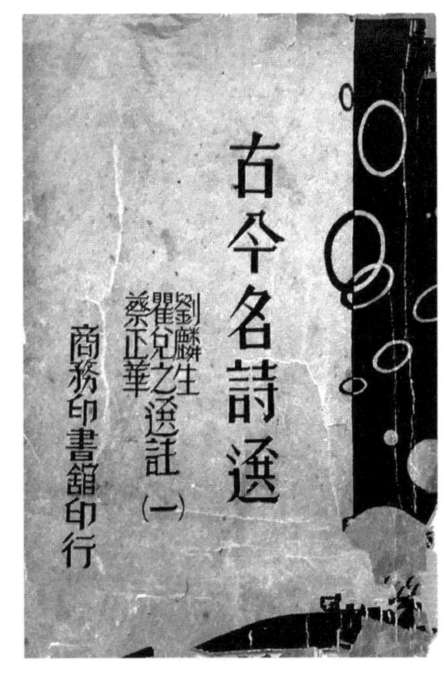

《古今名诗选》，蔡正华、刘麟生等合编。

也许蔡莹本人在治学路径上的思潮，就正是随着这一观念来回波动，曲线前进的，才因之感同身受，随之勾勒出中国文艺思潮。

1936年1月，刘麟生、瞿兑之再次邀约蔡莹，这圣约翰大学的文学“三剑客”，继《中国文学丛书》之后，迅即又推出了《古今名诗选》。四本一套的《古今名诗选》，辑选自《诗经》以来的中国历代著名诗作，以一种特有的民族自豪感与责任感，在备受日寇侵扰的上海出版发行，颇有感召时人之用。看来，蔡氏即将从中国文艺、文学史的视野上，在民族性与时代性的加持之下，将本就至为熟悉的古典园地重新开辟出另一番天地来了。

时至1937年全面抗战爆发前夕，蔡氏的研学旨趣随着时局动荡，又开始

以刘麟生为核心的《约翰年刊》撰述员团队，辑自1921年年刊，画面居中者即为刘麟生，居于左下侧编号为第七号邹恩润，即邹韬奋。

出现微妙转变。由于身居教会大学要职的便利，可能比当时都市大众圈层里的文艺青年及文艺工作者，更容易接触到各类原版苏俄读物。这一时期，他开始对苏俄文艺及其革命理论有所涉猎。在校刊《约翰声》第四十三期上，以顾问身份出现的蔡正华，却以“南桥”为笔名，发表了一篇格拉特柯夫的自传《活着的时候》。

中国文学系主任兼教授蔡正华，辑自《约翰年刊（1948年）》。

蔡氏译述此文时，已经是年逾不惑的中年学者，而此文原作者格拉特柯夫，正值二十五岁的青春年华。这篇译自苏俄青年作家的文章，间接反映了蔡氏接受新生文艺理论的高度敏感与极大热情。已逾不惑之年的蔡氏，在家国剧变之际，仍然在尽可能地更新和发展自己的治学路径。

然而，是年蔡母的逝世，再一次令其回归古典，开始趋于某种乱世苟存的保守心态。选择重回书斋，闭门自适，是当时大多数文人学者的归宿，也是一种对时局深感失望与无奈之后的必然反应。于是，1937年的圣约翰大学校刊上，又出现了两篇意味深长的文章《元曲方言考》《先母行述》，作者署名是蔡正华。

十年后（1947），《雄风》杂志上发表的《读彊邨语业》，《通俗文学》杂志上发表的《杂剧折数论》，都是蔡氏新作。古典诗词与元代杂剧，重回蔡氏的治学生涯，而且占据着越来越重要的位置。已年过半百的蔡氏，似乎又要重操旧业，在古典语词与体例的字斟句酌中，去闲抛岁月，安度余生了。

早年更名为蔡振华的血气方刚已然退去，除了大多数文论著述署用蔡正华之外，其译述类文章则大多署用笔名南桥，杂剧研究类著述则仍署原名蔡莹。在这一系列泾渭分明的人名符号中，蔡氏的治学路径及其思潮，也在世事的来回动荡中各自澎湃。就在1947年前后，他为自己的寓所，取了一个蕴藉着此时此刻人生诉求的名字：小安乐窝。

◎1948—1952：味逸轩中·小安乐窝

除了1947年零星发表的一些研究论文之外，蔡莹在小安乐窝中自顾自地读曲吟诗，与外界似乎联络不多。

1950年，蔡莹还有一次记录在案的，逝世之前参与的最后一次文人雅集。据其友人沈其光在《瓶粟斋诗话》三编卷三中的记载，1950年3月，吴眉孙（庠）、汪旭初（东）、瞿兑之（宣颖）、王欣夫（大隆）、戴果园，及蔡莹与沈其光本人，宾主八人把酒言欢。酒罢，以“对酒当歌，人生几何”拈韵赋诗。蔡莹曾赋长诗一首，诗云：

纷纷雨后花，依依风前柳。
引领春骤来，沈冥一时剖。
嘉约承故人，欣然接杯酒。
五味相间行，盘飧颇不苟。
兴来各话旧，岁月一何久。
聚散自有时，荣悴盖亦偶。
快意贵当前，无令此生负。

临觞不为乐，复待来兹否。

君倘恕醉人，何辞尽十斗。

在“聚散自有时”“快意贵当前”的直白诗句中，透露出一种既不能超然世外，也不愿投身世事的无奈。蔡莹此时的心境，复杂而含蓄，令人难以揣摩。

两年后，蔡莹病逝，除了丰盈的诗词手稿之外，别无更多的心迹遗书可寻。端立案头的一大堆藏书，就此落寞无依，杳然尘外。那署名落款中的味逸轩，还有那个蔡氏营苟半世的小安乐窝，从此与尘世再无瓜葛，只零落于漫漶文字中，静待时光摧残。

歷史學系

K. S. W. Sun, M.A. — Professor, Head of Dept.
Charles E. Perry, M.A. — Professor
S. T. Wang, M.A., M.S. — Professor
Y. C. Liu, M.A. — Visiting Professor
Frances M. Roberts, B.A.M.A. — Professor
C. Chao, B.A. — Associate Professor
T. W. Weng — Lecturer

社會學

K. E. Chen, Ph.D. — Professor
Lewis Hoskins, Ph.D. — Visiting Professor

新聞學

M. E. Votaw, M.A. (on leave) — Professor
C. T. Wu — Visiting Professor
C. T. Huang, B.A. — Professor

哲學與宗教

Edmund Hsu, S.T.M., Th.D. — Professor
C. Chao, B.A. — Associate Professor
Helen T. Van Voast, Th.B., M.A.

家政學

C. Fang, B.A. — Lecturer

體育

Michael Lee
Richard Gorsa, B.A.
C. Y. Peh, B.A.

沈嗣良教授

刁德仁教授

Prof. M. H. Throop

蔡正華教授　李德彰教授　王欣夫教授　王文顯教授

蔡正华及其同事（友人王欣夫在列），辑自《约翰年刊（1947年）》。

◎尾声

余交正华蔡君在丁卯之夏，乐数晨夕，厥后或数岁始一见。去冬来申，意可常聚，乃君以事冗，半年仅得三面。今年五月，余诣君居，尚以所著《彊村望江南题清词笺注》相商榷。乃翌日即以微疾逝。其家失余居址，未赴。秋日忽思及访之，则已卒。哭矣，同居一地，病不知日，殁不知时，伤哉。君性谨厚，工古文诗词，其所著《画虎词》，不知已定稿否。也以四十字哭之：弟蓄吾何敢，纵疏若有天。晚山张翥句，残墨郑玄笺。力学摧肝肺，繁忧捐岁年。生存华屋感，经过一潸然。

江宁陈世宜匪石

1955年5月，蔡莹去世后三年。蔡氏家人搜罗遗稿遗著，遍访故友题词纪念，辑成一部《味逸遗稿》。册子油印而成，经办者正是五年前“对酒当歌，人生几何”那一场诗酒欢会中人——当年的座上诗友戴果园[①]。

在首页题记的陈匪石[②]，曾为南社中人，仅就题词内容考察，与蔡莹虽属泛泛交，相与切磋词学却也颇为融洽。值得注意的是，曾师从朱祖谋学词的陈匪石，实际上也并非一开始即钟情传统旧学，1913年1月31日出版的《湖南教育杂志》第二卷第一期上，就曾发表过陈氏从日文转译的法国作家都德所作短篇小说《最后一课》。《最后一课》从1920年起被选入中学语文课本，至今一

---

① 戴克宽（1879—1964），名禹修，号果园。上海青浦人，曾任青浦小学校长，后为上海文史馆馆员。辑有《果园诗抄》等多种诗文唱和集。

② 陈匪石（1883—1959），原名世宜，字小树，号倦鹤。江苏江宁（今南京）人，近现代著名词学家。

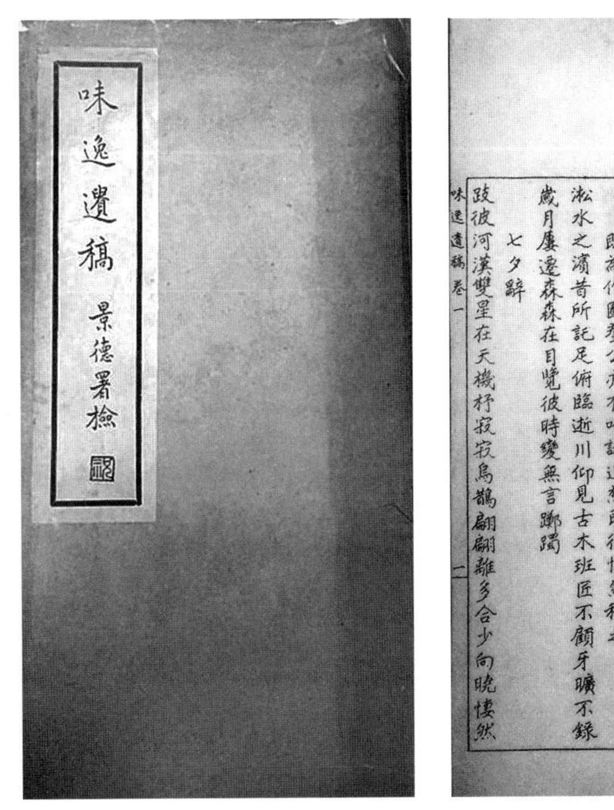

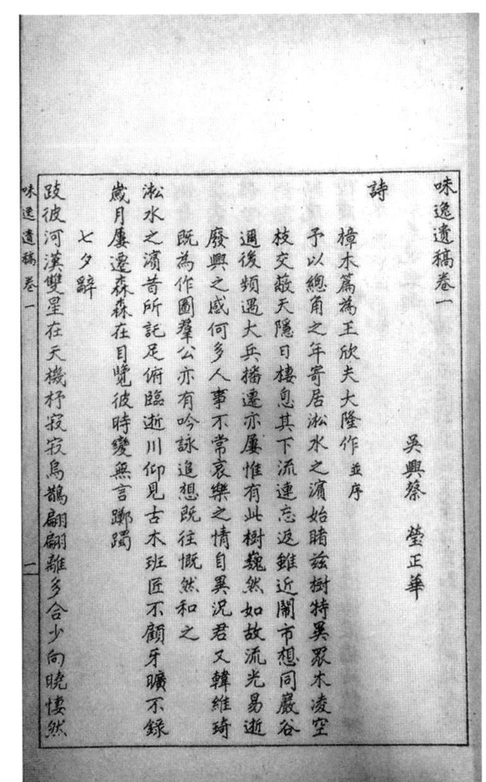
味逸遺稿卷一

吳興蔡　瑩正華

詩

樟木篇為王欣夫大隆作　並序

予以總角之年寄居淞水之濱始睹茲樹特異衆木淩空枝交蔽天隱日棲息其下流連忘返雖近闤市想同巖谷迺後頻遇大兵播遷亦屢惟有此樹巍然如故流光易逝廢興之感何多人事不常哀樂之情自異況君又韓維琦既為作圖羣公亦有吟詠追想既往慨然和之

淞水之濱昔所託足俯臨逝川仰見古木班匠不顧牙曠不錄歲月屢遷森森在目覽彼時變無言躑躅

七夕辭

跂彼河漢雙星在天機杼寂寂烏鵲翩翩離多合少向曉悽然

味逸遺稿卷一　一

《味逸遗稿》，封面及正文首页。

直是译文名篇。

陈匪石向传统旧学的回归，或者说早年也曾对西方文艺颇为关注的经历，与蔡莹何其相似。兴许当年二人切磋的除却古典诗词之外，也曾言及西方种种思潮罢。只不过这些文人夜话，并没有都成为白纸黑字的出版物，后世读者只好私下里妄自揣摩而已。

四年后，陈匪石也溘然而逝，与蔡莹的思潮有过接触的人物，一个个也开始成为“故人”。继而往事成为“故事”，“故事”又化为“事故”——这些民国文化史上的一次次“事故”，一次接一次地倏忽而来，又转瞬而去了。

马廉：鲁迅阅读量的十倍

◎ 小引：频频猝死的精英知识分子

鲁迅（1881—1936）撰发署名为敖者的《死所》一文，刊登在了1935年5月20日出版的《太白》半月刊第二卷第五期上。文中谈到了因脑溢血猝死的北大教授马廉（1893—1935，字隅卿）。这篇文章乍一看，几乎全是对话，好似一篇微型小说一般。原文如下：

日本有一则笑话，是一位公子和渔夫的问答——

“你的父亲死在那里的？”公子问。

“死在海里的。”

“你还不怕，仍旧到海里去吗？”

“你的父亲死在那里的？”渔夫问。

“死在家里的。”

“你还不怕，仍旧坐在家里吗？”

今年，北平的马廉教授正在教书，骤然中风，在教室里逝去了，疑古玄同教授便从此不上课，怕步马廉教授的后尘。

但死在教室里的教授，其实比死在家里的着实少。

“你还不怕，仍旧坐在家里吗？”

略观这不到两百字的文字，竟是绝无掩饰的讥嘲与煞有介事的“忠告”。鲁迅借马廉在课堂上的猝死，来调侃与讥嘲的人，稍稍了解一点相关史实的，都知道这人即是先前的章门弟子，与鲁迅曾是同门师兄弟，还曾是《新青年》杂志同仁的钱玄同（1887—1939）。

或许是读到鲁迅大作后有所警惕，也或者就只是巧合，钱玄同仿佛听从了那带着调侃与讥嘲的“忠告”一般，后来果然既没有死在家里，也没有死在讲台之上。四年后，1939年1月17日，钱氏死在了北平的一所德国医院里，终年五十二岁，仍然是猝死于脑溢血。1940年3月5日，曾为鲁迅谋职教育部，请鲁迅为北大设计校徽的绍兴同乡蔡元培（1868—1940），在香港九龙的养和医院，也猝死于脑溢血。无论死因只是两天前在寓所里不小心跌了一跤，此后吐血，便血，抢救多次，终无效果。

这些曾经听到过，或是没听到鲁迅“忠告”的友人们，都莫名其妙地相继猝死于脑溢血。无论是死在课堂上，还是死在医院里，究竟哪一种是“死得其所”，恐怕在《死所》里边，并没有十分真切的答案。后世如我辈读者所记忆深刻的，无非是鲁迅那冷峻的“忠告”与惊人的“预言”罢了。

当然，鲁迅本人恐怕也没有预见到，也不可能再去验证《死所》一文惊人的预言效果，因为他自己在马廉死后一年，于1936年10月19日，就在上海因

国文系教授周树人（鲁迅），《北京师大毕业同学录》，1924 年印制。

晚期肺结核病重，不治身亡。他调侃过的钱玄同，当时还写过一篇《我对于周豫才君之追忆与略评》，一方面纪念鲁迅，另一方面也再次提到了马廉。文中这样写道：

他在北大、师大、女师大等校，讲授中国小说史，著有《中国小说史略》一书。此书条理明晰，论断精当，虽编成在距今十多年以前，但至今还没有第二部书比他更好的，或与他同样好的中国小说史出现。他著此书时所见之材料，不逮后来马隅卿（廉）及孙子书（楷第）两君所见者十分之一，且为一两年中随编随印之讲义，而能做得如此之好，实可佩服。

钱玄同没有调侃鲁迅，只是径直认定且直接表达，称马廉虽然小说读得很多，可以说多到鲁迅所见的十倍以上，但却不可能在短时间内做出一部《中国小说史略》来。这样的评价，当然是毫无保留的褒扬，对鲁迅仍是敬佩有加的。不过，同时也拈提出了一个观点，即马廉与孙楷第皆是饱学博览的学者，鲁迅所读的中国古典小说的数量，可能不及这二者的十分之一。

这样看来，一个读小说多过鲁迅十倍的马廉，还有写小说史写得很好的鲁迅相继离世，马、鲁二人生前竟没有合作出一部更好的小说史来，则不能不说是中国小说研究史上的一大遗憾了。

馬廉 隅卿
籍貫：浙江鄞縣
職務：國文系講師
通訊處：東華門孔德學校

国文系讲师马廉，辑自《国立师范大学第二部女师大毕业同学录》，1931 年印制。

錢玄同 疑古
籍貫：浙江吳興
履歷：曾任北京大學教授 師大國文系主任
職務：國文系講師
通訊處：北平東華門大街孔德學校

国文系钱玄同，辑自《国立师范大学第二部女师大毕业同学录》，1931 年印制。

◎小说外史·家谱·砖头

1926年8月，马廉继鲁迅之后在北大讲授中国小说史。受王国维和鲁迅影响，一直致力于收集、整理、研究历代古典小说，同时更兼搜求戏曲、弹词、鼓词、宝卷、俚曲等古旧书籍与文献。

当时，这些品类繁杂，散佚四方的“非主流”文献，搜求十分不易，更不必说进一步地整理与研究了。因为这些文献，其历史定位与学术地位都很模糊，当时处于国故与新文学的中间地带，并没有明确的界定与评估。一方面，这些文献看似属于国故的范畴，却已然溢出了经、史、子、集的四部划分法，在国故层面上的传统研究领域中，简直难以“入流”；另一方面，这些文献又看似可以在新文学中占有一席之地，然则鲜有前人研究成果可资借鉴，要从中梳理出一部中国小说史来，又谈何容易？

因此，在这样的学术格局之下，在这样一大堆各式各样，却无定论可言的历代民间文学作品的故纸堆中，搜求得越多，见识得越多，反倒有无从置喙，无法落笔之感了。这或许就是圈内人常说的，书读得越多，敢说的话反倒越少；更何况这些文献还不是一般意义上的书籍，而是需要费大气力整理、考索与研究的原始材料。

不仅如此，马廉除了北大教授的身份之外，还有另外两个身份，一是孔德学校总务长，一是孔德图书馆馆长。这些和小说史研究全然不搭边的职务，都早于其继席小说史教授之前，就已经集于一身，终日俗务缠身，无法脱身，自然是其人生活常态了。说到这里，就还有必要约略介绍一下，这所如今已无存的孔德学校的基本情况了。

孔德学校是1917年由北京大学校长蔡元培创办,校名“孔德”是以法国近代哲学家孔德（Augueste Comte）命名，办学经费由中法教育基金委员会拨款。马廉任校务主任,主管学校日常工作。学校学生大多是北京大学和中法大学教职员的子弟，蔡元培、钱玄同、齐如山、李大钊的子女都曾经在孔德学校就读。北大教师有十多位在学校兼课，沈尹默、周作人、钱玄同等知名学者也都在学校讲过课。

创办孔德学校主要是基于教育改革的目的，实际是把学校作为新文化运动实验的基地。孔德图书馆则是为筹办孔德学院准备的（孔德学院成立于1924年，预科二年，本科四年。1935年并入中法大学文学院），故而藏书规模和水平都是学院标准。图书馆由马廉担任馆长，自1924年起建立，曾由沈尹默、马廉、钱玄同等人去挑选购买图书。

在孔德学校、孔德图书馆、北京大学之间，马廉分饰三个角色，穿梭于教学、教务、学术与图书之间。据1925年以校董身份，在孔德学校授课的周作人回忆：“隅卿则是总务长的地位，整天坐在他的办公室里，又正在替孔德图书馆买书，周围堆满了旧书头本，常在和书贾交涉谈判。”

终日忙忙碌碌于事务性工作的马廉，除了替学校购入包括清抄戏曲孤本《车王府曲本》在内的大批珍贵古籍之外，还有一件“假公济私”的采购，倒完全成了一件中国小说史之外的珍藏品了。

原来，时为1931年4月，马廉在为学校采购图书时，偶然从北京宝伦堂书肆购得一册《越城周氏支谱》。这是今浙江绍兴都昌坊周氏家族，即周树人（鲁迅）、周作人、周建人三兄弟一系的族谱，入藏图书馆后不久，即为周作人得知。周氏一见家族故物，大感欣幸，遂慨然为之题记曰：

越城周氏支谱六册，马隅卿先生从北平书肆购得，现存孔德学校图书馆中。此谱在光绪丁丑用活字排印，共二十部，此为第六号（余家所藏系第廿号）。察谱中添注，盖系忆农伯手书。近年物故保定，遗物散失，此书流转至北平。不意复得展阅，并题语以志因缘。时中华民国二十年四月七日会稽周氏清道房公允派四支十四世作人书。

这当然是小说史之外的一桩学林逸事，以至于在马廉殁后三个月，周作人所撰《隅卿纪念》一文中都没有提及。这也不由得让人想起钱玄同死后百日，周作人所做的《玄同纪念》一文中的风格。在《玄同纪念》一文中，周作人在提到二人来往信件时，摘录了部分信件内容，但随之又指出：

信中略去两节，觉得很是可惜，因为这里讲到我和他自己的关于生计的私事，虽然极有价值有意思，却亦就不能发表。

看来，在对两位故友的悼念中，文人的私房话，总还是要隐晦一点的，如无必要则不必公布。这样的做法，于情于理似都更为妥洽一些，倒不像其兄鲁迅来得那么直接，直接调侃起二人的“死所”来了。

此外，在小说史研究之外，除却意外购回周氏兄弟家谱之外，马廉更有一桩捡砖头捐赠的奇事。原来，自民国九年（1920），宁波开始隳城，计划三年内拆除六个城门，至民国十七年（1928），全面隳拆城墙，建造环城马路。拆除城门期间，断壁颓垣间，出土了大量的古城砖。至1931年，宁波拆除古城墙工程已近尾声，因病返乡休养的马廉，迅即背上麻袋，大步流星地赶至施工现场。每天归家，满载而归的麻袋里，总有数块大青砖，知道的说是在搞研究，不知道的以为其人病入疯魔。

1931年10月27日，马廉在古城墙旧址捡到的第一块砖，是一块宋代的古砖。为此，在花边特制的笺纸上郑重写下：

民国二十年十月二十七日，宋靖康元年十一月二十日卒，残石，鄞县西角楼北出土。

第二天，又捡到了一块晋代的古砖，复又郑重记录道：

二十八日，晋永嘉砖。上端×纹，侧文曰，永嘉六年六月，反文。竹洲出土，平面宁布纹。

他这样一边捡着砖头，一边写着日记，最后竟搜集了千余枚古砖。从分为两册的日记中可以看到，第一册记自民国二十年十月二十七日起至十一月五日，第二册自民国二十一年一月一日至五月十六日。封面马氏手题书名并小字写一、二。册内详记砖名、铭文、纹饰、形状、出土地点及保存状况，其中大部分为晋砖。从这样的日记里看到，原本返乡养病的他，非但没有静居调养，其奔走搜集研究之勤，并不亚于在北平学校的工作强度。

1933年，宁波文化界人士筹款维修天一阁，马廉将自己捡拾的古砖全部捐赠，乃特辟一室于阁中予以储存陈列，因其晋代古砖已近千枚，故命名为千晋斋。这些砖头与天一阁中的藏书一样，都是有年头、有来头的大部头，是实实在在的城市文化史实物文献之一。

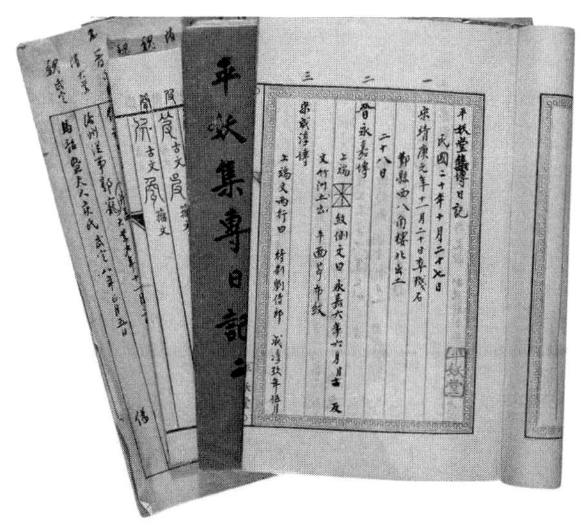

《平妖堂集砖日记》，马廉手录。

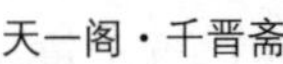
天一阁·千晋斋

千晋斋内景

话说马廉的这些“小说外史”，虽或只可作为他学术生涯的一个“楔子”看待，却也从中可以管窥其人心性之一斑，可谓恬淡中自有意趣。

◎天一阁外雨窗前

马廉生于宁波，自小住在天一阁旁的马衙街。曾经的那位只是喜欢读些小说的江南少年，可能压根儿也没想到过，最终会走上当时还不能登大雅之堂的俗文学研究领域。

马廉曾有三个书斋名号：不登大雅堂（钱玄同题）、平妖堂（钱玄同题）、雨窗欹枕室（沈兼士题），均与戏曲小说相关，由此亦可见其藏书与治学的俗文学特色。

书斋号“不登大雅”，可谓开宗明义，即认定了俗文学研究的道路，甘愿

钱玄同题“平妖堂”

成为当时学界的“非主流”。古代小说历来被视为不登大雅之物，其文献毁损严重，以致当小说史研究在二十世纪初期成为专门学术之时，学者们不得不面临一个基础性难题，即作为研究对象的古代小说文本及相关史料，均呈“无米之炊”之势；文献资料十分匮乏，研究者都有“等米下锅”之慨。马廉曾说：

中国对于小说，向视为琐屑小道，不足以登大雅之堂，故无人注意。即或注意，亦无加以研究者。所以现在我们研究这类的东西，实在太难。既没有目录供我们检查，又没有专书供我们参考。

俗文学概念及这一领域研究首倡者郑振铎，亦曾无奈地指出：

小说戏曲，更是国内图书馆不注意的东西，所以，要靠几个国内图书馆来研究中国的小说戏曲，结果只有失望。

可见，不登大雅就意味着甘于坐学术冷板凳，乐于做荒山开路人。马廉后来的俗文学研究成就，可以说是把“无米之炊”做成了美食珍馐，把冷门学问做成了热门知识。

平妖堂的名号，则直接来源于马廉个人的一部重要藏书，因其意外收得海内孤本明万历年间王慎修刻四卷二十回本《三遂平妖传》,喜不自胜,便将书斋改名平妖堂，且一度自号平妖堂主人。为此，不但请钱玄同题写了室名匾额，还特制了平妖堂笺纸，这是一种专门用于马氏本人笔记的特制稿纸。当年的千晋斋捡拾古砖之壮举，其收集砖甓之日记，就记录于这样的笺纸之上，并题名为“平妖集砖日记”。

平妖堂的笺纸，在马廉笔下铺展书写，一直用到了1933年，一千块晋砖快要搜罗齐备之际。这时，又偶然购得天一阁散出的明嘉靖刻本《六十家小说》中的《雨窗集》《欹枕集》，为之喜不自禁，又更室名为雨窗欹枕室。直到两年后马廉逝世，周作人的挽联“月夜看灯才一梦，雨窗欹枕更何人”，更点明了《雨窗集》《欹枕集》这两部古籍在马氏藏书中的重要性。那么，马廉生前最后两部重要的藏书《雨窗集》《欹枕集》，又有什么特别之处呢？

其实，这两本集子，只是一部古代话本小说的一部分，简言之，仅仅是残本而已。当时已知此书的另一部分，收藏于日本，国内早已失传未见。马廉购藏的这一残本，不但填补了国内相关文献空白，更重要的是，还可以与日本藏本缀合成一个相对较为完整的本子，对研究明代话本小说的演变，有着极高的文献价值。

诚如同时代所有曾致力于俗文学研究的学者一样，基础文献的极度匮乏，成为学术研究的瓶颈。与这一情势相应，大多数在这一领域有一定水准的研究者，本身一定也是藏书家，只有这样，才有可能打破瓶颈，有效提升学术水准。

很难想象，一个没有翻检过足够量级文献的研究者，能凭空写出高质量的论文来。前述钱玄同在悼念鲁迅一文中提到的孙楷第（1898—1986），也是一位比鲁迅看书多过十倍的研究者，其实也曾受惠于马廉的藏书资源。孙氏在1931年完稿的著名论文《三言二拍源流考》序文中就曾提到：

昔余读鲁迅先生《小说史略》，始知有所谓“三言”及“拍案惊奇”者。一九二九年，识马隅卿先生，尽读平妖堂藏书。马先生为斯学专家，收藏极富，于三言、二拍之学尤为研究有素。余工作之暇，辄就款谈，聆其议论，有所启发，默而识之，因得细心校理，识其途径。

正是马廉的慷慨借阅，很大程度上使孙氏完成了明代小说“三言二拍”的文献研究工作。在借阅马廉藏书之前，为提升自身文献阅历，孙氏甚至东渡日本，搜求各类小说秘本、珍本。这一趟出国看小说的经历，让孙氏完成具有划时代意义的书目《日本东京所见中国小说书目提要》。胡适在为此书所的序中这样强调：

我们可以说：如果没有日本做了中国旧小说的桃花源，如果不靠日本保存了这许多的旧刻小说，我们决不能真正明了中国短篇与长篇小说的发达演变史！我们明白了这一点，方才可以了解孙先生此次渡海看小说的使命的重大。

胡适的盛赞，使同时代众多研究者的目光再次投向东邻日本。在此之前有杨守敬、董康、傅增湘等先行者，孙楷第等则紧随其后。当然，也正因为学术交流的日益频繁，许多日本学者反其道而行之，也频频来中国访书求学。

事实上，孙氏此行的日方介绍者长泽规矩也（1902—1980），就是一位中国古典小说资深研究者。早在孙氏东渡日本之前，长泽曾来过中国，原本也是为了看小说而来。长泽的中国之行，总共竟有七次之多，每一次皆满载而归，带走的都是难得一见的中国古典小说原初版本，其中不乏珍本、孤本。也正是因为此人的举动，激发了后来马廉搜求明嘉靖刻本《六十家小说》的决心。

《六十家小说》原书为六十篇，据清代《汇刻书目初编》记载，分《雨窗》《长灯》《随航》《欹枕》《解闲》《醒梦》六集，每集十篇，共六十篇。首先出现在日本的该书残本，起初并无《六十家小说》的冠名，而是按照日本学者的命名，称为《清平山堂话本》。

原来，这明代嘉靖年间的十五篇话本小说刻本，首先由日本学者发现于内阁文库，他们发现书板中心刻有“清平山堂”字样，于是就将其定名为《清平山堂话本》。实际上，这种命名方式是不正确的，“清平山堂”只是刻书者明代嘉靖间人洪子美的堂号，除此《六十家小说》之外，还刻有《唐诗纪事》《夷坚志》等。这种命名方式，好比“出版社+书籍种类”的方法，是相当不准确的。但因其书首现于日本，且日本学者对此已有一定研究，“清平山堂话本”遂一度成为此书的通用称谓，取代了在中国国内的原有称谓。

1928年春，长泽规矩也来华，向马廉出示了该书的照片。马廉随即与友人发起“古今小品书籍印行会”，托北平京华印书局于1929年将十五篇作品影印出版，仍题为《清平山堂话本》。与此同时，经周作人等相助，马廉还翻译了长泽规矩也的论文《京本通俗小说与清平山堂》，连载于孔德学校《AC月刊》1930年第一至三期。在该文“译后记”中，马廉对清平山堂主人——洪

清平山堂
話本
明嘉靖洪楩刻本
古今小品書籍印行會影印
民國十八年七月

淸平山堂話本
疑古玄同題

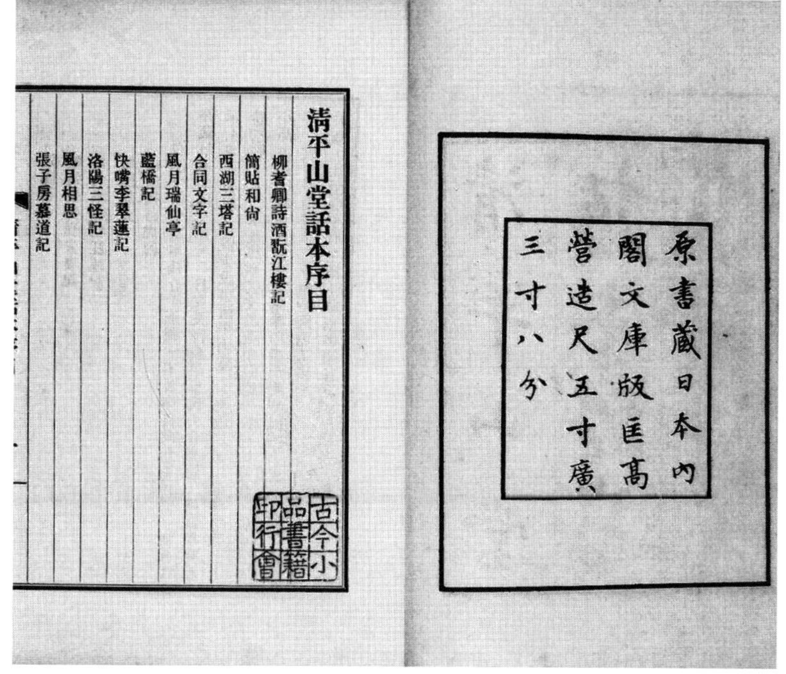

原書藏日本內
閣文庫版匡高
營造尺五寸廣
三寸八分

清平山堂話本序目
柳耆卿詩酒翫江樓記
簡貼和尚
西湖三塔記
合同文字記
風月瑞仙亭
藍橋記
快嘴李翠蓮記
洛陽三怪記
風月相思
張子房慕道記
古今小品書籍印行會

《清平山堂话本》，古今小品书籍印行会影印本，函套、扉页题签、牌记与目录页。

子美的生平事迹及其所刊书籍，做了初步考证与介绍。

1929年6月30日，据所见文本的具体情况，马廉在为影印本所撰序文《清平山堂话本序目》中大胆假设称：

此本原书若干，今不可考，盖洪氏当时，搜罗所及，便为梓行，别类定卷，初未之计也。度绎体例，类似丛刻，故多收话本而亦复杂文言小说。

显然，马氏对此书的残本性质以及真实名称都有了初步揣测，只是苦于国内并未有此书的任何发现，一切都还只能停留于假设阶段。为证实自己的假设，此后数年之中，马廉留心寻访，苦心搜求。在孙楷第从日本访书归来，饱览马氏藏书之际，《六十家小说》的名目都还只停留在假设阶段，平妖堂书库中还未能入藏一纸半页，故而孙氏论文《三言二拍源流考》中也未能提到此书。

1933年秋，刚向修缮一新的天一阁捐献了晋代古砖，准备返回北平的马廉，在旧书肆偶然购得一包残书。其中意外地发现了十二篇话本小说，版式与日本内阁文库所藏《清平山堂话本》完全一致，而篇目竟无一重复；复又根据书根题字“雨窗集”“欹枕集”笔迹，考定其为天一阁旧藏。数年夙愿，得偿一旦，这令素来十分谦虚低调的马廉，难抑兴奋激昂之情，为之自信不已地宣称：“真是小说史上一段佳话，而为我平生的一桩快事。”

这十二篇话本小说，后来经考证，与后世改编的多种话本小说均有关联，诸如著名的冯梦龙、凌蒙初“三言二拍”系列，以及《金瓶梅词话》《古今小说》《续金瓶梅》等。换句话说，在这一新发现中，中国古典小说的研究又找到了许多年代更久远，更接近于原初面貌的原始文献。这一发现，无异于一次中国小说史研究上的哥伦布式大发现。

1934年8月，马廉将新发现的十二篇话本小说整理影印出版，命名为《雨窗欹枕集》，并为之撰写了《影印天一阁旧藏〈雨窗欹枕集〉序》。序文中除了简介发现经过，及其与日本版本的比较研究之外，还结合自身藏书与所见闻者，首次将十五篇《清平山堂话本》与十二篇《雨窗欹枕集》合为一体，与《警世通言》《喻世明言》《醒世恒言》《古今小说》《京本通俗小说》《熊龙峰刊四种小说》等古典小说版本进行比较研究。

这种比较研究用表格形式体现出来，充分展现了同时代中国俗文学研究者的文献整合与运用水准。这份研究成果，不但是对“三言二拍”系列研究的可贵贡献，而且在至今未能发现更多新文献的情况下，代表了一种里程碑式的研究高度。在这一高度背后，也蕴含着那个时代学术幸运儿的喜悦，与普

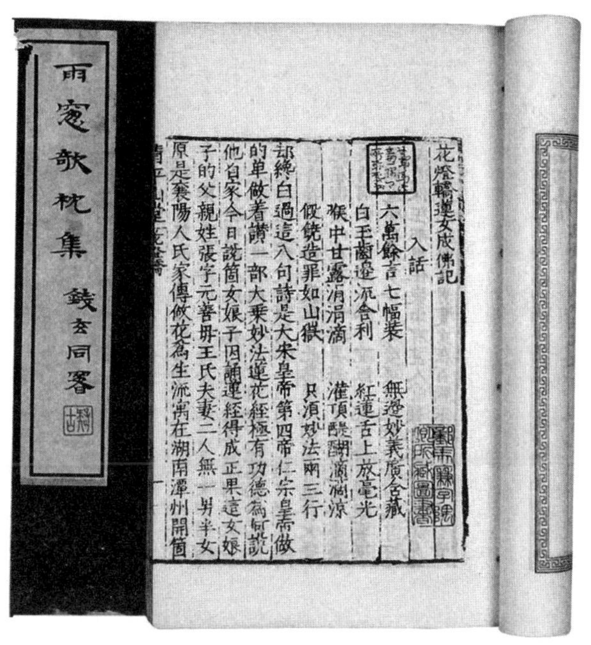

花燈轎蓮女成佛記

入話

六萬餘言七幅裝 無邊妙義廣含藏

白玉齒邊流舍利 紅蓮舌上放毫光

喉中甘露涓涓滴 灌頂醍醐滴滴涼

假饒造罪如山嶽 只須妙法兩三行

卻纔白過這八句詩是大宋皇帝第四帝仁宗皇帝做的單做着讚一部大乘妙法蓮花經極有功德為所說他自家今日說箇女娘子因誦蓮經得成正果這女娘子的父親姓張字元善冊王氏夫妻二人無一男半女原是襄陽人氏家傳做花為生流寓在湖南潭州開箇

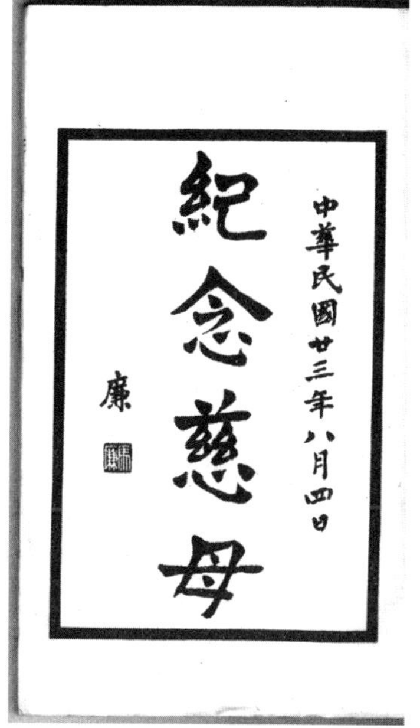

《雨窗欹枕集》，古今小品书籍印行会影印本，封面钱玄同题签、扉页马廉题词。

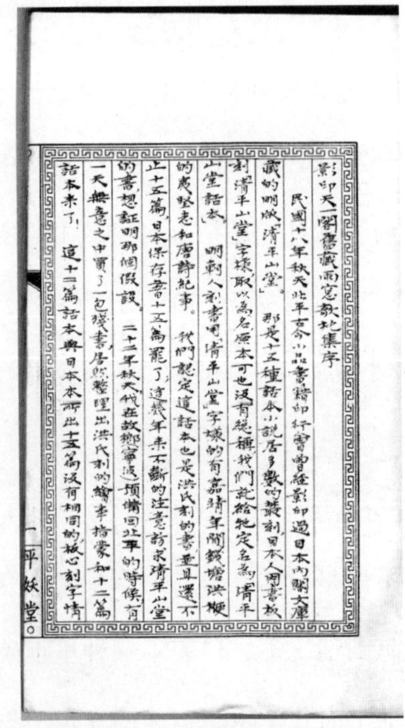

影印天一閣舊藏雨窗欹枕集序

民國十八年秋天北平古今小品書籍印行會曾經影印過日本內閣文庫藏的明版「清平山堂」。那是十五種話本小說，居多數的翻刻，日本人因書板刻「清平山堂」字樣，取以為名，原本可也沒有總稱，我們就給牠定名為「清平山堂話本」。明刻人刻書，用「清平山堂」字樣的有嘉靖年間錢塘洪楩的夷堅志和唐詩紀事。我們認定這話本也是洪氏刻的書，並且還不止十五篇，日本保存者十五篇罷了，這幾年來不斷的注意訪求清平山堂的書，想證明那個假設。二十二年秋天我在故鄉（寧波）預備回北平的時候，有一天無意之中買了一包殘書，居然整理出洪氏刻的翰李指蒙和十二篇話本來了！這十二篇話本與日本本所出十五篇沒有相同的，板心刻字情

一 平妖堂

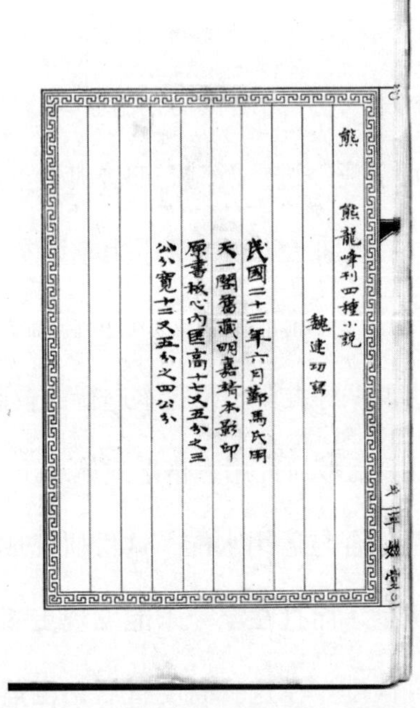

熊

熊龍峰刊四種小說

魏建功寫

民國二十三年六月鄞馬氏用
天一閣舊藏明嘉靖本影印
原書板心內匡高十七又五分之三
公分寬十二又五分之四公分

平妖堂

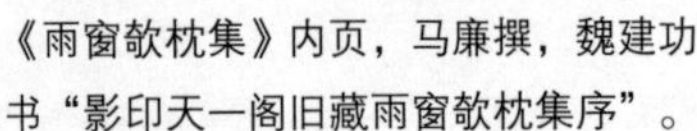

《雨窗欹枕集》内页，马廉撰，魏建功书“影印天一阁旧藏雨窗欹枕集序”。

《雨窗欹枕集》内页，魏建功书版本数据。

通研究者的无奈。诚如郑振铎在《幻影》一文中所言，为之深有感触地这样写道：

研究中国小说史和戏剧史的人，真要觉得如今是一个大时代。假如你写了关于这方面的一部书，每过了一二年，准保你要将你的著作修改一下。因为新的材料一天天的出现，逼得你不能不时时刻刻的在搜集，在研究。你有时因了新材料的发见而大感刺激与兴趣，有时却也要有些懊丧，因为这些新材料也许要将你的著作中的定论完全推翻了，或至少要修正一部分，或添加一部分……我们所能做的，只有勤于搜集而已。

马廉所代表的那个学术时代，让先是兴奋的日本学者也多少有了一些懊丧，也让先前还懊丧着去日本访书的中国学者，又平添了一份自信与坚定。

天一阁外雨窗前，马廉在一页半纸的古籍故旧中，一砖一瓦地垒砌着中国古典小说研究的“巴别塔”。塔外的观者叹之弥坚，仰之弥高，塔里的继承者，则还在累积与探索，期待着更上层楼。

◎题外·魏建功的书法

一次偶然的机遇，笔者曾有幸购藏了一部马廉的《雨窗欹枕集》。有意思的是，与当年中日两国学者分别发现的《六十家小说》残本相似，也是经两次分别购置，合为一部。

第一次购得的是下册，封面签条脱落，一时竟不知书名，唯目录页版心处的“平妖堂”字样，可知此乃马廉的私人用笺，虽明知是残本，还是急切购置。第二次购得了上册，钱玄同的书名题签、《影印天一阁旧藏〈雨窗欹枕集〉序》及附表都一见真容，备感亲切。但仔细比较题签、序、附表及目录页上的字体风格，虽分属钱玄同、魏建功、马廉三人，却颇有近似之处。

尤其是魏建功与钱玄同的书法，更颇为接近，以至于在翻看长达七叶十四面的序言及附表部分时，一直在揣测，难道生性倨傲的钱氏，会平心静气地以隶体书法，一页页地在笺纸上写完这么长的内容？直到在末页处看到“魏建功写”的字样时，才不由得会心一笑，不禁又联想起关于魏氏书法的一桩轶事来。

原来，就在马廉张罗影印《雨窗欹枕集》时，郑振铎与鲁迅合作的《北平笺谱》也已出炉，且当年销路颇佳。1933年11月11日，鲁迅在致郑振铎的信

廿四年三月十四日 玄同白

建功我兄：六著古音系研究印成已多日，而拙序迄未交卷，可胜慙悚！去年十二月中告兄，此序決於寒假期內成之，故欲借閱校樣，擬將全書籀繹一過，即行屬草。不意尊处將校樣送来之上一日（十二月廿一日），弟即患頭目眩暈，息偃在床；然彼時預計距寒假尚有稘月，及期或已痊癒。然尚以為稍稽旬日，或能動筆也。今又將兩月矣，目眚未瘳，精神仍憊，伏案不及一小時，輒覺頭重，心悸，手顫，暫時竟不能用腦。現在只好請兄見諒，先將六箸裝成發售。弟病癒必當補作此序，俾於六箸再板時補印入冊，則甚幸矣。知堂老人序中云，"'志在必寫'，雖或建功力求勿寫而亦不可得也"。弟意正与此老相同。書此致歉，敬頌撰安。

玄同白。

钱玄同致魏建功信札

藤性勁直製坏表德

先生長壽祝福無極

廿七年八月廿七日祀孔日

建功在蒙自

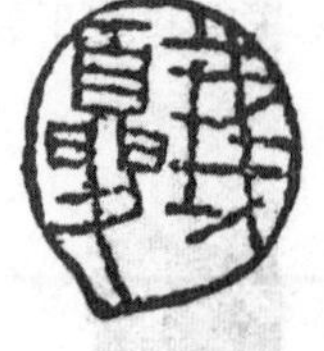

魏建功为钱玄同治印

中提到："序文我想还是请建功兄写一写。签条则请兼士。"1933年12月，《北平笺谱》由"纸墨良好，镌印精工，近时少有"（鲁迅语）的荣宝斋刻印出版。《北平笺谱》首印一百部，其中鲁迅自订二十部，郑振铎十部，内山书店经售二十部，余五十部预约发售，售价十二元。这在当时确属昂贵的价格，却迅即被抢购一空，鲁迅对此也"颇感意外"。这次鲁、郑二人的合作相当成功，至今仍为后世读者及收藏者群体津津乐道。然而，同年12月27日，鲁迅致台静农的信中却提到"郑君乃作如此风度，似少涵养"，这却又从何说起？没想到，这竟是由是否请魏建功写序言一事引发的。

从鲁迅的信中揣测，郑振铎对是否请魏建功写序一事可能持保留意见，并将鲁迅与其本人的通信内容，私下在友朋中有所透露。原来，在题签、序言的书写人选上，二人确有不同意见。郑氏曾提出由钱玄同题签，由魏建功或容庚写序的方案。鲁迅首先否认了钱氏题签，态度极其鲜明地说："盖此公夸而懒，又高自位置，托以小事，能拖延至一年半载不报，而其字实俗媚入骨，无足观，犯不着向悭吝人乞烂铅钱也。"

而在容、魏二人的选择上，鲁迅则首选魏氏，理由非常简单："不如托天行（即魏建功），因是相识之故。"

无论鲁迅对书法的喜好标准究竟怎样，郑氏因持保留意见竟至二人交恶。从这一个侧面更见鲁迅对魏建功书法的喜爱了。魏建功的书法，乍一看很容易令人联想起敦煌石室中出土的北魏写经。魏氏的碑体楷书，是典型的写经体，与其师钱玄同有极相似处。不过，细察之下，也确有微妙差异。钱氏书法乃是以北魏碑体书法为基础，参以清人邓石如书体的阔厚，字形比较舒展、宽博；而魏氏书法，虽仍以北魏碑体书法为基础，更参以汉隶意味，可以视作用隶书笔意写楷字，较之钱氏字体的豪壮略逊，却又别具一番清劲风貌，可谓端庄间见灵动，古朴中含秀逸。

鲁迅喜爱魏建功的字，实际上也是间接接受了钱玄同书法的，钱、魏二人毕竟是师承关系，书法技艺与风格，原本是同一路。只是因为当时鲁、钱二人已经有了嫌隙，才“犯不着向悭吝人乞烂铅钱也”。另外，魏氏则是鲁迅的追随者，除了为《北平笺谱》手书序文外，还为刘半农以及罗常培书写墓志铭等。另据其子魏至忆述：

1936年鲁迅先生逝世后，父亲要手写先生的旧体诗刻木版印行，以纪念先生倡导木刻艺术的功绩。当时，还没有现成的鲁迅旧体诗集，于是父亲托景宋女士（即许广平）从先生的日记和《集外集》里辑录了四十二首，景宋女士还附了一个《题记》，通过许季茀先生转来。翌年7月，父亲把这四十二首旧体诗抄成了一个手卷后，爆发了卢沟桥事变，刻印已不可能办到。年底，父亲离京南下去长沙临时大学，带出了这份抄卷，还有鲁迅先生的《会稽郡故书杂集》手写本、《娜拉走后怎样》手稿及先生为台静农写的诗幅。后来，《会稽郡故书杂集》手写本在1938年春航寄香港转上海交给了景宋先生；《娜拉走后怎样》手稿及为台静农写的诗幅1940年在四川交给了静农先生；诗抄手卷父亲则时刻带在身边，一直没有放弃刻板印行的打算。

魏建功与鲁迅的交谊，由此可见一斑。直到1994年11月，江苏教育出版社出版《鲁迅诗存》一书，魏建功的诗抄手卷在颠沛流离近六十年后，终于以影印方式公之于世。这更见证了魏、鲁二人的深厚情谊。

魏建功书鲁迅诗三首手卷。

由此看来，当年鲁迅的眼光是极准确的，所以才会直接对郑振铎讲，“不如托天行，因是相识之故”。试想《北平笺谱》于1933年2月5日开始谋划，9月份动手编排，至12月份印成，这样神速的效率，如果耽搁在序言、题签这些人际事务上，还可能如期完成吗？

当然，马廉影印的《雨窗欹枕集》，并不如《北平笺谱》那般精致优美，当年自然也不会出现众人抢购的热潮。这部自印的古本小说文献，除了十来页还算别致的平妖堂专用笺纸的书写之外，其余的部分则全是古本小说的影印。可鲁迅认为好不容易求到的钱玄同的题签，及其一直喜爱有加的魏建功的书序，再加上马廉手书的目录页记录，三位同时代学术大师的书法齐聚于此，如今观览品鉴，还是别有一番时代情致的。

此外，还有一处颇有奇趣的细节，后世藏研此书者需加以注意。《雨窗欹枕集》内页的序言末尾，有作者马廉署名；序言附表之末，则有书写者魏建功署名，常见版本在作者、书写者署名之后并无钤印。然而，笔者曾经眼此书数部，却偶尔也能见到在作者、书写者署名之后，有各自钤印“平妖堂”“建功”者。仔细察看可知，印章虽色泽鲜红，非常接近于亲钤之迹，但实为套色影印，只不过效果颇为逼真罢了。如这类套色影印钤有印章者，数量应当少于无钤印者，可能为当年某种特制版本，颇有纪念意义。

◎死所·余音：马廉之死及追悼会实况

1935年2月19日，星期二，钱玄同在日记中记录了马廉的死讯，这是目前所见名人日记中提及此事最早者。钱氏这样写道：

（晚）十二时归，忽得噩耗，云隅卿于今日午后一时，在北大上课忽觉头晕，遂不能动，由学生架之出课堂，亟雇汽车，送协和医院，则全身神经均已麻痹，口不能言。四个医生打针，并用人工呼吸，延至九时卅分遂作古。伤哉！！！

次日的北平《世界日报》教育界专版，刊出了马廉的死讯，证实了钱玄同日记中的记述，并补正与充实了一些细节。报道原文转录如下：

北大讲师马廉病故

今日在协和入殓……

明日在观音院接三

【特讯】北京大学国文系讲师马廉，年三十四岁，浙江人（系故宫博物院院长马衡之弟），昨日下午三时，马正在该校第一院三楼第一教室授课之际，忽一时头晕，由讲台上摔下，立时昏迷，不省人事。当由该校负责人用汽车将其护送至王府井大街小甜井镇海会馆寓所，至所后，因马仍昏迷，遂又送往协和医院救治。据该院医生诊视结果，马系患脑冲血症，救治罔效，旋于九时三十五分，病故于院中。其家属已定于今日下午二时，办理入殓事宜。入殓后，即移灵宣外观音院，明日接三。

【按：马廉，字裕青，现年四十七岁，浙江鄞县人，毕业北京大学，平生专研究小说戏剧，历任孔德学校图书馆主任，北平图书馆编译，北京大学讲师】

应当说，作为当时北平大众群体中的“主流媒体”之《世界日报》，对马廉之死的报道是相当及时的，内容也较为翔实。不过，或因马廉本人知名度不高，且又少有公共活动，报道中竟连其年龄都未搞清楚，前言三十四岁，后又称四十七岁。实际上，这两个年龄的说法，都不正确，马廉死时的年龄实为四十二岁。报道中称马廉“字裕青”云云，也应当是根据“隅卿”的发音推测写成的。显然，报社对其生平知之甚少。

北大講師馬廉病故

马廉病故之报道，原载《世界日报》。

这一天，已经长期罹患神经衰弱与高血压，且近日又因视网膜出血而身心俱疲的钱玄同，也在为挚友马廉之死颇感痛惜，悲忧不已。他在日记中写道：

今日下午隅卿在协和冰窖大殓，不忍观，故亦未去，秉雄去便了。思之伤感，既悲逝者，行自念也。

次日，1935年2月21日，马廉死后的第三天，即所谓“接三”之日。上午在家休息的钱玄同，“直至下午四时，雇汽车赴官菜园之观音院，因隅卿接三也”。他自感“精神本不佳，对于隅卿之伤感自不待言”。当时境况如此这般：

观音院灵堂中，光线空气均不好……吊毕……忽觉头眩，站立不住，至庭中仍觉不好。幸不久即送库，亟命车归孔德。

马廉死后的接三之日，钱玄同因身体状况不佳，勉强出席，事后难以支撑。当晚，钱玄同在日记中称“思早睡，而竟不能。忽觉头热，忽觉脉速，种种自扰，殆于神经病矣！至十一时觉太不宁，即不发生危险，而终夜如此不宁，头目眩晕亦必加剧”，于是又雇汽车外出诊治，打针服药之后，方才勉强入睡。

据此可知，前述鲁迅在《死所》一文中调侃钱玄同之语，应当是对其病况有所察知的，并非想当然之语。

马廉之死，对其友人的影响是广泛而持续的。除了钱玄同颇感悲忧，身心俱损之外，魏建功也曾因“悲痛过甚”而咯血。在此之前数日，1935年1月24日，北大教授黄节也病逝于北平。3月10日，黄节追悼会亦在观音院举办。因为忆及马廉之死，伤悲难抑，钱玄同没有出席黄节追悼会，他在日记中称：

我未往，怕远也。又隅卿接三之日之印象太坏，恐再引起也。又怕不相干之人因闻我病，而用不入耳这话来相劝勉，最令人厌耳，故不往也。

马廉死后，遗留的大量藏书，如何处置，也一度成为其友人们关注的焦点。钱玄同听闻马廉遗书将被原北大文学系主任黎子鹤教授（名世蘅，曾任伪教育部次长，沦陷时任国立北京师范大学伪校长）没收，“闻之气愤”，称“人已死矣，恩怨可泯，何必再没收其遗产耶！”接着，他又听说沈尹默对这批书也有意接收，觉得“尤为无理”，即刻致信马幼渔，请他速与魏建功商酌。

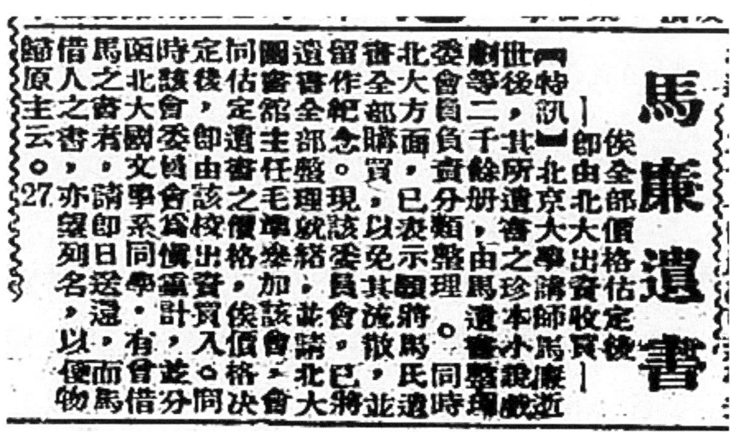

馬廉遺書

俟全部價格估定後
卽由北大出資收買

【特訊】北京大學講師馬廉逝世後，其所遺書之珍本小說戲劇等二千餘册，由馬遺書整編委會員負責分類整理。同時北大方面，已表示願將馬氏遺書全部購買，以免其流散，並留作紀念。現該委員會，已將遺書全部整理就緒，並請北大圖書館主任毛準，參加該會，會同估定遺書之價格，俟價格決定後，卽由該校出資買入。同時該會委員會貸價備計，並分函北大國文學系同學。有曾借馬之書者，請卽日送還，而馬借人之書，亦報列名，以便物歸原主云。 27.

马廉遗书之报道，原载《世界日报》。

也正是在马廉接三这一天，3月10日的《世界画报》第四百八十一期，刊发了一篇题为《悼马隅卿》的图文报道，篇首配有“最近以脑溢血逝于北大之北大讲师马廉（隅卿）遗像”，照片中的马廉西装革履，嘴叼雪茄，正在抚读一册古籍，神形颇为洒脱，仪态可谓儒雅，实在令人痛感“天妒英才”。其余配图尚有“马廉新编《雨窗欹枕集》中‘花灯轿莲女成佛记’之一页”，“马廉之手迹，书于其最近印行《雨窗欹枕集》之内封面”，“钱玄同为马廉所书其新印《雨窗欹枕集》之签”，集中展现了马廉生前最为重视的这部藏书。此外，还特辟了“马廉隅卿所藏之印”图版，集中展现了六方马氏用印，分别为齐白石刻“平妖堂”印，马衡刻“不登大雅之堂”印，魏建功刻“鄞马氏廉隅卿所珍爱书”印，马巽伯刻“千晋斋”印，以及王青芳刻“平妖主人”与“马隅卿”印。

如此数量的配图，可知《世界画报》方面对马廉本人的重视，也充分体现了一份早期都市画报的公共文化责任感。除了数量可观的配图，可予读者最为直观的信息之外，统领这些配图的报道文字部分，也有着较为翔实确凿的诸多细节，不但可令当时读者便捷了解逝者生平，八十余年后的今天，更是颇具史料与研究价值。在此，不妨细读，且转录原文如下：

悼马隅卿

马隅卿氏，名廉，浙江鄞县人，为北大休假中之国文系主任马裕藻、故宫博特院院长马衡氏介弟。生平喜藏书，专治小说戏曲。所藏名贵珍本极多，尤以二十回本之《平妖传》为最，足称孤本，因以名其书斋曰“平妖堂”云。又话本小说为中国短篇小说之开端，氏曾觅求日本内阁文库藏明洪梗（子美）刻本影印为《清平山堂话本》。前年其夫人蔡卧病乡里，氏归鄞料理医治，迄于丧葬，南居近二载。随时搜访故籍，得晋砖一千以上，因以名斋曰“千晋”。又得天一阁旧藏话本残册《雨窗集》《欹枕集》，与《清平山堂话本》同是洪氏所刻，去岁冬间印行，为近年最得意之发现，复名其室曰“雨窗欹枕室”。氏历主天津浙江旅津公学，北京平民中学，孔德学校事，公暇辄出入坊肆，访求不懈。其搜罗方面最广。初注意掌故笔记，并以南明及宁波所关者为重，曾自作“劳久笔记”，取其在兄弟行次九之“老九”二字谐音也，发表于上海某报。十余年来，则以小说戏曲为主。平素翻检查考，用力至勤，对王国维氏《曲录》补正最多，友朋间颇有过录其副本者，但氏极预慎，不轻问世。日本研究中国小说戏曲文学史者，如盐谷温、青木正儿、仓石武四郎、长泽规矩也，诸人均倾慕订交，称引不置。年来又注意收集各家行状事略，亦别具匠心之考藏工作也。光社初期成立，马氏曾参加，摄影兴趣亦甚浓厚。惟氏体素弱，昔年患肾脏炎极严重，得名医陆仲安诊治而愈；最近以血压增高，在北大讲堂忽罹脑溢血症，遽尔溘逝。兹从其友人处觅得马氏平素阅书写真一帧，及其自题《雨窗欹枕集》标页纪念手迹，与藏书印章数方，公诸画刊。风徽依稀，不禁令人有怅望琴鹤之思！氏所藏小说戏曲有“不登大雅文库”之号，乃兄叔平（衡）为制“不登大雅之堂”印。双一草书印文曰“鄞马氏廉隅卿所珍爱书”为魏建功氏所作。“平妖堂”倩白石翁作。“千晋斋”印，其兄幼渔裕藻之长公子巽伯所刻。又“平妖主人”“马隅卿印”为画家王青芳刻。而王之学治印实受马之怂恿而成也。氏平日在北京大学国文系授小说课，极为学生所爱戴。又如师大诸校国文系，亦曾有彼任课，盖国内治小说者，现殊罕见也。氏对诸生素有善诱之誉，为备学生参考，竟不惜出其家藏珍本小说，供学生参考。故在学生中又有好脾气教师之称。北大国文系于失刘复、黄节二教授之后，又失此良好讲师，无怪诸生自叹其运气不济矣！

上述约九百字的报道内容，简要概括了马廉生平，将其中较为重要的一些生涯节点及学术成就逐一拈提评述，令读者可以在较短时间内，即刻了解这位英年早逝的优秀学者。再辅之以数张配图，可谓图文并茂，生动直观，将马廉之死这一北平学界内部的重大事件，及时确切地呈现在了读者面前。

值得注意的是，报道中提及马廉早年曾撰“劳久笔记”事，外界少有人知，后世研究者更是几无提及，实属值得搜寻探研的马氏遗文之一。这一历史信息，至为宝贵。此外，由于《世界画报》应当是北平乃至整个华北地区最早创办的都市画报，所以此次报道既是时间最早，内容最为丰富的一次公共媒体之图文报道，也是笔者所见所知的唯一一次图文报道。后边还将提到关于马廉追悼会的报道，同样也属这种情况。

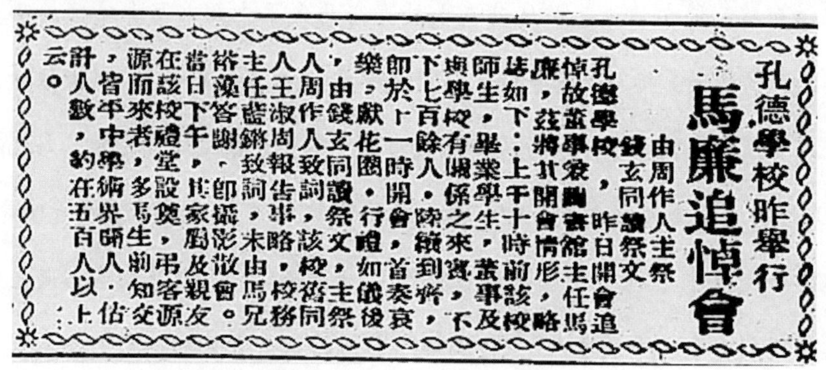
孔德學校昨舉行
馬廉追悼會

马廉追悼会之报道，原载《世界日报》。

1935年3月15日午后，钱玄同给魏建功打电话，得知魏氏已与徐炳昶、赵万里，于本周周一、五、六午后清理过马廉遗书了。可他们清理与点查这批书籍，却是奉沈尹默之命行事的，这批书籍最终还是会通过沈氏转交至黎子鹤处的。为此，钱玄同大为着急，催促魏建功“速理速编目，速售与北大，以息彼等之奸谋”。之后，他又多次出面，全力促成此事。4月26日，北平《世界日报》刊出“马廉遗书由北大出资收买”的报道，此事终于尘埃落定。报道原文，转录如下：

马廉遗书
俟全部价格估定后
即由北大出资收买

【特讯】北京大学讲师马廉逝世后，其所遗书之珍本小说、戏剧等二千余册，由马遗书整理委员会负责分类整理。同时北大方面，已表示愿将马氏遗书全部购买，以免其流散，并留作纪念。现该委员会，已将遗书全部整理就绪，并请北大图书馆主任毛准参加该会，会同估定遗书之价格，俟价格决定后，即由该校出资买入。同时该委员会为慎重计，并分函北大国文学系同学，有曾借马之书者，请即日送还，而马借人之书，亦望列名，以便物归原主云。

5月23日，由孔德学校筹备的马廉追悼会（5月27日）即将举办之际，当天午后，钱玄同至荣宝斋购挽联两副，一写挽联曰：

网罗明季乡邦文献，精忠劲节，最所表扬，孤怀上拟全双韭

研治近代小说传奇，显微阐幽，极多创获，博览堪追冯梦龙

另一副书联虽非挽联，含意却更为深沉独特。原来，这是马廉曾经拟好联语请钱氏书写，但因故未能写成的一副对联。此刻，钱氏写出此联，二人却已阴阳两隔。试想，此联悬于马廉灵堂之上，二人心魂相通之状，实可慨叹。联曰：

读唐宋后奇书

录元明来死鬼

钱玄同特为此联加注跋语曰：

隅卿兄去年自撰此联嘱书，以疏懒迁延。今君作古已逾三月，我日来清理书案，忽见此联手稿，墨迹如新，君已入墓，观物怀人，真有山阳闻笛之感，敬为迻写，焚寄灵堂。一九三五年五月廿三日。弟钱玄同。

5月27日，马廉追悼会如期举行，钱玄同当天的日记却相当简略，对会况只字未提。作为主事者之一，可能是因为身心俱疲之故，当天根本无暇记录。次日的《世界日报》对追悼会有所报道，对会况可大略知晓一二。报道原文转录如下：

孔德学校昨举行

马廉追悼会

由周作人主祭

钱玄同读祭文

孔德学校，昨日开会追悼故董事兼图书馆主任马廉，兹将其开会情形，略志如下：上午十时前该校师生、毕业学生、董事及与学校有关系之来宾，不下七百余人，陆续到齐，即于十一时开会。首奏哀乐，献花圈，行礼如仪后，由钱玄同读祭文，主祭人周作人致词，该校旧同人王淑周报告事略，校务主任蓝锵致词，末由马兄裕藻答谢。即摄影散会。当日下午，其家属及亲友在该校礼堂设奠，吊客源源而来者，多为生前知交，皆平中学术界闻人，估计人数，约在五百人以上云。

6月2日，《世界日报》旗下的《世界画报》周刊，以图片新闻的方式，报道了马廉追悼会的实况。刊布的图片共有五张，一为“孔德学校五十六日追悼中国小说研究专家北大讲师马隅卿先生时礼堂正面布置情形”；二为“追悼马隅卿之日孔德学校大门外情形”；三为“参加哀悼马隅卿学生及来宾之一部”；四为“主祭马隅卿之周作人致词”；五为“马家属代表马裕藻致谢词”。

从当天“礼堂正面布置情形”的照片来看，堂中所悬马廉遗像两侧各有两副挽联。一副正是钱玄同所写的“读唐宋后奇书，录元明来死鬼”，该联篆书大字，紧贴于马廉遗像两侧，颇感肃穆庄重。至于主祭周作人在追悼会上讲了些什么，没有更详细的报道，但其人于1935年5月15日写成的《隅卿纪念》一文，后来收录到自编文集《苦茶随笔》之中，其人与马廉的交谊点滴也渐为世人所知。

马廉追悼会礼堂正面布置情形，原载《世界画报》。

马廉追悼会主祭人周作人致辞，原载《世界画报》。

1935年10月，《苦茶随笔》一书初版发行。书中正文之前印有一帧合影，图片一侧印有周作人的手书题记，曰“十八年元日刘半农马隅卿二君在苦雨斋照相”。合影人数众多，合计十五人（含一小孩），照片中的人物，都是苦雨斋的常客，前排自左数第三位，坐在桌前者即为马廉（隅卿）。事实上，这张照片，也是书中收录的《隅卿纪念》一文的配图。

《隅卿纪念》一文中提到，在马廉殁后接三之日，周作人也曾写过一副挽联送去，联曰：

月夜看灯才一梦

雨窗欹枕更何人

《苦茶随笔》所附合影

这副挽联从马廉生前珍藏的明代话本小说《雨窗集》与《欹枕集》着笔，拈提出了人生如梦的凄清意境，既是对逝者生平与志趣的别样概括，也寄托着友人间莫可名状的无限哀思。

赵尊岳：梦遇梅兰芳

陈巨来（1904—1984）[①]所著《安持人物琐忆》中，曾分章记述了赵尊岳及其师况周颐的诸种琐事。况氏的傲慢不屑，与赵氏的坚持执着，令人过目难忘，亦不禁让人慨叹：如赵氏这般富豪子弟，其玩风弄月，附庸风雅的成本之高，且还令一帮所谓“雅士”或“词客”白眼相向，真是千金散尽为“附庸”，终为“风雅”所累了。没想到，附庸风雅非但不是一件容易的事情，竟简直还可以是世间至难之事。

况周颐（1859—1926），原名周仪，因避宣统帝溥仪讳，改名周颐。字夔笙，一字揆孙，别号玉梅词人、玉梅词隐，晚号蕙风词隐，广西临桂（今桂林）人。光绪五年举人，曾任内阁中书，后入张之洞、端方幕府。一生致力于词，凡五十年，尤精于词论。与王鹏运、朱孝臧、郑文焯合称“清末四大家”，著有《蕙风词》《蕙风词话》等。

---

① 陈巨来，上海篆刻名家，况周颐之婿，娶况氏长女况绵初（维琚）。

况周颐（1859—1926）

赵尊岳（1898—1965），字叔雍，赵凤昌之子，斋名高梧轩、珍重阁，江苏武进人。上海南洋公学毕业，历任《申报》经理秘书、行政院驻北平政务整理委员会参议、汪伪政府宣传部长等职。赵氏喜好填词度曲，刻印图书，曾广辑明词珍本，辑成《明词汇刊》，这是迄今为止明词辑刻规模最大的丛书。个人著述有《珍重阁词集》《高梧轩诗总集》《和小山词》等，晚年流寓海外，曾任教于香港、新加坡等地。

赵尊岳的父亲赵凤昌（1856—1938），字竹君，晚号惜阴老人，常州武进人。他是清末民初政坛上十分活跃，很有影响的立宪派代表人物。早年以佐幕湖广总督张之洞而闻名，在戊戌变法、东南互保、《苏报》案中，皆起到了决定性的作用，是中国近代史上一位影响巨大的传奇式人物，被时人誉为民国产婆、民国诸葛，等等。

赵尊岳，青年时期存照，辑自《新上海报》。

很难想象，出身于这样一个近代传奇豪门的赵尊岳，却自小不爱武装爱文章，不好雄强好京腔，乃是一位雅好诗文，更喜填词谱曲的斯文人。也不难想象，为着这一番雅好，也只有如赵氏这样的家庭背景，才可以豪掷千金，不计成本地予以成全罢。

◎为一千块大洋忍悲含笑

《安持人物琐忆》中提到，为一千块大洋忍悲含笑的是赵尊岳的词学师傅况周颐，而每年心甘情愿，求之不得地奉上一千块大洋学费的，正是赵尊岳本人。依常理而言，每年一千块大洋的学费可谓相当高昂，且当年的况氏正缺钱粮，为什么还要因此“忍悲含笑”呢？

话说况氏虽享有词坛盛誉，可成名之际，偏偏又赶上了辛亥革命，一身词学修养，只得闲抛浪掷，暂时无从施展了。更兼个人性情古怪，又以前朝遗老自居，只能赋闲在家，闭门谢客了。随后寓居上海，企望卖文为生，靠书法词章的润笔生活，可这般生活又究竟如何？其实，这卖文所得，还远不如赵尊岳每年奉上的这一千块大洋的学费来得轻松便宜。

因况氏为词学名家，加之又以遗老名宿自居，所以即便卖文买米，也断不肯失了身份，丢了脸面。当时为许多显达富豪的代笔之作，均不署其真实姓名而且不愿买其文者传扬出去。于是乎，况氏留传于世的文章，能确凿指明的，似乎就只有那么几册词作与词学论述，别无其他了。

在稍有资历且关系亲近的后辈（如况氏之婿陈巨来）忆述中，大都将这位穷困潦倒的词学名家，描述为一身傲骨、一腔狂气，纯是一副清流雅客的做派。后世读者若仅仅据这些三言两语的所谓“掌故”来想象，仿佛况氏在这清末民初乱世之中，真是一位靠祖产维系，苟活于世外，吟咏于词中的“高人”。

实则不然。据考，况氏也曾屈尊降贵，为了几分几厘的银钱，做过伏案校书的清苦差事。今存二十二通况氏致刘世珩（1874—1926）信札中，就可以管窥况氏当年校书待遇与行事实情。

原来，早在民国二年（1913）前后，况氏便开始参与到刘世珩主持汇刻

《暖红室剧曲》的校书工作中。这是一套囊括多部明清戏剧的大型丛书，为确保校印品质，力求成就善本，刘氏有意延聘精通词曲的名家参与校订工作。由于况氏的词坛盛名，也由于况氏曾在刘氏开办的江楚编译书局中供职，刘氏为之开出了校一页书薪资银二分的工价。虽说这样的校书酬劳已然不菲，可况氏仍感薪资低廉，并不十分满意，不过最终还是因囊空如洗，家用颇费，不得不勉强应聘。

仅以校书的工价而言，如果一块大洋按官制银七钱二分计算，况氏要挣到一千块大洋的薪资，需要校完一万六千页书。按照《暖红室剧曲》现存刊本每册的平均页面数（八十页）来计算，况氏则至少需要校完二百册书，才能拿到这一千块大洋的薪资之数。

实际上，刘世珩生前完成校刻的《暖红室剧曲》丛书，真正刊行出来的不足二十余种，合计不足百册。这一套自清末开始校印的大型丛书，至1926年主持人刘氏逝世之时，已断续开展了十余年校刻工作。这十几年间，与刘氏同于1926年辞世的况周颐，即便坚持始终，所领到的零星校书工费，大概也不会超过五百块大洋罢。更何况，刘氏还曾邀请曲学名家吴梅参与校书。

仅据现存二十二通两人往来遗札来考察，况氏校书工作并没有坚持太久，老病之躯确已不堪校书之累，于1914年重阳节前后即已请辞。这仅仅勉强维系了一年多的校书工作，顶多也就领到了几十块大洋的薪资而已。

即便如此，酬劳总额远不及赵尊岳一年学费的这份校书差事，对时境异常窘迫的况氏而言，也曾经至为重要。且看况氏致刘世珩的第二通信札，就曾这样写道：

杜少陵赠斛斯六官句云，本卖文为活，翻令室倒悬。荆扉深蔓草，土锉冷疏烟。乃目前之贱状矣。欲求惠支十元，如可，祈饬人掷下。

原来，刚给刘氏校毕一百多页书的况周颐，已连忙写信哭穷，抬出了诗圣杜甫当年的哭穷诗一首，来形容“目前之贱状”。紧接着，就要预支十块大洋急用，需款之切，恳求“掷下”。至于后来十几通信札中，屡次提到的预支、暂借、欲速（催款）等诸般情状，更可见况氏经济之窘迫，境况之糟糕，确已无法摆出一副词坛名宿、前朝遗老的架子，来故作清高姿态了。那么，后来却为了赵尊岳一年高达一千块大洋的学费“忍悲含笑”，又何至于此呢?

按照陈巨来的忆述，况氏之所以对如此高昂的学费仍感不满且颇为不屑，原因无非是赵尊岳那一股来自豪门子弟的浮躁轻狂之气焰，与当时开出五百块大洋学费的另一位富家子弟如出一辙。这种富豪子弟的轻慢之态与张狂习气，令况氏觉得难以忍受。《安持人物琐忆》中记录了当年况氏的自况：

况公云：我生平只有二学生，一为缪艺风之子（子彬），盖艺风老友也，故认之；二为林铁尊（翔），词尚可观，故认之。这两个人，叔雍，立无立相，坐无坐相，片刻不停，太飞扬浮躁了；蒙安，面目可憎，市侩形态，都不配做吾学生的。吾因穷极了，看在每年一千五百元面上，硬是在忍悲含笑。吾与他们谈话时，只当与钞票在谈；看二人面孔时，当作两块袁大头也。

可想而知，在重金礼聘的如况氏这样的名流名师面前，作为弟子的赵尊岳，其言行仪态，实在是令其师太过失望。也由此可知，为什么由赵氏资助刻印刊行的况氏著述中，只字未提到这位“高徒”？

据考，至迟在1916年前后，赵氏即追随况氏，至1926年况氏逝世，可谓从少年至青年，执弟子礼随从十年。年少时容颜清俊，风度潇洒的赵尊岳，可能怎么也不会想到，况大师生前少有的一次提及，竟然会觉得其形象只是一块银圆上的肥脸而已。

不过，时年（1926）只有二十八岁的赵尊岳，郑重奉上一千块大洋的学费之后，从况氏正式学词实际上也只此一年，也只做了一年正式的况门弟子。况氏旋即于当年逝世，再不用“忍悲含笑”了。赵氏还自掏腰包，将其师遗著《蕙风词》《蕙风词话》《证壁集》等，逐一印制出版。有鉴于此，况氏恐怕在“含笑九泉”之际，对这位不惜代价，一定要附庸风雅的豪门子弟的印象，会稍稍有所改观罢。直到1965年，赵氏客死海外之前，其晚年仍屡屡称颂况氏词学，且以况氏宗门自豪不已，真不知此种言说，是否也是另一种“忍悲

自增重於是乎吾師之詞之趣乃至陸離光怪匪夷
所思求之前人集中殆未曾有而其詞並妥帖易施
題不足爲詞病而皆爲自定詞所不取其它驚才絕
豔之作遜歲克副盛名中年用自摒遺者吾師之所
唾棄它人得其一二以之收名定價而有餘則夫自
定詞之風流自賞寸心千古豈偶然哉並世承學之
彥受而讀之於格調旨趣氣息間深闚其得力之故
由門徑而塗轍而堂奧一一與詞話相印證而歧趨
與時習未由而中之則庶幾儷晥並峯去人不遠矣
乙丑閏四月下沐受業武進趙尊嶽謹跋

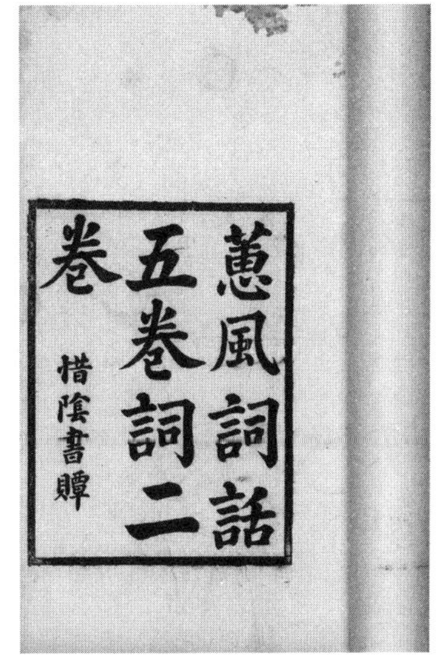
蕙風詞話五卷詞二卷
惜陰書贉

况周颐著《蕙风词》《蕙风词话》，赵氏惜阴堂刊本，扉页题签及赵尊岳跋。

含笑”？

于此，可见附庸风雅之难，实非局外人可以想象。这不但需真金白银地找门道，还需心甘情愿，毕恭毕敬地认师门，即便为师的对你“忍悲含笑”，还仍然得心悦诚服地行弟子礼，做弟子分内事。

◎看梅兰芳演出的“成就感”

民国十五年（1926）七月十八日，一代词学名家况周颐逝世，享年六十八岁。况氏门下，时年二十八岁的“关门弟子”赵尊岳，顿时备感寂寥，无论是附庸风雅，还是真心向学，一时间都无所适从，百无聊赖。

况周颐生前友人，宁波名士冯君木（1873—1931），此时对陈巨来说，况氏死后，赵尊岳的右臂就此断掉了。言下之意，是说没有况氏亲自指点与润色，赵氏的词作是拿不出手了，恐怕也不会写词了罢。姑且不论赵氏随后的词作生涯，是否因况氏逝世而一蹶不振，即便当时，这位曾一度“飞扬浮躁”的豪门公子，也一直是在填词作文，可谓笔耕不辍。他时常缅怀先师，而且在梦中亦念及先师词作，之后复又自填词作的。譬如，赵氏所著《珍重阁词集》中，就有一首这样的词作，词曰：

徵　招

梦中有以卮酒见惠者，为诵《玉梅词》那时语答之，醒来追忆，不复成欢矣

游丝肯绾梨云影，纹窗碧痕如水。约略抚香尘，罨斜红疏翠。花扶人念否，应珍重鬘天情味。浅酌重温，旧欢惊见，碧城十二。憔悴小红楼，琼箫咏雪涯，那人知未。已拌锁瑶房，省相逢非易。《玉梅词》漫倚。凭消领凤帏香

细。更心事未卜他生，剩倦怀慵理。

赵氏词作中提到的《玉梅词》即况周颐所作，这一次梦中填词，除了“剩倦怀慵理”的黯淡情绪之外，并没有看到其自断右臂，再不填词的想法。冯君木等一帮名士的说法，未免有些刻薄无聊，有点幸灾乐祸的意味。不过，按陈巨来的回忆，“果然，赵从此绝少填词了。偶有所作，迥非昔比矣”，似乎又在说明着一个事实，赵氏虽然还偶尔填词，毕竟也极少了。那么，赵氏此刻又能做些什么呢？一位在名士清流眼中，实在是已经穷途末路的附庸风雅者，又会有什么动向，做何举动，是否还能再续风雅呢？

约一百年前的静夜梦杳，一位豪门公子辗转反侧，一时难以入眠。上海南阳路十号的惜阴堂里，硕大豪华的西式洋楼中，客厅里开启的唱机，还在吱呀作响，一代名伶梅兰芳（1894—1961）的唱段，就在唱针的滑动下，幽幽放送……伴着梅老板的绝代妙音，公子渐入梦乡。

第二天一觉醒来，除了遵照况氏生前的指导与嘱托，继续编校难度极高的明代词集总录之外，除了凭借其父赵凤昌之力，继续操持《申报》的大小事务之外，唯一能使赵家公子放怀抒怀一点的风雅之事，无非就是去看梅兰芳的演出了。

上海百代公司出品，梅兰芳天女散花唱片。

看梅兰芳的演出，有人是因为潮流使然，有人是因为确实喜爱，可赵尊岳看到的，不光是梅氏姣好的扮相、完美的身姿、新颖的编剧，蕴藉其中的，还有一

赵尊岳旧宅上海惜阴堂

种莫名其妙的“成就感”。这一份成就感得来不易，在况氏师友间得不到，在《申报》管理层同样也得不到。这一份成就感，令其终生难忘，以至于1960年代流寓海外时，仍然时常向其女赵文漪念叨，世间唯与缀玉轩、双照楼相交最契。

◎十里洋场小梅党的“罗浮梦”

缀玉轩，即是梅兰芳的斋号，是其在北京无量大人胡同里的居所之名。1926年之前，赵尊岳是没有去过缀玉轩的，只是跟着先师况周颐，在上海频频观看梅氏的演出。在这被誉为远东时尚之都的上海，在这繁华摩登的十里洋场之上海滩，自二十世纪二十年代以来，梅老板一行也是时常要来“抢滩”的，也是非常看重这里的观众与市场的。那上海的剧院戏园里，坐在包厢雅座里的捧场者，直入后台的献花者中，时不时总会有赵尊岳的身影。

话说当年梅氏在北京曾有三位名士雅客热捧，一为冯耿光，二为李释戡，三为许伯明，时人称之为“梅党三巨头”。可这上海的演出，只是“抢滩”性质，初时并没有所谓的堂口或大本营，谁来做这“滩头”的梅党？一时并无定论。

并无定论之际，即是努力结论之时。且看赵尊岳在《申报》副刊不遗余力地报道梅氏演出之盛况，更力邀其师况周颐为之填词百首纪念，于是乎海上伶界中开始风传况、赵二人即为“梅党南方二巨头”，这可能是赵尊岳有生以来获得的，唯一一次与其师平起平坐的举世盛誉。虽说只是个“捧角儿”的虚名空衔，可也不能不说是对这位“飞扬浮躁”的豪门公子的某种名誉性褒奖，给予了心理上莫大的满足感与成就感。这种莫名其妙的“成就感”，历来就是南北票友群体中口传心授之物，更何况当年初涉“票圈”的青年赵尊岳，难免对此也欣喜若狂，甘之若饴罢。

那况周颐为梅兰芳填制的近百首词作，后来被赵尊岳当作“海上梅党”身份证一样，郑重其事地聘名工刻版，用上好的连史纸刷印，雅致地装为一册线装本，名曰《修梅清课》，遍赠伶界友朋与雅客名士。那一部况氏生前词作的自选集《蕙风词》，同样也是赵尊岳大把花钱，精心印出来的词集，也选有几首为梅氏所创的词作。

可无论是《修梅清课》，还是《蕙风词》中，翻检再三，也没有看到况氏对这位不惜代价去附庸风雅的“关门弟子”，有过任何赞誉之词，哪怕只是“忍悲含笑”式的略微捎带的记述也没有。看来，赵尊岳因与其师一度获“海

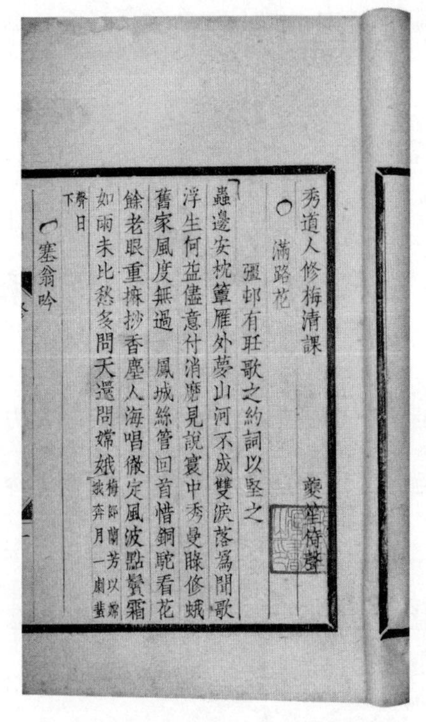
秀道人修梅清課

◯滿路花 蕙風倚聲

彊邨有旺歌之約詞以堅之

蟲邊安枕簟雁外夢山河不成雙淚落爲聞歌浮生何益儘意付消磨見說寰中秀曼睩修蛾舊家風度無過 鳳城絲管回首惜銅駝看花餘老眼重擪抄香塵人海唱徹定風波點鬢霜如雨未比愁多問天還問嫦娥（梅郎蘭芳以嫦娥奔月一劇蜚聲日下）

◯塞翁吟

《秀道人修梅清课》，况周颐撰著。

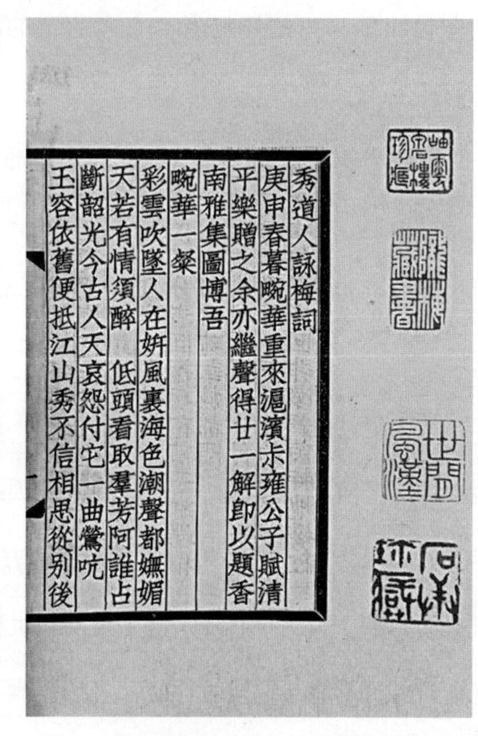
秀道人詠梅詞

庚申春暮畹華重來滬濱尗雍公子賦清平樂贈之余亦繼聲得廿一解即以題香南雅集圖博吾畹華一粲

彩雲吹墜人在姸風裏海色潮聲都嫵媚天若有情須醉 低頭看取羣芳阿誰占斷韶光今古人天哀怨付宅一曲鶯吭

玉容依舊便抵江山秀不信相思從別後

《秀道人咏梅词》，况周颐撰著。

上梅党”之称誉所滋生的那么一丁点儿的“成就感”，在其师况氏眼中笔下，仍然不过是令人哑然失笑的一番空谈妄想而已。

不过，赵尊岳所著《珍重阁词》中，倒是仍津津乐道于“海上梅党”之往事，曾写下好几首词，来忆述当年与先师一起热捧梅老板的场景。其中的一首词曰：

国香慢

曩寒岁戊午梅畹华君奏技沪滨，蕙风师屡有所作，今复重来，赋此为喤引

倦倚书帏。任南枝绕遍，总负春归。华年暗惊弦柱，何况天涯，瘦损东风词笔，问谁似何逊年时。鸾云贮消息，一霎尊前，对影凝姿。海珠明有定，

费星沉雨过，多少相思。似闻幺凤，说与珍重芳期。一曲紫云回也，办髯公百幅乌丝。□□□□□，倘许师雄，同醉琼卮。

词中所忆述的民国戊午年，是泛着梅香的清朗时光，令赵尊岳终生难忘。1918年，时年二十四岁的梅兰芳与二十岁的赵尊岳，倏忽相逢于上海。两位面容清秀，身形俊朗的英俊少年，这一次邂逅，颇有点“金风玉露一相逢，便胜却人间无数”的意味。与当时年近六旬的况老相比，他们之间的惺惺相惜与顾影相照，自然而然要更多一点。词中末句提到的“倘许师雄，同醉琼卮”，用到了一个典故，是唐代柳宗元在《龙城录》里记载的一个传说，即隋将赵师

梅兰芳持赠玉照。

雄被贬至罗浮山下，在梅花丛中梦到仙子的故事。

“罗浮梦梅”的故事，对于当时熟谙文辞典故的雅士词客而言，就如同滥俗极了的以“蟾宫”指代月亮，以“赤乌”指代太阳一样，早已了无新意。在他们看来，赵尊岳此刻用到词作里，也无非像顺口溜一样，凑足词牌格式而已。可他们想不到的是，正是这样一个普普通通的古文典故，却令这位时年仅二十岁的豪门公子暗自发意，要全力筹划为梅兰芳写一部新剧，剧名就叫《罗浮梦》。

◎八年谱成《罗浮梦》，“天女散花”在其中

暂且将赵、梅二人初遇的时光倒流到数月之前，且说1917年12月1日，正值二十三岁“妙龄年华”的梅兰芳，在北京吉祥园首次演出了自创的《天女散花》。天女一般的梅，梅一般的天女，赢来好评如潮，一时梅氏新剧之盛名，如天女散花般，香满大江南北。其时，梅氏正大量排演新剧目，在京剧的唱腔、念白、舞蹈、音乐、服装上全面进行了独树一帜的创新实验。国粹新艳，古色今香，成就了独出心裁的“现代化”京剧流派之梅派。

在梅派当时创演的新剧中，《天女散花》就是最杰出的剧目之一。剧情其实相当简单，直接取材于佛经《维摩诘经》。故事以文殊菩萨访问居士维摩诘为主线展开，维摩诘与文殊辩论时从容洒脱，义理皆妙，引来天女散花以示赞佩之意。原本故事的主角是维摩诘，可经梅兰芳演绎出来的天女，摇身一变，成为舞台上绝对的主角。据说，梅氏为这场舞剧精心设计了那对飘扬曼妙的长绸带，带子用印度绸做成，八九尺长，六七寸宽，每一边各用一种不同的颜色。在舞台上，梅氏使其随舞翻转，构成各种令人目不暇接的，如行云流水般的优美造型，再现了神话曼妙意境。

梅氏于1918年“抢滩”上海时，也将这新创的《天女散花》，拿出来技惊四座，艳冠群芳了一番。跟在其师况周颐身后，亦步亦趋前来观摩的赵尊岳，定然是看到了这“散花天女”的美妙之态。或许即是从那时起，便心心念念想着要为梅氏创作一部新剧，要在更为新奇佳妙的剧本里，将这“散花天女”的曼妙融入其中。

当然，与追随况师学词不得不约束性情，备加谨慎一样，赵尊岳在大量阅读戏剧文献、曲学古本之后，又加之以观摩多场演剧之后的心得感悟，多番增删修订，几易其稿，方才在八年后（1926）的中秋节夜里，终于将这个新剧的稿本写毕，定名为《罗浮梦初稿》。八年心血，终得完工之际，赵氏在这部剧本初稿的跋语中这样写道：

曩者余习治声家言，每读元人杂剧，未尝不立意欲特过之。折衷宫律而此

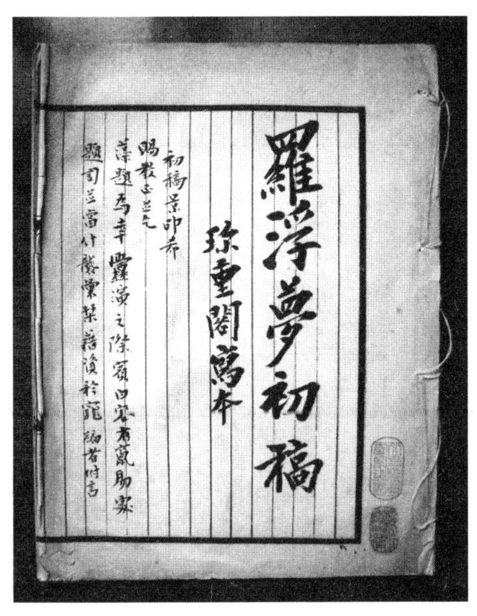
羅浮夢初稿
珍重閣寫本

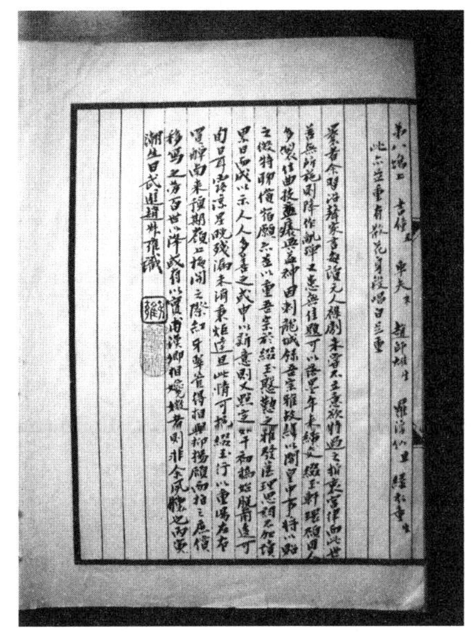

《罗浮梦》杂剧手稿影印本，封面及跋文。

世苦无所施，则降作乱弹。又患无佳题可以落墨，年来缔交缀玉轩，环顾回人多制佳曲，技益痒，兴益神。因刺龙城录，吾宗雅故，纬以开皇中事，将以贴之，微特聊偿宿愿，亦并以重吾宗于缀玉殷勤之雅。发箧理思，词不加读，累日而成以示人。人多善之，或申以新义，则又点定如干。初稿始脱，前逡可旬日耳。露凉星晚，残漏未消，秉烛达旦，此情可挹。缀玉行以重阳左右，买棹南来，预期岭上梅开之际，红牙翠管得相与，抑扬而拍之，庶偿移写之劳。百世以降，或有以实甫、汉卿相颉颃者，则非余夙愿也。丙寅潮生日武进赵叔雍识。

上述这寥寥二百余字的跋语中，青年时代赵尊岳在剧曲词学上力求建树的一颗“雄心”，附庸风雅者也将终得风雅的那一份“耐心”，恍如目前，昭然若揭。只是历经八年研习与体悟之后，赵氏也坦然面对自身学力与才识之不足，在《罗浮梦》剧本创作上，做了退而求其次的一些改动。

据赵氏跋文所述，起初研读元人杂剧时，他首先想到的是，自己将来可以写一部剧本，去超越前人剧作。可后来由于对杂剧本身的古代曲律根本一无所知，以致无法熟练掌握度曲填词的技艺，更不可能凭空创作出一部杂剧剧本来。苦于没有良师指点，只能退而求其次，放弃了以杂剧格式创作的初衷，寄望能创作一部“乱弹”腔（即京剧）的剧本即可。在与梅兰芳相识之后，早年热衷创作剧本的心愿复燃，于是《罗浮梦》这个京剧剧本便应运而生了。

在这个安排有八场剧目的剧本中，核心部分集中于第七场与第八场，在这两场中主角均有天女散花的表演。在专门列出的“谱序”一章中，赵尊岳对第七场的注释为“此为最重一场，歌舞宾白并重”，对第八场的注释为“此亦并

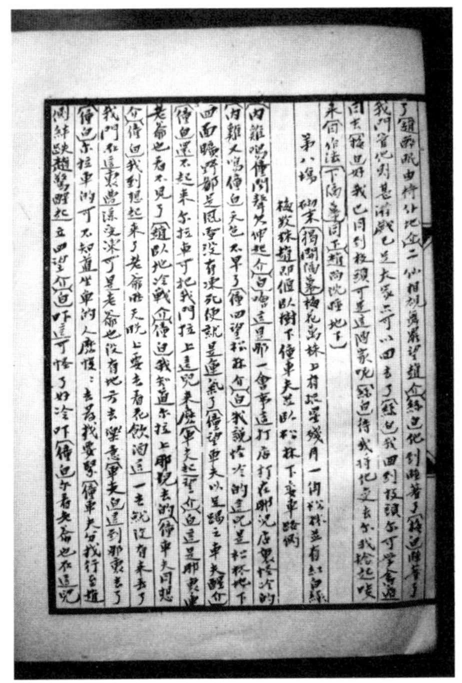

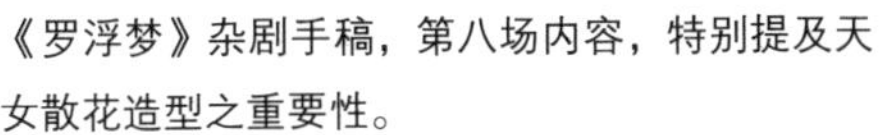

《罗浮梦》杂剧手稿，第八场内容，特别提及天女散花造型之重要性。

梅兰芳天女散花剧照之一

重，有散花身段，唱白并重”。

可以揣摩得到，剧中的男主角“赵师雄”正是赵尊岳本人的化身，而剧中的女主角“罗浮仙”则非梅兰芳饰演不可。也许，在赵氏八年谱成的这一部梦幻般的剧本之中，从中仿佛可以看到赵、梅二人，此刻正在缀玉轩中，饰演着这样一场戏剧——大幕徐开，管弦忽奏，诸位看官，且屏息凝视细听。

◎罗浮梦遇缀玉轩，剧本石笋皆摆设

但见轩中一娇娘身形微转，眼波与腰肢同低婉，一曲珠玉落庭前：

看琼枝斗横斜，月明照影。转眼事又已经。月落参横，晓烟浓，青山远，白云成阵。灯前舞醉，时心如梦如尘。

庭前一郎君作惊悟状，猛一回身，臂扣心间，复展臂一舒，再收。朗声悠唱：

我一生爱梅花幽芳秉性，算有缘得遇见，缟袂仙人。想起来大罗天前因有定，赵师雄怕也是慧业愁根。

又一绿衣美娘倏忽至庭中，手持白梅、红梅各两枝，与轩中俊娘翩然递转，长袖飘拂，双玉合舞，宛若仙临；仙音宛杳，香玉绕庭：

惆怅临歧无以赠，赠予梅花表深心；前路莫愁风雪横，衣香鬓音，好自伴吟身。

庭中郎君一径追随，掀袍举袖，竭力去拈接二仙娘拂散下来的梅花，忙得不亦乐乎——赵尊岳是极愿做这位拣拾梅瓣的梦中人的。

可惜，无论资历辈分，还是身价声名，时年二十八岁的赵尊岳所写的这个剧本，真正能递到北方梅党大佬们手中，再经由他们递到缀玉轩中的可能性，实在是微乎其微，更不用说还要让梅老板亲自演绎此剧了。

当然，无论实际情形究竟如何，以况氏“关门弟子”自居，且当年与况师同为“梅党南方两巨头”的赵尊岳，在先师亡故之后，还是要义无反顾地担当起“梅党南方一巨头”的重任。1926年的中秋之夜，他郑重地将《罗浮梦》

剧本手稿影印数份，在封面上题写下这样的字句：

初稿本景印，希赐教正，并乞藻题为幸，爨演之际，宾白容有窜易处。题词并当什袭汇刊，藉资矜宠，编者附言。

看来，当年赵尊岳还真把这个剧本四处传阅请教，真的准备让梅兰芳为之一试身手，与他共同扮演这梦里人、剧中人。

事实上，早在1926年11月，《罗浮梦》剧本内容便开始在《上海画报》上连载了。在这份三天一刊的都市画报上，赵尊岳与他的梦里人梅兰芳，屡屡相会于字里行间。当年11月30日出刊的第一百七十八期画报上，刊发了海派知名作家周瘦鹃所撰《记罗浮梦》一文，对这一部上海"梅党"为梅兰芳编剧的处女作，大肆鼓吹与宣扬了一番。文中这样写道：

梅畹华所演诸新剧，率由李释戡氏制曲，雅丽可喜，益以畹华搬演之妙，业已蜚声海内外矣。吾友赵叔雍，为况蕙风先生入室弟子，诗词歌赋，无不工绝，与畹华夙相契洽，年来文字揄扬，不遗余力。顾未尝为之编剧，知者憾之。此次畹华南来，赵子已先自准备，特编《罗浮梦》一剧，以贻畹华。事本唐柳宗元《龙城录》，隋开皇中，赵师雄遣罗浮，一日天寒日暮，在醉醒间，因憩仆车，于松林间酒肆旁舍，见一丽人，淡妆素服，出迓师雄。时已昏黑，残雪未消，月色微明，师雄喜之，与之语，但觉芳香袭人，语言极清丽。因与之扣酒家门，得数杯，相与共饮。少顷，有一绿衣童子来，笑歌戏舞，亦是可观。师雄醉寐，但觉风寒相袭，久之，东方已白。师雄起视，乃在大梅花树下，上有翠羽，啾嘈相顾，月落参横，但惆怅而已。全剧共八场，场次如下：沛国公退朝投律吕，仁寿宫古器弄妖魔；赵参军婉讽托微言，郑相府愤怀陈晋奏；临光殿奉旨遣参军，迎宾馆束装别府主；罗浮仙临水理容妆，绿衣童陇头揽胜景；牢落胸襟天涯远道，飘零书剑岭南征轺；教禽遁仙子学翱翔，幻酒家孤村增点缀；日暮天寒薄暝疑醉，淡妆素服欲静还疑；兰宫霏雪荡涤离愁，芳气袭人几许侥幸；青帘竹里脉脉光风，碧玉樽前朦朦冷月；问家世渊源陈爵里，试歌舞绰约际人天；坐寒林奚奴惊好梦，通使命仙子散天花。既属赵氏雅故，又与梅花切合，可谓善于择题者，亦妙与赵叔雍颇相近似，赵子其夫子自道欤？惟师雄爱梅，仅在罗浮一梦中，而叔雍则日日周旋梅花之侧，疏影暗香，留恋忘倦，是大足以傲视师雄矣。一笑。（按：剧本已刊本报，惟排演当需时日，容拭目以待之）

这一篇六百余字的介绍文章，在当年以图片为主要内容，一期仅有四个版面的《上海画报》上刊发，足见周刊社方面以及周刊主要撰稿人周瘦鹃对这部剧作的重视。紧邻此版的另一个版面上，也同时开始连载《罗浮梦》剧本，刊出的内容至少也有四五百字。这样的刊发篇幅与宣传力度，可以视作上海文坛以及文艺圈子中人，对赵尊岳这位年轻的“上海梅党”鼎力支持之举。当年令其师“忍悲含笑”的，那位附庸风雅的豪门公子，如今似将要修成正果，已然有一代雅士词客的派头了。

试想一份在上海颇为流行的画报上，隔三岔五，连篇累牍地连载一部新人新作的京剧剧本，恐怕在上海近现代报刊史上，还是头一遭罢。如此这般的广而告之，如此这般的传媒力度，最终还真的就把这一部《罗浮梦》剧本，呈送

良友

梅蘭芳去國前最近留影

圖之左劉雲航（中）梅蘭芳（右）趙叔雍

Mei Lang-fang, who is now on vaudeville in America, with two of his friends

赵尊岳与梅兰芳等合影之一，原载《良友》杂志。

梅蘭芳渡美記

高梧軒

此次梅蘭芳渡美之動機已遠幾於數年以前。蓋梅氏夙享盛名於戲劇之學。博通精要。因其不特演劇之精。且素有志於劇學之探討。故遂圖出洋。一窺歐美舞台上之實况。兼備爲歸來攻錯之資。又以中國戲劇。源遠流長。而世人或不之知。更將以之介紹於歐美。俾我優美而且悠久之戲劇。亦得於世界上占一席地位。如是經過甚長時間之研究。預備直至本年一月十八日。卒以中國旅行社之服務。乘加拿大皇后船由上海出帆。以至於新大陸。開中國劇曲界未有之創舉。抑云盛矣。

梅之渡美。籌備各端。無不精密。一以發揚國家之戲劇。一以研究歐西之藝術。初不爲營業之計。而其中所經過。事後拉雜書之。亦尙足見其繁重。蓋不特爲梅個人心力之所瘁。實亦有足供旅行家之參考者矣。

今先言其組織。則梅之去美。雖不爲演劇。然以其擅長演劇。且前往爲研究並宣揚之資也。則自必有人請其一加試演。况已聞之於美國方面兩大學校將預定於赴美後邀之表演。故不能不有組織。俾足供表演梅氏個人戲劇之需。則生淨丑末。無一不需。音樂場面。非可缺減。然欲於目前即選擇有志遠游。刻意自重之團員。亦非旦夕所可致。又於配搭增損之間。務使其銖兩率稱。卒之始定演劇者八人。音樂師七人。[illegible]司役三人。以爲基本之組織。更幸得精通劇學素嫻彼邦文物及善於事務者三人。以爲之助。然一行已有二十一人。即今茲同舟共濟之羣彥也。

組織既定。則在搜集材料。北京大學戲劇教授齊如山先生。實主其事。則首倩人繪畫劇院建築之代遷。臉譜今昔之同異。戲劇行頭

梅蘭芳君離滬前攝影

(一一)

《梅兰芳渡美记》，赵尊岳撰，原载《旅行杂志》，1930 年第四卷第二期。

到了梅兰芳面前。

话说这“海上梅党一巨头”，后来也的确去过缀玉轩，不仅去过，还曾赠送过一棵石笋，用作庭院陈设，以为纪念。1930年梅兰芳赴美巡演前，还与赵尊岳等合影留念，随后更堂而皇之地刊登在了同年5月的上海《良友》画报第四十五期之上。梅氏一行刚到美国，赵尊岳的《梅兰芳渡美记》便已发表，将此行如何精心筹备，有何国际影响，描述得十分翔实，抒发得淋漓尽致，俨然已有“梅党总理”之风范。无怪乎，梅氏访美载誉归来之际，北平的“梅党”之首齐如山为之写成一册《梅兰芳游美记》（甲种本，线装精印），也要呈至赵尊岳案前，敬请其为此书题签赐序，来一番南来北往的郑重加持。

梅兰芳黛玉葬花剧照之一，可见庭院中的石笋景观。

试想与梅兰芳有这样的交谊，在南北“梅党”中已有这样的资格，那一部亲撰的《罗浮梦》剧本，也应当是可以递过去的罢。可这剧本始终未能付诸搬演，却也是事实。

1937年“七七”事变爆发之后，中国全民族统一抗战大幕徐开，梅兰芳蓄须明志，表明了坚决不为日伪势力效命的决心，毅然搬出了缀玉轩，举家流寓香港，共赴国难。直到此时，仍然没有关于《罗浮梦》试演的任何消息，赵尊岳的这部剧本也和那棵石笋一样，终成了缀玉轩中的摆设遗物而已。

◎剧本之外剧中人

复又忽忽过了七年，1944年末，赵尊岳再一次赴京，这一次不是为了剧本或者石笋而来，却是一次官员考察式的出行。当年的“海上梅党一巨头”，如今已出任汪伪政府宣传部长，踱入破败零落的缀玉轩中，一眼就看到了那棵他当年赠送的石笋。

后来，他在《高梧轩诗全集》卷十一中赋有诗作记感。这首诗作为其“忆旧游”系列中的一首，专为忆述“梅兰芳旧宅”而作，诗前作注曰：“去无量大人胡同，每忆缀玉轩。其石笋余旧赠也（梅兰芳旧宅）”。诗云：

裙屐朝朝缀玉轩，主人相对或忘言。

闲翻《四梦》寻声谱，玉笋枝前独负暄。

物是人非处，赵尊岳仍然翻着《四梦》来寻当年的音声故旧。《四梦》当然是指汤显祖的《临川四梦》，这是雅士词客常有提及的包括《牡丹亭》在内的一组经典剧本。赵氏应在十几岁时就已熟稔的这《四梦》剧本，不知道此刻是否还应添上“一梦”，即其本人当年亲手缔造的那个《罗浮梦》。只不过罗浮梦已远，远到近乎虚无，不但缀玉轩中已没有了故友身影，他自己可能也不知道未来将置身何地罢。

当时，赵尊岳出任汪伪政府宣传部部长之职，可能是出于“双照楼主”汪精卫的一贯青睐与刻意安置，也可能是出于自身深感时局未定，总需安定的内心抉择。当然更可能的原因则是，按照赵氏本人的说法，乃是因为他自己的百无聊赖。据时任《中报》总编辑的金雄白回忆说：

叔雍于一九四四年冬，继林柏生之后而出任宣传部部长。那时汪氏已病逝日本，公博继任主席，宣传部在汪府中是一个重要的机构，大约经公博与佛海共同商量而始决定任命的。那时我正在上海主持《中报》社务，有一天晚上，我到佛海上海居尔典路的沪寓，不料高朋满座，陈公博、梅思平、岑心叔、罗君强与叔雍等都在，佛海忽然笑着对我说："叔雍将主管各报社而出任宣传部长，你们是老友，你要不要向他表示欢迎道贺之意？"我听到了这一消息，觉得有些突然，而且我以为以词人而担负行政工作也并不相宜，因自恃为故交，我过去拉了他一下袖角，拖他到无人的屋角，轻声的对他说："不久将酒阑人散了，你又何苦于此时再来赴席？"叔雍却还是他那一副吊儿郎当的习性，他却笑笑说："你比喻得并不当，我是一向坐在桌边在看人家打麻雀，此时八圈已毕，有人兴犹未阑，而有人起身欲去，我作壁上观久矣，三缺一，未免有伤阴骘，何苦败人之兴，就索性入局，以待终场。"他的一生行事，不论巨细，也总是显出他游戏人间的名士行径。

当时，金雄白对赵尊岳出任伪职的原因，以及对其个人性情的总体评价，只是一句"游戏人间的名士行径"。殊不知，赵氏的一生，也因此成为一场人间戏剧，并为此付出了惨重代价。这场因类似于打麻将"三缺一"，而不得不勉为作陪的闹剧，赵氏在这场牌局中披着"宣传部长"的戏服，不到一年时间，便告终场，且还难以"收场"，落得个流亡海外的下场。

抗战胜利之日，即是赵氏入狱之时。三年的牢狱生活，终结了其前半生性情高扬的戏剧生涯，却开启了其后半生另一种仍极富戏剧性的生涯。那就是

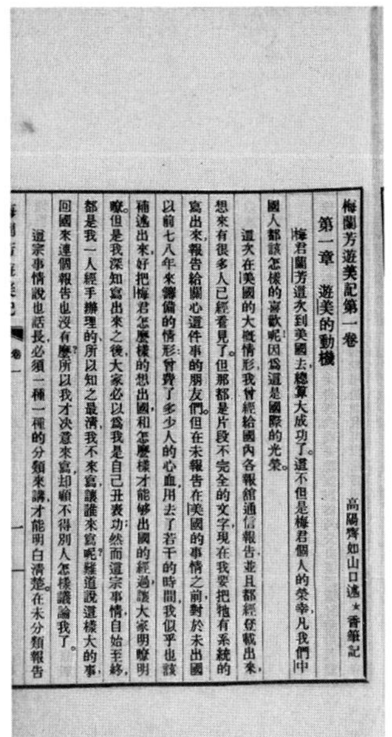

梅蘭芳遊美記第一卷

高陽齊如山口述 * 香肇記

第一章　遊美的動機

梅君蘭芳這次到美國去，總算大成功了。這不但是梅君個人的榮幸，凡我們中國人都該怎樣的喜歡呢！因爲這是國際的光榮。

這次在美國的大概情形，我曾經給國內各報館通信報告，並且都經登載出來，想來有很多人已經看見了。但那都是片段不完全的文字，現在我要把牠有系統的寫出來，報告給關心這件事的朋友們。但在未報告在美國的事情之前，對於未出國以前七八年來籌備的情形；曾費了多少人的心血，用去了若干的時間，我似乎也該補述出來，好把梅君怎麼樣的想出國，和怎麼樣才能够出國的經過，讓大家明瞭明瞭。但是我深知寫出來之後，大家必以爲我是自己丑表功；然而這宗事情，自始至終，都是我一人經手辦理的，所以知之最清，我不來寫，讓誰來寫呢？難道說這樣大的事，回國來連個報告也沒有麼？所以我才決意來寫，却顧不得別人怎樣議論我了。

這宗事情說也話長，必須一種一種的分類來講，才能明白清楚。在未分類報告

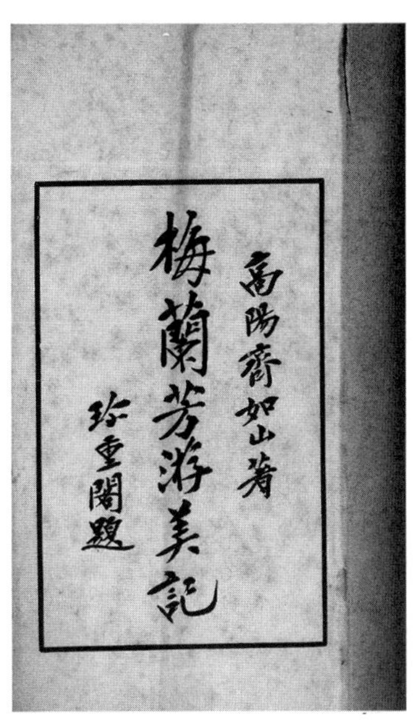

《梅兰芳游美记》，齐如山著，赵尊岳题签。

WELCOME
MEI LANG FANG
美國三藩市市長歡迎梅蘭芳車中即市長與梅氏（由叔雍寄贈）
A welcome given by the mayor of San Francisco to Mei Lan-fang, both are seen in the car

美国三藩市市长欢迎梅兰芳之现场照片，车中即市长与梅氏，且悬挂有巨幅梅氏肖像。该照片由赵尊岳等提供，原载《图画时报》，1930 年第六百七十一期。

流寓海外十七年，辗转香港、新加坡等地，终不改词曲喜好，终生以创作、教授词曲为志业，直至客死异乡。

这样的人生如戏，戏如人生的境况，不禁令人嗟叹，真如《罗浮梦》中的男主角赵师雄一样，赵尊岳的终场也是流放异乡，只不过后者这一次走得比罗浮还远，梦中却还仍是梅香缕缕，丝缕未绝。

◎曲终奏雅还说梦

1961年8月8日凌晨，梅兰芳在北京辞世。当时流寓新加坡的赵尊岳，在得知消息后，即刻作诗悼念。这首诗收录于在香港印制的《高梧轩诗全集》卷十一，诗云：

投老隐炎陬，为欢忆少日。
乌衣识风度，壮齿未二十。
朝朝会文酒，夜夜巾车出。
我甫欲南征，细语别楼隙。
凡兹不胜纪，一掷拼今昔。
忍哀对遗影，犹似虱歌席。
成连嗟入海，风雨徒四壁。

岂止是悼诗追怀，岂止是遥忆伤怀，流寓海外期间，赵氏一直念念不忘梅兰芳，可谓“梅党”中的“死党”，至死不改初衷。在其晚年所撰《世界艺人梅兰芳评传》一文中，还曾为自己所写的梅兰芳“掌故”一再申明，认为梅氏生活琐事之记载，也极有意义，甚至比其舞台艺术更有历史价值。文中这样写道：

我以前写过不少梅先生的记载，很多是他的身边琐事，爱看的人，说写得很有趣味，不爱的人，便说不谈梅先生的剧艺，只谈他的生活，无聊之至。他们又哪里懂得我的用意，原在列举各种材料，供给人家研究梅先生的修养的用处呢？我敢再说一句，凡是治现代史的人，对于研究对象的重心人物，实在应该这样做去，才有成绩。不要尽凭大人物有些“违心之论”的演说和开会演说时“装腔作势”的镜头来下批评，在他们，那些根本是一部分的业务，正和梅氏的舞台演出一样而已。

赵尊岳晚年存照，辑自《高梧轩诗全集》。

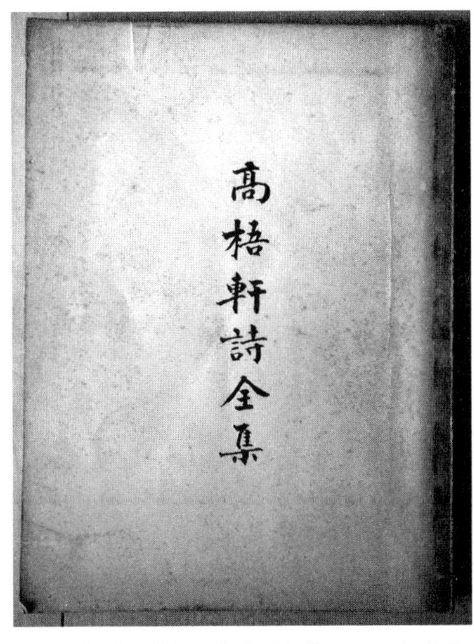

《高梧轩诗全集》，赵尊岳撰著，1965 年香港出版。

其实，赵尊岳用来研究梅兰芳的方法，反过来用来理解和关照他自己的一生，又何尝不适用呢？感慨之余，禁不住一次又一次摩挲展阅眼前的这一册《罗浮梦》，翻来覆去的几页薄脆黄纸上记载着的，那一场自编自导的风雅之梦，不也是一场人间真戏剧，隔世真性情吗？梅兰芳的《天女散花》，可能会看得世人眼花缭乱；同样为梅兰芳编排了“天女散花”身段的《罗浮梦》，也许只能在尘封的蠹痕中，让人老眼昏花罢。

人生本来如戏，梦遇梅兰芳的少年，就匆匆记下了《罗浮梦》这出戏。戏里戏外，剧本上那几行如梦似烟的文字，又岂止是词学修养与曲学兴趣可以概括？又岂能是那些所谓的雅士词客一句“附庸风雅”的讥谑可予置评？恐怕，要读懂这本《罗浮梦》，功夫皆不在剧曲词学之中，亦不单单只是一句“人生如戏”或“人生如梦”可以概括。

周岸登：从酷吏到词客

◎小引：二窗词客旧藏惊现旧书摊

约二十年前，曾于蜀中某县城的一处旧书摊上，淘得一本《瞿园杂剧》。当时，初见此书的第一感觉是，书虽不多见，但也绝不算稀罕，毕竟只是一本铅印的小册子，印制年代也就在晚清民国之间。且此书品相还相当糟糕，蠹痕满布，几与废纸无异。摊主根本不加重视，随手搁在了一堆民国铅印小说类残本之中。从书堆里抽选出来时，尘灰和蠹孔中的纸粉漫扬开来，呛得我禁不住轻咳了几声。

因着力搜求近代戏曲文献的缘故，还是耐着性子翻了几页，想看看此书究竟损坏到了什么程度，大体上还能不能用于阅读。且看是书封面上钤着两枚印章，一枚字多，为阳文篆书，但已经漫漶得看不清楚了；另一枚则只有两个字，字大且为楷体正书，还能看得出是"特本"两字。很显然，这本书可能曾经是某公立图书馆比较重要的特种藏书。

依稀记得肇始于1953年的《古本戏曲丛刊》，曾有过影印近代剧本的计

《瞿园杂剧》封面，钤有“特本”印鉴。

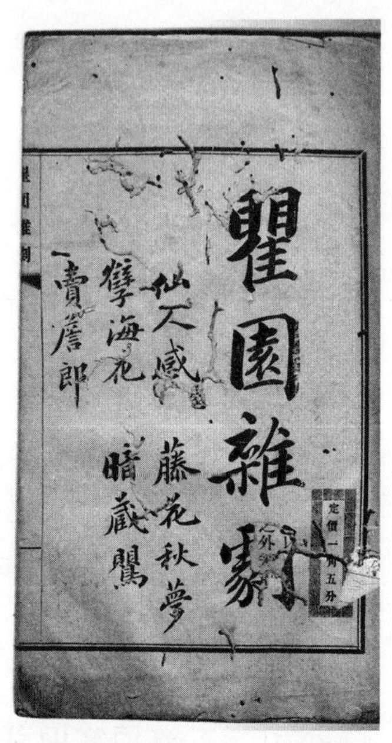

《瞿园杂剧》扉页，印有剧本名目五种。

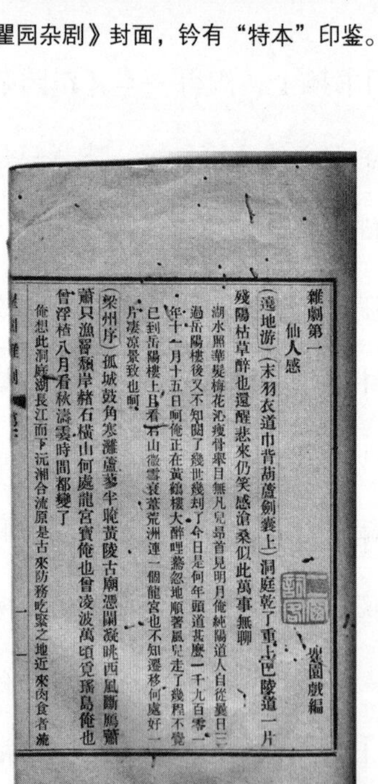

雜劇第一　　瞿園戲編

仙人感

（遶地游）（末羽衣道巾背葫蘆劍囊上）洞庭乾了重尋巴陵道一片殘陽枯草醉也還醒悲來仍笑感滄桑似此萬事無聊

湖水照華髮梅花沁瘦骨舉目無凡兒昂首見明月俺純陽道人自從曩日三過岳陽樓後又不知閱了幾世幾刦了今日是何年頭道甚麼一千九百零一年十一月十五日呵俺正在黃鶴樓大醉哩驀忽地順著風兒走了幾程不覺已到岳陽樓上且看看山微雪衰葦荒洲連一個龍宮也不知遷移何處好一片淒涼景致也呵

（梁州序）孤城鼓角寒灘蘆蓼半晚黃陵古廟憑闌凝眺西風斷鴈蕭蕭只漁罾頹岸豬石橫山何處龍宮寶俺也曾凌波萬頃覓瑤島俺也曾浮槎八月看秋濤霎時間都變了

俺想此洞庭湖長江而下沅湘合流原是古來防務吃緊之地近來肉食者流

《瞿园杂剧》正文首页，钤有“二窗词客”印鉴。

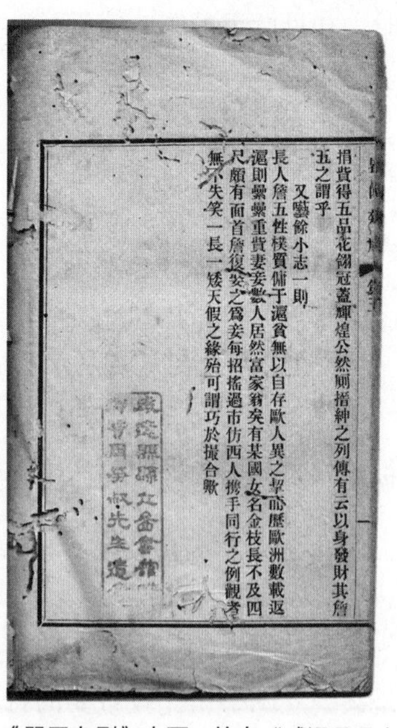

捐貲得五品花翎冠蓋輝煌公然厠搢紳之列傳有云以身發財其詹五之謂乎

又蟫餘小志一則

長人詹五牲楪質備于暹貧無以自存歐人異之挈而歷歐洲數載返暹則纍纍重貲妻妾數人居然富家翁矣有某國女名金枝長不及四尺頗有面首詹復娶之爲妾每招搖過市仿西人攜手同行之例觀者無不失笑一長一矮天假之緣殆可謂巧於撮合歟

《瞿园杂剧》末页，钤有“威远县县立图书馆购乡贤周癸叔先生遗书”印鉴。

划，虽然后来一直未付诸实施，可是当年确曾拟出了计划影印书目。《古本戏曲丛刊》第八集目录中，即载有这本《瞿园杂剧》，为之专列有“瞿园杂剧五种/袁蟫/光绪三十四年排印本/吴”一条。目录中的“吴”，或指学者吴晓铃先生；从目录透露的信息来看，当时在对国内各大公立图书馆调查之后，可能还没有查到这本《瞿园杂剧》的公藏信息——《古本戏曲丛刊》如需影印，或只能借用吴先生的私人藏本。

《瞿园杂剧》的不多见，由此可以揣测得到。只是，手头这本钤有“特本”印章的破书，难道真是当年国内一流学者漏访或遗忘的某公立图书馆的藏品？于是，那舍本逐末的“版本癖”即刻发作，开始逐页翻检这本已经朽烂不堪的《瞿园杂剧》，不是去看剧本本身的内容，却是希望能再找到一枚说明此书曾入藏何处的收藏印鉴。

很快，在书的正文首页右下角，发现一枚阴文篆书印章，印文为“二窗词客”。当时并没有弄明白二窗词客是谁，可这枚印章却说明，此书还曾经是私人藏品，因此也越发地想彻底查清楚此书的递藏历程。终于，在书的最后一页，又找到一枚长条形的印鉴，刻有阳文隶书，印文为：“威远县县立图书馆购乡贤周癸叔先生遗书”。

看到这枚印章，此书的递藏历程一下子就清楚了。原来，这是一本民国时期威远县图书馆的藏书，可能曾一度流散民间，因而在1949年之后的国内公立图书馆藏书目录中不见记载。

威远县地处四川省中南部，为四川省内江市所辖，是一处极不起眼，极为偏僻的小县城。试想，即便此书于1949年之后仍为公藏，那些倾力于北京、上海、江浙一带公立图书馆中搜寻文献的专家学者，也是断然想不到，在这样

周岸登（1872—1942）

一处偏远的山乡中，竟收藏有他们百觅不得一见的小册子。

显而易见，这本书应该是民国时期威远县当地的一位名叫周癸叔的人所收藏的，其人逝世后，又由该县县立图书馆购藏的。那么周癸叔又是谁呢？

据查，周癸叔，即周岸登（1872—1942），字道援，号癸叔，四川威远县人。1892年中举，历任广西阳朔、苍梧两县知县，全州知州。辛亥革命后，先后任四川省会理、蓬溪，江西省宁都、清江、吉安等县知事，江西省庐陵道尹。1942年病逝于成都。

据考，周岸登工于词曲，兼善诗赋。词宗宋人吴梦窗、周草窗，自号二窗词客。其词作主要辑于《蜀雅》一书，其中有词十二卷，别集二卷，合刊于民国二十年（1931），由上海中华书局出版。此外，还著有《曲学讲稿》《楚辞训纂》《南征日记》《贤女传讲稿》《韩民血泪史》《莞子故训甄》等。

当然，上述这些内容，关于周癸叔其人生平的内容，都是后来查阅到的资料。约二十年前在小县城冷摊一角，与摊主讨价还价之际，是并不知道周某人种种履历的，以致几乎要放弃这本朽烂不堪的小册子。

试想，这样一本几乎每翻一页都要落下朽渣的破书，摊主在二十年前居然开出了上百元的天价，这只能让人袖手而去罢。可就在转身一瞬，摊主突然殷勤挽留说，“兄弟，好商量嘛，书里还夹着张题字哩，要值几个钱的”。听这话头，倒令我一下子怔住了。

只见摊主迅即从摊边上搁着的一个牛皮纸袋里，煞有介事地拿出一页黄纸来，说是原来夹在这书里的，字写得不错，像是名人的。展开来仔细读来，竟是一首词，题作“水龙吟·和瞿园韵，用梦窗意，读曲记感”，词曰：

无言藤花深处，纯阳铁剑只斩草。碧血斑驳，丹心恍惚，且去禅逃。茶浓酒淡，心远地偏，绮梦窈窕。听溪声无数，莺啼几点，一指弹、三生杳。蹊跷。山河不老。拈锦囊、岂言香消。乌栏细字，搬弄风情，都曾年少。忍顾鹊桥，壮怀星汉，终付一笑。看詹郎卖了，金花谢了，大雅去了。

癸叔　二十五年灯节戏笔

从刚才翻检阅是书内容，粗略联系到这首词的意味，可以感觉得到，这首词应该是原藏者的读书感言之类。这首词娓娓道来，轻松淡然地囊括了全书所收录的一些剧本名目，又略加点染读者心得，雅俗皆宜，读来绝非俗笔可为。

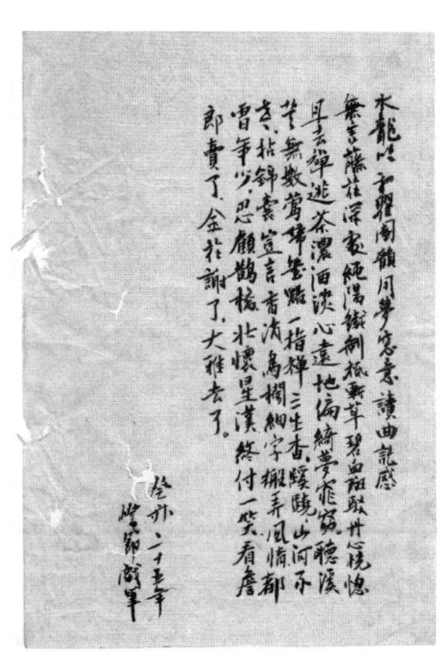
水龍吟 和瞿園韻用夢窗意讀曲記感
無言藤花深處純陽鐵劍祗斬草碧血斑駁丹心恍惚
且去禪逃茶濃酒淡心遠地偏綺夢窈窕聽溪
聲無數鶯啼幾點一指彈三生杳蹊蹺山河不
老拈錦囊豈言香消烏欄細字搬弄風情都
曾年少忍顧鵲橋壯懷星漢終付一笑看詹
郎賣了金花謝了大雅去了
癸叔 二十五年
燈節戲筆

周岸登词稿：水龙吟·和瞿园韵，用梦窗意，读曲记感。

于是乎，顿时就明白了摊主索价的用心所在，他认为这张纸的价值，实际上远在那本破书之上，愿意买这本书的人，肯定会捎带上这页题字——书能卖则卖，卖多少都成，不能卖就相当于白送，只不过作这张纸的一个“引子”而已——这张纸一定价值百元以上的了。当然，就为了这张纸，亦并不轻视曾经夹有这张纸的那一本破书，最终是不再犹豫，欣然捧归了。

或许，在县城冷摊上偶遇的这一册破书及其夹着的那一张纸，就正是我开始研读周癸叔其人其思其生平的缘起罢。

◎楔子：《瞿园杂剧》与时事剧

《瞿园杂剧》著者，袁祖光（1868—1930），又名袁蟫，字晓村，别号瞿园，安徽省太湖县人。光绪二十年（1894）举人，光绪二十九年（1903）进士。在进士馆学习政法三年，毕业后历任吏部文选司主事、直隶候补知州、湖北候补道尹。光绪三十一年（1905）赴日本考察政治，经许士英介绍加入同盟会。民国初年回安徽选为议员，任安徽省政府秘书长，后调豫鄂皖三省帑捐局局长。晚年定居安庆市，在小南门袁氏寓馆病故。

袁氏尚著有诗文集《瞿园诗草》《缘天香雪箨诗话》《端木诗》《摘星诗杂》《古今齐谐》等，所著杂剧有《一线天》《金华梦》《望夫石》《暗藏莺》《仙人感》《藤花秋梦》《长人赚》《玉津园》等。编入《瞿园杂剧》的为《金华梦》（又名《孽海花》）《暗藏莺》《仙人感》《藤花秋梦》《长人赚》（又名《卖詹郎》）。

袁氏所做杂剧大多篇幅短小，十种之中，除《望夫石》一种为四出加楔子，系标准的元杂剧体制外，其他九种均仅一折，这与明末清初以降传奇杂剧体制规范发生的变化密切相关。

《瞿园杂剧》为袁氏最早出版的杂剧集，所有剧作基本上都是时事剧，即剧作主题与同时代人物、事件及时代风气相关。其中《金华梦》以赛金花故事为原型；《长人赚》描写印度奴隶买卖；《暗藏莺》抒写东南亚海外婚恋风俗；即使是《仙人感》以八仙之一吕洞宾为主角的故事中，也借吕氏之口对外国列强入主中国而大发感慨。

《瞿园杂剧》的特点为关涉大量海外人物与风情，这与晚清国门洞开之后的国人观感有关，袁氏作为这一特定时期的杂剧创作者，借外国人讽国内事，以此抒发忧思困惑，是其剧作的鲜明特点。

周岸登收藏和研读《瞿园杂剧》，应与其自身的际遇和怀抱有关。据说，周氏曾以曲词做成一部《韩民血泪史》，描写朝鲜日占期间的民生惨淡情状，应当受到袁祖光剧作影响。

◎《东方杂志》上的酷吏前传

在民国创建之前，周岸登还只是一个标准意义上的儒生。观其履历，营构功名前程之勤勉，绝非浪游江湖的词客派头。1872—1911年，周氏四十岁之前的生涯种种，无非是帝国体制中一名普通官吏而已。这四十年履历，似乎一句话就可知梗概——1892年中举，历任广西阳朔、苍梧两县知县及全州知州。

周氏二十岁时即做了大清帝国的举人，之后在广西做官。官虽小，好歹也是县级官员，从川东小县城里走出来的秀才，也可以知足安乐了。至于之后的生涯，简单地推理，1911年辛亥革命一声炮响，多少人头落地，乌纱扫地，周氏作为其中一员，中断了安稳的仕途，重新筹划人生而去。

可事实却并非如此。周氏的帝国仕途，并非因辛亥革命而中断，恰在革命

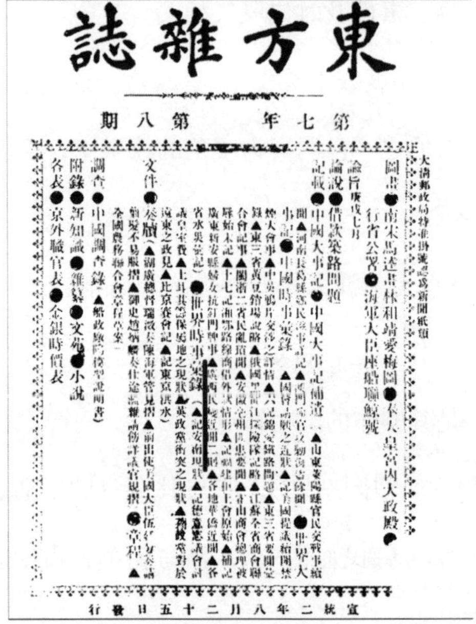
東方雜誌

第七年 第八期

大清郵政局特准掛號認爲新聞紙類

圖畫●南宋馬逵畫林和靖愛梅圖●奉天皇宮內大政殿●行省公署●海軍大臣座艦瑞鯨號

諭旨庚戌七月

論說●借款築路問題

記載●中國大事記●中國大事記補遺●中國時事彙錄●世界大事記

文件●奏牘●章程

調查●中國調查錄

附錄●新知識●雜纂●文苑●小說

各表●京外職官表●金銀時價表

宣統二年八月二十五日發行

1910 年《东方杂志》第七卷第八期，封面新闻刊有《广西民变近闻二则》。

東方雜誌第八期

岑溪因捐激變。宜速解散。切勿痛剿。請力維持自治研究所覆電云。岑溪民變事。案已打破。桑安就戮。志守保舉已開。無從挽救。細繹電文。可以知其槪略矣。

全州署牧周岸登。權篆一年有餘。釀成民變案三次。日前又稟辦清鄉。派一試用巡檢曹駿。帶兵勇數十人。會紳辦理。曹駿與各劣紳通同作弊。所至騷擾。勒詐需索。縱兵淫掠。迭起風潮。周牧均以專制力壓之。七月初六日。曹駿行抵萬鄉亭子江地方。因勒索誣害。激動公憤。鄉民將其圍困。周牧帶隊前往。欲以威力捕人。亭子江各村民聚衆二千餘人。聲言將周牧及曹駿綑送至省。周牧大恐。命親兵放槍。嚇退鄉民。奔返州城。閉城兩日。初八日。鄉民遂將曹駿置猪籠中。抬之游墟示衆。初九日。集千餘人。將曹駿及紳士某縶諸竹轎內。擁送上省。初十日。抵大榕江。因人數太多。沿途伙店不敷住宿。每晚大半露宿田野間。衆以爲苦。遂散歸九百餘人。僅百餘人執曹駿及紳某至省。十二日下午。抵桂林。各鄉民之首均插一竹片。上寫官逼民變

記載第三 中國時事彙錄

《周岸登酿民变案三起》

之前，即已在广西任上被罢了官。罢官的缘故归结起来，竟然是当地人认为他是“酷吏”，这是其履历中不曾详说的，也是其身后数以千计的词赋诗文中不曾有一字透露的。

这一桩酷吏轶事，就刊载于宣统二年（1910）的《东方杂志》上。该杂志创办于1904年，到1910年时已经是第七卷了。第七卷第八期的杂志上，常规栏目“中国时事汇录”中，刊有《广西民变近闻二则》，其中的一则即是《全州署牧周岸登酿成民变案三次》。一时间，广西酷吏周岸登的大名，可谓蜚声海内。

按照后来商务印书馆总编王云五的说法，《东方杂志》乃是一本“创刊最早而又养积最久之刊物”。试想，这一本当时在国内影响颇巨的融汇中外时事新闻的百科全景式期刊，能将周岸登任上酿成民变并因之罢官的事件作为其精选的国内时事新闻之一刊发了出来，想来这一“酷吏”事件当年也是颇有一点引人注目的罢。那么，周岸登究竟为什么于辛亥革命之前，在帝国体制下仍然先行自行中断了仕途呢？

据载，宣统二年（1910）农历七月初八，广西全州县万乡亭子江村，众多村民抬着一个官员在游街。但被抬的人没有戴红花之类，而是被放在一个猪笼里。这人姓曹，叫曹骏，是个县里的试用巡检，算是县里见习期的小吏。而这个遭罪的小吏的直接上司，正是周岸登。

原来，代理全州知州的周氏到任才年余，即推行了许多所谓新政和创举。不知是有悖于当地民风民俗，还是施政力度过猛过急，其在任的一年之中，就已激发了三起民变。《东方杂志》上虽语焉不详，《全州县志》上则记载着周岸登这一年之中的种种“政绩”，譬如，“宣统元年（1909）知州周岸登创设全州公田局，并设捐务处，征收田赋，管理屠、秤两捐"，等等。

这次绑官游街之变，大概也是因捐税所引发，而直接起因据说是周氏授意的"清乡"所引发。当年七月间，周氏遣曹骏率兵勇数十人，逐村清扫"逆徒"，遇有不满或反抗者，立即抓捕。此举在万乡亭子江村引起公愤，七月初六，乡民两千多人，将周、曹一行包围起来。周知州一看情况紧急，下令亲兵开枪，才得以只身突围逃回县城。

两天之后，乡民将曹骏放进一个大猪笼之中，游街示众。第三天，民众又将曹骏用轿子抬着，送至省城桂林。但"送行"的各乡民头上，均插有小竹片，上书八个大字"官逼民反，绅逼民死"。这支装饰古怪的队伍，一路浩浩荡荡，开向桂林。显然，逼乡民们造反的正是周岸登。看来，周大官人的仕途岌岌可危了。

周氏也迅即赶到桂林，力请省府派兵镇压民变。孰料，全州全县当时六乡乡民联合反周，并扬言"不重惩周曹，誓不甘休"。广西巡抚甚是无奈，只得将周撤职以息民愤。当年九月初九，全州乡民两千多人，横扫与周氏合作的乡绅二十六家，毁屋夺产，并威胁已卸任将归蜀的周大官人，扬言将在归途中将其杀死。想来，罢了官的周氏，当时悄然返川的情状，也是惶惶然不知所以然的罢。

不过，作为"酷吏"罢官的周氏，仍然没有能静下心来做个词客。他旋即加入了同盟会革命党，索性也做了"刁民"，与民同乐闹"革命"。辛亥革命后，果然又重新踏入仕途，继任四川会理、蓬溪等县知事。后来又转调江西，先后出任宁都、清江、吉安等县知事及庐陵道尹。

据说，四十岁之后的周氏，比之先前低调随和，其治下的县志中屡屡称赞其曰："下车之处，卓著政声，廉正自持，胸怀淡泊；致仕之日，两袖清风，恬然自适。”

广西全州，至此仿佛在周岸登的记忆里完全消逝，几乎再也没有被他本人提及。1927年，在江西任上的周氏，眼见军阀混战，民不聊生，再无心力继续其仕途生涯，主动辞官而去了。

无官一身轻的周氏，专意于金石、词赋之中，仿佛摇身一变，做了世外雅士，十七年前的那个“酷吏”记忆似乎早已完全抹去。辞官后不久，1928年河南安阳殷墟的发掘，又让周氏发思古之幽情，颇为关注，时不时看到一些出土的古物信息，皆会为之叫绝或继而研究一番的。

让人始料未及的是，周氏关注的并不是殷墟掘出的甲骨文或青铜器，偏偏却让其联想到商代女人是否束足这一关乎后世礼法的重大社会问题。也正是这一奇特的联想之中，关于广西全州的记忆倏忽闪过，竟为之填词一阙以作感念，辑入其1931年编印的个人词集《蜀雅》之中。这一词作，也是周氏遗作中唯一语涉全州的“绝品”。词曰：

穆护砂

感殷墟发掘得隋唐以前人弓足事，因忆前在全州掘地得骸三具皆弓足，颇疑先唐人女子束足已成风习，今获此证，为之释然。追为此解，并附旧刻碣铭。（碣铭略）

唤起精灵语。问埋忧、地在何处。愧蒙庄作达，髑髅能诉。佛言有情皆妒。任束足、弓弓夸妙舞。新月样、金莲随步。悄欲逐、羿妻窃药，惨却甚，太真缳素。千载泥涂，一朝天日，可怜无计定爰书。叹骨销香灭，当年谁信，金屋贮名姝。　　怕听鹧鸪声苦。葬黄陵、怨风荒雨。想坠红深恨，蛾眉谣

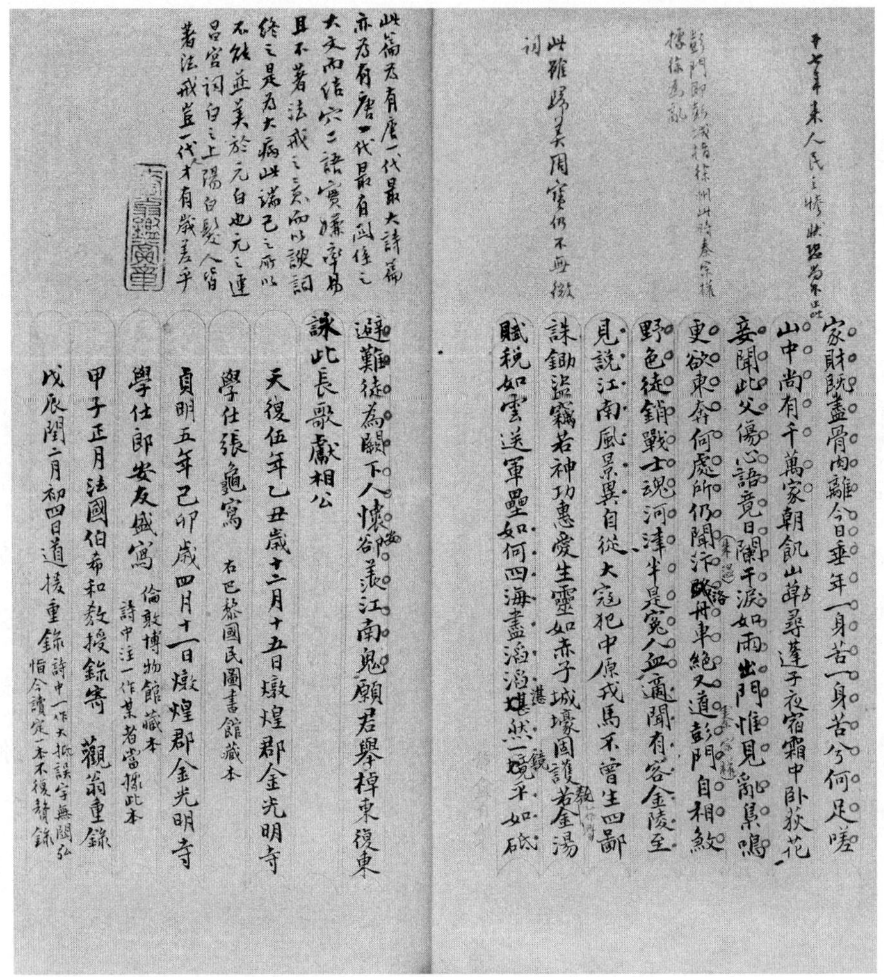
家財既盡骨肉離今日垂年一身苦一身苦兮何足嗟
山中尚有千萬家朝飢山草尋蓬子夜宿霜中臥荻花
妾聞此父傷心語竟日闌干淚如雨出門惟見亂梟鳴
更欲東奔何處所仍聞汴路舟車絕又道彭門自相殺
野色徒銷戰士魂河津半是冤人血適聞有客金陵至
見說江南風景異自從大寇犯中原戎馬不曾生四鄙
誅鋤盜竊若神功惠愛生靈如赤子城壕固護若金湯
賦稅如雲送軍壘如何四海盡滔滔湛然一境平如砥
避難徒為闕下人懷谷羨江南鬼願君舉棹東復東
詠此長歌獻相公
天復伍年乙丑歲十二月十五日燉煌郡金光明寺
學仕張龜寫　右巴黎國民圖書館藏本
貞明五年己卯歲四月十一日燉煌郡金光明寺
學仕郎安友盛寫　倫敦博物館藏本　詩中注一作某者當据此本
甲子正月法國伯希和教授録寄　觀翁重録
戊辰閏二月初四日道様重録

此篇為有唐一代最大詩篇，亦為有唐一代最有風使之大文，而結穴二語實嫌率易，且不著法戒之義，而以諛詞終之，是為大病。此端己之所以不能並美於元白也。元之連昌宮詞，白之上陽白髮人，皆著法戒，豈一代才有歲差乎

周岸登抄录评注敦煌遗书《云谣集》曲词。

诼，穷泉尚凝酸楚。化碧血、冤沈心自腐。招不返、倩魂如故。嗟酷毒、酥酰灌鼻，哀弱质、朽壤侵肤。堕马鬟欹，舞鸾钗折，那堪只舄觐仙凫。伴湘娥、题竹滋兰，芳馨归净土。

◎蓬溪县衙里的词客前传

1914年秋至1915年春，周岸登出任蓬溪县知事，政务之暇，开始于山水

行旅中填词作赋，心性情状都与其广西任职期间判若两人。帝制时代的治国抱负开始冷却下来，民国时代的挟艺自重心理抬头，似乎在那个特定时代转折点上，所有闲官小吏自然而然的默契。

酷吏下场了，词客也就该登场了。

作为词客的周岸登，在蜀山乡土中自顾流连，在前贤故事中抒写怀抱。作为蜀人，他当然熟知自苏东坡以来的蜀人仕途沉浮之种种，蜀人秉性中本有的闲散与自适，于此时的周知县而言，最是妥帖。这种蜀人天生的基因，又兼闲职蜀中的便利，更注定了少不得要去寄托词赋，悠游山水一番。周氏平生第一部词集《邛都词》中的自序，便道破了那天生本有的蜀人心境，序曰：

不佞向不能词，亦少为诗。壬子浮湘归蜀，与长宁梁叔子俱，每有所触，辄寓之诗。癸丑复偕诗子南行，国忧家难，底于劳生，其情弥哀，志弥隐，诗所难达，一托之词。行部尠暇，恒于舆中枕上为之。自四月踰邛来，汔八月奉权会理止，得诗百二十，得词百三十有八。嗟乎！鼎鼎中年，已多哀乐，悠悠当世，莫问兴亡。夫君美人之思，闲情检逸之篇，不无累德之言，抑亦伤心之极致，忆云生盖先我矣。排比既竟，乃付写官，叔子和作附焉，命曰邛都，读者但作游记观可也。甲寅臈日蓬溪官廨书。

周氏坦言，先前很少作词，也不作诗。1912年从湖南回到四川时，开始与友人有所触动，写点诗文。从1913年开始，看到时局动荡，家国沦变，感觉到诗作为一种抒写怀抱的文学体裁，已经不能完全表达出那份越来越哀伤，志趣越来越隐秘的心态，于是开始写词。

总的来说，开始写词，并非有什么要做词人、词客的志向与规划。在当时，写词无非是一种逃避现实苦难，抒发压抑情绪的一种变通手段而已。时年四十三岁的周岸登为此感叹道："鼎鼎中年，已多哀乐，悠悠当世，莫问兴亡。"

自序中特别提到的，《邛都词》虽是一部词集，读者但作游记观可也。可想而知，这一部词集，乃是山水行旅中写成的感怀篇章，而绝非什么词学精研式的闭门苦工——这也说明，周氏词作从一开始可能就不太具备纯粹的学术性，缺乏严格的词学关照。当然，如读者同为蜀人，读周氏词作，蜀中山水大幕徐开，自是分外亲切。作游记观，而不作词学观，未必就是什么坏事，说不定倒更增一份清新适然。

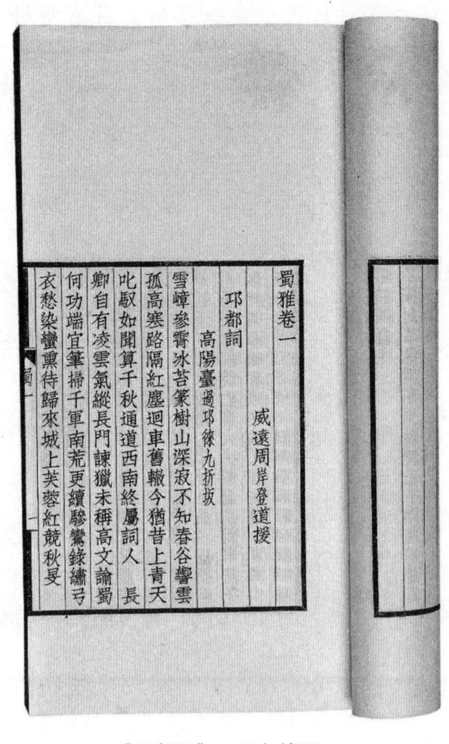
蜀雅卷一
威遠周岸登道援
邛都詞
高陽臺過邛徠九折坂
雪嶂參霄冰苔篆樹山深寂不知春谷響雲孤高寒路隔紅塵迴車舊轍今猶昔上青天吒馭如聞算千秋通道西南終屬詞人　長卿自有凌雲氣縱長門諫獵未稱高文諭蜀何功端宜筆埽千軍南荒更續驂鸞錄繡弓衣愁染蠻熏待歸來城上芙蓉紅競秋旻

《邛都词》，正文首页。

诚然，创作文本的数量达到一定量级时，创作者自然而然地会寻求一种深度的体系感与价值寄托，作了词客的周知县，也概莫能外。当《邛都词》完成之后，其创作自觉不自觉地纳入到词学所规束的学术体系之中，并且在这一体系中找到了一个榜样似的寄托——唐代诗人贾岛，千年前与周知县在同一辖区之内任职的苦吟派诗人。周氏随后结集的《长江词》自序中，就这样写道：

邛都词既削稿，明年乃返成都，求词学旧书，渺不可得。华阳林山腴同年思进，以万红友词律见贻，颇用弹正，未暇一一追改也。适再出知蓬溪，蓬兼有唐长江、唐兴、青石三县地，而长江以贾簿故最名，江山文藻，触感弥深。从政之余，引宫比律，倚双白之新声，无小红之低唱，自歌谁畲，良用慨然。历秋涉春，亦复成衰，中有和庚子秋词百余首，别录为卷，最而刊之，弁以长江，犹是邛都之意也。乙卯春分蓬溪官廨记，时将受代，漫卷诗书矣。

原来，在《邛都词》完稿之际，周氏还专程赴成都寻找词学书籍，希望能进一步提升自己的词学素养。华阳名士林思进（1873—1953）为其找来了清人万红友所著的《词律》一书，对照研读该书，发现《邛都词》尚有许多需要修订的地方。可能因时间关系，未能逐一改正。1915年，与周氏仍然任职的蓬溪相比，这个时候的蓬溪，与其创作《邛都词》时的蓬溪，俨然已经有了新的风貌。随着词学素养的提升，周氏开始着意于史料，搜罗史实，将曾经也在此辖区内任职的唐人贾岛纳入了他的文化想象之中。于是，这一时期的词集，被命名为《长江集》（因贾岛曾任长江主簿一职）。

贾岛墓，祭亭中的“唐普州司参军贾岛浪仙神位”石雕牌位，位于四川省安岳县安泉山麓，墓前建筑为清代遗物。

贾岛墓，祭亭中的“吏隐诗仙”清代石碑。

说到贾岛，这位曾与韩愈有“推敲”典故的著名唐代诗人，与此时的周岸登的人生际遇颇有几分相似。贾岛与周岸登，都是没有任何家族背景，完全靠科场题名而进入官场的，所任官职都是县一级左右的闲职，职位在官吏体系中皆为底层，且升职上位的概率都很渺茫。在作诗和作词的天分上，二人不相伯仲，都是需要坚持苦吟和不断推敲，才能力臻完美的。这也就不难理解，为什么周岸登在蓬溪任职期间，与贾岛这位千年之前的潦倒诗人如此投缘，而不是另标旗帜，别觅宗门。

《长江词》中有一首周氏亲赴明月山贾岛祠吊念的词，这一对千载知己互诉衷肠，抒写得一清二楚。词曰：

月下笛

长江故县明月山贾浪仙祠，用玉田韵

明月诗仙，长江谪宦，古祠高岫。携尊酹酒。憎命文章世偏寿。孤情合证维摩诘，想浣笔、冰瓯雪窦。共江山胜迹，长留诗卷，几曾虚负。　　知否。屠龙手。早遁迹空王，梵云华首。郊寒是友。苦吟终让君瘦。我来恰值繁霜节，试唤起、精魂似旧。更长啸，叩微茫，还恐推敲未就。

因故离开此地时，周氏依依不舍，在渡口前远望贾公祠，又写下一首词。词曰：

丁香结

晚过康家渡，望贾祠，用清真韵

风约寒漪，雪飘衰苇，霜叶点波红陨。送轻帆羽迅。渐夜渡、瞑合沙昏烟润。贾祠空怅望，裴怀意、欲去未忍。长江明月。几辈吊古，苍茫不尽。　　愁引。看镜里清涪，已过衔芦雁阵。石室埋云，危楼倚笛，月寒星晕。魂逐江水共远，曲曲肠成寸。孤吟无人答，怕也同伊瘦损。

从这两首《长江词》中的点题之作来看，周氏词作风格恬淡凄婉，仍有一点怀才不遇的悲凉之气。词作用语平实，偶有清空之语，但与南宋以降的各路词派的深僻典故，冷清空灵，不堕实语，常作谜语的做派还是有很大区别，这与他后来自号二窗词客时的填词手法还颇有差异。

应该说，此时的周氏词作，是刚好从诗歌的格调上转向而来的长短句，是原本意义上的“诗余”。这样的词作，还没有沾染和浸淫太多自南宋姜白石、吴梦窗以来，尤以清末临桂词派为最的词学格调，这原本属于个人旨趣所在，无可厚非，无可评说。但既入词客一途，周岸登还是无可摆脱地要进入到当时的主流词学思潮之中，而且必然受其影响与制约。

在崇尚姜白石清空、吴梦窗细密的清末民初词学界风气中，周岸登至迟在1916年就开始了对吴梦窗词作、词学理念的深入探研。1916年，周氏仍然在蓬溪任职，依然大量创写词作，只是已经终结了《长江词》的结集，而另立一词集《北梦词》。

从某种意义上讲，后来作为周氏词作总集《蜀雅》中收录的《北梦词》二卷七十二首，以及之后的《焫梦词》二卷五十二首，乃是这部词作总集中最为重要的部分。因为从这两部词集开始，周氏词作的风格与格调大变，开始向二窗词客转型，这一转型也直接奠定其之后二十余年的词学理念。

这一年中秋节前后，周氏已经研读完毕了吴梦窗的词作集，为此，以其梦窗词学理念的理解和体悟，作了一首词以志感念。词曰：

玉漏迟

校读梦窗词集毕，因题其后，用草窗题梦窗霜花腴词集韵

琐窗清梦少。仙城路远，古香声杳。甬曲句东，遥识庆湖襟抱。西麓裁云万叠，共花外、吟魂分绕。良自笑。签縢鬓影，未输年少。　浪窥七宝楼台，助教国凄凉，感秋歌啸。馔酒餐英，重写霜花腴草。丝缕玄经绣网，轻付与、寒虫羁鸟。幽恨悄。愁吟画中灵照。

这是周岸登后来辑录在《蜀雅》中的第一首词作，将吴梦窗、周草窗两位南宋词人的格调与风格融汇而成的词作。可以看到，周氏词作的风格已经大变，尤其注重情态琐细之描绘，已经不是先前那种平实说理，平铺直叙的诗余做派了。

至于其专业水准与学养水平如何，当时的词学界主流评价若何，原本是可以抛开不计较的。毕竟，周岸登只是在蜀地山乡中自吟自叹的一介闲吏，一不靠词技谋银两，二不靠词学作先生，在做官作词的层面上，几乎都是可以不看他人脸色的。

但到了1927年之后，事情起了根本性的变化。因为周岸登辞去了官职，开始行走于学术江湖，二窗词客的声名如何，几乎就是生存的前提。词作得好不好，能不能得到词学界主流的认可，能不能在大学讲台上站稳脚跟，又成为其必得面对与解决的人生问题了。周氏继酷吏和词客生涯之后，又将面临一次重大人生转折。

◎《蜀雅》欲登大雅之堂

在蓬溪任职之后，周岸登还曾离开蜀地，远赴江西任职。

江西任上的情况，不甚明了，相关史料文献也少见，无从确考。不过，据《民国日报》1921年6月14日的报道，可知周氏曾在江西出任宁都知事一职。仅从报道题目《宁都知事劣迹大披露》着眼，一眼即明，周氏在赴任之地政声不佳，恍若当年广西全州任上一般。

报道中所谓“大披露”，主要有两个方面，一是搜刮民财，二是滥用刑罚。这两个方面的问题，合在一起，几乎就是古今中外所有酷吏的基本特征了。且看周知事“自二月来宁，下车数日，即亲率军队赴下乡一带割拔烟苗”，“一至其地，即命种烟各人推出代表，按亩敛钱”，“所得小洋一万余毫，其烟苗未拔一根”。这是周知事上任伊始，干出的第一件“政绩”，以拔除烟苗威胁，迫使种烟者捐款。至于其他敛财手段，在此不必一一赘述了。

民國日報 中華民國十年六月十四日 星期二

●寧都知事劣跡大披露（南昌）

贛南・寧都知事周岸登・自到任以來・對於地方興革事宜・毫不措意・惟以剝削爲事・茲將其劣跡最著者列舉於左・

周知事自二月來寗・下車數日・聞贛州軍隊赴下游一帶剿捉烟匪・一至其地・即命拘捕各人

《宁都知事（周岸登）劣迹大披露》，原载《民国日报》，1921年6月14日。

滥用刑罚方面，竟有对嫌疑人施以“责打板子一千五百板”的纪录，更有对“七旬老妇”，施以“责打面颊，又施荆条”的记录，“当时在庭观者莫不摇头咋舌”。这样的记录确实令人惊愕，即便从历朝历代的县级小吏办案史加以追溯查寻，恐怕也找不出这么趾高气扬的官威与酷烈罢。

这一番“大披露”之后，周知事应当曾被调离，但并未被撤职。直至1924年，安县知事周岸登暂代庐陵道尹职事的通知，还曾见诸《民国日报》。这就说明，周氏只不过在江西换了一个县城做知事罢了，且还被委以暂代道尹职事的重任，足见在江西官场上，周知事还不至于因一篇“大披露”的报道就一蹶不振。

时至1927年，周知事终于辞官，去厦门大学任教，开始了此后十五年的学者生涯。1931年秋，转任安徽大学文学院院长，学者生涯似乎一帆风顺。当年行吟于县级官场上的词客，似乎已然要向专事研究与著述的词学家、词人身份更进一步了。宦途迢迢而来的词客，似乎即刻就要步入词学殿堂了。

这一年，周氏门生包树荣、韩文潮整理周氏词作出版，名曰《蜀雅》，一时在学界颇有影响。这一部白纸线装，以聚珍仿宋版大字精印刊行的词集，印

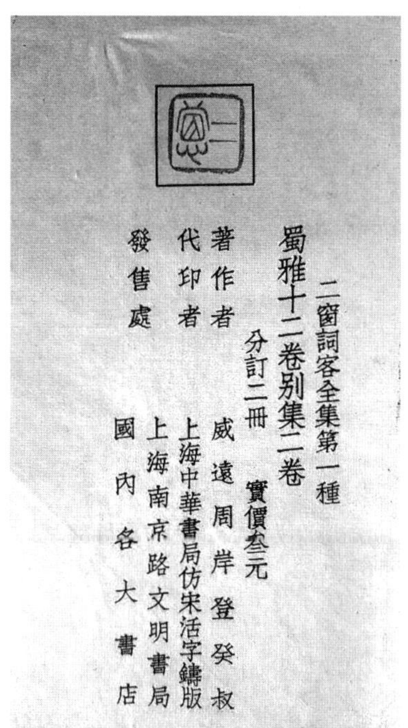

二窗詞客全集第一種
蜀雅十二卷別集二卷
分訂二冊　實價叁元
著作者　威遠周岸登癸叔
代印者　上海中華書局仿宋活字鑄版
發售處　上海南京路文明書局
　　　　國內各大書店

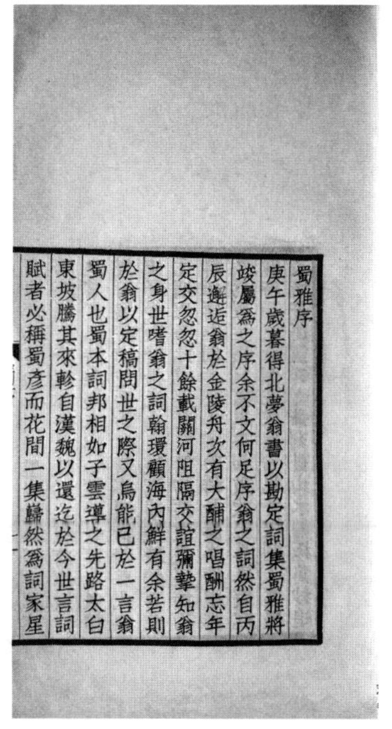

蜀雅序

庚午歲暮得北夢翁書以勘定詞集蜀雅將竣屬爲之序余不文何足序翁之詞然自丙辰邂逅翁於金陵舟次有大酺之唱酬忘年定交忽忽十餘載關河阻隔交誼彌摯知翁之身世嗜翁之詞翰環顧海內鮮有余若則於翁以定稿問世之際又烏能已於一言翁蜀人也蜀本詞邦相如子雲導之先路太白東坡騰其來軫自漢魏以還迄於今世言詞賦者必稱蜀彥而花間一集驎然爲詞家星

《蜀雅》，周岸登撰著，1931 年中华书局初版。题签、自序及版权页。

制精良，格调雅致，比之同时代的词学专家们的著述，从装帧档次上已略胜一筹，颇有点自成一家的味道。书名题签者，为知名学者、书法家汪东[①]，更有词曲学家王易[②]为之撰序，一时颇有吾道不孤之感。且仅以《蜀雅》所辑词作数量而言，亦为同时代词集中佼佼者。

据统计，《蜀雅》词十二卷、别集二卷。正集中《邛都词》一卷三十首、《长江词》一卷三十三首、《北梦词》二卷七十二首、《焆梦词》二卷五十二首、《南潜词》二卷四十六首、《丹石词》一卷四十五首、《退圃词》一卷四十一首、《海客词》一卷十二首、《江南春词》一卷三十八首，别集中《和庚子秋词》一百一十六首、《杨柳枝词》一百零二首，共计五百八十七首之多。

一代词宗夏敬观[③]，曾抚读《蜀雅》，在其《忍古楼词话》中大加赞誉，专列一条“周二窗”，为之写道：

威远周岸登道援，亦字二窗，又字北梦。昨年因姚景之，寄予所著《蜀雅》十二卷，《蜀雅别集》二卷。岸登虽曾官江右，予未之常共文咽也。集中有东园瞑坐用予韵宴清都云：“画省喧笳鼓。边风急、穷秋烟暝催暮。蛮薰未洗，吴棉自栓薄，寒珍护。筝弦也识愁端，渐瑟瑟、偷移雁柱。更送冷、败叶声乾，敲窗点点如雨。琴心寄远难凭，孙源闲蜀，巴水连楚。流波断锦，孤衾怨绮，梦抽离绪。寒犁已度关塞，任碎捣繁砧急杵。数丽谯、廿五秋更，乌啼向曙。岸登才思富丽，亦非余子可及者。

① 汪东（1890—1963），字旭初，号寄庵，江苏吴县人，早年师从章太炎，曾任中央大学文学院院长。

② 王易（1889—1956），字晓湘，号简庵，江西南昌人，曾执教于中央大学。

③ 夏敬观（1875—1953），字剑丞，晚号吷庵，江西新建人。

当然，除了赞赏之外，也有颇不以为然者。譬如，时任南京中央大学教授的曲学名家吴梅。大约在《蜀雅》印行三年之后，1934年，中央大学的一些师生接触到这本书，在大部分师生表示赞赏之时，吴梅却认为其“雕琢太过”，并将这一评价写入了日记。

1934年11月28日，吴梅在与廖仲恺之兄廖恩焘会面时，年过七旬的廖老将自己的词集《忏庵词》赠予，翻看几页之后，忽然因之联想到了《蜀雅》。吴梅在当天的日记中写道：“细读一过，殊少真性情，与周岸登《蜀雅》同病。”

在吴梅看来，周岸登的词作不但有“雕琢太过”的毛病，还有“少真性情”的缺陷。其实，早在《蜀雅》出版之际，周岸登的挚友、词曲学家王易就已然预见到了，可能会有类似于吴梅这样的批评观点。在为《蜀雅》所作序言中，王易就已提到：“二窗词一以君特、公谨为宗，或微病其矜博而失情，牵律而害意，然余谓是者宁涩毋滑，宁密毋疏，奚竞俗赏为？”

在王易看来，像吴梅这样的批评，恰恰就证明了周氏词作的“雅”，恰恰就印证了《蜀雅》之“雅”。因为王氏祭出的“宁涩毋滑，宁密毋疏”之大旗，既是南宋以来的词学主流取向，也是清末主流词派的重要观念。“重气魄，轻形式”的北宋豪放派词学理念，在民国词学界是非主流的，因为词之所以可以成其词学，正是因琐密的雕琢与艰深的考索才成其为“学”的。王易的观点很明确，大雅肯定不通俗，看似艰涩的词作背后，才是真正的雅学风度。王易认定，“二窗词博雅矜炼，语出已铸，律细韵严，气度弘远”；继而还为之感叹道：

至于忧时念乱，契阔死生，自鸣不平，歌以代哭亦犹是。王风楚骚之志，而引商刻羽，不恤呕心，一篇甫成，如土委地，此中甘苦，不足语于外人，惟余与二窗相向太息而已。

事实上，对周岸登词作的评价，不但是清末以来词学观念的反映；从某种意义上讲，更是一种地域观念的交锋。就拿临桂词派况周颐的词贵“重、拙、大”而言，周氏词作，的确在气魄格调上屡屡反其道而为之，表现出“轻、巧、小”的特点。

所谓厚重、朴拙、大器，已并非词人们后天修为可及，更多的当与天性相照应。必得承认，从蜀乡僻地中行吟而来的周岸登，自然不可能间有北派的厚

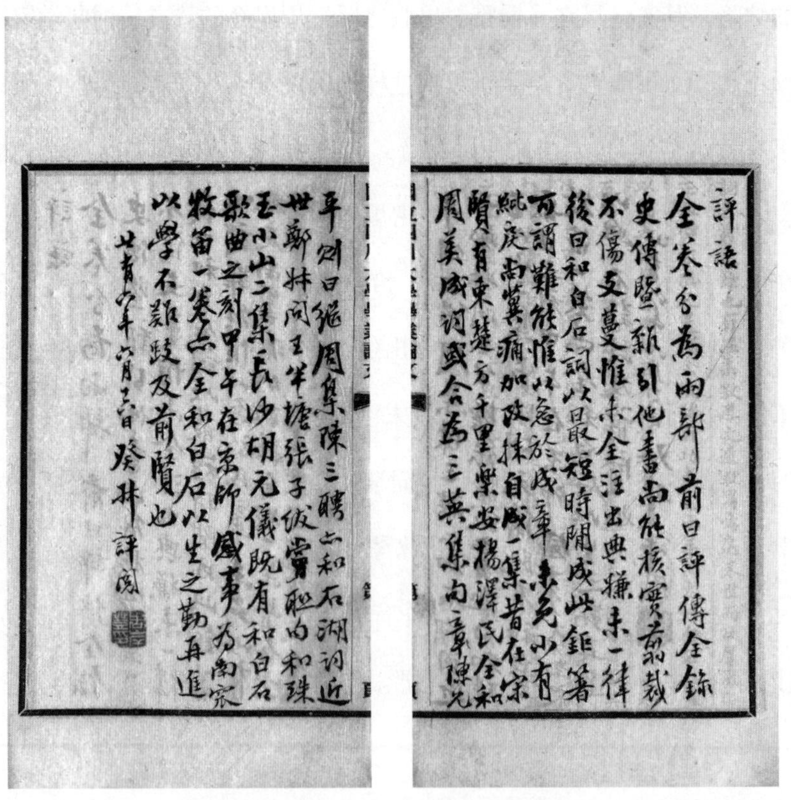
評語
全卷分為兩部，前曰評傳，全錄史傳暨新引他書，尚能核實翦裁，不傷支蔓，惟未全注出典，嫌未一律。後曰和白石詞，以最短時間成此鉅著，可謂難能，惟以急於成章，未免少有疵庬，尚冀痛加改抹，自成一集。昔在宋賢，有東楚方千里、樂安楊澤民全和周美成詞，或合為三英集，而章陳允平別曰繼周集，陳三聘亦和石湖詞。近世鄭叔問、王半塘、張子苾嘗聯而和珠玉、小山二集，長沙胡元儀既有和白石歌曲之刻，甲午在京師感事，為南宋牧笛一卷，亦全和白石。以生之勤，再進以學，不難跂及前賢也。
廿有六年六月上旬 癸叔評閱

1937 年，周岸登在四川大学任教时，评卷手批。

重与南派的空灵，兼及南北性灵，出神入化的大师气魄更不可及。词学家们的理论往往是一种理想化的模式，周岸登从来都不是理想国主，自然也不可能给所谓的词学界主流带来什么空前绝后的卓绝才情。那么，周氏词作中的轻灵、工巧、细小格调，也未尝不可是另一种佳作的标准。

◎ 词客终究隐没蜀中，“复活”奇案啼笑皆非

直至1942年病逝于成都，周岸登的词学声名，都仅仅是在小范围、小圈子里得到称誉。由于自1932年到重庆大学，后又转赴四川大学讲授词曲与金石学开始，二窗词客再未踏出巴蜀之地半步，故纸古籍中的“草窗”与“梦窗”也罢，巴山蜀水间的“东窗”与“西窗”也罢，无论伫立于哪扇窗前，都只能是课徒从学、娱老遣怀的一副乡贤宿儒模样了。

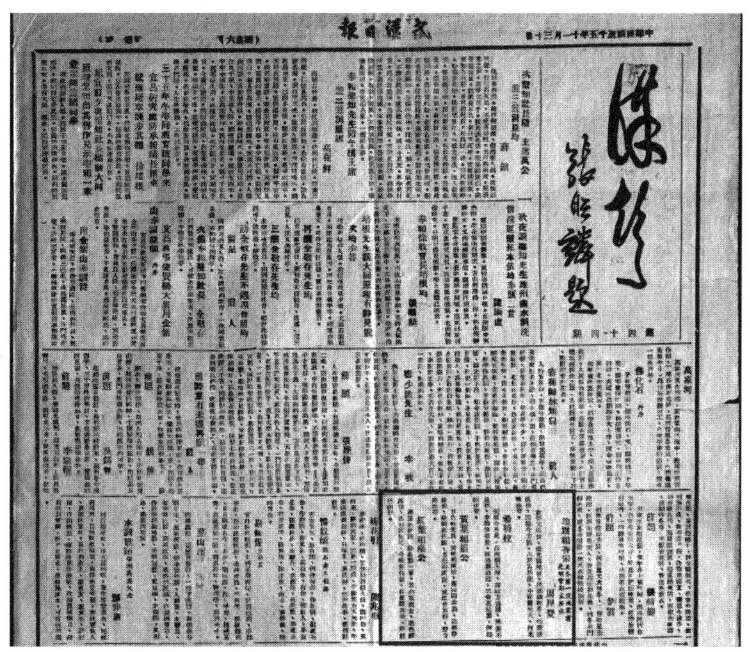

《武汉日报》（宜昌版）第四版“汉声”，1946年11月30日。

地震和香宋 立冬前一夜地震有光明電鄰犬齊吠　周岸登

在晉元康世、飛光震地層、民謠徵細李、妖讖應風僧、閃電今方甚、占星古却能、中宵驚吠犬、何兆問礁登。

希特拉

創開中外史、首出霸王層、有礙方爲國、無妻不是僧、拿翁慚很黠、該撒謝功能、三會慕尼黑、何如相岸登。

黃葉和鮍公

日色林光裏、黃棉鋪幾層、落帆明去鳥、返照帶歸僧、蛺蝶衣休誤、猩雲面或能、湘江曾放棹、野寺踏雲登。

紅葉和鮍公

漫道秋容淡、驕春豔一層、羞潮頰姹女、老色醉高僧、古有紅兒比、今輪赤化能、首都經血染、夢想擫山登。

周岸登的一组诗作，“地震诗”与“希特拉”等。

时为1946年11月30日，周氏病逝后四年，突然又捎带着四首诗作见诸报端，且并未标明“遗诗”，而是与诸多健在的名公才俊齐聚在一个版面上，仿佛是在参与一场纸上雅集似的。

原来，这一天的《武汉日报》第四版“汉声”副刊上，在整版众多诗篇之中，突然钻出署名为“周岸登”的一组四首诗来。第一首乃是“地震诗”，是专门记述四川地震情状的，很是有地方特色。诗作原文如下：

地震和香宋

立冬前一夜地震有光明电，邻犬齐吠

周岸登

在晋元康世，飞光震地层。民谣征细李，妖谶应风僧。

闪电今方甚，占星古却能。中宵惊吠犬，何兆问礁登。

诗题里的香宋，乃是指蜀中名士赵熙（1867—1948，字尧生，号香宋，四川荣县人）。这里的“地震和香宋”，应是指赵熙也写了一首关涉蜀中地震的诗词文赋之类，周氏随即和诗一首。据查，赵熙确曾作过一首《百字令·地震》，词曰：

谁摇大块，忽壁声戛戛，四闻噫气。恍自东来西北去，新鼓洪炉大鞴。千幻生愁，五行志怪，晴转灵鳌地。令人肉颤，杞忧难怪天坠。万世陵谷谁知，景皇中叶，蜀道长如此（乙未春，己亥冬，各动数十次），火在地心成海啸，一例洪荒前事。石缝螀啼，灯头花烬，久病人无寐。记将夜半，冬前十月初四。

通过词中附注可知，赵氏词作中言及的蜀中地震，或者说列举的地震情状，乃是指发生在乙未春与己亥冬的两次地震，即1895年春与1899年冬的两次地震。这两次地震，应当与周氏和诗无关。因为即便是报社编辑翻拣周氏旧作以充版面，赵氏抒写这“地震词”的时节，周氏还尚在外地赴任，正是其个人生涯里酷吏前传的时节，当时并未驻居于蜀中，所以不太可能有“地震诗”之唱和。

那么，据此不难揣测得到，这一“地震诗”应当是近期的“新作”才对。更因此诗后列的那一首《希特拉》，在二十世纪三四十年代乃绝对的“时事诗”，是那个时代特有的崭新主题。因此，在无法再觅得赵熙的其他关涉地震之文学作品以观究竟的情况下，仍不妨就此推定，周氏唱和赵氏的这首“地震诗”，或应写于全面抗战爆发之后至其病逝之前的这段时间，即1937年至1942年之间才对。

在此，也不妨领略一下，曾经的精雅绝伦之二窗词客，又是如何以打油诗的做派，来戏谑调侃“二战”魔头希特勒（拉）的罢。且看周氏诗作原文如下：

希特拉

创开中外史，首出霸王层。有社方为国，无妻不是僧。

拿翁惭很惊，该撒谢功能。三会慕尼黑，何如相岸登。

拿破仑与凯撒大帝都自愧不如，希特勒的霸道着实是世界之最，周氏调侃得也算相当到位。同时，也不难发现，诗中“三会慕尼黑，何如相岸登”云云，乃是将周氏其名“岸登”二字嵌入句末的戏笔，又别是一番风趣了。不过，再仔细将余下两首诗一一读毕，就会发现，这一组四首诗皆押在了“登”字韵上，这样的做法，恐怕并不能完全以巧合来加以解释吧？

遗憾的是，版面上并无特别说明与介绍，相关史料文献也无从考索，这一场周氏病逝四年之后，忽而“复活”作四首“登”字韵组诗，往赴纸上雅集的“奇案”，至今尚无法破解。

仅据笔者所见所知，似乎只有抗战期间由杭州迁往广西南平办刊的《东南日报》，因社址较为接近四川的地利之便，于1942年10月15日，有过“一句话新闻”式的报道，宣称周氏“顷在寓逝世，享年七十”。除此之外，尚没有见到过其他公开发行的报刊对周氏病逝有所报道。

那么，是否存在这样一种可能，即《武汉日报》方面并不知晓周氏已死的事实，在根本不知情的前提下，从周氏新近的一些诗作中特意拣选出一组“登”字韵的诗作来，即刻发表，以充版面。此举予读者某种暗示，即曾经还

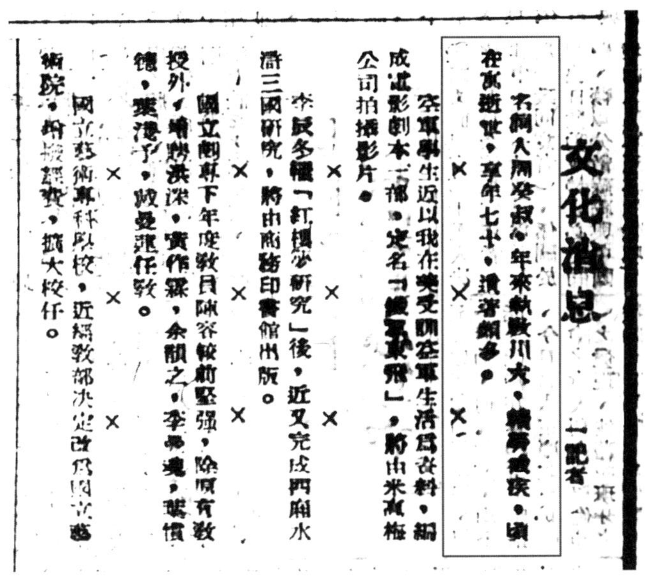

文化消息

—記者

名詞人周癸叔今年來執教川大，積勞致疾，頃在寓逝世，享年七十，遺著頗多。

×　×　×

空軍學生近以我作者受訓在軍生活爲資料，編成試影劇本一部，定名「[illegible]」，將由米高梅公司拍攝影片。

×　×　×

李辰冬續「紅樓夢研究」後，近又完成西廂水滸三國研究，將由商務印書館出版。

×　×　×

國立劇專下年度教員陣容較前堅強，除原有教授外，增聘洪深，黃作霖，余[illegible]之，李[illegible]魂，張慎德，[illegible]，[illegible]任教。

×　×　×

國立藝術專科學校，近經教部決定改爲國立藝術院，[illegible]，擴大校[illegible]。

《东南日报》所载周岸登病逝讯息。

是颇有声望的一位名士，专程为本报呈献了一组“新作”，特意来与版面上的时贤新作相呼应唱和。

不过，不得不承认这一假设，不必说实在是无法确证，简直还可以说是根本无从着手。因为至今尚未见到关乎周氏的一部传记或文集的基础性文献出版面世，更不可奢望到“全集”中去求证去探寻这一“奇案”的究竟了。

◎尾声：地域观念与志业运命

遥思整整八十年前，于1942年9月以血溺病逝，葬于望江楼畔狮子山之阳的二窗词客，恐怕也根本料想不到，自己竟然会在四年之后，“复活”于湖北宜昌的报纸版面之上，且还捎来了一组既聊地震，还调侃希特勒的“新作”诗文。世事无常如此，世情翻覆如此，真真令人不禁愕然复哑然。

至此，不禁感慨出一句“草草梦一场，遥遥寄二窗”来。或许，这就正是这二窗词客的一番宿命罢。尽管周氏可能是继明代才子杨升庵之后，蜀人中难得的一位词学大家，其个人命运却也只能与其他众多囿于盆地之中的蜀中才俊一般，囿于西南一隅而趋于落寞无为，终至湮没无闻。“少不入蜀，老不出川”的魔咒，在这样一位近世词客身上，同样得到了应验。病逝四年后“复活”于《武昌日报》之上的这桩“奇案”，不就正是蜀中才俊出蜀则达，入蜀必隐的某种寓示吗?

或许，词学观念可以逐渐融会贯通，词作风格可以尝试默契古今，但因地域观念差异所带来的志业运命上的种种微妙歧异，无论是由与生俱来的所谓乡土气息所呈现出来的思维行为方式乃至处世方式上的人格特质，还是令如周岸登这样的蜀地才俊，终未能更上层楼，迈入同时代国内词学殿堂的更高处。

如周氏这样的状况，仅就同时代的蜀地文士群体而言，并不仅仅是个案。应当说，有着类似的经历与情形者，并不在少数。这就不得不令人思索，之所以出现这样的时代“症候”，或者说群体“通病”，恐怕并不能以所谓世道艰险，世事无常之类的空自感慨了事，也不能以事后诸葛亮式的说一通“学术应当融会贯通，默契古今方为大家”之类的空泛评述，就可以自认高明。

诚然，所有这些“症候”与“通病”，确非个人力量所能抗拒，自然也不可能全然靠提升学术修养与功力来解决。除了事后感慨与概括之外，似乎也别无他法可言。然而，概观周岸登的生涯种种，从广西任上的酷吏至行吟蜀中官衙里的词客，再至游宦江西任上的劣迹重现；乃至不得不辞官赴任南北各地大学任教，终至回归西南一隅，落寞无闻于世，却又成了尚可载入县志里乘的乡贤宿老；所有这些有意无意，有力无力的生涯流转，无一不体现着地域时空及潜伏其间的地域观念，对个人志业抉择乃至事业运命潜移默化的深沉影响。

如今看来，那一册糟朽的《瞿园杂剧》与夹在书中的那一页充斥着莫名愤怨的词作，或许比那一套齐齐整整，体体面面的《蜀雅》，更接近于一己生活之实情。

事实上，周岸登最终没能成为一位举世名扬的词学大家或作家，终究没能踏出蜀山、跻身大雅之列，原因是多方面的，答案也应当是多元的。不过，从酷吏到词客，再从大学教授到乡贤宿老，终至当世湮没无闻，后世更少为人知，闻所未闻，贯穿这奇诡生涯始终的，除了难以言喻的世事无常与人心无奈之外，是否还曾思及乃至应用地域观念来加以推绎与剖析，恐怕至今仍是仁智两可，莫衷一是的罢。

陈柱：意兴阑珊话经师

◎小引：小题大做，学术与人生

民国文史学界有“南陈北陈”的说法，一指陈寅恪（1890—1969），一指陈垣（1880—1971）。由于二人皆是用“牛刀杀鸡”的治学风格，是在历史细节处用足力气，以小问题做大文章的别开生面的学者，这种“小题大做”的治学特色的确引人入胜，予人启迪。

因而民国至今，对此“二陈”的兴趣与研究可谓绵延不绝，一直在深挖细掘，推陈出新。后世研究者也以“二陈”的治学方法还治其身，大有精益求精，所用不尽其极的架势。“二陈”的学术史与生活史皆成为炙手可热的谈资与公共资源，他们的行止生涯俨然成为一种可资标榜的历史高度。

如果说，在“牛刀杀鸡”的学术特色熏染之下，人们感兴趣并乐于谈论的是，陈寅恪所研究的杨贵妃与柳如是，陈垣所研究的元代神甫与明末和尚。那么，当年还有一位陈姓学者，也颇值得关注，也是颇可为谈助的。

这位“第三陈”的研究更稀奇，不但那些已经被新文化运动扫进垃圾堆的经史子集他照单全收，还不断推陈出新；他还特别关注自章太炎以来就已经被批倒批臭的公羊学，并据之摸索出了一套所谓的哲学体系。这样的“第三陈”及其新奇学术，是否又真是继“南陈北陈”之后的又一热烈谈资呢?

◎民国学术“第三陈”

陈柱（1890—1944），字柱尊，号守玄，广西北流人。十九岁留学日本就读成城中学，四年后毕业归国，考入南洋大学（今交通大学前身）电机系，课余兼修古文，尝以文字见知于校长唐文治（蔚芝），后即改攻文学。学成后，初任广西省立梧州中学校长，时年仅二十五岁，任满六年。1921年，应唐文治之聘，赴任无锡国专教授。1924年任大夏大学教授、国学系主任。次年起又兼任暨南大学、光华大学中文系主任。

1928年起任交通大学教授、中文系主任。在交大任职期间，除参加南社外，还参加中华学艺社、新中国建设学会，主编《学艺杂志》《国学杂志》《学术世界》等期刊。平生著述甚丰，据不完全统计，其著述有近百部之多，诗作不下万首，现存诗集有印本《待焚诗稿》两种版本共计十卷。

陈柱（1890—1944）

这即是民国学术“第三陈”的基本履历。近百部著述与上万首诗作，给人著作等身的惊诧赞叹的同时，恐怕也让人对这些著述的学术定位产生疑惑。这位年寿五十四岁的陈先生，就算从二十岁开始专事著作，也得以几乎每年三部的速度才能符合上述统计数据。其著作的速度与数量，皆是惊人的。那么，他究竟写了些什么内容？是旧学还是新学，是国学还是文学？

陈氏学术生涯中，重要的定格之年乃是1929年。那一年，他三十九岁，若论虚岁，则已年届不惑；在治学业绩与学术成果方面，确亦步入“不惑”且足以为弟子授业“解惑”的年岁了。这一年，他为暨南大学诸生讲授《庄子》，其讲义《庄子内篇学》，当年即由中国学术讨论社出版。紧接着，“陈柱尊丛书”交由上海商务印书馆出版，书目拟订出来，竟共计四十余种之多，其治学领域之丰盛，实在令人咋舌。

从书中有专研易学的，诸如《守玄阁易学》《周易文法读本》《周易说苑》等；有专研古文字训诂的，诸如《说文解字释要》《说文部首韵语注》《小学平议》等；有读解子学的，诸如《老子古义今解》《庄子通》《定本墨子间诂补正》《墨学新论》等；有讲授文史的，诸如《太史公书讲记》《史记义例》《文选札记》《文心雕龙增注》《诗学大义》《先秦文学概要》等；有专事国学的，有《国学拾闻》《国学新论》等。当然，还是谈四书五经的最多，诸如《守玄阁尚书学》《尚书文法读本》《尚书论略》《守玄阁诗学》《诗经正葩·诗明》《周礼要义通论》《大学通义》《中庸通义》《春秋公羊集解》《春秋公羊微言大义》《春秋谷梁微言大义》《春秋左传司马氏学》《春秋三传异同评》等等。

这些经年积累的治学经验与学术成果，在1929年终于如火山喷发般，一发不可收拾。不过，除了当年10月，其著《周易论略》交由商务印书馆出版之康有为题赠陈柱“十万卷藏书楼”横幅，载于陈柱主编《中国学术讨论第二集》。

外，这四十余部著述并未如期全部出版，其中大部分迭经修订，稍后于一九三〇年代陆续印行，收入商务印书馆的“万有文库”与“国学小丛书”中；还有一部分则始终未能正式出版，只有一些著者自印本流传于世。

虽然则多少有些遗憾，可1929年这一年，于陈氏而言，还并非只是拟订出一张罗列四十余部著述的出版清单来。就在这一年4月，还有一部装帧颇为别致，意义更为特别的线装本著述《公羊家哲学》，已由上海中华书局出版了。

之所以说陈氏这部著述装帧别致，还并非完全出于其线装本、一函两册的古色古香。古色古香的外观之下，其现代印刷技术最新成果的运用更与之相得益彰，那个时代国学的“学术范儿”，也在此一表无遗。原来，这部《公羊家哲学》在装帧上不但采取了蓝布函、骨别子、线装本等传统技艺，更采用了刚创制不久的聚珍仿宋版铅活字印刷，读之令人悦目难忘。

这一函两册的学术著述，当时定价一块大洋，虽不算特别昂贵，可比之零售仅二三角钱的“国学小丛书”之类的洋装小册，这样的书价也可谓不菲。当时乃至后来，在众多陈氏著述之中，但凡为公开出版物者，这部书确为装帧印制质量最佳者，这就不禁令人颇感好奇，这部书究竟有什么特别之处呢？

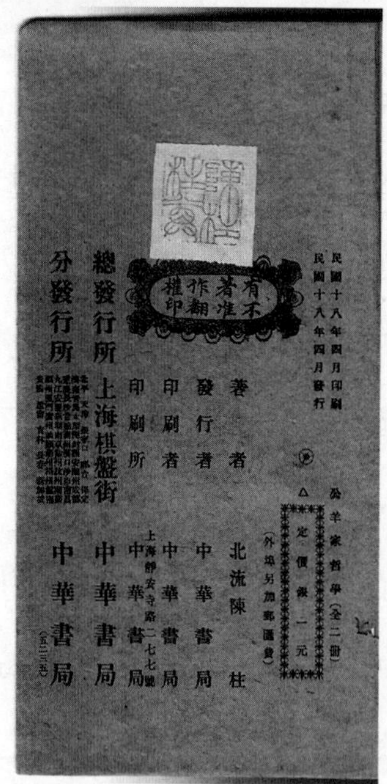
民國十八年四月印刷
民國十八年四月發行

有著作權
不准翻印

公羊家哲學（全二冊）
定價銀一元
（外埠另加郵匯費）

著者 北流陳柱
發行者 中華書局
印刷者 中華書局
印刷所 上海靜安寺路二七七號 中華書局
總發行所 上海棋盤街 中華書局
分發行所 中華書局
（五三三五）

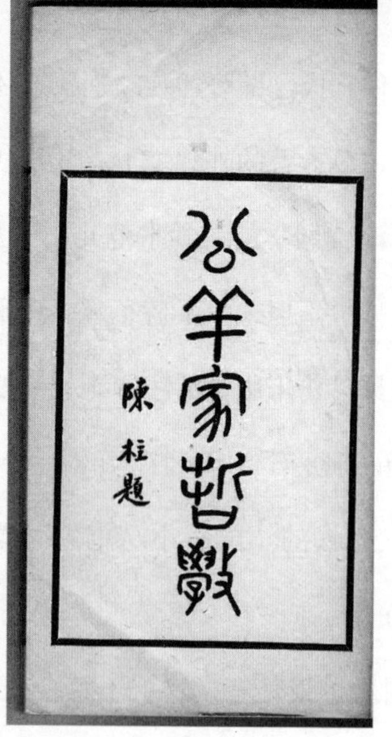

陈柱著《公羊家哲学》，中华书局 1929 年初版，一函两册，函套、封面、扉页题签及版权页。

◎公羊无罪，革命有理

要研读这一部《公羊家哲学》，首先得弄明白什么是公羊家？公羊又是什么东西？

公羊首先是汉代经师公羊高一系的姓氏，他们解释《春秋》的方法与学说代表了一种学派，即公羊学；再后来追随、推崇这一学派，并按照这一学派思路有所发展的学者被称之为公羊家。

公羊家的产生，源于对解读《春秋》一书本意及寓意的不同解释，以及由此反映出的解释者各自不同的思想立场。大致说来，《春秋》是鲁国的编年史，经过了孔子的修订。记载了从鲁隐公元年（前722）到鲁哀公十四年（前481）的历史，是中国现存最早的一部编年体史书。《春秋》一书的史料价值很高，但不完备，也有人认为是鲁国史官的集体作品。王安石甚至说《春秋》是“断烂朝报”。《春秋》最初原文仅一万八千多字，现存版本则只有一万六千多字，在语言上极为精练。就因文字过于简质，后人不易理解，所以诠释之作相继出现,对书中的记载进行解释和说明，称之为“传”。其中左丘明《春秋左氏传》、公羊高《春秋公羊传》与谷梁喜《春秋谷梁传》，合称“春秋三传”列入儒家经典。

《公羊传》的内容与主旨与《谷梁传》《左传》有很大的不同。《公羊传》和《谷梁传》讲“微言大义”，希望试图阐述清楚孔子的本意；认定《春秋》是孔子所作是两传作者的共通之处，但对其内容的诠解则各有侧重，有的观点是相互矛盾的。而《左传》以史实为主，补充了《春秋》中没有记录的大事，其中一些记录和《春秋》有出入，所以有些学者认为《左传》的史料价值大于《公羊传》《谷梁传》。

无论此三传的优劣长短，围绕《春秋》一书根本性质及宗旨的争论，自汉代以来，两千年来未曾消停过。按照经史子集的传统四部读书法，《春秋》列于经部，理应循经达义，当以通贯领会文本中的“微言大义”为首要，以书中记载史料为辅助理解，而非纯粹的以史料考证为中心——这是公羊、谷梁两传诞生以来已延续千年的所谓正统及主流读法。当然，由于汉代初年董仲舒的大力提倡与宣扬，公羊学大兴，公羊家一直占据着《春秋》正统读法的制高点。这些基本的历史背景与学术常识，在陈柱拟付印出版的《春秋公羊集解》《春秋公羊微言大义》《春秋谷梁微言大义》《春秋左传司马氏学》《春秋三传异同评》书稿，五本《春秋》解读系列著述之中，已经有了明确简要的交代。

当然，随着时间的推移，近代政治环境及学术风气，与两千年前的汉代相比，都有着极大的变化。到清代初期与中期，随着考据之风的兴起与发展，看重《左传》史料价值，进而质疑《公羊传》“微言大义”的思潮暗涌。如乾嘉学术中的扬州学派，以仪征刘氏四世治《左传》而名震海内，延至民国时代，刘氏家学的重要传人刘师培仍笃守《左传》为《春秋》古学家法，《公羊传》《谷梁传》的学术地位，就一度受到过相当剧烈的抨击。不过，尊经的风气在清代仍然延续，以经学定位为前提来探讨《春秋》的“微言大义”，仍是那个时代自任为经师者的要务，种种学术理论上的质疑与抨击，尚不足以摧毁已存续千年的，解读《春秋》所必须遵循的经学体系与经学方法，自然也就还不足以撼动《公羊传》及公羊家在经学上的地位。只不过在解读《春秋》的过程中，是择《公羊》还是《谷梁》；是“以史证经”还是“等经视史”，皆会有所选择也因之有所辩证罢了。

待到晚清康有为鼓吹变法时，《新学伪经考》《孔子改制考》一经抛出，公羊学在这一重大历史机遇中又重新焕发活力，其托古改制、三世说、今文独真的种种寓意，被无限放大与“活用”，不但成为晚清政治变革的理论新篇，更为康氏变法及其学说找到了历史依据。即或这只是一场以学术之名行政治之实的误读式启蒙，但不可否认的是，这场“误读事件”也的确是公羊家在历史舞台上的最后一次高调亮相。

随之而来，晚清政治变革的最终失败，康有为从维新导师转变为孔教会首领的整个过程，标志着公羊家复又黯然失色，已至穷途末路的境地。其实，公羊学作为一种古老学说，无论其是否退出历史舞台，无论其是否成为古董或国粹，原本皆是历史应有之义，既无可厚非，更无可逆转。不难发现，近现代公羊家们的最后挣扎，已经完全偏离了学术轨道，甚至于连基本的政治常识与时势分析皆不顾——企图以孔子为万能代言人，妄谈倡举所谓“政教合一”的国体；以儒学做“天下大同”的幌子，招徕东西学术做文化一统的大梦，这自然不是公羊学的本义，也绝非公羊学应有的近现代面目。

基于此，把《春秋》与《公羊传》区别对待，把经学与公羊学区分辨析；进而把康有为等与公羊家划界区分出来，将公羊学作为学术传统加以重新审视与澄清，并对其予以价值重估与现代阐释，正是一部分近现代学者们课题计划表中的一项重要内容。无论是一直与公羊学持对立态度的章太炎及其弟子，还是颇有些欣赏公羊学中革命精神的胡适等人，对此均有着或明或暗的示意或表达。

在这种情势下，写《公羊家哲学》的陈柱，看似是顺势而为的“揭竿而起”，实际上却将面临“骑虎难下”的两难境地。究竟是一拳打倒公羊家，两脚踢开“孔家店”；还是居高临下摆出“上帝”视角，看似秉持科学客观精神，

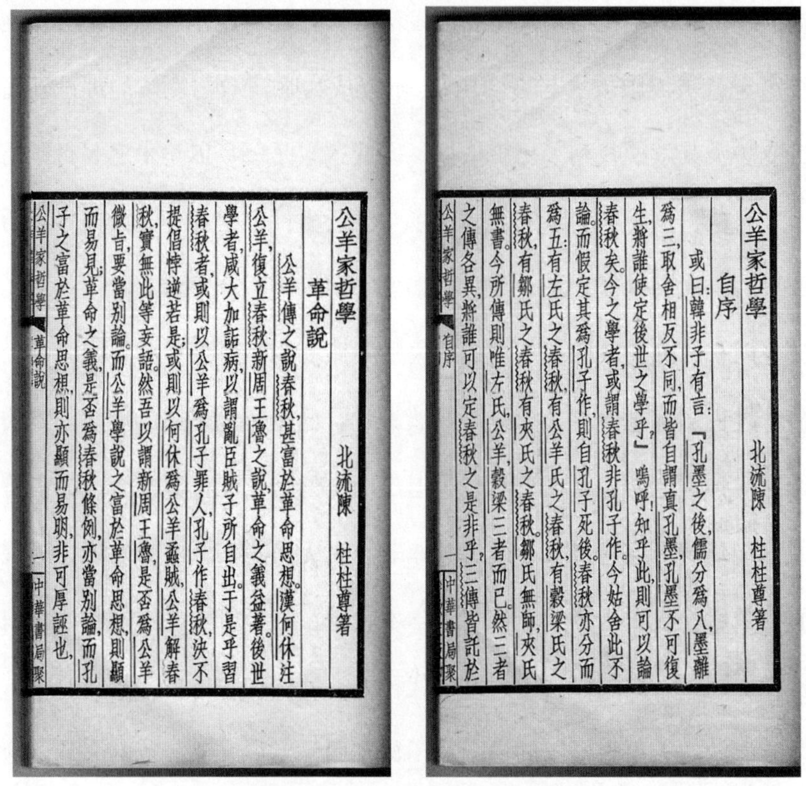
公羊家哲學　北流陳　柱柱尊箸

自序

或曰：韓非子有言：「孔墨之後，儒分爲八，墨離爲三，取舍相反不同，而皆自謂真孔墨，孔墨不可復生，將誰使定後世之學乎？」嗚呼！知乎此，則可以論春秋矣。今之學者，或謂春秋非孔子作，今姑舍此不論，而假定其爲孔子作，則自孔子死後，春秋亦分而爲五：有左氏之春秋，有公羊氏之春秋，有穀梁氏之春秋，有鄒氏之春秋，有夾氏之春秋。鄒氏無師，夾氏無書。今所傳則唯左氏、公羊、穀梁三者而已。然三者之傳各異，將誰可以定春秋之是非乎？三傳皆託於

公羊家哲學　自序　一　中華書局聚

公羊家哲學　北流陳　柱柱尊箸

革命說

公羊傳之說春秋，甚富於革命思想。漢何休注公羊，復立春秋新周王魯之說，革命之義益著。後世學者，咸大加詆病，以謂亂臣賊子所自出。于是乎習春秋者，或則以公羊爲孔子罪人，孔子作春秋，決不提倡悖逆若是；或則以何休爲公羊蟊賊，公羊解春秋，實無此等妄語。然吾以謂新周王魯是否爲公羊微旨，要當別論。而公羊學說之富於革命思想，則顯而易見。革命之義，是否爲春秋條例，亦當別論，而孔子之富於革命思想，則亦顯而易明，非可厚誣也。

公羊家哲學　革命說　一　中華書局聚

《公羊家哲学》，陈柱自序及正文首页。

为正反方做个“调人”，实则说一通“放之四海而皆准”的辩证法废话；这两种学术立场，都将是陈柱必须要面对的两难抉择。

换句话说，即便抛开康有为等近现代公羊家们不顾，就学术论学术而言，要么国学遗老们欢喜，则新学先锋们不乐意；要么新学先锋们拍案称快，则国学遗老们又要大骂“国将不国”了。写《公羊家哲学》的陈柱，必将面临学术阵营之抉择。在该书序言中，著者坦陈其撰著之难。文中这样写道：

今欲少言之，则近于臆断；欲长言之，则非万数千言不能尽。故今兹所论，为省免论难之故，独名之曰《公羊家哲学》。

虽然困境重重，左右为难，可著者最终还是发出了自己的声音。文中这样表述道：

盖今所传之《春秋公羊传》与其谓为孔子之《春秋》，无宁为公羊之《春秋》；自董仲舒、何休以下，皆说公羊之学，而亦各不能尽其同，与其定孰为公羊之真，无宁统名为公羊家之学；条其大义，去其乖戾，使世之学者，得以览其通焉。夫然，故暂且不必为孔子辩诬，不必为春秋辩诬，亦不必为公羊辩诬，而公羊家之哲学，乃大有其可论者矣。

原来，陈柱撰著此书的目的，既不在于为某学派、某学说辩护，亦不为某学派、某学说辨伪。这样的做派无疑是特立独行的，既不参与学术阵营论战，也不埋首于所谓学术“新发现”——这样的治学路径及其风格，在二十世纪二三十年代的中国学术场域里，着实有点难以想象。

概而言之，陈柱既不亲近以章太炎为首的旧学阵营，也不步入以胡适、顾颉刚等为首的新学阵营；既不为所谓古文、古史做国粹式辩护，也不涉足所谓的伪书、伪史的疑古派领域。只是要通过大量古代典籍及文献的比较研究，提炼出从古至今公羊家群体的哲学体系究竟有什么特点，这帮人的思想观念究竟有什么特征。解析、辩证、归纳、总结这些特点与特征的整个历程，都将集中呈现于书中，但仅仅只是呈现而已。要批判也罢，要追随也罢，皆非此书立场，更非旨趣所在——这就是《公羊家哲学》一书的独特视野所在，这也就是陈柱学术的独立精神所在。

以此观之，这难道不正是一场悄无声息的学术革命吗？虽然无法拉帮结

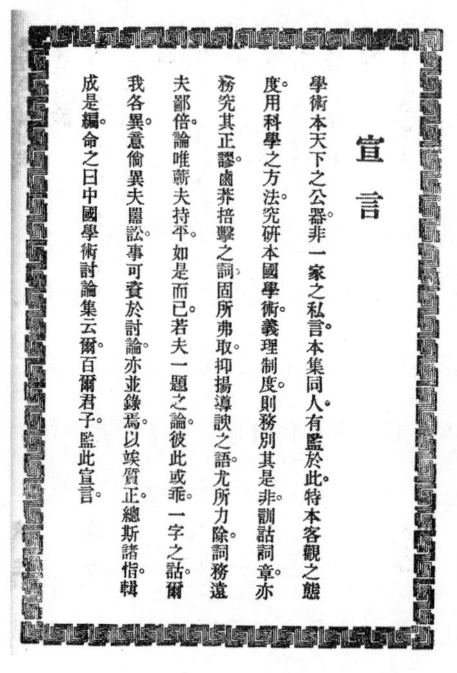

宣言

學術本天下之公器。非一家之私言。本集同人。有鑒於此。特本客觀之態度。用科學之方法。究研本國學術。義理制度。則務別其是非。訓詁詞章。亦務究其正謬。鹵莽掊擊之詞、固所弗取。抑揚導諛之語。尤所力除。詞務遠夫鄙倍。論唯蕲夫持平。如是而已。若夫一題之論。彼此或乖。一字之詁。爾我各異。意倘異夫嚚訟。事可資於討論。亦並錄焉。以竢質正。總斯諸恉。輯成是編。命之曰中國學術討論集云爾。百爾君子。監此宣言。

《中国学术讨论集》第二集，陈柱主编，1928 年 11 月印行，封面及宣言。

伙，没有大鸣大放；虽然执意单枪匹马，只能势单力孤，但这的的确确是一个人、一部书的一场革命。这场革命，要为公羊学革掉极端的原罪与神圣说，还公羊家们既不神圣，也不罪恶的本来面目。这样的革命，康有为、章太炎、胡适、顾颉刚们，公羊家与非公羊家们，都是始料未及的罢。

◎公羊革命十四条

书中，陈柱总结出了公羊家哲学的十四个特点，可以看作他这一场公羊革命的十四条原则。这十四条依次为：

革命说、尊王说、弭兵说、崇让说、攘夷说、疾亡说、尚耻说、进化说、正名说、伦理说、仁义说、善恶说、经权说、灾异说。

第一条革命说，不但阐示公羊学本身的革命性，也正是陈柱这场“公羊革命”合法性的开篇语，是旗帜鲜明的开场白。文中这样写道：

《公羊传》之说《春秋》，甚富于革命思想。汉何休注公羊，复立《春秋》新周王鲁之说，革命之义益著。后世学者，咸大加诟病，以谓乱臣贼子所自出。于是乎习《春秋》者，或则以公羊为孔子罪人，孔子作《春秋》，决不提倡悖逆若是；或则以何休为公羊蠡贼，公羊解《春秋》，实无此等妄语。然吾以谓新周王鲁，是否为公羊微旨，要当别论。而公羊学说之富于革命思想，则显而易见。革命之义，是否为《春秋》条例，亦当别论，而孔子之富于革命思想，则亦显而易明，非可厚诬也。

陈柱运用其一贯的中立手法，将干扰甚或阻止其立论的各种因素及分论点先行悬置起来；在这些悬而未决的疑难，得以阶段性搁置之际，可以迅速厘清主要思路，澄清历史事实，弄清经史互证脉络，最终得出可予阶段性确证的核心观点。

应该说，这套治学方法与陈柱多年来的执教经验有关。他清楚地知道，学生们没有精力也缺乏能力去参与什么今古文之争、公羊谷梁学说之争、《春秋》三传经史抉择，以及古史辨学派的伪史伪书考等等。他也并不希望学生们瞎起哄式地贸然进入，这些旧学与新学阵营之中纠葛已久的观念之争，他要斩断葛藤，吹破疑云，把初学者们尽快引入正途——从经史子集的传统文本中去发掘、理解与领悟中国经典中的精髓部分，而不是去盲目粗暴地要么崇拜，要么怀疑一切，更不是去支离破碎地疑古与辨伪。他的授业解惑之道，是教会学生在排除近百年各式学说论争而致的诸多分歧之前提下，尽可能地去理解传统经典中的文化价值与核心精神。

发掘、理解与领悟中国经典里的精髓部分，当然也包括公羊学，当然也需要研究公羊家的历史与观念。陈柱帮学生们先行悬置争论已久的何休注问题，不去长篇大论地阐述何休注好或不好，真或不真，而是直指公羊学的革命精神究竟怎样的问题。这根源于孔子本身就“富于革命思想”，不能把革命的好与不好，都推到何休或者公羊家身上。换句话说，即使没有公羊家与公羊学，孔子的革命思想迟早也会被后人发掘出来，只不过公羊家最早将其发掘并加以引申，并因之而独具研究价值罢了。

在成功悬置各种干扰因素之后，陈柱以其博通经史子集的学术功底，开始了对革命一说的直接文证、间接辅证、直接实证、间接旁证等多种论证。这一论证过程的精彩片断摘录如下：

《论语》记孔子言：假我数年，五十以学《易》，可以无大过，则孔子于易之精研与信仰可知，其作革彖曰：“天地革而四时成，汤武革命，顺乎天而应乎人。革之时义大矣哉！”“革命”二字，实始见于此。

孟子，传孔子之学者也。其言曰：“闻诛独夫纣，未闻弑君”，其革命思想何其激烈？则公羊之革命，谓必与孔子相刺谬，其谁信之？

复次，何注新周王鲁之说，求之于传，虽无显明之文，然孔子云：“吾志在《春秋》，行在《孝经》。”又曰：“知我罪我，其唯《春秋》。”孟子曰：“《春秋》，天子之事也。”又曰：“孔子作《春秋》而乱臣贼子惧。”倘此诸言而皆不足信则已；不然，则谓孔子作《春秋》，寓有革命之大义，又孰得而非之？

陈柱通过对《易经》的多年研究，指出孔子所作《易传》中，就有关于革命一词的最早提案。又借助对《孟子》思想的精熟，提炼出孟子得孔子革命真传的诸多文句来。关于何休注的问题，也顺带拈了出来，指出其根源仍在孔子自身的“革命”思想中。末了，针对当时已经蔚为风气的疑古与辨伪之风，相当洒脱地抛出了一句：

倘此诸言而皆不足信则已；不然，则谓孔子作《春秋》，寓有革命之大义，又孰得而非之？

此语意即：如果诸位能考证出以上所摘引的各式例证均为伪史、伪经，那么算我没说，我亦再无话可说。否则，我的上述观点将无懈可击。接下来，陈柱还有点对点式的精确论证，就以《春秋》原文、《论语》原文、何休注文等经典文本交替考证孔子学说的革命性。套用前述那一句自信的“又孰得而非之”的逻辑，如果仍不信服其观点，则只能将《春秋》《论语》等经书皆考证为伪书，直至将孔子也推证为“伪人”才行了。

另外，著者本人究竟赞不赞成孔子学说的“革命”性，或者说认不认同公羊家的“革命”思想，文章里确实未曾说明。不过，善于运用反问句加强论证力度的著者，还有一段相当精彩的“后世腐儒”说，就以反问句的形式表明了个人立场。他写道：

后世腐儒，不知革命之义古之学者恒言之，乃倡为君父一体，天下无不是之君父之说。自此等说出，而革命遂为学者所讳言。不知父子之道，出于天性；君臣之间，乃以义合。古者人臣有三谏不听则去之义，未闻人子有离绝父母之文。故在父子之间，不幸而处变，则小者如《凯风》，大者如《小弁》，唯以号泣呼昊天，呼父母，以冀其感动而止耳。至于君臣之间，去之可也，谏之可也，死之可也。至如罪恶贯盈，忠臣死于朝，百姓死于野，如是而犹弗悟，则唯有如汤武之革命而已。盖父子既本天性，则自非穷凶极恶之人，未有不能感动者，历观古今父子相杀弑之祸，惟国君为多，士庶之家，少有闻焉。则父子之出于天性，与君臣之出于义合，殆有不可同日而语者矣。况夫父子者，一家之关系而已；家虽有不慈之父母，亦如孔子所谓"小杖则受，大杖则避"，亦未为不可。若暴君昏主，则杀戮忠良，草芥民命，被其毒者乃在一国之民。如是尚可以君事之乎？此古之学者于父母则未尝有革命之说，于君主则大张革命之文，非无故也。审乎此，则公羊之传《春秋》，阐明革命之义，何足为罪？何休之注《公羊》，推演新周王鲁之说，何足为怪？而俗儒不察言观色，猥谓孔子严君臣之分，无革命之说，学《公羊》者又从而为之讳，惑矣。

何足为罪？何足为怪？这是陈柱对攻击公羊学、攻击公羊家的后世腐儒们发出的两大反问。他以君臣与父子这一对所谓人伦纲常的传统命题为切入点，令人信服地发掘出了"天性"与"义合"之间的区别，也因之令人充分理解了父子相处之道与君臣相处之道的差异；自然而然地就生发出"革命何足为罪？""革命何足为怪？"的反问。这是实事求是的通情达理，绝非引经据典式的古板面孔，看到这组反问句的读者，对孔子学说的"革命"性，对公羊家的"革命"思想，可以自然而然地接受了。

"革命"可兴，但并非时时处处皆可皆必革命。"革命"之后，并非始终

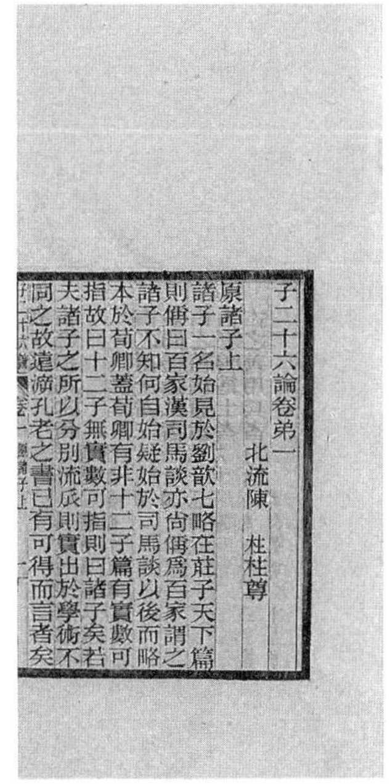

子二十六論卷第一
北流陳　柱柱尊
原諸子上
諸子一名始見於劉歆七略在莊子天下篇則偁曰百家漢司馬談亦尙偁爲百家謂之諸子不知何自始疑始於司馬談以後而略本於荀卿蓋荀卿有非十二子篇有實數可指故曰十二子無實數可指則曰諸子矣若夫諸子之所以分別流派則實出於學術不同之故遡源孔老之書已有可得而言者矣

《子二十六论》，陈柱编著，1935 年刻印。

子二十六論
木版四冊實洋四元
陳柱尊教授著卷一原諸子上。原諸子下。原儒上。原儒下。闡孟。闡荀。卷二原道。闡管。闡老上。闡老下。闡莊上。闡莊中。闡莊下。卷三原陰陽。原法。闡商。闡韓。原名。卷四原墨。闡墨上。闡墨下。原從衡。原雜。原農。原小說。子要。共二十六篇。故名二十六論。於諸子之原流派別。與其異同得失言之均與衆不同。提出老子之惟反主義。與儒家之惟中主義相對。道家之學。世皆視爲玄虛。此書獨能明其實用。莊子之道。世只知其爲曠放。此書則謂其可以爲達人。亦可以爲烈士。其他法家之出於禮。與夫諸子之於名學。均多言人所未言。誠治諸子學者所不可不人手一編也。欲購者請將實價匯寄上海大夏大學陳柱尊教授收便妥。

學術世界　一卷三期　陽明學爲今時救國之本論

《子二十六论》售书广告，称“此书独能明其实用”，颇有“诸子学说现代化”乃至“子学革命”之意。此广告多次刊发于陈柱本人主编《学术世界》杂志之上。

挂着“替天行道”的行头，继续打家劫舍，冲州撞府。“革命说”之后，另外十三个说法，陈柱娓娓道来。从“尊王”到“灾异”，从国家政治到天意人心；从“进化”到“仁义”，从自然法则到伦理道德，公羊家哲学的破立之道，他一一解惑答疑。看起来，公羊学非但无罪，公羊家也并非怪人，实在是无可怪罪，只是后世学者不懂装懂，或者根本不想搞明白罢了。

◎寂寥如斯1929

1929年，《公羊家哲学》的出版，学术界内外都没有多大动静，甚至连一篇像样的书评都没有，几乎是一片沉寂的状况。

遥思当年陈柱所拟出版丛书目录，那四十余种后来陆续付印的著述，绝大部分也只是作为国学入门读物面市的。有心的学生读者拿着翻一翻，勾一勾重点段落，捋一捋中心思想，就可以应付在校的相关考试了。无心的青年读者是不会看的，市面上有的是新文学、新文化、新哲学读物，犯不着再让这旧社会的“四旧五毒”搞得头昏脑涨，身心不爽。可无论如何，这四十余种丛书，总还是作为常销书在书店里搁着的，其中的一些品种多多少少也有再版几次的记录。然而，装帧精致，内容特别的《公羊家哲学》一书，却没有再版纪录，悄无声息地经历着新书—旧书—废纸—旧书—近现代文献的近百年循环之旅。

1929年，不仅仅只有《公羊家哲学》一书及其著者是寂寞的，对于同时代的诸多大师而言，也同样是寂寞的。除了1927年自沉于昆明湖的王国维、死于食物中毒的康有为之外，这一年开年不久，时为1月19日，已经在北京协和医院误割右肾的梁启超，再也经不起师友相继离世的悲痛与因手术失误所致疾痛的双重折磨，终于撒手尘寰。清华大学国学院四大导师，自王、梁二人猝然离世之后，至此就只剩下赵元任、陈寅恪两位了。

事实上，1929年对于陈寅恪来说，特别重要的事件似乎也不太多，能够传之后世的只有两件事较为引人注目，且皆与学术成果无关。这两件事，却也无一不是让人备感寂寥的。第一件事是1929年夏，清华国学院师生在王国维辞世二周年之际，募款为其修建了纪念碑。陈寅恪为之撰写了著名的《清华大学王观堂先生纪念碑铭》，铭文曰：

士之读书治学，盖将以脱心志于俗谛之桎梏，真理因得以发扬。思想不自由，毋宁死耳。斯古今仁圣所同殉之精义，夫岂庸鄙之敢望。先生以一死见其独立自由之意志，非所论于一人之恩怨、一姓之兴亡。呜呼！树兹石于讲舍，系哀思而不忘。表哲人之奇节，诉真宰之茫茫。来世不可知者也，先生之著述，或有时而不章。先生之学说，或有时而可商。惟此独立之精神，自由之思想，历千万祀，与天壤而同久，共三光而永光。

就在“独立之精神，自由之思想”引发共鸣，成为那个时代知识分子的座右铭之际，当年11月，陈寅恪却只能目送清华国学院的解散——这是其这一年经历的又一件沉痛之事。民国史学界素有“南陈北陈”的“二陈”之说，那么，再来看另一“陈”——陈垣在这一年又经历了什么？据考，其人在1929年的学术生涯也相当平淡，并没有什么名震海内的巨著问世，但比之陈寅恪而言，寂寥中总算还是有一些可以规划的前景。

1929年，因王国维、梁启超相继逝世，陈寅恪曾向清华大学推荐陈垣为国学研究院导师，陈垣以“不足继梁、王二先生之后”的理由婉拒。此时已五十岁的陈垣自有一番未来规划。这一年5月，刚刚从国立北平图书馆筹备委员会委员的位置上退下来，6月，即正式出任辅仁大学校长。从这一年8月开始，除了身兼辅仁大学校长之职外，至1937年一直任国立北平图书馆委员会委员、购书委员会委员，其中1929年10月至1930年10月还出任过国立北平图书馆委员会委员长。没有做清华国学院导师的陈垣，在1929年频繁出任文教要职，文章与学术只能暂时搁置一边，其学术生涯也未能在这一年发力。

康有为的死对头，孔教会的大敌章太炎，在这一年也出奇的安静。在“康圣人”因食物中毒猝死于青岛的那一年（1927）5月，章氏被国民党上海市党部临时执委会判定为“第一号学阀”，呈请国民党中央加以通缉。从此，章氏避居于同孚路赁寓，终日宴坐，偶尔研读宋明儒学，笔墨口舌上的建言都免了，一度保持沉默。六十岁的国学大师突然变成了通缉犯，此情此景，真让人无言以对了。直至1929年，章氏仍终年闭门谢客，对国事、学术俱保持缄默，把所有的话语权都主动放弃了。

寂寥如斯的1929年，仿佛是整个一九二〇年代旧学阵营乏善可陈的一次总盘点。在那个旧学落寞，新学冲锋的时代，胡适、顾颉刚、傅斯年等新生学术力量的蓬勃发展，以新文化、新文学、新思想为主要诉求的各式社会运动，或昙花一现，或涓涓细流；或百花齐放，或汹涌澎湃，总是一派生机勃勃景象。当白话文开始替代文言文，当新式标点取代圈点句读，整个旧学阵营的生存环境，可谓每况愈下，已经几乎没有“活水”可言，这一池“死水”已然呈现出要么被彻底蒸发，要么被逐渐吸收的终结轨迹了。

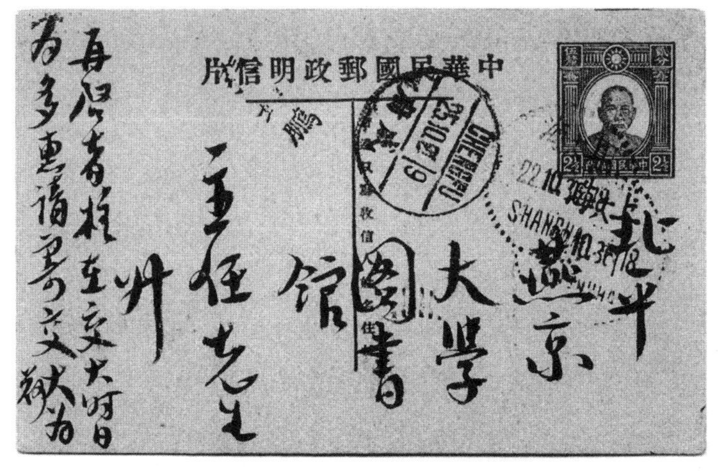

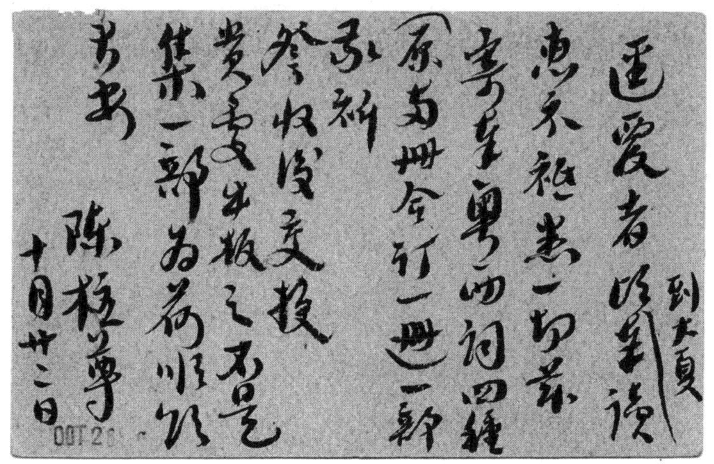

陈柱致燕京大学图书馆主任明信片，通告将寄赠其编印的《粤西词四种》等事宜，1936 年 10 月 22 日。明信片正背面。

勿需多言，早在十年前的新文化运动之洪波涌起，就已经注定了1929年旧学阵营的秋风萧瑟。此时此刻的景况，也很容易让人联想到1923年1月胡适的那篇《〈国学季刊〉发刊宣言》，似乎正是旧学阵营及其场域必将衰败无存的惊世预言。此文开篇的三段话，这样向世人宣布道：

近年来，古学的大师渐渐死完了，新起的学者还不曾有什么大成绩表现出来。在这个青黄不接的时期，只有三五个老辈在那里支撑门面。古学界表面上的寂寞，遂使许多人发生无限的悲观。所以有许多老辈遂说，“古学要沦亡了！”“古书不久要无人能读了！”

在这个悲观呼声里，很自然的发出一种没气力的反动的运动来。有些人还以为西洋学术思想的输入是古学沦亡的原因，所以他们至今还在那里抗拒那些他们自己也莫名其妙的西洋学术。有些人还以为孔教可以完全代表中国的古文化；所以他们至今还梦想孔教的复兴；甚至于有人竟想抄袭基督教的制度来光复孔教。有些人还以为古文古诗的保存就是古学的保存了；所以他们至今还想压语体文字的提倡与传播。至于那些静坐扶乩，逃向迷信里去自寻安慰的，更不用说了。

在我们看起来，这些反动都只是旧式学者破产的铁证；这些行为，不但不能挽救他们所忧虑的国学之沦亡，反可以增加国中少年人对于古学的藐视。如果这些举动可以代表国学，国学还是沦亡了更好！

◎国学终究没有亡

国学终究没有亡。诚然，这些新人新学新思想，可以叫新国学、新文学、新史学，等等，但终究不能没有“国”，不能没有“文”，不能没有“史”。“新”始终只能做定语，终是无法做主语的。胡适们再怎么新论频出，新花怒放，终究也得回到国学的源头上，去进行再创作罢了。

其实，陈柱也并非是顽固不化的旧学中人；从《公羊家哲学》中可以拈出“进化论”，此举亦是可以称作“旧学新秀”的。比陈垣小十岁，与陈寅恪同岁，又比胡适大一岁的陈柱，原本就是处在连接老、中、青三代学术群体的交叉场域之中的。其融贯经史子集的良好国学底子，加之其留洋时期的西学浸染，以及丰富的教学经验，他完全有可能成为康、梁之后的新导师，胡适们的新同志以及“二陈”之外的“第三陈”。

然而，陈柱却只是与这个时代相逢一笑，复又擦肩而过了。追索其缘由，思量再三的答案，恐怕还在于其自我持守的经师气质使然罢。文以载道的传统思想在其骨血里的根深蒂固，以及在这一思想立场之上的学术路径与治学旨趣，是不可以单纯的学术地位或治学业绩来加以估量的。在旧学阵营渐已无法承续文以载道重任之际，在新学阵营早已用所谓科学主义剪碎文以载道这一古老命题之时，陈柱何去何从及其自主抉择之结果，恐怕至今无人领会。

于陈柱而言，多年的经学修养，造就的表面效果是国学大师；可经学理想对其人、其思、其生涯的熏染，却必然是造就以经国治世为己任的经师气质。正如抱着一肚皮学问却沉湖自杀的王国维，原本富足一方，藏书万卷，却自取杀身之祸的叶德辉等辈，这经国治世的毕生抱负一旦落空，经师自重的尊严一旦扫地，这些民国时代的“新经师”们是宁可杀身成仁，也不愿苟活于世的。如果说王、叶二人只是极端的类型，那么，还有大量诗酒消遣，山林闲逸的“隐士”类型；还有大量授业解惑，挥洒讲堂的“良师”类型，这些类型的“新经师”之中，实不乏陈柱这类人。或许，经国治世的另一种方案，在讲堂之上做学子良师，原本也是颇适合陈柱的。

概而观之，陈柱本来也是在后两种类型中勤勉应世的。只是在1933年6月，其《待焚文稿自序》中，终于还是透露出了自己的抱负与苦闷，时年四十三岁的一代良师，认为自己一生有三大不幸，除了父亲与舍弟的早亡之外，另一个最大的不幸在于“不能以孔孟之志行商韩之法，以匡时弊”，以经师自命的不甘寂寞，于此袒露无遗。看来，这一深埋心怀的“不幸”，已为大学教授多年且从文教之职多年的陈柱，仍然未能释怀。在之后的十余年残生之中，对这一“不幸”耿耿于怀，至死亦未能释然。

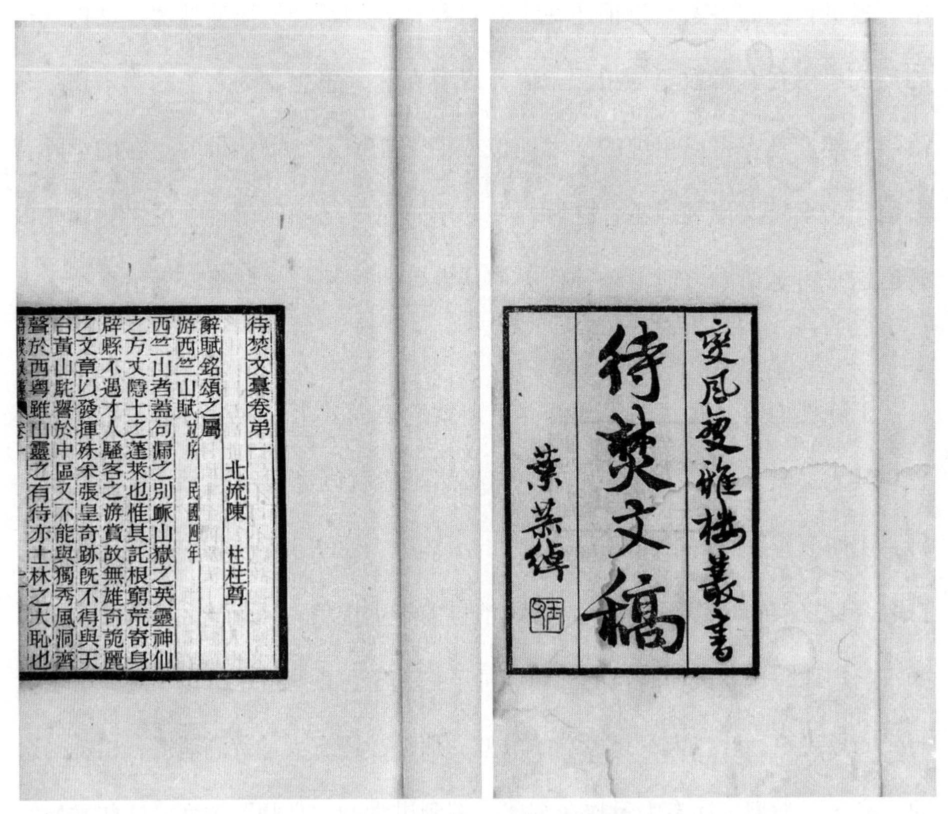
待焚文稿
葉恭綽

待焚文稾卷弟一　北流陳　柱柱尊
辭賦銘頌之屬
游西竺山賦並序　民國四年
西竺山者蓋句漏之別衇山嶽之英靈神仙之方丈隱士之蓬萊也惟其託根窮荒寄身辟縣不遇才人騷客之游賞故無雄奇詭麗之文章以發揮殊采張皇奇跡既不得與天台黃山耽譽於中區又不能與獨秀風洞齊聲於西粵雖山靈之有待亦士林之大恥也
待焚文稾　卷一

《待焚文稿》，陈柱自编自印本。

1937年“七七”事变之后，目睹家国剧变，生灵涂炭，千年华夏如巨厦将倾，陈柱忧心如焚，几近癫狂。他的经师情怀，及其始终无法得偿所愿的经世治国之志，已经严重影响到了他的心理健康。据唐文治《广西北流陈君柱尊墓志铭》云：“丁丑以后，蒿目时艰，郁伊痛苦，人咸讶以为狂，然卒伤于酒。”

可想而知，一位以经师自命的公共知识分子，终日借酒浇愁，浇的仍是旧式文人千百年来的经国治世之万古愁罢。

1940年，已届知天命年纪的陈柱，终于在经国治世的期许中，迈出重要一步。据说，在汪精卫政府的授意与安排下，以胁迫方式曾委以其“文物委员

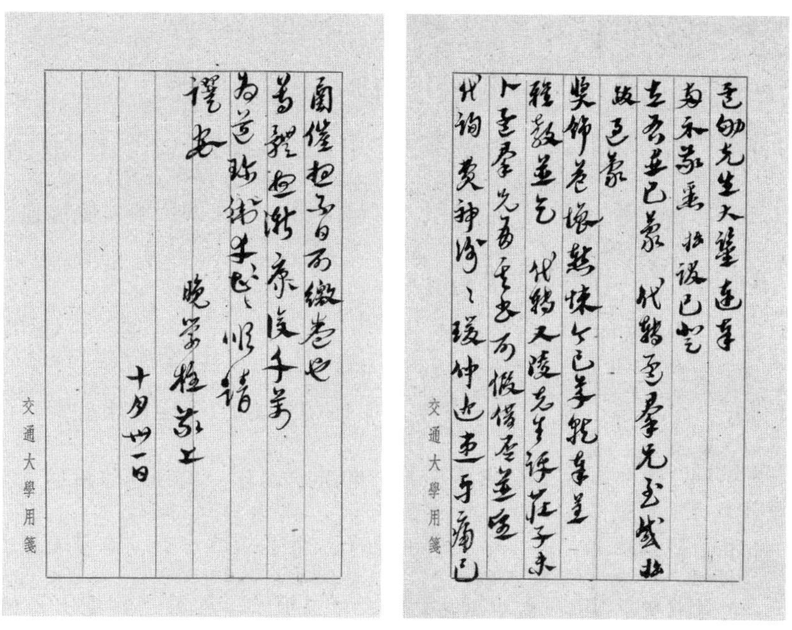

陈柱致张尔田信札，言及为严复手稿题跋等事，1940年10月31日。

陈柱题严复手稿，1940年10月间。

兼博物委员会主任”等职务，他拒不到任，却不得不应以中央大学的聘请，出任“中文系主任”。在身不由己的情况下，仍本着教育救国的理念，慨然任职于伪政府文教部门。1943年8月，又出任“浙江大学校长”，后改任“中央大学校长”。面对只得背后泪暗弹的种种“错位”生涯，他也曾为此痛不欲生，一个人幽声独咽，依旧宿醉终日。只不过此时的不幸，较之“不能以孔孟之志行商韩之法，以匡时弊”之不幸，更增一层难以言表的悲凉，只得自叹：“纡于时局，痛哭流涕而莫能宣，既拔剑而斫地，常把酒而问天。”

1944年1月，陈柱称病，断然辞去“中央大学校长”一职；他回到上海，任教于交通大学上海分校。忧愤日积，病势渐重，不久即因突发脑溢血。含恨而终。恩师唐文治，挥泪作墓志铭曰：

君讳柱，字柱尊，晚年别号守玄。考讳某妣某氏。柱尊性至孝，侍奉庭闱，恪体亲意。初师事本省苏寓庸先生，继游学江苏，从福建陈石遗先生及余受学，得闻道要，柱尊大喜。举凡群经诸子，靡不心维口诵，淹贯无遗，发愤纂述，著有《中庸通义》《墨子闲诂补正》等书不下十余种。顾落拓不自收拾，旋作旋弃，用是草稿散佚，鲜有传本。晚岁延名师者，争聘之。余于国学专修学校设特别讲座，月必讲演二次，间出新义，听者多倾倒悦服。好饮酒，能饮数巨觥。与余同席，辄歌诗诵文，余戏以陈惊座呼之。丁丑以后，蒿目时艰，郁伊痛苦，人咸讶以为狂，然卒伤于酒。甲申岁四月，得中风症，医家戒其勿饮酒，勿用心。柱尊颇韪其言。

然病根既深，是岁九月再中风，则不可救矣。遂以十月一日卒。长吉呕心，山木自伐，呜呼可哀也已。柱尊体貌魁梧，志气闳远，余以为必能大展其用，乃卒至于此，岂造物之忌才耶？抑中有不自得者耶？配某氏子一百、三百、四百，女松英、梧英，孙几人孙女几人。铭曰：

紧勾漏之浩气，特钟毓于文贤。嗟我守玄，神思周亿。万里著述，都千百篇。笔如椽木洒风雨，饮若鲸鱼吸百川。主盟文坛，孰与争先后，百家腾跃，吾无闻然。纡于时局，痛哭流涕，而莫能宣。既拔剑而斫地，常把酒而问天。嗟我守玄，胡大靳其。中寿之年幸，柱枝之茁秀。玉昆金友，克绍薪传。嗟我守玄，我今为铭泪欲涟，聊传文字留人间。

◎尾声：回首“新经师”

陈柱去世，可“国学”终究还是没有亡。

当年旧学阵营里的大师巨擘们，康有为、梁启超、章太炎、王国维等，现今仍旧还属于高山仰止的学术典型。当年的先锋新锐们，胡适、顾颉刚、傅斯年等，现今都成了国学大师，当年的新学种种终究也成了新国学。这样的新国学只不过来了一个华丽转身，转身之后，国学的大道，仍然是旧学与新学的回归与交融。

作为这新旧交替，终归一体的民国学术史上之重要人物，陈柱虽然切实见证着这样的历史境遇，但却始终未能全程参与并全情投入于这样的境遇之中。其人身后遗留下来的近百部著述，有多少能为后人激赏与铭记，或许已并不十分重要。这些大都类似“国学教辅”的小册子，虽然未必能成为学术史上里程碑式的经典版本，但还不至于彻底湮没无踪，在旧书店、旧书摊，往往还能遇见其中的一本两本。没有人说得清楚，这些小册子的学术价值与收藏价值如何衡量，因为它们既非经典也非稀罕，与它们的作者——陈柱这个人一样，在民国学术史上始终无法准确定位。

陈柱究竟应划归于旧学阵营还是新学阵营，或许并不十分重要。原本志趣在经师一途的他，在那个学术错位的时代，任何一方的阵营里，都没有其人心目中的那个“武陵源”；在那个政治错位的时代，任何一方的阵营里，也都不可能有他头脑中的那个“隆中对”。他自己也是在这样错位的境遇中，以错位的生涯，结束了生前种种的定位之可能。当然，试图为死后的陈柱定位，也将面临其人生前的那份错位之纠结；如今的现代或当代学术史中，同样也无法为其找到合适的归宿，同样也无法为其淹博的学术生涯点定句读。

就与通贯文史界，盛名已炽的“二陈”相比较，这个“第三陈”的学术生涯，显然并不仅仅是“文史”二字可以概括。“二陈”的“牛刀杀鸡”之学术方法，这个“第三陈”也未必不能小试一番，可他的“牛刀”似乎总在等待“解牛”之时，而绝不愿轻易用来“杀鸡”。

小鸡常有，大牛不常有；杀鸡可全力，全力难杀牛。如果说小题大做，值得品味；大题小做，同样也值得称道。如“二陈”可以小题抒发历史大情境，小题大做得滋味隽永；又如钱穆、顾颉刚等，可以用先秦子学、汉代儒学等大题来破解一些小题目，大题小做得水滴石穿。可陈柱偏偏却大题小题皆不讨巧，他独独就是那个希望大题大做，经国治世的杀牛者，他与生俱来，自重自持的经师品格，注定了其一生的特立独行与寂寥如斯。

其实，在早已不需要经师的这个时代，“新经师”陈柱的出现或许不那么碍眼，至少也是不合时宜，无从谈起的罢。或许，陈柱，就正是这样一位生活在还可以谈论经学，但已实无经师的时代之中，却仍寄望于经师理想与事业的

黄宾虹画赠陈柱，载于陈柱主编《中国学术讨论第二集》。

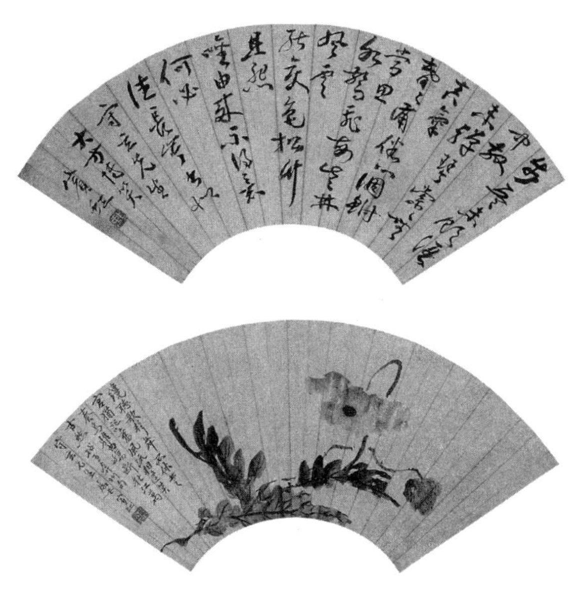

黄宾虹赠陈柱扇面，集王世贞句诗意画并书。

陈柱常用印：陈柱柱尊。

陈柱常用印：柱尊珍赏。

最后一位“新经师”。

为“新经师”佐证的最后一件史料，也就是那本1929年出版的《公羊家哲学》出版后次年（1930），终生笃守古文信条的章太炎，也终于打破自1927年成为“通缉犯”之后的三年沉默，撰著《春秋左氏疑义答问》一书，自称此书“为三十余年精力所聚之书，向之繁言碎辞，独存此四万言而已”。这部书被后世研究者称为《春秋》左氏传研究的近代收官之作，被誉为《春秋》古文学派的最后绝唱。那么，1929年出版的《公羊家哲学》，也就应该可以称之为《春秋》今文学派的闭幕致辞了罢。

如果说以章太炎为代表的“旧经师”，在1930年以答问的方式最后一次为世人解惑；那么，以陈柱为代表的“新经师”，则早其一年，在1929年即以论说的方式最后一次坦然独白。仍以文言文叙述，但却以新式标点排印出来的这部《公羊家哲学》，以“革命说”始，以“灾异说”终，经史互证也罢，以经通史也罢，此情此景，此言此说，又何尝不是陈柱——最后一位“新经师”发自内心的哲学独白呢？

经师们终于全然、彻底退出历史舞台，据此确定，无论新旧，经师这种学术身份，终于在一九二〇年代悄然消逝。现代性背景之下的人们不再需要经典，不再需要那些以解释经典为志业并以此指导人生、洞彻世界的人——经师。无论是章太炎还是陈柱，在自问自答中，在自我独白中，最终定格于近代与现代之间。他们的著述，至此或已成为“新经典”。

郑麐：英译中国经典先行者

◎除了藏书票，其人其事不甚明了

郑麐这个名字，逐渐被如今的读书界及藏书界人士提及，起因只是郑氏有数款较早期印制的藏书票被发现，遂被称誉为“中国藏书票先行者”之一。

关于郑氏其人其事，笔者近年所知的、已有公布的生平事略大致如此：郑麐（1901—1977），字相衡，广东潮阳人。20世纪初留学欧美，先在哈佛学习哲学，继就学牛津研究历史，归国后于1926年任教于清华大学政治系。后南下上海，在某银行出任经理。业余从事中国古籍经典的整理和英译工作，后更辞去银行经理，专事英译中国经典事业。[①]

① 详参：温军超《郑麐翻译思想研究》,《英语教师》，2014年10月刊。

郑麐专用藏书票之一

郑麐专用藏书票之二

◎英译《愚公移山》，竟成“悲剧”

无须多言，郑麐生平资料文献难得一见，乃是研究其生平事迹的最大障碍。仅据笔者所见所知，略微提到郑氏生平，大致可以推测其晚年生活状况的文献资料，似乎只有1998年1月，王元化、张可夫妇在上海教育出版社出版的《莎剧解读》一书。王氏在此书序言中写道：

郑麐是我的父执辈，曾在北方几个大学任教，解放后，被安置在市府参事室。他精通英语，造诣精深，曹未风翻译莎剧时常向他请教。《毛选》的重要英译多出自他的手笔。“文革”中造反派说他把愚公译为*Stupid Old Man*，将他剃了阴阳头，罚他天天挂牌扫马路。他就住在我家附近，他扫街时我还看到过。

翻检现有的1965年英文初版《愚公移山》，愚公一词乃是译作*Foolish Old Man*，虽未见得比郑译*Stupid Old Man*高明多少，但却可以间接说明王元化的忆述是可信的，也可以据此推知郑氏至迟在1965年前就结束了翻译生涯。不难设想，在那一特殊历史时期，因“愚公”一词的翻译出了“莫须有”的问题，也必然成为其人生的重大转折点。至于是否受迫害而死于“文革”期间，因未见其他任何文献记载予以佐证，则无从知晓。

不过，仅此事迹一项，也足可见藏书票的设计与应用，于郑氏而言只是微不足道的私密爱好而已，其真正的本行与特长乃是翻译。此外，除了王元化的盛赞之外，与郑氏同辈的学者顾颉刚，对其人其学也略有提及。

◎顾颉刚曾藏其著，杨家骆屡序其著

《顾颉刚日记》1947年9月20日曾记有：“写纪伯庸、王泽民、郑相衡信。”顾颉刚所藏签名本中，亦有郑氏所著《中国古籍校读新论》《老子（古籍新编）》两种。事实上，顾氏所藏郑著两种，均为中英文对照本，简而言之，均为双语读本[①]。

事实上，仅就笔者阅历所及，郑氏著述基本均是这种双语读本。如1946年11月世界书局初版《燕丹子（英译先秦群经诸子丛书）》，1948年4月世界书局初版《四书（古籍新编）》等等。这些郑氏英译中国经典系列丛书，大部分均出版于1945年之后，据此推断，郑氏相关翻译工作曾一度集中于1945年

① 详参：《顾颉刚旧藏签名本图录》，中华书局，2013年。

至1949年间。

值得注意的是，郑氏著述大多由上海世界书局出版，且在书前均附有一篇杨家骆序言。如《四书（古籍新编）》中的杨序，开篇即写道：

相衡校理西汉所传先秦遗书为古籍新编，使其简明易读；复以一手一足之烈，译成英文，期为文化交流之介；以四书家弦户诵，先付剞劂，责序论予骆。骆以相衡新编，条理至明，举凡诸圣立身之大端，思想之旨归，展卷灿然，无待引述。因就四书历代见重之史实，代表人物之传略，原书定型之年代，新编据本之所自，撮叙其要，藉为通读全书之阶，或亦相衡之所许乎？

从中可以看到，郑、杨二人在治学方法旨趣与普及学术意识层面，已有相当默契。郑氏英译经典原文，杨氏撰序梳理相关史料，成为“英译先秦群经诸子群书丛书”与“古籍新编”丛书的惯例。另外，从杨氏生平来看，可以推测，郑氏应当在抗战期间曾迁居陪都重庆，可能也正是在重庆期间，郑、杨二人论学切磋，过从甚密，推进了郑氏的英译中国经典事业。

杨家骆（1912—1991），江苏南京人。幼从舅父张夔卿习经史，治目录学。1930年春，正式从事出版工作，并创办中国辞典馆和中国学术百科全书编辑馆。因南京馆舍及资料不足，又在上海、北平设立中国辞典馆分馆。抗战期间，迁移重庆北碚继续编辑工作。1945年秋，中国辞典馆易名为世界学院中国学典馆，迁往上海。因业务关系，继续保留了重庆北碚馆舍，名北泉分馆。1948年赴台湾，先后在世界书局和鼎文书局任总编辑等职。

上海版郑麐译《孙子兵法》

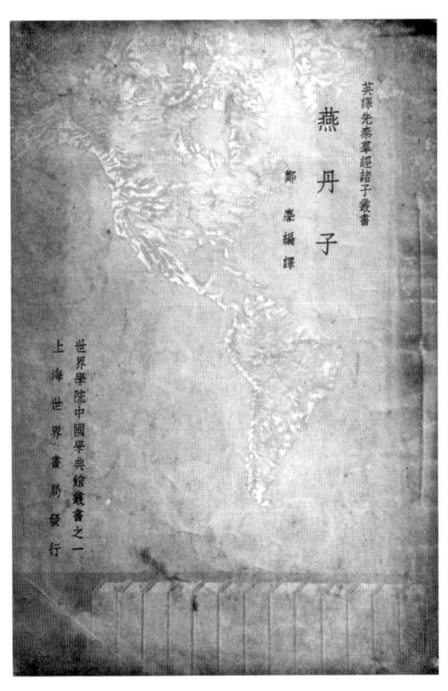

上海版郑麐译《燕丹子》

◎抗战胜利之际，郑氏英译本三种在重庆初印

值得一提的是，笔者在获知上述这些关涉郑麐的诸多历史信息之后，又有幸购藏一册1945年9月间在重庆初印的（以下简称重庆版），“英译先秦群经诸子丛书”之一种，且为郑氏签赠本的英译本《燕丹子》。这一初印本，比之1946年11月由上海世界书局初版的（以下简称上海版）郑氏英译本《燕丹子》，从装帧、印制到内容、体例都有较大差异，可以从中考察郑氏编译这一丛书初期的一些细节。

是书为线装本，内页为筒子叶，铅活字印版，纸张为川渝地区特有熟料纸，且配有单面锌版插图（为著名漫画家张光宇绘），这些样式细节都迥异于普装本的上海版。当然，全书前后对开，前半部分印制中文，后半部分印制英

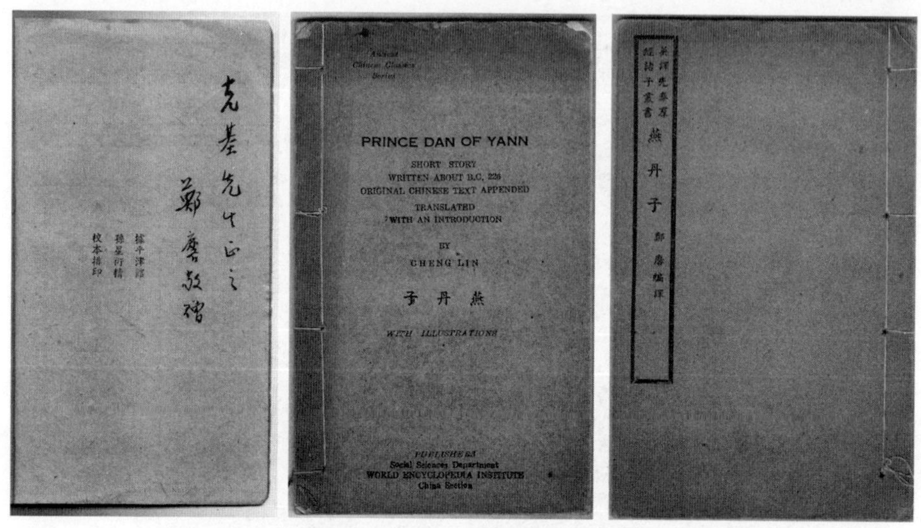

重庆版郑麐译《燕丹子》，中文封面、英文封底及著者签赠手迹。

文，中英文对照的基本样式，重庆版与上海版是一致的。这本是当时中英文对照图书印制的流行样式，无须赘言。

最为重要的是，无论重庆版还是上海版，书前皆印有杨家骆所撰序言，文中都透露了其与郑氏交往的一些细节，对研究郑氏生平有一定价值。序言中提到：

……今考小说家称先秦遗籍，惟《穆天子传》《燕丹子》存，潮阳郑相衡先生以英文译先秦诸子，骆请其于小说家取此二书，然穆天子传多脱缺，地名亦待于考订……相衡先生以为不如先事燕丹子为愈，因取北泉山馆藏平津馆本付之，不数日，译成相示，骆惊其速，以有每译本皆为撰序之约，因考其本事之年代，及传本之真伪，以报其专勤。先秦子书，译为欧洲文字者多矣，而《燕丹子》则自相衡先生此译始，故骆为序以祝，亦何敢吝其言之详乎？

序言落款为“中华民国三十四年七月十三日，江宁杨家骆于北泉山馆史纂阁”。

据杨序所言，可知在选择经典版本，研究经典内容方面，郑、杨二人有过充分交流，且郑氏英译底本就直接来源于杨氏所主持的中国辞典馆重庆北泉分馆。此外，杨氏对郑氏译笔之速，选本眼光之独到，颇为赞赏，为示鼓励，承诺郑氏每译完一种，皆为之撰序推广。这篇序言完稿之时，已值抗战尾声，但日本还尚未正式宣布投降。

此时，郑、杨二人皆避难重庆，虽《燕丹子》的首部英译稿已经完成，其学术意义与出版价值重大，但限于当时物资条件及出版环境，在重庆付印后，可能并未公开出版与发售。从重庆版英译本《燕丹子》并未标明公开售价及相关出版信息来看，表明只是一种试印本而已，当时可能仅限于内部流通与研究。

翻检重庆版英译本《燕丹子》，笔者注意到在封二位置还印有一段简要介绍，原文如下：

英译先秦群经诸子丛书 郑麐编译

群经及先秦诸子为中国思想文化之根源，兹据最精佳之校本并利用最新之研究成果，分别全译或选译，并附精校之中文白文，及讨论作者年代、本书真伪及其流传始末之长序，可暂作定本之用。其全目如下：

【群经】○十三经（选）○逸周书○大戴记○四书（全）■古文孝经（四川大足县发现之宋石刻本）

【诸子】○管子○晏子春秋■孙子兵法○曾子○墨子○商君书○道德经

〇庄子〇慎子〇荀子〇公孙龙子〇吕氏春秋〇韩非子■燕丹子

■已出版者

虽然上海版同样印有上述介绍，但没有如重庆版那样标明“已出版者”，可能是因为这套丛书挪至上海印行时，出版方有着较为乐观的预期，认定上述“英译先秦群经诸子丛书”数种皆能逐一印出之故。而据重庆版的介绍，可知抗战胜利之际，当时当地印出的仅有三种，即《燕丹子》《孙子兵法》《古文孝经》三种。

重庆版郑麐译《燕丹子》，插图之“荆柯刺秦王”。

除了重庆版英译本《燕丹子》之外，笔者后来还有幸获见重庆版英译本《孙子兵法》。两书从装帧、印制到内容、体例上，均为一致。巧合的是，重庆版英译本《孙子兵法》，在“封二”位置同样印有一段简要介绍，不过与前述介绍又有所不同。原文如下：

英译先秦群经诸子丛书　郑麐编译

本丛书就先秦群经诸子选译廿种，此廿种皆为吾国古代最主要之典籍，足以代表各家之学说，兹值印刷困难，仅将篇幅较短者先行问世。

中国辞典馆人文组丛书印行处

临时馆址：四川北碚温泉公园

民国三十四年九月十五日初版

据这一介绍可知，“英译先秦群经诸子丛书”之重庆版的确切印行时间，可能皆为1945年9月15日。这一印行时间，至少对于英译本《燕丹子》《孙子兵法》两种是成立的。因英译本《古文孝经》之重庆版，笔者则尚未获见，个中细节无从确考。

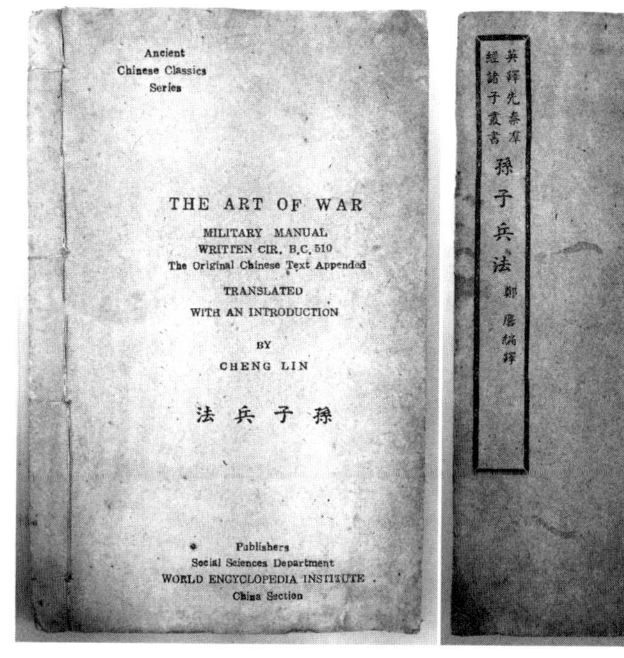

重庆版郑麐译《孙子兵法》，中文封面及英文封底。

◎1949年之前，郑氏英译本及著述六种在上海初版

抗战胜利一年之后，时至1946年11月，由上海世界书局重印两种“英译先秦群经诸子丛书”之重庆版，是为郑氏英译本上海版之始。

1947年8月，上海世界书局推出郑氏新著《中国古籍校读新论》，此书内容全用英文写成，只是附录“西汉所传春秋战国遗籍目略及清代以来注本辑本目略”用中文写成，完稿后即以正文为英文，附录为中文的方式印制，颇为特别。此书乃是郑氏汉译中国经典事业的一份总纲与计划书，稍稍翻检一下附录所载各种版本的中国经典规模之巨，即可知郑氏藏书、读书之丰富，校书、译书计划之庞大。

同年10月，上海世界书局出版郑氏英译本《处世箴言》，乃是摘选中国古代人物言论汇编汇译而成。此书版权页上，同时还介绍了郑氏新著《中国古籍校读新论》，起首即介绍称：

> 郑麐先生以英文译述中国先秦全部古籍为“英译中国古典丛书”，即陆续在世界书局出版，并另以英文写作《中国古籍校读新论》一册，以为国外学者研究中国古籍之门径，中多新颖独到之论。

据此介绍，郑氏主持的“英译先秦群经诸子丛书”，或将改名为“英译中国古典丛书”。不过，事实并非如此。1948年5月，上海世界书局出版郑氏英译本《四书》，确实没有再冠以“英译先秦群经诸子丛书”之总名，却冠以“古籍新篇”之总名。1949年11月，上海世界书局再次推出郑氏英译本《老子》，仍冠以“古籍新篇”之总名。可以试想，“古籍新篇”之总名，可能源自

郑氏自重庆返归上海之际，以及著成《中国古籍校读新论》之后，对其英译中国经典事业的重新规划与调整。

综上所述，无论是最初拟译二十种之多的“英译先秦群经诸子丛书”，还是后来设想的“英译中国古典丛书”，以及在上海后续出版的“古籍新篇”丛书两种，郑麐的英译中国经典事业，应当始于其抗战避难重庆期间。而激发他将这一业余兴趣转化为终生志业的，除了其自身的学术修养与旨趣之外，恐怕还是源于抗战期间知识分子的家国情怀。在那举国共赴国难的时代，中国知识分子普遍以“国家兴亡，匹夫有责”的情怀，投身抗战文化事业之中；他们或为保存国粹，或为存续国脉，于此倾尽全力，不遗余力，郑氏也正是其中之一员。

据考，中国人用英语来翻译中国经典古籍者，存世种类与数量最多者，非郑麐莫属。其中，《燕丹子》《孙子兵法》的英译本，郑氏译本乃是中国人自己译出的首部英译本。

THE STUDY OF
ANCIENT CHINESE CLASSICS
—*A New Approach*—

BY
CHENG LIN
Editor & Translator
ANCIENT CHINESE CLASSICS
SERIES

中國古籍校讀新論
鄭麐著

PUBLISHED BY
THE WORLD BOOK COMPANY, LTD.
SHANGHAI, CHINA.

郑麐著《中国古籍校读新论》

遗憾的是，这样一位对中国文化传播与译介卓有贡献的人物，其确切生平至今依然少为人知，宁沪地区的近现代文史研究资料及广东地方史料中，均无关涉其人其事迹的任何线索。在此，笔者期待郑氏生平的相关研究，能引起社会各界广泛关注，能早日确证并予以公开披露。另外，郑氏的英译中国经典事

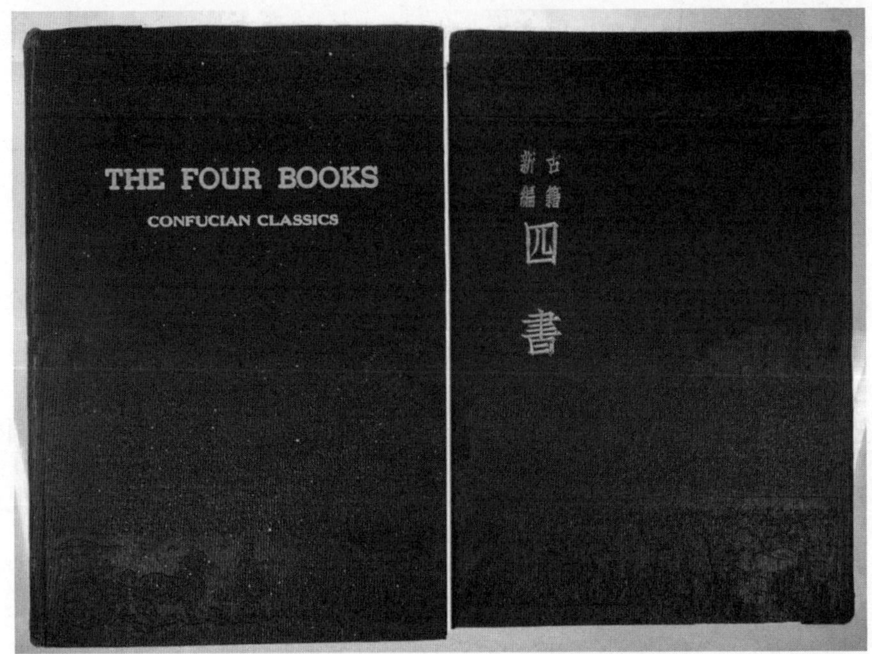

郑麐译《四书（古籍新编）》，中文封面与英文封底。

业，不仅值得后人崇敬与关注，也更应有后来者继续开拓，更上层楼。

◎余音

新近在查阅旧报文献时，笔者又有一系列关于郑麐生平的重要史料之发现。据二十世纪三十年代《铁道公报》所载，可知郑氏曾于1932年任南京国民政府铁道部秘书；1933年出任铁道部法规委员会常务委员兼副主任委员，1935年出任铁道部参事。在此期间，郑氏还著有《中国铁道》（英文本）。

1935年末，郑氏还被任命为外交部所派商务及领馆考察专员，赴马来西亚等地考察。这一公派考察的新闻报道，见载于《中华月报》第三卷第四期。也正是在这期刊物上，刊登了目前所知的郑氏唯一的一张肖像照片，实在是弥足珍贵。

1936年5月21日，上海《时事新报》刊发了一条题为《郑相衡夫人明晚举行第一次风琴公开演奏》的简讯。报道开篇即云，“前铁道部参事郑相衡君之夫人，曾留学欧美，研习风琴……”，据此可知，当时郑氏确已离开铁道部，且因报道中未提及郑氏将到场，估计当时或因外出公干，未在上海。

郑麐存照，时任外交部商务及领馆考察专员。

1936年11月26日，《华北日报》刊发了一条题为《中央勘界我方委员目前谒龙云报告及请示》的简讯。从报道内容可知，当时郑氏又被任命为勘界委员会顾部，已赴云南昆明工作。仅据笔者所见，这也是郑氏之名，最后一次见诸报端。

郑麐在上海巨泼来斯路的住宅

此外，1933年的《中国建筑》第一卷第二期，刊有“巨泼来斯路郑相衡先生住宅”照片一组，可知郑氏在上海住所样式别致，为中西混合式，且规模颇巨，可以想见其藏书室之阔大，其藏书之丰硕。

刘定权：从“唐僧取经图”说起

◎一图一论，世人初识刘定权

《大慈恩寺三藏法师传》(以下简称《三藏法师传》)，因记录大唐高僧玄奘生平事迹，而广为后世读者所知。目前较常见与常用的版本，乃是原版存金陵刻经处的支那内学院校印本。这个版本原为木刻本，初次刊印年代为1923年，1954年经校勘重刊后广为印行，为目前较易看到的通行版本。

只是后世读者大多并不知晓，《三藏法师传》于1923年初版时，曾在正文页前附有两幅彩图，一幅为《玄奘法师像》，另一幅则为折叠大开的《玄奘五印行迹图》。这两幅彩图只在初版时附于书中，而1954年校勘重刊本及其之后的重印本，都再没有出现过，所以，一般而言，后世读者无缘得见。

其中，《玄奘法师像》因有大量摹本、印本可观，并不罕见，但《玄奘五印行迹图》对于后世读者而言，可谓难得一见了。

《玄奘五印行迹图》详细标示了玄奘自敦煌一路西行，蜿蜒周折抵达天竺，及在天竺各大佛教圣地游学之行迹；并明确标出玄奘所经历之数十处地名、沿途湖泊河流、国界线等。此图无论对于佛学研究者用于参考备用，还是以之加深一般读者对玄奘取经历程的理解，都颇有裨益。通俗地讲，这就是一幅严格遵循史实，历史依据充分确凿的“唐僧取经图”。将该图附于《三藏法师传》中一并刊行，实在是图文并茂，有益读者。

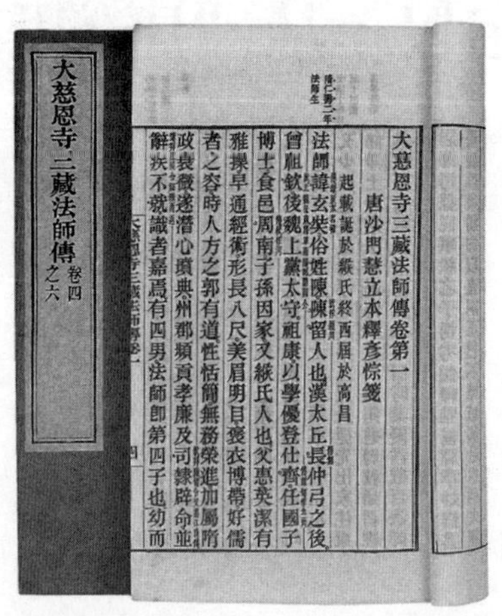
大慈恩寺三藏法師傳 卷四之六

大慈恩寺三藏法師傳卷第一
唐沙門慧立本釋彥悰箋
起載誕於緱氏終西屆於高昌
法師諱玄奘俗姓陳陳留人也漢太丘長仲弓之後
曾祖欽後魏上黨太守祖康以學優登仕齊任國子
博士食邑周南子孫因家又緱氏人也父惠英潔有
雅操早通經術形長八尺美眉明目褒衣博帶好儒
者之容時人方之郭有道性恬簡無務榮進加屬隋
政衰微遂潛心墳典州郡頻貢孝廉及司隸辟命並
辭疾不就識者嘉焉有四男法師即第四子也幼而

《大慈恩寺三藏法师传》，南京内学院初版红印本，1923 年。

三藏法师像

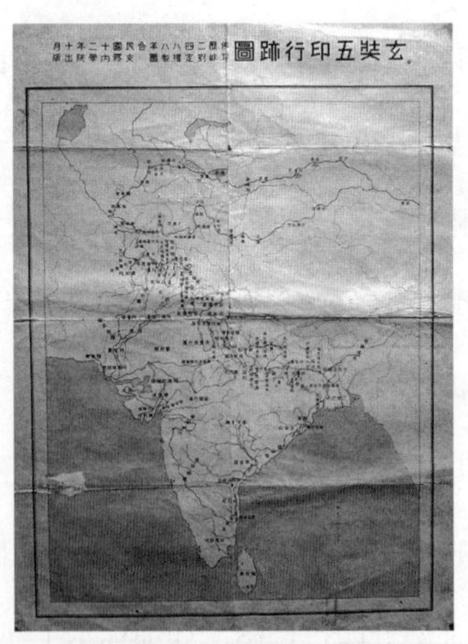

刘定权绘《玄奘五印行迹图》，南京内学院 1923 年印制《大慈恩寺三藏法师传》附录原本。

《玄奘五印行迹图》在页眉处标有“玄奘五印行迹图，佛历二四八八年合民国十二年十月，邛崃刘定权制图，支那内学院出版”字样，可知制图者为南京支那内学院学者，近代著名佛学居士欧阳渐的弟子刘定权（1900—1987，又署定铨，字衡如）。

绘制《玄奘五印行迹图》时的刘定权，不过是刚刚进入内学院修习的青年弟子，外界对其人其事迹知之甚少。近十年之后，刘氏在佛学界崭露头角，渐为人知，乃是缘于一场关于佛教理论的论战。

1932年12月，刘定权于内学院年刊《内学》第六辑发表《破新唯识论》一文，从佛教历史与佛学辩证的角度，针对当时声名正炽的熊十力所著《新唯识论》（文言文本）进行系统破斥与抨击，公开指责熊氏“于唯识学几乎全无知晓”，并指斥其书乃“杂取中土儒道两家之义，又旁采印度外道之谈，悬揣佛法，臆当亦尔”。次年2月，熊十力写《破破新唯识论》予以回应，刘定权也因这场著名的论战渐为世人所知。

可以说，《玄奘五印行迹图》与《破新唯识论》，这一图一论，令当时的国内佛学界内外逐渐知晓了“刘定权”这个名字。刘氏二十三岁绘图，三十二岁造论，其天资禀赋与修养蕴藉，实在是不可限量。

◎再绘《玄奘西域行迹图》，绘者行迹却扑朔迷离

1932年10月，就在刘氏撰发《破新唯识论》两个月之前，又绘制了一幅《玄奘西域行迹图》，仍由南京内学院印行。与《玄奘五印行迹图》不同，这是一幅并非附录性质的，单独印行的大开挂图。图之左下侧，印有图注，颇可印证此图较之近十年前旧作，又有了一些修订与改进，乃精益求精之作。

图注中开首即提到了制图的基本前提，乃是严格以《大慈恩寺三藏法师传》与《大唐西域记》互勘考证之后的史实为依据，不是单方面仅据一传或一记的一面之辞来确定玄奘行迹的。开首即如此写道：

> 《慈恩传》载奘师西域行迹多有脱误，今据《西域记》刊定著图附说于下：西域百三十八国，奘师亲践百一十国（见《西域记》序），传文不备。今取《西域记》书行之国为亲践，书至之国为传闻（此例出《西域记》赞）。

通过一传一记两本互勘，补证脱误，又以有明确记载的“行之国为亲践”与“至之国为传闻”为定则；在这样严谨有序的梳理考证之下，《玄奘西域行迹图》方才绘成。可以想见，此图应当比刘氏近十年前绘制的《玄奘五印行迹图》更为精进，也更能体现刘氏本人后来近十年修习升华的佛学史学功底。

刘定权绘《玄奘西域行迹图》（封套及折图），南京内学院1932年印行。

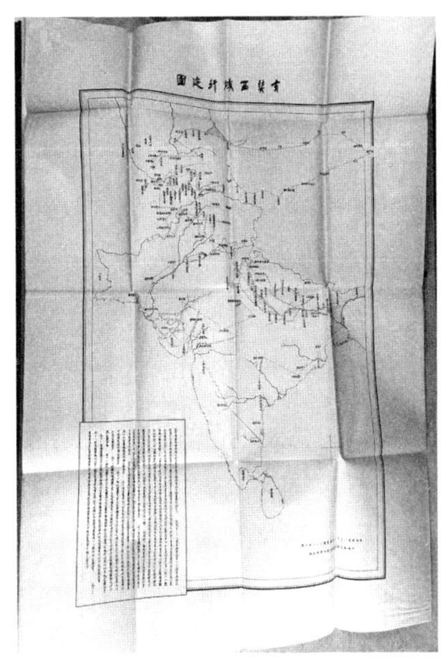

刘定权绘《玄奘西域行迹图》（封套及折图），南京内学院 1932 年印行。

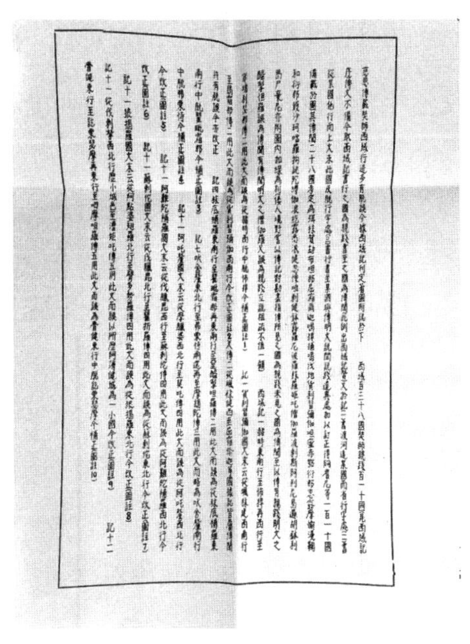

刘定权绘《玄奘西域行迹图》（制图说明部分）

此图印行当年，1933年《地理杂志》第六卷第二期，即刊有专文介绍此图。约七年之后，1940年6月，《佛学月刊》创刊号上，又刊发了学者刘汝霖所撰《跋玄奘西域行迹图》一文，对之更是赞誉有加。文中这样评述道：

> 此图乃邛崃刘定权制，南京支那内学院石印本。按玄奘法师为世界史上屈指可数之大旅行家，其旅行所经之区域，有《大唐西域记》之专书记载。然书中所载行程，忽南忽北，非有舆图以定各地之位置，则读者每有迷于方向之感。……此皆依文字辨之千百言不能明晰，而一按舆图，则可了如指掌者也。

应当说，师从经学家、古文字学家吴承仕，亦精于史学地理考证的刘汝霖，对《玄奘西域行迹图》有如此评价，已足证此图之学术价值。不过，令人费解的是，此图印行之后的刘定权，仿佛突然“失踪”了一般，无论佛学界还是学术界中，其人其事迹都不再明晰可寻，显得有些扑朔迷离，令后世读者及研究者一度难以查考。

◎前半生学佛之刘定权，后半生从军复学医之刘衡如

一般而言，刘氏再次进入世人视野，或者说再次为世人所认知，已是二十世纪六七十年代了。当时，刘定权之名已少为人知，倒是其字“衡如”开始渐为人知。

原来，刘氏晚年专攻中医学研究，对《素问》《灵枢》《甲乙经》《太素》《类经》《本草纲目》《杂病广要》等，多有整理研究，卓有成就。其中医文献学著述，均署名刘衡如，再未见署名刘定权的作品面世。以至于作为著名中医文献学家的这个晚年刘衡如，使世人逐渐淡忘了那个作为佛学研究者的早年刘定权。

从二十世纪二三十年代至六七十年代，这三四十年间，究竟发生了什么，能让一位天赋异禀的青年佛学研究者，转投中医学研究领域，晚年竟还成就为著名中医文献学家？这一疑问，但凡知晓刘定权与刘衡如实为同一人，但凡了解刘氏早年佛学成就的一般读者，都会时不时涌上心头，为之颇感疑惑。

有研究者认为刘氏晚年署名之改变，或是因研究领域之转变所致，更径直称其为“改名”。其实，刘氏晚年只是惯常使用其字衡如，并不是严格意义上的“改名”。笔者以为，刘氏后来换用名字，从一开始恐怕并不完全是与研究领域转变有关，而是与其人生境遇及生活抉择有关。

在此，还需特别加以注意的是，名为刘衡如者，在二十世纪二三十年代，

或许还有重名者，且此刘衡如还有不少译著出版。其中，于1920年6月，由中华书局初版的英国哲学家罗素原著《政治理想》之中译本，译者即署名为刘衡如。此外，尚有1921年初版的中译本《亚里斯多德》，1931年初版的中译本《霍布士》等；再往前追溯，可知此刘衡如早在1919年前后，即长期为《世界教育新潮》《教育界》等上海学术期刊供稿，这些稿件的内容基本上均为国外哲学或教育理论之类。由于此刘衡如活跃于上海，且研究与撰稿方向集中于西方现代学术理论领域，应与早年刘定权无涉，应当是一位重名者。简言之，此刘非彼刘。

笔者经年搜求，发现早年刘定权署用刘衡如之名，至迟于二十世纪三十年代后半段已然出现，也并非其晚年始行。最早以此署名者，见有于1936年发

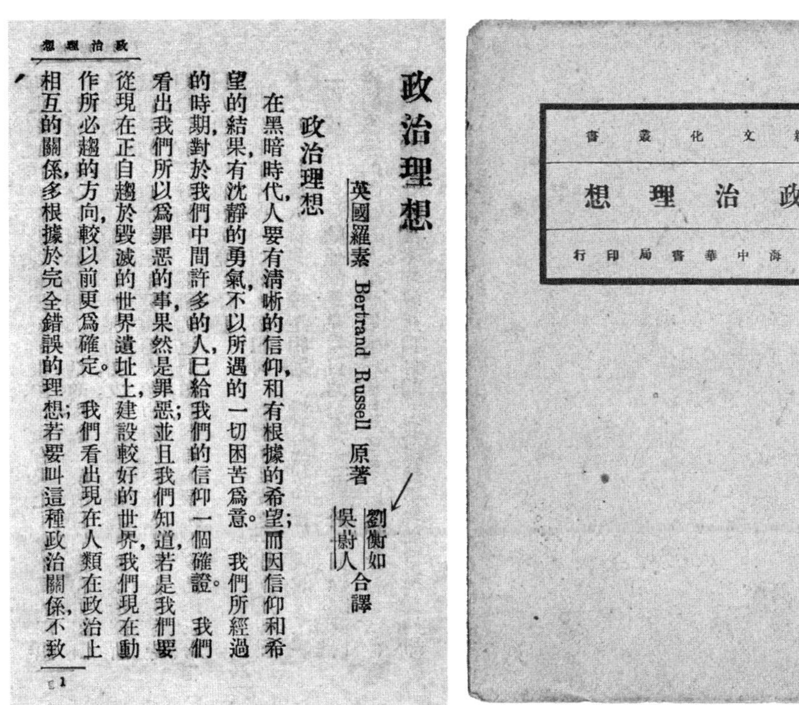

政治理想

政治理想

英國羅素 Bertrand Russell 原著

劉衡如 吳蔚人 合譯

政治理想

在黑暗時代，人要有清晰的信仰，和有根據的希望；而因信仰和希望的結果，有沈靜的勇氣，不以所遇的一切困苦爲意。我們所經過的時期，對於我們中間許多的人，已給我們的信仰一個確證。我們看出我們所以爲罪惡的事，果然是罪惡；並且我們知道，若是我們要從現在正自趨於毀滅的世界遺址上，建設較好的世界，我們現在動作所必趨的方向，較以前更爲確定。我們看出現在人類在政治上相互的關係，多根據於完全錯誤的理想；若要叫這種政治關係，不致

1

《政治理想》，（英）罗素原著，刘衡如、吴蔚人合译，中华书局 1920 年 6 月初版；封面及正文首页。

表于《四川省新生活运动促进会会刊》第二期之上的《论四川之神教》一文。同年，四川《广播周报》第九十三期，又刊发了《文化讲座：魏晋时代之士风》报道一篇，其中明确提到了举办讲座者正是刘氏，且即以刘衡如名之。这些四川当地的刊文与报道，都足以表明，刘氏至迟于1936年即已离开南京内学院，返归其故乡四川了。

1937年3月15日，《四川保安季刊》第三期，刊有曾宇康所撰《刘衡如兄从军西康索诗为赠勉二律》。诗中有“嗟君赋远征”与“书生新入幕”云云，可知当时刘氏已辗转西康地区，投身军政工作了。此外，尚见有华阳名士林思进所著《清寂堂诗》中，辑有《送刘衡如定铨之打箭垆》诗一首，一方面确证刘氏时已转赴西康；另一方面可知刘氏本名定权，也作定铨。

这里有必要解释一下曾氏诗题中所谓西康地区的情况。西康省，为中华民国政府曾经设置过的行省，1939年1月1日成立西康省政府，省会设在康定。1950年更名西康省藏族自治区，又于1955年废止。所辖地主要为四川甘孜藏族自治州、凉山彝族自治州、攀枝花市、雅安市及西藏东部昌都地区、林芝地区等，基本相当于藏文化中的康区，多数地区是以藏族为主的少数民族聚居地。

可以想见，当时刘氏远赴西康地区，尚未建成西康省，但也理应是正值筹划时期了。刘氏此行西康，投身军政，应当响应当局“到西康去”之号召，有志于到西南后方为抗战贡献力量，是有在此地区长驻之意了。

◎《康定十咏》中的家国忧思

果不其然，时至1938年7月15日，为筹建西康省而兴办的《新西康》月刊第一卷第三期之上，刘氏所作《康定十咏》赫然发表。三个月之后，10月

25日，刚刚创刊的《康导月刊》第二期之上，再次刊发刘氏所作《康定十咏》的前三首，余下七首则在该刊第三期续刊。

值得注意的是，《康定十咏》首发于《新西康》月刊之后，刘氏在西康地区始为社会各界人士所关注。为此，刘氏可能还将《康定十咏》抽印本（从杂志中单独抽出），或将其印制为单行本，用于分赠同事及亲友。

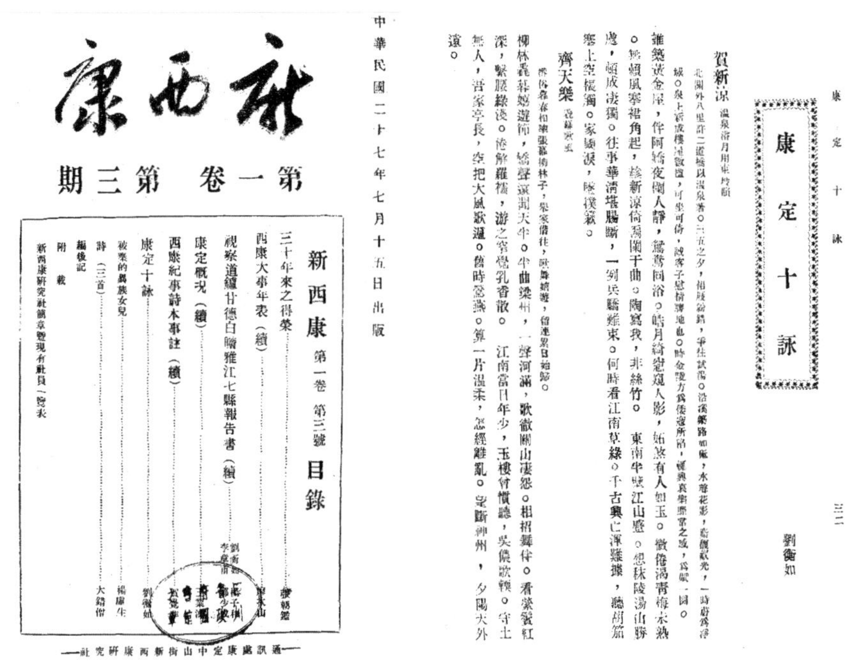

中華民國二十七年七月十五日出版

新西康

第一卷　第三期

新西康 第一卷 第三號 目錄

三十年來之得榮……[illegible]
西康大事年表（續）……[illegible]
視察道孚爐甘德白瞻雅江七縣報告書（續）……劉衡如 李[illegible]
康定概況（續）……[illegible]
西康紀事詩本事註（續）……[illegible]
康定十詠……劉衡如
被棄的異族女兒……楊肅生
詩（三首）……大錯僧
編後記
附　載
新西康研究社簡章暨現有社員一覽表

通訊處康定中山街新西康研究社

1938年7月15日，《新西康》月刊第一卷第三期。

康定十詠　三二

康定十詠

劉衡如

賀新涼　溫泉浴月用東坡韻

北關外八里許二道橋以溫泉著。三五之夕，相服紛錯，爭往試浴。浴後緣路如飛，水聲花影，踏碎猷光，一時尚為淨域。泉上新成樓屋數楹，可坐可倚，誠客子慰情聊勝地也。時金陵方為倭寇所陷，覆興哀樂豈常之感，爲賦一闋。

誰築黃金屋，伴阿嬌夜闌人靜，鴛鴦同浴。皓月綺窗窺人影，姑煞有人如玉。微俺渴青梅未熟。無賴風寒裙角起，趁新涼倚遍闌干曲。陶寫我，非絲竹。　東南半壁江山蹙。想秣陵湯山勝處，頓成淒獨。往事華清堪腸斷，一例兵驕難束。何時看江南草綠。千古興亡渾難據，聽胡笳塞上空[illegible]獨。家國淚，臉撲簌。

齊天樂　憶蘇州

憶偕森春相陳張諸摘林子，舉家偕往，歌舞嬉遊，留連累日始歸。

柳林蠶暮嫣遊飾，嬌聲震聞天半。半曲梁州，一聲河滿，歌徹關山淒怨。相招舞伴。看紫鬢紅深，蠻腰綠淺。捲解羅襦，游之空覺乳香散。　江南當日年少，玉樓付慣聽，吳儂歌轉。守土無人，吾家亭長，空把大風歌遍。舊時營燕。算一片溫柔，怎經離亂。望斷神州，夕陽天外遠。

刘衡如《康定十咏》，首发于《新西康》月刊第一卷第三期。

1938年9月30日，《西南日报》连载黄煜林所撰《康游日记》中曾提及，某君为其带来函件一封，附有“刘衡如君《康定十咏》词”，又评述称“刘现任建委会秘书，为康定著名学者，诗词均佳”云云。可知，刘氏当时任西康建省委员会秘书，因《康定十咏》之发表，已渐为当地官员所关注。

反观此“十咏”之作，“初咏”一首为刘氏初赴西康不久的感怀之作，颇

康遊日記 （三一）

黃煜林

去歲同在成都結婚，原在康定某校充教師，下午四時，返寓，晚同汪羅二君至趙先生處茗談二小時，十時半返寓，閱「西康紀要」數頁，十一時就寢。

七月四日 星期一 陰雨

早起七時二十分，早餐後至麗容理髮館整容，返寓，發重慶馮君雅安顏君函各一件，與李奐川君研究易理一小時，午餐，天雨，不能外出，余君炯蓀送來沈月書君所著之財政經濟論文二篇，二時半，孔慶宗君來，對弈二局，接雷時若來函一封，楊叔明君託石參謀帶來函一封，附西康土司圖一幅，劉衡如君「康定十詠」詞，劉現任建委會秘書，爲康定著名學者，詩詞均佳，晚餐後，閱沈月書君所著之「法幣與藏幣」一文，結論主張由西康省行發行藏幣券二百萬元，以爲推行法幣之過渡辦法，此事聞中央現正交部核議中，結果如何，當難預料，晚閱「新西康」創刊號所載之「三鄉一瞥」一篇，著者張朝鑑係現任理化縣長，又閱蘇里虛生所著之「慘死者」一篇，敍孔撒老土婦，虐死其部下之反對土制者—仁青工布—之情形，極爲慘酷。

1938 年 9 月 30 日，《西南日报》连载黄煜林所撰《康游日记》中曾提及刘衡如西康任职简况。

可反映当时的个人心境与志趣之变化。为此，不妨细加研读。在此，酌加整理，转录《新西康月刊》所刊原文如下：

贺新凉·温泉浴月用东坡韵

刘衡如

北关外二道桥以温泉著。三五之夕，裙屐纷错，争往试汤。沿溪筑路如砥，水声花影，麝馥钗光，一时蔚为净域。泉上新成楼屋数楹，可坐可倚，诚客子慰情胜地也。时金陵方为倭寇所陷，辄兴哀乐靡常之感，为赋一阕。

谁筑黄金屋，伴阿娇夜阑人静，鸳鸯同浴。皓月绮窗窥人影，姤煞有人如玉。微倦渴青梅未熟。无赖风搴裙角起，趁新凉倚遍阑干曲。陶写我，非丝竹。　　东南半壁江山夔。想秣陵汤山胜处，顿成凄独。往事华清堪肠断，一例兵骄难束。何时看江南草绿。千古兴亡浑难据，听胡笳塞上空枨触。家国泪，坠扑簌。

这一首《贺新凉·温泉浴月用东坡韵》，既深沉苍凉又细致入微地表达出刘氏初至西康边隅的心态变化。词作通过记述作者虽临温泉胜景却难以释怀游玩，始终心系国难且颇感压抑的情形，抒发着先抑后扬，不可遏止的忧患意识之下的个人情绪。其后的“九咏”，也基本如此情调，在瑰丽特异的藏区山水景观之中，始终贯穿着居安思危，共赴国难的心志之抒发。

据悉，此《康定十咏》为刘氏所遗颇具代表性的文学作品，刘氏本人曾于1944年将原稿重新校订，将总名改题为《康城十咏》，付诸油印，用于自存备用与馈赠亲友。对照前后两个版本，仅以此“首咏”之词作，这一首《贺新凉·温泉浴月用东坡韵》为参照，可知对照前后两个版本七年之后刘氏本人之修订本，改动是比较大的，也足可视作抗战初期与末期个人心态转变之旁证。且看这一首《贺新凉·温泉浴月用东坡韵》的油印修订本原文如下：

贺新凉·温泉浴月（用东坡韵）

北关外二道桥以温泉著，泉上有楼台花木之胜，月夕花晨，裙屐纷往，水声山色，鬓影钗光，令人有乐不思蜀之感，时西安事变次年，金陵方为倭寇所陷，回思往事，如梦如烟，哀乐靡常，凄然成词。

解珮羞金屋。露春痕鸳鸯戏水，小蟾窥浴。遥对菱花掠蝉鬓，照影伊人似玉。艳出水芙蕖初熟。散发纷披风裳举，趁新凉共倚阑干曲。无限意，寄霜竹。　　东南半壁江山蹙。想秣陵汤山俊赏，顿成凄独。今古华清堪断肠，一例兵骄怎束。空怅望江南新绿。一代兴亡浑难据，听胡笳塞上空枨触。家国泪，坠扑簌。

油印本之末，还刊有刘氏校订原稿之后的跋文一通，文曰：

旧作《康定十咏》词，忘之久矣。友人索稿，乃自败簏中检出，稍加点窜，使就声律，因附手民，籍省钞录之劳。忆赋此词，瞬经七载，河山未复，世乱方殷，余亦久戍穷边，一筹莫展，哀时感遇，书罢怆然。一九四四年甲申元夜。衡如再记。

◎跑马山上“法曲献仙音”，一世因缘尽抒其中

一年之后，艰苦卓绝，牺牲巨大的中国抗日战争终获胜利，“久戍穷边，一筹莫展”的刘氏，命运也随之剧变。

1946年2月6日，《民国日报》《时事新报》《华北日报》《中山日报》等各大报刊，同日均在头版刊登了一篇由当时的陪都重庆官方发布的地方官员任免通报，题为《行政院例会任免各县长》。报道中提到，因康定县县长涂在潜调职，任命“刘衡如署康定县县长”。这一通报已然表明，抗战胜利之后不久，曾赋《康定十咏》借景抒怀的刘氏，终于不必再“哀时感遇，书罢怆然”了，即刻升任康定县县长，今后应当还有更大作为与贡献。

当然，历史机遇往往与个人际遇并不同步，常常背道而驰，令人啼笑皆非。这一纸任命公布之后不过短短三年时间，积弊日深，早已积重难返的南京政权迅

行政院例會
任免各縣長

【中央社重慶五日電】行政院五日舉行第七三二次例會，翁副院長主席，各部會署長官均出席，除報告外，摘載決議案各重要案件於下：（一）收復區各種公司登記處理辦法案，決議通過。（二）復員軍官轉任警官[illegible]練辦法案，決議通過。（三）修正肅清華僑烟毒辦法案，決議修正通過。（四）黃河決口復堤工程局組織規程案，決議通過。（任免事項）：（一）黃河水利委員會委員彭濟羣另有任用，應予免職。（二）西康省滎經[illegible]縣顯特，康定縣縣長徐仕[illegible]縣縣長楊仲華調職，[illegible]職，並請任命伍作楫署西康省滎經縣縣長，劉衡如署康定縣縣長，張鎮國署甘孜縣縣長。（三）陝西省西鄉縣縣長孫景潮調省，鳳縣縣

刘定权绘《玄奘五印行迹图》，西南地区翻印本。

即土崩瓦解，共和国的新时代翩然而至。那么，之后的刘氏又将何去何从，自南京佛学研究转而从军投身西康建设之后，其个人命运又当迎来怎样的剧变？

人生有限，命运无常。这样的感慨，任何时代的人们皆有同感，更何况当时身处最为波诡云谲的鼎革剧变时局之中的刘氏呢？这样的情形，不由得又令人忆及其《康定十咏》中的那一首“法曲献仙音”，词曰：

如是我闻，仙音法曲，乐顶山头时度。乐逐云飞，韵随风转，飘下寻常门户。看片片飞红舞。天风散花雨。果何语。似西方树林水鸟，都演法齐唱无常空苦。何处著尘埃，又道是菩提无树。万世相逢，有人知犹如旦暮。看点头顽石，信受奉行而去。

此作为《康定十咏》之“第七咏”，是专写康定乐顶山僧侣礼佛诵经之景况的，用“法曲献仙音”的词牌来填制这一题为“乐顶梵呗”的词作，颇见作者的佛学与词学修养。这一词作，当年一经发表，迅即被著名词曲学家卢前选

入其主编的《民族诗坛》第二卷第六辑之中，于1939年4月在陪都重庆独立出版社印行，在当时的西南后方词坛中应当有一定影响。

按照《康定十咏》的填词惯例，“法曲献仙音·乐顶梵呗”这一词作，仍有短序一则，对词作所述景况有简要说明。词序原文曰：

乐顶俗名跑马山，高不逾四十丈，山麓即康定市廛。大刚上师聚汉番僧伽修法其上，梵呗之声，市中隐约可闻。

原来，所谓“乐顶”即是指康定跑马山顶，即是那如今家喻户晓的“跑马溜溜的山上”歌声所起之处。只不过，这里所称“乐顶梵呗”，乃是指跑马山上寺庙于每年农历四月初八浴佛节、十月二十五燃灯节等均有法会，僧侣礼佛的梵音与转山信徒的诵经声，两相交融汇合，和谐的乐声中的乐顶，遂成康定城中一大胜景。

在此梵音缭绕之中，尘寰往循之间，于命运无常中感悟因缘常在，于岁月无情中体念人间有情。遥思当年在跑马山顶静聆梵呗的刘氏，乱世流徙而来的一身疲惫与一腔忧患，恐怕也能暂得一丝抚慰与一瞬平息。

不难发现，充溢着浓厚家国忧思之情的《康定十咏》之中，唯有这一首“法曲献仙音·乐顶梵呗”，最能体现作者的佛学修养与人生体悟，真可谓虽知命运往往“齐唱无常空苦”，但有所领悟者终“信受奉行而去”。仅以“法曲献仙音·乐顶梵呗”这一词作管窥，试想有着足够充分的人生历练，有着足够深切的人生体悟的刘衡如，在无论多么波折多舛的世运、国运与个人命运降临之际，应当都可以坦然面对，泰然处之。

◎法曲仙音如是我闻，佛学医学定权衡如

刘定权（1900—1987，又署定铨，字衡如）

事实证明，笔者从一首“法曲献仙音·乐顶梵呗”来窥测刘氏个人命运的基本判断，还是大致与其后来的生涯成就相符的。

据北京中医药大学教授钱超尘所撰《刘衡如先生的中医文献学成就》（原载《中医药文化》杂志，2014年第一期），可知时至1956年，应中国佛教百科全书编纂委员会之聘，刘氏被调至北京任专职编辑，后安置于国务院参事室。于1959年开始全力投入中医文献整理与研究，在二十世纪六七十年代，刘氏相关学术成果丰硕，编著迭出，《甲乙经校注》《素问（标点本）》《灵书经（校本）》《太素（标点本）》《本草纲目（校点本）》等均交付人民卫生出版社印行。后世读者所知悉的那一位以中医文献研究著称的刘衡如，也就此焕然新生而来了。

值得注意的是，早年在佛学研究领域颇有造诣与成就的刘氏，虽然晚年转而投身于中医文献研究领域，但标志着其早期佛学研究成果的《玄奘五印行迹图》，刘氏本人一直还是颇为看重的。即便转徙西南之际，刘氏可能一直还将该图的手绘原作随身携带，始终恋恋不舍。这样的推测，可从目前存世的多种二十世纪三四十年代的翻印单行本（即单张图纸印行）中得到印证。

仅据笔者所见，其中一种该图的翻印单行本，在图样侧边印有“本图为

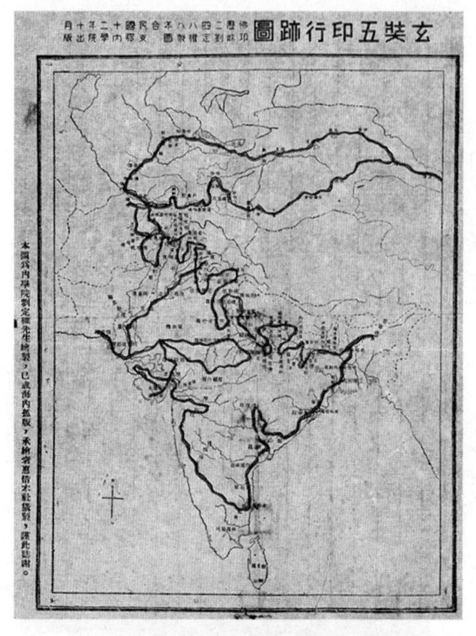

刘衡如任康定县县长之报道，原载上海《民国日报》，1946年2月6日。

内学院刘定权先生绘制，已成海内孤版，承绘者惠借本社摄制，谨此致谢”字样，就应当是在内学院“蜀院”时期翻印的。

因当时内学院在南京所藏所印多种图书毁于日寇战火，虽然《三藏法师传》的木刻原版被携出保存，但限于物力、财力与精力，要将其重新刊印恐遥遥无期，作为该书附图的刊印则更不可期，故有“已成海内孤版”之说。且该翻印单行本所用纸张粗劣，为抗战时期西南地区印刷书刊时常用的“熟料纸”，与作为《三藏法师传》初版附图时所用道林纸之精良绝然不同，故也可因之判定其为抗战时期川内翻印本。

这一迹象表明，已然于二十世纪三十年代返归四川，从军西康的刘定权（衡如），仍心系佛学研究，并未因世务而弃梵心。虽世事无常，瞬息万变，刘氏的佛学修养始终秉持精进，未曾懈怠，也因为如此，才方有十年后应中国佛教百科全书编纂委员会之聘，入京编书之后事因缘。至于再后来因缘连环，复投身于中医文献学领域，亦是“万世相逢，有人知犹如旦暮”的机缘殊胜。

反观刘氏这前半生学佛，以定权名世，后半生从军复学医，以衡如成就的人生历程，真可谓“法曲仙音如是我闻，佛学医学定权衡如”。

朱宽：为十三岁印度“思想家”译介

克里希那穆提（以下简称“克里”）的书与思想，因胡因梦（李敖前妻），渐为华语界所知。当她因译介克里著述而感言，“我知道五十三参的旅程已经到了尽头。我找到了！”这样的感言令人不禁心生联想，或许克里是又一位印度佛教的现代思想家，否则怎么会把“善财童子五十三参”的佛教典故都用上了呢？

近二十年来，华语译介过来的近现代外籍思想家的著述几成泛滥之势，基本上已经是双语版百家讲坛的架势。现代人对语言的敏感度远远超过思想本身，胡因梦的译述或许亦有某种新颖的风格，吸引着各色人等津津有味，手不释卷。但总不过是一股舶来品的小热潮而已，不久即会褪去潮痕。下一个浪潮袭来之时，沙滩上的脚印都会消失无踪，就好像从来没有人来过似的。译介克里的书与思想，恐怕也迟早是这般景况。如果本身心灵无所触动，仅为熟习几句口头禅式的谈资，这和在沙滩上看脚印又有什么区别呢？

不过，一次偶然的机会，却令笔者意识到，克里本来面目并非一个佛教思想家，其思想应该说已经逸出了单纯的宗教范畴。对于克里而言，思想与宗教虽联系密切，诚如“新瓶装旧酒”，宗教只是一个方便提取思想的“瓶子”而已。当读到克里的“酒瓶”理论时，语词虽并不精深玄奥，却也颇为认可。而当得知这一观念，竟然源自克氏十三岁时的言论，真是令人感到震惊。之后，又得知克里十三岁的首篇笔记体习作，即可谓其处女作的《礼足恭听录》，并非胡因梦所译，而是七十余年之前，由一位上海中年男子予以译介的，则不由得更令人浮想联翩起来了。

时间回溯到民国三十六年，1947年新年伊始，想象中的画面徐徐开幕……

民国三十六年，1947年新年伊始，上海澳门路四六九号的中华书局永宁印刷厂，和过去所有新年开篇时的忙碌一样，新出版的各色杂志、增刊、画册和图书在印厂里哗哗地制造了出来。

某日，一个自称从朱府来的伙计，径直走到印厂里。在访客登记簿上的地址栏上，伙计写下“太原路三二一弄三号朱府”之后，拿着的一摞刚印好的册子匆忙而去。朱府里的一位中年男子，此时正伏案研墨，静待着这一摞新书归来。

新书仍是传统的线装竖排版式，封面上用一手漂亮的行楷题写的书名《礼足恭听录》。朱府里静候此书的男子，一边翻检着新印出来的书册，一边扭过头去对伙计说，给书局去个电话，就说新书印得不错，请他们保留底版，改日去取。伙计怏怏地应着，似乎在想着别的什么事，又似乎还有什么别的事，想向朱先生报告。

男子一脸诧然，提高嗓门对伙计说，还不快去？伙计终于从牙缝里，憋出一行字来，先生，福昌银号那边的款子要不要先提了？候款的人都挤不开咧。

男子略微一怔，缓缓地说了一句，电话先别打了。幽幽地叹了一声，挥手示意伙计退下，似乎他还是想仔细读一读这本刚印出来的新书，其他的关涉时局、金融、生意上的事务，只得暂且放一放罢。

那个时候，1947年的上海金融势态严峻，物价飞涨。据考，1947年2月1日，金价已涨至每两40.6万元（旧币），美元与法币的比值达到1∶7700。从1947年开始，南京政府发行的纸币，每个月都在发生20%以上的贬值。朱府伙计的担忧不无道理，尽快将存款兑换成黄金、美元等保值增值的硬通货，是那个时代的理财首选。这个道理，不单单是朱府的伙计，即便是街头给人家洗衣服的老妈子，也是明白的。

在各大银号、钱庄挤兑存款，疯抢黄金的人群之外，朱府里的中年男子，仍旧凝视着一册刚印出来的新书，静默无语。书页翻开，封面的背面印着一个长条形的方框，中年男子拈着一管毛笔，郑重地在方框左下侧铅印的“谨赠”二字之上写下了自己的名字“朱宽”，右上侧的铅字“道鉴”之上，却没有再题写名号。就这样接连签名，已有数册。

也许是一时还没想好将这书赠予谁，也许只是临时署名备用，以备后来赠送给那些素昧平生的新朋友。这一摞伙计拎回的新书，只是朱宽自费印制的初版两千册《礼足恭听录》的一小部分，此书没有定价，在版权页上明确地印着说明“本书为非卖品”。看来，这本书从诞生伊始，就是拿来送人的。

此书开本为十六开，每半页十一行，每行二十五字，聚珍仿宋版印制；虽是透着古典精致的印工，可文本里还是辅以新式标点，加以断句，古雅里又透着一股现代气息。

无论从开本、用纸，还是设计、排版，这一用作赠品的自印本，装帧设计还是颇费了一番功夫的。铅字横排，洋装小册——当时最普通廉价的书籍印制方式，没有为自费印书的朱宽所采纳，却偏偏选择了中国古籍传统装帧方式的线装竖排，还用了聚珍仿宋版，而且还用的是大号的字型。开卷即夺目而出的大字，型号真是大得出奇，几乎达到了一般出版物字号的四倍大小。

无论是自费印书，用于免费赠送，还是高档装帧，费尽心思与金钱，所有这些事体，当时恐怕都超出了常人的理解。包括朱府的伙计、佣人们在内的，所有为物价飞涨，币值剧贬搞得手忙脚乱的上海人，恐怕都不会也不可能理解，一本赠品书为什么要花这么大的血本？这两千册书里，究竟有什么了不得的内容，让在上海有家有业的朱老板，如此在所不惜？

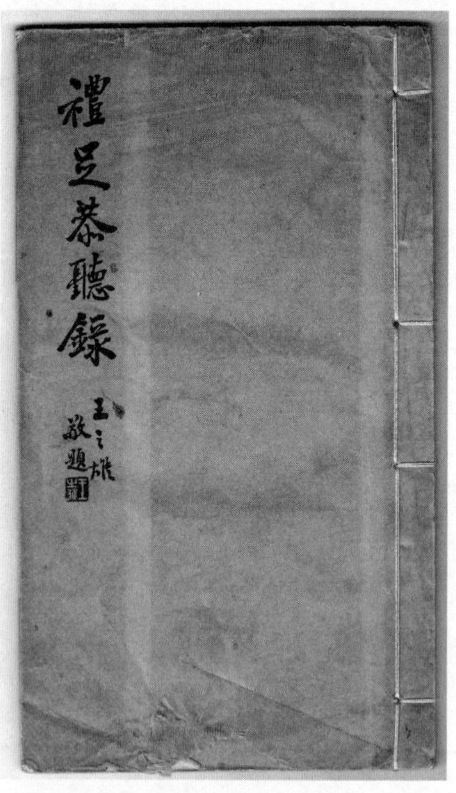

《礼足恭听录》，克里希那穆提口述，朱宽译，中华书局 1947 年初版，封面、译者签名。

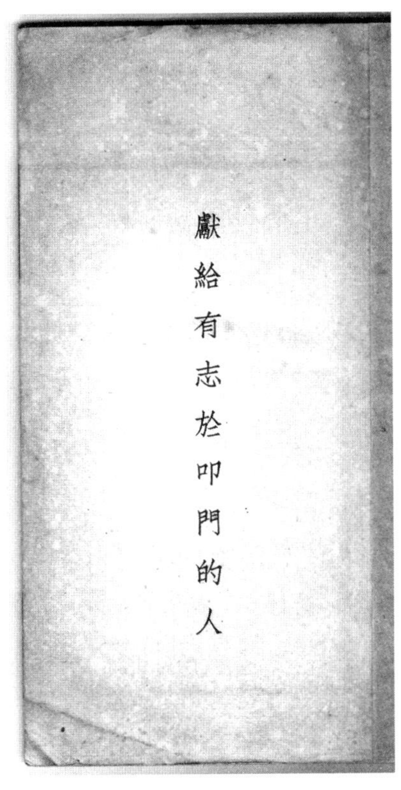

獻給有志於叩門的人

《礼足恭听录》，扉页寄语。

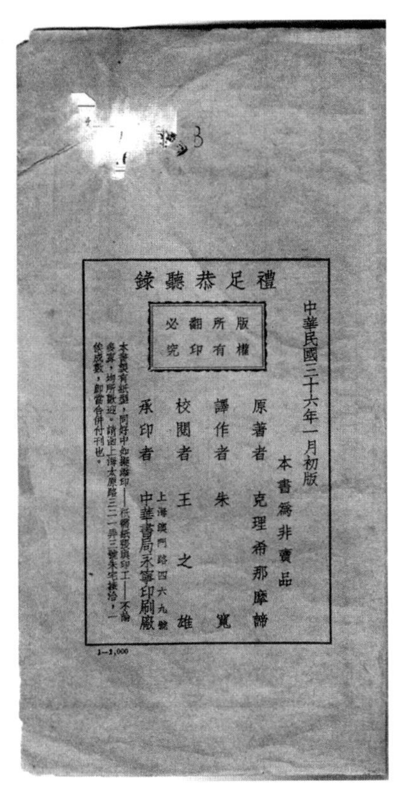

禮足恭聽錄

版權所有
翻印必究

中華民國三十六年一月初版

本書爲非賣品

原著者　克理希那摩諦

譯作者　朱　寬

校閱者　王之雄

承印者　中華書局永寧印刷廠　上海廈門路四六九號

本書製有紙型，同好中如擬添印——自備紙張與印工——不論多寡，均所歡迎。請函上海太原路三二一弄三號朱宅接洽，一俟成數，即當合併付刊也。

1—1,000

《礼足恭听录》，版权页。

《礼足恭听录》的扉页上，印着一列竖排大字：“献给有志于叩门的人”。从目录上来看，除了一头一尾的“短歌”和“诗”之外，正文部分的四章“一鉴别”“二无欲”“三善行”“四仁爱”似乎非常明确地提出了本书的主旨，无非是劝人向善、多行仁义的劝善书之类。

任何一个刚刚翻开此书的读者，都会无一例外地以为，朱宽所印制的这本书，极可能就是当时颇流行的，可能由天主教会资助或提供内容的圣迹书、布道书、福音书之类的洋玩意儿。然而，作为本书附录部分的朱宽自述《这本书是怎样写成的》一文，一旦仔细读后，就知道原来根本不是一般读者想象的那回事儿，这其实就是克里希那穆提（当时的译名为“克理希那摩谛”）的第一本著述，也是克里著述的首部中译本。朱宽在文中开篇即提到：

这本书是作者在印度马特司省证道学会里写成的，时为一九〇九年。那时的作者，还是一个十三岁的印度小孩子，每晚在梦中，他的教师——某英国证道学者——把他领到一位导师那里去听训。

很难想象，这本书即是朱宽为一位十三岁的印度小孩子所做的译述。这个年纪的“思想家”说的一番“梦话”，竟能让一位一九四〇年代的上海中年男子为之倾倒，不但为之译介，还自掏腰包印制出两千册中译本用于赠送，这的确有些匪夷所思，更是令人欲知其究竟了。

接下来的叙述更加不可思议，朱宽提到这个小孩子用并不流利的英文写好一番“梦中心得”，还通过梦境呈送给了弥勒菩萨，“弥勒菩萨看完后，亦莞尔许可，并嘱付道：‘可把此书好好的印成册子，和这孩子，一并介绍与世人！’”当然，接下来，肯定就是“梦中心得”的英文版出版发行，朱宽本人就是最早接触到这个弥勒菩萨认可的英文版的中国人之一。他为之感慨道：

人们都说他们读了此书后，看出来的东西，什么都不同了；整个生活，都起了变化了。所以在短短时期内，这书已被译成二十七国文字，销数之广，动以万计。

当然，接下来朱宽的这个中文译本，又使这本“梦中心得”有了第二十八国文字，中译者当然对此是寄予热望的了。随后，朱宽对书里几个名词的翻译心得有明确阐释，可以看到其人的专业精神和对本书宗旨的透彻理解。文中这样写道：

> 造物者一词，原文为“上帝”；盖承用耶教之尊称也。释氏曰“真如”，曰“佛性”；道家曰“真宰”；儒家曰“天命”，曰“性”；皆指此耳。译者为求避免宗教色彩起见，特采用造物者一词以代之实则，无非皆指唯一至上之圣性而已。

从对“造物者”一词的译用来看，朱宽的译作秉承这位十三岁印度小孩子的意见，不把思想与宗教混同，且尽可能避免使用一些带有宗教色彩的常用词汇。由此可见，这本书中记载的思想观念应当是非宗教性质的，至少是有着非宗教意义的前提，中译本也力图再现一位十三岁印度小孩子的纯粹思想，那是一种没有受到过任何现有观念体系熏染与包装的“原始”意义上的思想。

当然，作为深受中国传统知识体系影响的朱宽，也会自觉不自觉地将这位十三岁“思想家”的观念及其境遇，做一些文化语境上的联想。在后来的译述中，他就将明代憨山大师的生平加以列举，以资说明“梦中心得”及“梦会弥勒”的可能性。从《憨山大师自撰年谱》中，朱宽拈出大师三十三岁时，在五台山夜梦清凉大师之事例，特意提到：

> 憨山大师乃明朝人，而他梦中所遇到的，却是远在数百年前的唐代的清凉大师；此与导师的指示作者，初无二致也。

这种列举与类比，一方面说明朱宽的佛学修养有一定水准，另一方面也无形中拉近了克里学说与中国人的文化距离。

不仅如此，朱宽已经完全能够运用“证道学”来解释克里学说，其中种种接近于佛学或其他宗教思想的核心观念，已能明白地加以阐释，毫无拖泥带水之感。就拿“憨山梦清凉”一说而言，朱宽已然指出：

拿证道学来印证，就是说：我们眼前的世界，与我们的欲界、识界，以及其他诸界，尽在一起，互相涉入。此即世俗所谓：地狱天堂乃至涅槃之境，都在眼前也。

用证道学来解释佛教华严宗的“诸境圆融”，是朱宽的创举。半个多世纪之后，胡因梦也是用华严宗五十三参的典故，来喻示其初遇克氏著述之惊喜，也算是殊途同归罢。

朱宽还对当时颇流行的“静坐养生学”乃至禅宗学说，站在证道学的思辨路径上，加以评述。书中这样表述道：

以为清静是修行的唯一条件，是故修行的人，必须谢绝凡俗，并且要有清静的环境，这种见解未免太偏了。佛学里的禅宗主张禅定最力，然亦认为须有上根利器的人，才可蹈等以求，而且开悟之后，依旧要修万行的，习静仅仅是六度之一。他进一步提出，在尘凡中修行，反而能得更大的收获。试想一个人，涉世不深，何以明事理？事理不澈，何以息妄想？妄想不息，何以获真定？于以可知：惟有动中求得的静——内心的恬静，不是外面来的——才是真正的禅定。

朱宽的这一系列论述，静、习静、清静、恬静、禅定、真定等概念论述相当清晰易懂，没有故弄玄虚，直指禅悟本义。朱宽的这些观点，很容易令人联想到当年印光法师批评丁福保、蒋维乔“静坐养生”的基本观点，二者是如出一辙的，可见其佛学修养确实是有相当水准的。

正如朱宽对克里这一“处女作”所做总结评述那样，“修行的方法，即如上述，可见除了做人之道外，别无修行之途。而这本书，即为笃志力行者的津逮”，强调“做人之道”，强调在“人道”本身着眼，思行合一，在朱宽的译介中，即为克里思想及证道学说的旨趣所在。

从这样的旨趣来考察，可知克里的思想，至少是少年克里的思想，就绝非宗教，亦绝非哲学，甚至也不是一种伦理学色彩的社会理论，只能是一种心灵原发性质的纯粹意识趋向。它趋向于通过激发心灵能量来达成人格及人道力量，而不是一开始就搭建一个主观性质的观念体系，去规范心灵的能量。

朱宽在《这本书是怎样写成的》一文之后，还附录了一篇短文，名为《介绍证道学》，开篇即给出了明确的名词解释：

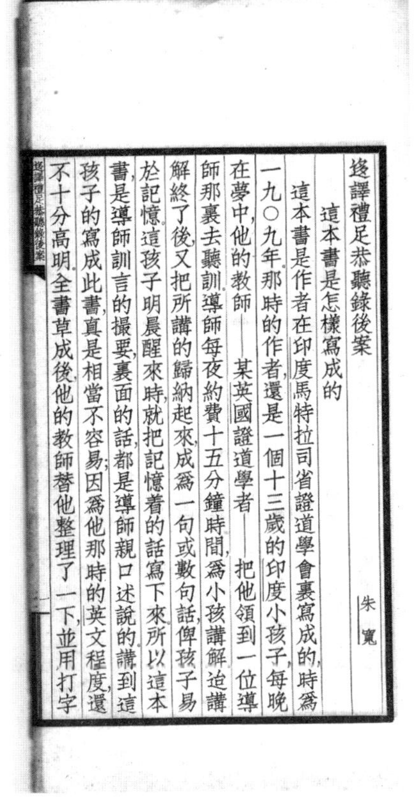
迻譯禮足恭聽錄後案

這本書是怎樣寫成的

朱寬

這本書是作者在印度馬特拉司省證道學會裏寫成的，時爲一九〇九年。那時的作者，還是一個十三歲的印度小孩子，每晚在夢中，他的教師——某英國證道學者——把他領到一位導師那裏去聽訓。導師每夜約費十五分鐘時間，爲小孩講解；迨講解終了後，又把所講的歸納起來，成爲一句或數句話，俾孩子易於記憶。這孩子明晨醒來時，就把記憶着的話寫下來。所以這本書，是導師訓言的撮要，裏面的話，都是導師親口述說的。講到這孩子的寫成此書，真是相當不容易；因爲他那時的英文程度，還不十分高明。全書草成後，他的教師替他整理了一下，並用打字

迻譯禮足恭聽錄後案

《礼足恭听录》附录部分，译者朱宽自述《这本书是怎样写成的》。

所谓证道学，并不是宗教；它是一

种研究宇宙间一切人、物之究竟的学问，专讲不着色彩的纯粹的真理，并且主张，真理高于宗教。

可以想象得到，这样的思想主张及其意识趋向，在一九四〇年代的上海，是相当超前的，也是相当不合时宜的。朱宽笃志于此，也应该是相当寂寞的罢。

遥思1947年的上海，刚刚从抗战胜利的喜悦中缓过神来的人们，更切实的紧迫与忧愁也随之袭来。通货膨胀之下的抢购黄金、美元、大米、白面，种种民不聊生的怪现状，可谓层出不穷。在这样的情势之下，南京政府甚至还有心思去整治所谓“有伤风化”的舞厅，一纸禁舞令，令数以万计的在十里洋场中讨生活的舞女，迅即加入失业大军，一时怨声载道，民怨沸腾。

在这样的社会背景下，手段胜过道义，投机胜过诚信的世风日下，朱宽本人不可能不感同身受，也不可能无动于衷。然而，既没有随俗从流地参与到投机主义阵营之中，也没有转而委身于悲观避世的宗教庇护圈里，这就令人不得不去揣度，是否正是克里思想予以了朱宽精神上的强大支撑。

据说，克里希那穆提（1895—1986）是印度一个婆罗门家庭的第八个孩子，在某些特定圈子里被称为二十世纪最卓越、最伟大的灵性导师，天生具有多样神通。在印度还被一部分佛教徒肯定为“中观”与“禅”的导师，而另一部分印度教徒则承认他是彻悟的觉者。

1947年，克里已五十二岁，他一定没有想到在中国上海一隅，有一个叫朱宽的中年男子，正着力于译介他少年时代的习作，而且自掏腰包，精心印制，用于免费赠阅。遗憾的是，克里没能漂洋过海来中国一趟，没能像当年泰戈尔访华那样风光无限地大受文化界追捧。随之而来的遗憾则是，朱宽本人也没能如当年接待过泰戈尔的徐志摩、林徽因等人那样熠熠生辉，成为中国现代文化史上的热门人物。更令人沮丧的是，迄今为止，除了极少数仍以证道学为修行主旨的资深华人修习者，能语焉不详地提到克里著述的首位中译者曾供职于英美烟草公司之外，再无其他更详尽的资料可循了。

只有这样一册由译者朱宽自费出版的《礼足恭听录》，令后世读者还可从中去慢慢体察，细细品鉴一些若隐若现的历史信息。如在《介绍证道学》一文中，朱宽就曾提到：

> 证道学是脱胎于印度最古的瑜迦学的。当西历一千八百七十五年时，美国即有证道学会的创立。总会现设于印度马特拉司省，世界的大都会中，多数有分会设着。我国惟上海等一二处有之。（上海分会，因受战事影响，迄今尚在停顿中。）二十余年前，伍廷芳博士，曾提倡是学，惜乎后来没有继起的人，故在我国，证道学还是湮没不彰。

从朱宽的论述中，可以了解到瑜迦思想与证道学流入中国，可能在一九二〇年代前后，首倡者竟是曾获英国伦敦大学法学博士学位的伍廷芳（1842—1922）。作为中国近代第一位法学博士及拥有大律师资格的学者先进，作为一个敢于在1922年6月陈炯明炮轰总统府事件中，踏上永丰舰看望孙中山的开明知识分子，竟然也曾倾心于印度思想及相关学说。可这种无法定格体系、无法划分阵营，也因之无法流行起来的“纯心灵学说”，在一九四〇年代的上海，也后继乏人，恐怕仅有朱宽一人之倡举而已。

伍廷芳照片，1902 年英文签赠品。

朱宽，作为一位既不投身于某某主义之哲学阵营，也不投身于这派那门之宗教圈子的无名译介者，无疑是难以进入有划分归纳癖的思想界和文化圈的。其人隐而不彰，至今身世难明（连确切生卒年也无法查考），甚至连一张肖像照也没有留下。

这位为十三岁“思想者”做中文翻译的隐士，除了为自己留下了一份纯粹的思想读本之外，也许，还为世人留下了一系列值得为之深入探讨的话题——心灵的能量和文化的力量，如何达成一致与互动？思想的局限与宗教的界限，有没有可能同时突破限制，回归到一个纯粹的无限趋向于零度的临界点？诸如此类种种难以解答，却又值得去求解的问题种种。

◎补记

约十年前，曾偶然购得一部《礼足恭听录》，观其内容，研其历史，深感奇特。初读此书，对原著者克里希那穆提——十三岁的印度神童之哲思，即刻大感惊异，随着考察的深入，又逐渐对一直遍查文献无果的中译者朱宽之生平，渐生奇趣。

近十年来，又获见若干册《礼足恭听录》，从书封背面预先印制好的签赠框中，陆续看到了朱宽、朱寅臣、寅臣、朱寿仁四种署名。其中，朱宽与朱寅臣、寅臣三种署名之下，大多钤有朱宽篆文印章；而朱寿仁的署名之下，则尚未见钤有印章者。这样的情形，说明朱宽可能曾用名为朱寅臣，而朱寿仁与朱宽则可能是兄弟关系。

遗憾的是，朱宽、朱寅臣的生平，至今仍毫无线索可循。幸运的是，朱寿仁的生平，却渐有眉目。据刘衍文《寄庐杂笔》[1]，可知朱寿仁的一些生平点滴。譬如，书中明确提到：

朱先生的确精研佛教各宗各派的理论，但认为各家都有缺失，只有印度人克来西摩地所创的新佛教，才是正法眼藏，此派在美国传播得很广。问其究竟，却含糊其词，令人有“狂禅”之感。

① 《寄庐杂笔》，上海书店出版社，2000年。

书中还曾提到，朱寿仁逝世，可能在“拨乱反正”之后，即“文革”结束，1978年前后。此外，查阅佛教刊物《觉讯》(1951年第五期)可知，“各地佛教动态”栏目中，还载有朱氏被选为世界佛教居士林第七届委员的通报，可知二十世纪五十年代，其人确实还曾活跃在国内佛教界。

另据查证，1930年6月，上海良友图书印刷公司出版了《美术摄影大纲》，其中辑入有朱寿仁的摄影作品。1931年10月出版的《中华摄影杂志》，朱寿仁曾出任总编辑。据研究者言，作为上海华社会员的朱寿仁是与郎静山、胡伯翔等摄影家齐名的，一度活跃于国内摄影界的知名人士。

综上查证可知，朱寿仁早年热衷摄影，中年修习佛学并推崇克里学说，是一段基本可信的履历。那么，朱宽(朱寅臣)的履历，为何遍查无果呢？为什么版权页上的译者署名，只有朱宽一人，而不是“朱氏兄弟”二人呢？试想有没有一种可能，因某种原因，朱寿仁曾化名朱宽，二人其实乃同一人呢？这一切，都还有待更多的史料文献浮出水面，方才能化开那种种疑问背后的冰山一角罢。

◎附录

作为《礼足恭听录》的附录部分，“迻译礼足恭听录后案”分为“这本书是怎样写成的”“书里几个名词的解释”“为读者进一净言”“介绍证道学”四个章节。

“迻译礼足恭听录后案”为朱宽首次以公开出版形式，发表的研习克里思想之心得与方法之推介，当然还包括具有重要文献价值的“介绍证道学”一章。

“介绍证道学”一章，为《礼足恭听录》最后一章，可以视为朱宽本人为此书所写跋文，这个章节是关于证道学与证道学会在中国的传播状况之介绍，基本反映了证道学思潮的中国境遇。为此，摘录“介绍证道学”这个章节，谨供参考研究。

迻译礼足恭听录后案

介绍证道学

证道学是脱胎于印度最古的瑜迦学的。当西历一千八百七十五年时，美国即有证道学会的创立。总会现设于印度马特拉司省，世界的大都会中，多数有分会设着。我国惟上海等一二处有之。（上海分会，因受战事影响，迄今尚在停顿中。）二十余年前，伍廷芳博士，曾提倡是学，惜乎后来没有继起的人，故在我国，证道学还是湮没不彰。自从证道学会创立以来，世界各国，产生了许多道行高深的人物；他们写了不少罕见的名贵作品，约有一二百种之多。（都是英文的。）关于宇宙的秘密；人类的来踪去迹；死后所往的地狱、天堂的情状；都有专著论述，供世人公开研究。该会宗旨，纯正简单，可概括在下面三个信条里：

（1）组成一“全人类皆是兄弟”的核心，不分种族，不分颜色，不分性别，不分阶级，乃至不分信仰。

（2）以比较宗教学、哲学及科学等，为研究对象，极力提倡。

（3）查究未经阐明之天然律，与我人固有之潜能。

所谓证道学，并不是宗教；它是一种研究宇宙间一切人、物之究竟的学问，专讲不着色彩的纯粹的真理；并且主张：真理高于宗教。我国有句俗语，叫做“换汤不换药”；在这里，倒可以引用一下：各种宗教，好比各式的汤，真理犹之是药；汤不妨更换着，以迎合世人的口味；药却是一成不变的。是故一切正常的，无论大、小的宗教，在证道学看来，都是圣智的显露，而应当一视同仁地尊敬的。由于人智有差别，才产生差别的宗教。证道学认为：真理必定是极端的高尚，极端的合于逻辑；并且是必定可以证明的。它以为：真理不是任何宗教的权威者所制定的教法，而是各人励志潜修的收获。是以有志学问的人，先当集思广益，放弃一切固有的成见，然后谨慎地去选择；选择最高尚、最合理的学说。不过即使选中了，亦不宜立即信受；要知在未经证验之前，一切信受，理应是假定的；我们应该虚心地准备着，准备接受更完善的学说。所谓信心，必须是研究以后的心得，而不是研究以前的主张。证道学认为：人类在动物中，已经进化到发展理智的阶段；盲从与谬信，都是理智不足的象征。不过大多数的人，还未到达能充分运用理智的程度；他们的见解，因为缺乏辨别力，故往往被先入为主的成见所囿；其结果，便像戴了有色的眼镜看事物一般；莫怪宗教里的门户之见，要和生活一般的难拔了。在这里，笔者也自深知：虽然笔者在介绍着证道学，可是除了极少数的思想超脱，本无宗教成见的人以外，证道学是不会即被人家注意的。话虽如此，毕竟时间是无穷的；加以人人都秉着永生不灭的灵性，在不息地、一世胜如一世地进展着；宗教的门户之见，终有一天会消除的；我们且耐心地等着吧。

一个人澈底地明白了证道学，即是明白了人生的使命与做人的原理。他好比获得了一支衡量万物的宝尺，本来，待人、接物时，他有许多自己不觉得的差误；现在都陆续地发现了。还有许多不知应当如何应付的疑问，现在亦都迎刃而解了。他晓得：众生是合着一个觉性的，所以人人都应发“同体大悲”之心。他晓得：人生世上，是为灵性作活计；只有性体上的成就，才是真实而永久的；并且是一世一世累积起来的。他晓得：如欲迅速地完成人生的使命，第一不可存有自私的心理；惟有仁爱与牺牲，才是应走的途径；苟能舍尽“小我”，那就自然而然地归入“大我”了。他晓得：世间万物，无论形体方面或精神方面，都遵循着进化律前进；所谓轮回，即是琢磨，琢磨即是进化。世间一切的大、小事物，都是督促人智进化的工具；整个世界，是一个陶铸完人的洪炉。他晓得：我人的本性，是永久的至乐与恬静；只是通常的人，还未能与这至乐的泉源相沟通——他们所追求的，只是世间的有对待的乐，不过是俄顷之间的性的映照，所以是无常的，并且是与苦作伴的。他晓得：世间一切的善恶报应，都是人类自作自受；凡是自私的行为，尽是“向后走”；其结果，徒然增加一己的烦恼，与夫轮回之痛苦而已。善做利人的工作，自己必先得其益；反之，损人之事，无有不自己先受其害的。这些都是分毫不爽的天然律，惜乎愚昧的人，不明人生的真谛，把表面上的，一世的成败，与夫物质的得失，认做人的究竟；这是很可怜悯的。

当人努力地奉行证道学时，在不知不觉中，会渐渐地走进了超人的途径的。这犹如一个浪迹天涯的游子，到如今，才踏上了归家的道路。笔者的“虔奉瑜迦”译稿里，有一段描写超人的文字——富有诗意的描写。兹特摘录于后，以作本文的结束。愿学者们进步！

他（指超人）是一个真正爱造物的人。他爱一切有生命的事物，而且担负着这样的任务——传播希望与勇敢的种子，并对一切，作有益的建设。他器度广阔，而富于容忍；他是仁慈的，宽恕的；没有嗔恨、嫉妒，没有恶意。他是无忧无惧的——一个极度的乐观者。他追寻一切事物的光明的一面，能在黑暗的角落里，检出阳光来。他有一个不渝的信念——对于绝对的真理。他相信：造物者是绝对公正的；而世间一切事物，都是止于至善的。他只做着自己应做的事，而且工作得很好。从工作中，他获得了快乐。他不肯干涉人家的自由。人家以为失望而窘于应付的事情，在他是处之泰然的。他走过崎岖的道路而绝不颠仆；面孔上常浮着笑容，常哼着快乐之歌。他是没有成见的，也绝不坚持一己的主张；因为他晓得：绝对的真理，是超出是非的。他过着简单的生活，亦最能欣赏天然的景物：平原呀！高山呀！太阳的升降呀！风雨寒暑呀！他都觉得美丽而可爱的。他的恬静，是发自内心的，凡是遇见他的人，都会受到他神情的感召。他不找朋友，也不找爱，可是朋友与爱，自会到他那里来；因为他有着吸引的能力。他作客陋巷和赴会皇宫，同样地觉得很舒泰；这两处截然不同的主人，在他看来，也不会觉得有轩轾。无论罪人或圣人，一般地视同他的昆季。对这两种人，他是不分高下地都爱着的；因为他觉得：他们各在做着他们认为最好的任务。与其从圣人身上寻过失，他毋宁从罪人身上去找善良。他知道自己不能没愆咎，所以他不敢向罪人投石子。（笔者按：投石故事，见于基督新约。）一个曾堕火炕的罪妇，也能够信任他，而没有一些畏惧。因为她知道：他会了解她，原谅她的。贱民也把他视为弟兄的。他是从容不迫的，他有许多时间——无穷的时间——因为“永远”是无穷的，而他正是生存其中的一分子。他的生命是活泼泼的，到处迸发着光辉。他怀着满腔的爱，像冬天的太阳一般，射向全世界。

本书承施嘉幹、戴应观两先生惠予商榷，多所指正，谨此志谢。

朱宽 三十六年一月

程曦：灵潮轩中“燕园梦”

◎1966年：身在美国爱荷华，书在香港灵潮轩

1966年，早已双目失明的陈寅恪因洗澡时滑跌，瘫痪在床已经四年。也正是在这一年，“文革”爆发，这位国宝级学者亦未能幸免。从这一年冬开始，他多次被迫做书面检查交代，又因其对所谓“罪行”交代不彻底，屡屡被校方及造反派勒令要重新补充交代。一代学术大师，可谓受尽欺凌，身心俱疲。

三年之后，不堪凌辱的陈寅恪，含恨离世。遥思其于四十年前，为投水自尽的王国维所撰纪念碑文，倡导“独立之精神,自由之思想”云云，至此遂成一纸绝世空文，亦为世道无常之存照。

曾做过陈氏学生又兼两年助手的程曦（1919—1997，字仲炎，河北廊坊人），此刻正在美国爱荷华大学吉尔莫大厦四百一十一号里，闲适地翻检着自己刚在香港印成的一册新书。灰蓝色的素净封面，双线框、仿宋体的书名；手感细滑的特种纸，繁体竖排的旧版式，薄薄的一本小册子，却仍旧彰显着一种古典文艺味儿，仍旧是底气十足的名士精英范儿。

与当时的“反动学术权威”陈寅恪终日接受批判与审查不同，1951年8月就从陈氏助手职位上离职而去的程曦，没有让自己陷入这一番史无前例的“失范”境地。虽漂泊于美国、香港、新加坡、马来西亚各地，却依旧保持着那么一股子中国老派文人名士、新派知识精英的范儿，在海外讲学中自得其乐，闲度余生。

此时的程曦，刚刚过了不惑之年，却已经是在海外多所大学讲授中国文学艺术的客座教授了。仅就个人生活条件而言，完全有理由，有资格，有时间，也有兴致来写写画画，忆述过往，眼前这一册《灵潮轩杂剧三种》就是这一时期的闲情逸致之作品。

在这小册子中，程曦还逐一在扉页里，塞入一张打印好的小纸片。纸片上用英文印着：

WITH COMPLIMENTS

OF

HSI CHENG

411 GILMORE HALL

UNIVERSITY OF IOWA

IOWA CITY,IOWA

U.S.A

这是其当时在美国的地址。看来这本小册子虽然在香港灵潮轩（程氏斋号）印成，却仍是其人流寓美国期间拿得出手的作品集，是拿来分赠友人的雅

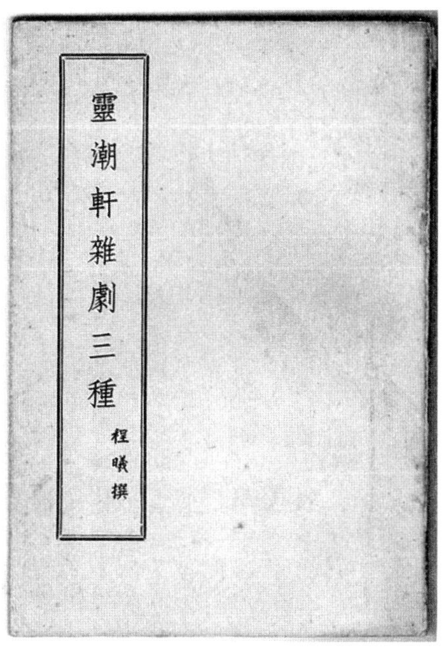

程曦《灵潮轩杂剧三种》，1966年印于香港。

WITH COMPLIMENTS
OF
HSI CHENG

411 GILMORE HALL
UNIVERSITY OF IOWA
IOWA CITY, IOWA
U. S. A.

程曦美国地址便笺，附于《灵潮轩杂剧三种》中。

《燕园梦》杂剧扉页，程曦题签。

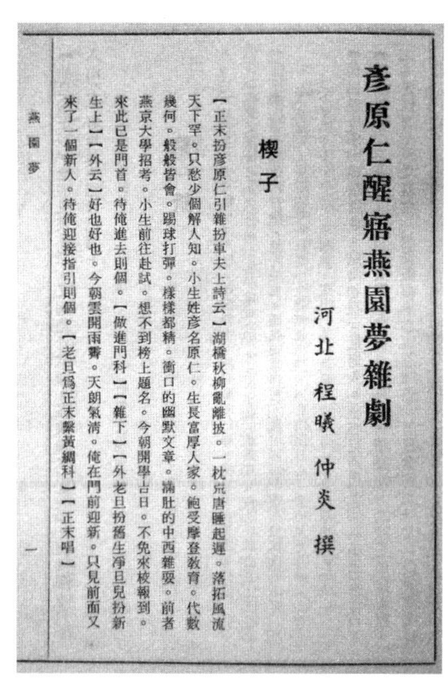

彥原仁醒寤燕園夢雜劇

河北　程曦　仲炎　撰

楔子

【正末扮彥原仁引雜扮車夫上詩云】湖橋秋柳亂離披。一枕荒唐睡起遲。落拓風流天下罕。只愁少個解人知。小生姓彥名原仁。生長富厚人家。飽受摩登教育。代數幾何。般般皆會。踢球打彈。樣樣都精。衝口的幽默文章。滿肚的中西雜耍。前者燕京大學招考。小生前往赴試。想不到榜上題名。今朝開學吉日。不免來校報到。來此已是門首。待俺進去則個。【做進門科】【雜下】【外老旦扮舊生淨旦兒扮新生上】【外云】好也好也。今朝雲開雨霽。天朗氣淸。俺在門前迎新。只見前面又來了一個新人。待俺迎接指引則個。【老旦爲正末繫黃綢科】【正末唱】

燕園夢　一

《燕园梦》杂剧，正文首页。

致物件。

事实上，这本册子里的三部杂剧，是按照中国元代杂剧体裁与格式，以程氏本人所经所历的具体事件为基本素材演绎而成的。确切地讲，这本小册子里的剧本，有着隐括程氏前半生的微妙意蕴，是其流寓海外之前的人生经历与境遇之缩写。虽然剧本中只字未提陈寅恪的名号，可从中影射出来的个人生活史史料种种，多多少少还是为这位曾经的陈寅恪助手勾画出了一些擦肩之痕。

在《灵潮轩杂剧三种》中，在这些剧本所投射出来的时光微痕中，程曦的逝水流年留下了类似于那插入扉页的小纸片的标记；他与陈寅恪，或者说他与“民国范儿”的学术理想有着怎样的心路历程，以文艺作品的方式留下了鲜活的路标。其中的《燕园梦》剧本最为鲜活，几乎刻画出了程曦前半生的生活态度与生活方式，而这也正是其流寓海外的后半生所一直持守的东西。

◎1947年：《燕园梦》抒写燕大求学生涯

《燕园梦》这部剧本，通俗地讲，不但反映着青年学子的名牌大学之梦，也体现着理想与现实、学业与职业等多重矛盾的交织，以及作者个人对这样的人生状况之体悟与评判。在对这些多重矛盾的体悟与评判中，程曦个人的求学、治学、问学并最终成为自由学者的人生“路线图”逐渐清晰起来。

原来，程曦在成为陈寅恪助手之前，是做过陈氏学生的。1941年12月，太平洋战争爆发，燕京大学随之迁校入川，于成都落址办学。程曦作为燕京大学国文系的学生，随校入川，并就在成都求学于陈寅恪。1946年，燕京大学复校，程曦随校返归北平后，除了开题作《恽南田研究》的论文之外，也密切关注着其师陈寅恪的动向。不久，清华大学复校，程曦追随其师左右，俨然助手。1947年秋，在向陈寅恪递交学位论文之前，回顾这五六年来在燕京大学的求学历程，程曦有感而发，随兴而作《燕园梦》，他在跋文中写道：

燕园梦杂剧之作，虽出于一时遣兴，然不同于传奇志怪者也。剧中人士非实有，剧中情理非尽无。而当时史事，则悉真确，盖亦变乱中人海波澜之可歌可泣者也。宇宙万象，陆离光怪，凡属近于情理者，莫不可呈现，第吾人未尽闻见耳。余偶所见者，大地湖山一曲间少数人物中之极少数人物，尝有类此之心境感慨，因纳之一端，藉元人法式以传之，初不过我手写我口，不计是非工拙也。天地悠远，世事迁易，不久而即此情理且将变改。知我者，其此极少数人物乎。

中华民国三十六年岁在丁亥仲秋月程曦跋于海淀燕京大学

《燕园梦》一剧颇有奇趣，虽是按照元代杂剧的格式编撰，其内容却是一部民国时代的裹挟着历史剧变与人世沧桑的新剧，即当时颇为流行的所谓摩登剧与时事剧之类。

《燕园梦》中的正末，彦原仁，即谐音“燕园人”，概指作者程曦本人；而旦角陈贯绣，或谐音“尘世休”，概指某种心灰意冷的人生观。全剧四折，以彦原仁考入燕京大学，暗恋陈贯绣为叙事线索，历经太平洋战争爆发、燕京大学迁散入川、成都求学、抗战胜利返京、毕业谋生、醉梦入山、梦遇陈贯绣等叙事环节，题目作“陈贯绣感应尘世心”，正名为“彦原仁醒寤燕园梦”。

《燕园梦》一剧基本概括了程曦在燕京大学求学的人生历程，剧中校园生活的演绎十分生动与细致。从第一折“现今华北虽然沦陷日军之手已经四年”

所云，即可推测程曦入学燕京应于1937年左右，据此亦可推测其生年应于1918年前后。

而从第二折所云“来到成都，居住在华阳县文庙侧厢，饮膳在大成殿上”云云，则可知当时迁址于成都文庙的燕京大学办学概况。据《成都旧志·民国华阳县志》记载，“(华阳)县文庙在石室西，雍正中建，其后递有修葺，迄升大祀后，又复增建”，当时程曦的居所——燕大男生宿舍，就位于成都市内原何公巷（今石室巷）西侧，即今石室中学校园的西半部分。

遥想当年，因抗战内迁之故，包括程曦在内的共赴国难的燕大男生住在了文庙侧厢，“随侍”孔圣人，而每日吃饭用餐的地点竟然还在文庙的大成殿中，真是“超凡入圣”的非常待遇了罢。

剧本第三折，写到抗战终于胜利，燕京大学复校，返归北平的彦原仁虽然与陈贯绣有过匆匆一晤，但旋因她举家南迁再度错过机缘。彦原仁领到了毕业文凭之后，离校时唱的那一曲【尾声】感人心魄：

浑灿烂园林胜景，忒迷离锦绣前程。长记得晚钟沉，斜月冷，未名湖一片空明。人面波光共辉映。有那好诗篇则向谁投赠，兀自这眼儿边还浮动着去年的秋树影。

剧本最后一折，则叙及彦原仁毕业后谋生度日，因“处事鲁直，又受不惯世俗闲气，恼性子辞职出来”，心颇烦闷，醉酒后入梦。这一折以陈贯绣梦中点化，彦原仁幡然醒悟为终。虽然剧情无甚曲折，新意不多，但于毕业学生的谋职之困、动荡时局的谋生之苦，皆描画生动，颇可一读。

通览整部剧本，便可明晓，这不是一部纯粹的“抗战文化剧”，更不是什么“校园爱情剧”。剧本主旨，不在于记述历史，表达史观，更不在于谈情说爱，感世抒怀，而是通过历史剧变与人世沧桑的穿插，寄托处于特殊历史背景之下的作者本人的虚无与幻灭之感。

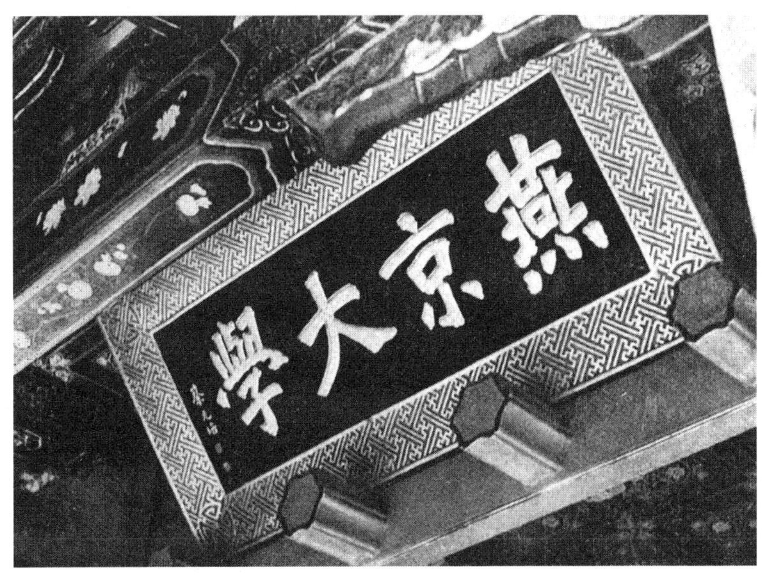

燕京大学校名匾额，蔡元培题，辑自《燕大年刊（1940年）》。

◎1951年：从追随陈寅恪到突然辞职

如果一定要为《燕园梦》这部剧本提炼出现实主义的中心思想，那么只能说，浑浑噩噩的摩登少年，即使在名牌大学深造，也不过是一只只会做白日梦的糊涂虫。

或许，也正因为意识到了这一点，青年程曦通过追随其师陈寅恪，才获得了这一人生阶段的某种方向感。《燕园梦》完稿之后不久，于1947年12月提交的学位论文中，可以看到时年二十八岁的程曦，在学术研究中确实获得了某种方向感。

题目为《恽南田研究》的这篇论文，于1948年1月10日，得到了陈寅恪给出的九十一分的高分，给出的评语如下：

此论文之主旨，在阐明南田艺术之精妙。由于其人品之高逸，故稽考其生平事迹及亲族之交游，颇为详备，间有详论，亦尚审慎，可供研究清初文艺史者之参考。自蒋氏后，考南田事迹者，此论文可称佳作也。①

或许正是这篇获了高分，颇得好评的论文，才成为1949年夏，程曦追随陈寅恪并任职其助手的资格证明。然而，1951年8月，已从燕大、清华一路南下，追随至岭南大学，程曦却突然辞去陈寅恪助手一职，至今仍是一个令人费解、众说纷纭的学界轶事。此事缘由，是否仍然一如《燕园梦》中所谓"处事鲁直，又受不惯世俗闲气，恼性子辞职出来"，即因个人性格问题而生此事端，对此程曦本人却一直保持缄默。

对此事最为直接的载录，出现在吴宓1951年8月26日的日记中，原文如下：

接棣华八月二十三日函，知寅恪兄与容庚甚不和，已改入历史系。而曦竟叛离寅恪，寅恪写读各事，均賞夫人代职云云。深为痛伤。曦虽热情盛气，而殊粗疏，故不能坚毅上达，亦以愚人而已。

---

① 详参：李国庆《陈寅恪佚文两则订正拾遗》，《中山大学学报》（社会科学版），2014年第5期。

此日记六年之前（1944年秋后，吴宓曾任教燕大），吴宓曾资助当时处境困窘的学生程曦，程亦曾尽心尽力照顾吴的生活起居。吴曾赠程诗一首，诗云：

燕京得一士，忠敬见程曦。
好古通文史，亲贤乐勇为。

而六年后程曦的远走，吴宓在日记中述及的，应是带着一半苛责，一半叹惋的情绪罢。

程曦的突然离职，或者还另有隐情。按照蒋天枢的解释：“有以讲师诱程者，程遂坚决不再协助先生做事，虽经校长陈序经婉劝亦不肯。”

这里所谓的“诱程者”是谁？蒋氏本人亦未明言。不过，当时除了蒋氏所云，程曦“坚决不再协助先生做事”之外，容庚也是坚决不赞成继续聘任陈寅恪任教的。在程曦辞职之前不久，1951年6月30日，容庚曾给岭南大学聘任委员会写过一封信，信中曾明言：“……且陈君身有肺病性情乖僻，为保护同人的健康和本系的秩序起见，亦不拟再聘任。”

如此看来，即便程曦本人不辞职而去，容庚所言陈氏“身有肺病”与“性情乖僻”两条，更兼双目失明，难以自主教学，亦足见其晚年在岭南学界渐入窘境。

当然，陈寅恪对程曦辞职一事，不可能无动于衷，而是始终无法释怀。面对这样一位一直追随左右，曾获其高分好评的燕大学生、岭大助手，竟如此突然弃绝而去，即便一直保持着孤绝高冷风范的陈寅恪，也禁不住于程曦辞职次年（1952）作《吕步舒》一诗，诗云：

证羊见怪借粗奇，生父犹然况本身。

不识董文因痛诋，时贤应笑步舒痴。

此诗借古喻今，以故寓实之意，非常明显。诗题“吕步舒”，乃汉代经学家，为董仲舒弟子，曾随董至长安，担任博士，官至长史。董氏曾撰《灾异之记》，汉武帝让学者讨论，皆以为该书讥讽朝政，吕亦批评此书是“大愚”。董氏因之被判死罪，后被汉武帝赦免。老师为弟子所害，幸而未致身死。出狱之后，董氏复又撰文痛诋吕氏，弟子德行有亏，一时天下皆知。陈寅恪以这一典故入诗，其意不言而喻。

燕大校花：梅花（瞿兑之绘），辑自《燕大年刊（1930年）》。

燕大校花：梅花（齐白石绘），辑自《燕大年刊（1939年）》。

◎1965年：吉隆坡重温“燕园梦”

话说离开了陈寅恪的程曦，从岭南大学径直去了香港。1955年春节，在香港的程曦，遥望九龙沙田的望夫山，又写了一部《望夫山》杂剧。在跋文中，程曦自称：“盖亦兴之所至，率尔成篇，不烦后人考辨也。”

以此跋语寄付后世读者，恰恰合拍。或许，在程曦眼中，辞离陈寅恪这一事件，后人的诸种猜测与考证，都未免有些太小题大做，太过戏剧化了罢。或许，在程曦看来，这一事件不过只是其生活经历、学术生涯的某个节点罢了，暂时的结束只是为了更好的开始而已。

复又过了十年，除却学术之外，程曦热衷于环游世界之中的博览与广见。1965年冬，自称“周览世界”之后的程曦，于返港途中经停吉隆坡斑苔谷。晚间在寓所整理旧箧，翻看《燕园梦》杂剧时，百感交集，又怅惘莫名地作了一篇“后记”。他这样写道：

此剧作于十八年前，曾印成小册，分赠师友。当时陆志韦师戏赠诗云：不是桃花扇，曾非燕子笺，摆来新杂耍，挑出古云烟。咄咄书空日，奄奄待毙天。忽惊玄女梦，且唱再生缘。邓文如师赠诗云：八统趋东海，幽都气象雄。规模垂五代，学艺重司农。炼字文心峭，思玄旨趣通。英年期远大，吾道终未穷。孙正刚同学赠诗云，万水千山百炼身，可怜鸿爪已成尘。微君一卷燕园梦，谁是当年独醒人？十余年来，迁徙流转，每思量正格律，而稿本印本均不在手。尽力追忆，尚十得五六，因漫书于片纸，以待暇时修正，而劳生草草，搁置箧中，久未翻阅。乙巳孟冬，偶然兴至，闭门伏案者累日，改写一过，约略存其旧貌，大致稍有删易。惟第三折诸曲，尤多属新作，良以记忆模糊，非得已也。当日入川师友，而今散居四海，甚少通音问，独幸客蓉时燕大校长梅贻宝师今岁周游世界时曾过从朝夕耳。往事云烟，言之恍惚不在远，勺园文庙，风景皆依稀目前。质诸各地师友，想有同感也。

“中华民国五十四年”岁在乙巳冬十月程曦记于吉隆坡斑苔谷

“后记”中提到了众多燕大师友。譬如，陆志韦（1894—1970），是1920年的哥伦比亚大学心理学博士，1927年的燕京大学心理学教授，自1934年起任校长。1941年8月，曾与多名燕大教职员遭日军扣押入狱，1942年5月出狱。抗战胜利后，1945年10月还曾主持燕京大学复校工作。又如，邓文如，即著名历史学家邓之诚（1887—1960），1930年任燕京大学历史系教授，1941年冬，太平洋战争爆发，燕京大学被封闭，与洪煨莲（1893—1980）等同被日本军逮捕入狱，次年获释。1946年燕京大学复校之后，返校任教。

再如，孙正刚（1919—1980），原名铮，号晋斋，燕京大学国文系毕业，曾从顾随（1897—1960）学词。1950年，孙正刚与周汝昌（1918—2012）、寇梦碧（1917—1990），同时加入张伯驹（1898—1982）主持的庚寅词社，号为“津门三君”。孙、周、寇等，均与程曦年岁相近，俱为燕大国文系同学。

这些当年同寓燕园，共赴国难的师友们，皆为此刻流寓海外的程曦所忆念，皆是其“燕园梦”中人。然而，因缘参差，南北遥隔，弹指二十年间，程曦竟再未能与这些师友们面晤。

1965年与当年的成都燕京大学代校长梅贻宝（1900—1997）之偶遇，更让其回首往事，唏嘘不已。当然，除却唏嘘之外，毕竟时过境迁，多年游踪未定的程曦，与这些往日师友已少有往来了。

概观程曦在国内求学治学的前半生，与在海外流寓讲学的后半生，可以较为清晰地感受到，其一生学术路径与生涯，从来就不是狭义上的“专家”，而是广义上的“杂家”。包括《燕园梦》在内的《灵潮轩杂剧三种》的创作，即可见一斑；陆志韦的题诗“摆来新杂要，挑出古云烟”的评判，就颇能点中程曦为学的旨趣。

前线上的大学生风景（封面图为北平燕京大学之未名湖），《中国学生》杂志第二卷第二十一期，1936 年。

北平三大学：未名湖畔之塔影（燕大水塔风景），原载《大众画报》，1934 年第四期。

◎ 1967 年：在美国与张大千邂逅

正如《燕园梦》剧中主角彦原仁自述，“生长厚富人家，饱受摩登教育。代数几何，般般皆会。踢球打弹，样样都精。冲口的幽默文章，满肚的中西杂耍”，程曦除却喜好词曲诗文的创作之外，还兼擅书画诸艺，真可谓“杂耍”行家。譬如，《灵潮轩杂剧三种》印行次年（1967），程曦与张大千（1899—1983）的那一次邂逅，就很能反映其“杂家”面目。

张大千题赠程曦《云山访友图》，1967年。

原来，1967年8月，在马来西亚任客座教授的程曦飞赴美国密歇根大学，参加密歇根大学主办的“石涛作品展示会”。与其一同为品鉴石涛之艺术而来的，还有张大千。是年夏，张氏应美国斯坦福大学之邀赴美举办画展，在美游历三月有余。与程曦一道观览石涛画作之后，张大千还特意赠其画作《云山访友图》一幅，以资留念，并在画上题词曰：

设境平庸，殊有愧于石师也。丁未夏，密西根大学与曦老道兄同观石涛书画展列，即归三巴。写此呈法教，悚悚息息。大千弟张爰。

关于程曦与张大千在美国邂逅的这一段因缘，后世读者可能会感到突兀。因张比程长二十岁，年龄相差悬殊，专擅领域似乎也区隔颇大，何以会如此这般偶遇如见知音？

若有此疑惑者，不妨先行翻检一下，比《灵潮轩杂剧三种》还早一年印成的程氏著述《木扉藏画考评》（1965年印于香港）。且看书中辑有宋元名画数十幅，每一幅皆有其考证与评述，大有“左图右史”之旨趣。略微观览此书，即可知当时刚刚过了不惑之年的程曦，不但精于鉴藏古代书画，书画文史诸艺的淹博通融，也已渐成大家气象。

以此观之，张大千赠画题词中的“写此呈法教，悚悚息息”云云，虽属客套言辞，但能让向来特立独行，艺高气傲的张大千，既慷慨赠画，又客套题词者，恐亦不多见罢。程曦在书画鉴赏及创作方面的水准，借此也可见一斑。

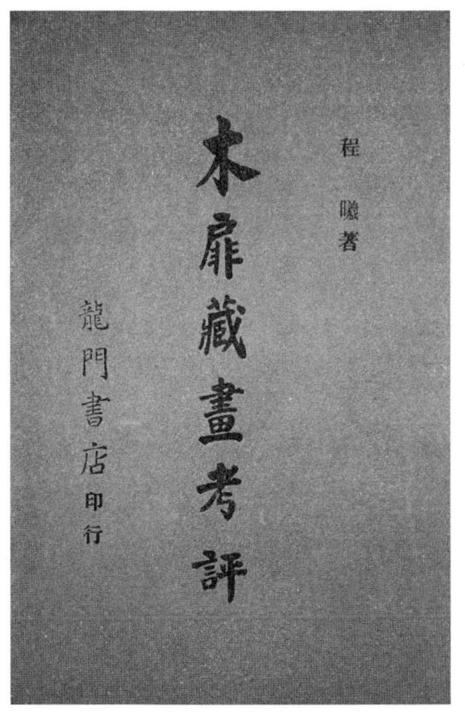

《木扉藏画考评》，程曦编著，1964年11月初版，印行于香港。有平装、精装与线装本，此为平装本。

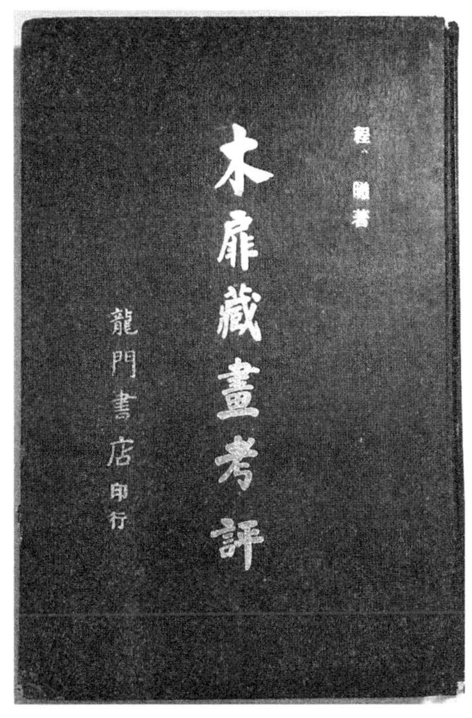

《木扉藏画考评》精装本

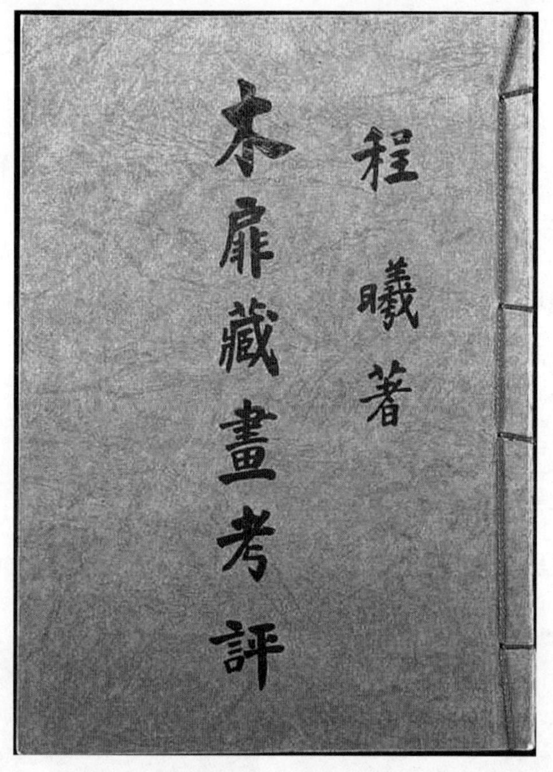

《木扉藏画考评》线装本

后来，周汝昌在其自传[①]中也提到程氏的书画功底，也是兴致勃勃地忆述道："我两次到美国，晤此故人。1980年夏国际红学大会的'余兴'是中国书画当场'表演'，程兄画石，我题诗句，在场者'排队'纷纷索取。"

◎1980年：在美国与周汝昌重逢

值得一提的是，上述周汝昌的忆述，乃是摘自其自传中的一章，此章题名即为"燕园梦"。此章名目为何如此，开篇即有交代，文曰：

① 详参：《红楼无限情：周汝昌自传》，北京十月文艺出版社，2005年。

红楼今虽难觅，燕园历历在目，光景常新——那么如何又题曰“燕园梦”？我是在纪念老校友程曦兄。他在校时就写了一本《燕园梦》，自费铅印小册，赠我一本。此乃元杂剧体的戏曲自寓之作，我颇击节赏之。我两次到美国，晤此故人。1980年夏国际红学大会的“余兴”是中国书画当场“表演”，程兄画石，我题诗句，在场者“排队”纷纷索取。那回他的论文是《〈红楼〉与禅》。1986年秋我重游威斯康辛州陌地生（此周策纵兄译madison之妙语。旧译则为“麦迪逊”，索然无味矣），程兄嫂伉俪驾车数百里专程来会。1987年4月1日值我七旬生日，程兄又以梅花诗书扇赠我为寿，程嫂则手制中国点心麻饼为我解故国之乡思，皆难忘记。（至于程兄女弟子表演英语《葬花》舞，已在《域外红情》中粗记，今不复述。）前岁策纵兄见告：程兄已作古人，不胜山阳笛韵之感。我曾向程兄说及《燕园梦》，他说：我自己却早已没有这本书了。他为人豪迈，有英气，能唱昆曲，曾为陈寅恪先生助手。在海外执教，授中国戏曲。燕园非梦，事事可稽。

此章之末，署有写作时间“庚辰五月三十日”，即2000年。据周汝昌的忆述可知，程曦写成《燕园梦》时，应当就在1947年当年“自费铅印小册”。也即是说，《灵潮轩杂剧三种》于1966年印成之前，约二十年之前，《燕园梦》即已经印出，乃三种杂剧中最早面世者。

遗憾的是，时至2000年，程曦当年赠送师友的“自费铅印小册”，能记得、能提到的人证，恐怕亦只周汝昌一人而已。邓文如早在程曦于吉隆坡写“后记”之前五年作古，陆志韦亦于“后记”之后五年逝世，而孙正刚则在程曦与周汝昌在美国的那次“红学”欢会的当年逝去。如果要弥补程曦于“后

燕京大学旧影：校门一侧的指示牌。

记”中提到的“十余年来，迁徙流转，每思量正格律，而稿本印本均不在手”之遗憾，还非得去周汝昌处求证不可了。

◎1997年：程曦在美国爱荷华城逝世

此外，周汝昌忆述中提及的“前岁策纵兄见告：程兄已作古人”云云，据此推知，程曦应在1997年前后逝世。至此，久已不为国内学界所知悉的程曦，其生卒年才大致推定了下来，即约生于1918年，卒于1997年，享年七十九岁。

在此，需要特别加以说明的是，上述关于程曦生卒年的推测，乃是笔者十余年前的观点。因十余年前购藏《灵潮轩杂剧三种》一书，即对程曦其人其事深感兴味，久经考索，却难觅相关文献史料，当时甚至连确切的生卒年及肖像照片都无法查获。

直至2017年3月，终于有研究者撰发论文[①]，将程曦的个人生平与学术生涯较为完整地呈现了出来。论文中列举了程曦本人所写自传数种，确证其生年应为1919年；又称程曦“退休之后仍居住在爱荷华城，直至1997年去世”云云。据此可以确证，程曦的生卒年实为生于1919年，卒于1997年，享年七十八岁。

◎余音：听程曦吟诵，感自由可贵

2009年12月，商务印书馆出版了《赵元任、程曦吟诵遗音录》，书中收录了由美国明尼苏达大学刘君若教授提供的，录制于1971年的程曦吟诵录音资料，并附有程氏简介。此书乃是国内正式出版物首次提到程曦其人，并辑录其作品。

程曦的吟诵文本为一诗一词一赋，分别为杜甫《旅夜书怀》、苏轼《水调歌头》以及庾信《哀江南赋》。无论是“飘飘何所似，天地一沙鸥”，还是“明月几时有，把酒问青天”，抑或是“燕歌远别，悲不自胜”，再如“华阳奔命，有无无归”，沉郁慷慨之中，苍凉声腔里自是一缕幽愤，令近半个世纪之后的聆听者感慨莫名。

在程曦的吟诵声中，其繁复隐晦的人生历程与学术生涯，随着声线与诗文的融汇，恍然开启。无论是否追随陈寅恪，也无论是否接受过陈氏学术的影响，陈氏在1929年所做的王国维纪念碑铭中首倡的“独立之精神，自由之思想”，用在其曾经的学生与助手程曦身上，倒也非常妥洽。

遥思从1941年追随因抗战内迁暂兼燕大授课的陈寅恪，到1948年以《恽

---

① 详参：李国庆《现代杂剧作家程曦生平及著述考略》,《上海师范大学学报（哲学社会科学版）》第46卷第2期，2017年3月。

南田研究》论文获得陈寅恪高分好评；从1947年创作《燕园梦》，到1949年南下追随陈寅恪并任职助手，最终于1951年8月不辞而别，流寓海外，程曦前半生中，那十年的学术追梦之旅，其间甘苦唯有自知，其中悲喜只可自悟。

终结了大学梦，中止了学术梦的程曦，刚过而立之年的他，从梦中醒来，辗转于大洋南北，独立自由的客座教授生涯开启着另一种人生。正如《燕园梦》"楔子"中的彦原仁自述："生长厚富人家，饱受摩登教育。代数几何，般般皆会。踢球打弹，样样都精。冲口的幽默文章，满肚的中西杂耍"，程曦的才华与学识，不是用于牺牲与坚持的，宁可辗转流寓，自乐自娱，也绝不自甘寂寞，步他人后尘。

换句话说，陈寅恪的坚持与固守，在特定的历史背景之下，固然可贵可敬，可谓一代名士；可在程曦眼中，坚守师门，苦撑寂寞，却是亏待了自己，空耗了生命。对此，程曦没有明确地说"不"，却以实际行动践行了这个"不"字。

凭什么要为所谓"学术"至死不渝，声泪俱下？一己之苦痛，家庭之苦难，对于所谓"学者"而言，既然能有办法弥补与趋避，为什么不去先学会生存，为什么就不能学会趋利避害？

且看陈寅恪精深治学，全心投入于学术而置失明、瘫痪、行政职位于不顾，生前受尽各种难堪难言之罪罚，死后方才成了令世人仰止的大师，程曦辗转孤旅，万里漂泊，没有身后盛名（国内少有人知，甚至一度连生卒年都只能揣测，一张肖像照片也难寻觅），却在活着的时候享用独立自由之人生，既怀揣旧梦又重获新生，这样的人生，又有何不可？或者说，曾经的师徒二人，本即是各有去路，各有旨归的两路人罢。师徒二人的后半生，哪一种活法更好，哪一种活法更有意义，后来者各有各的说法，后来者也自有各的想法。

时值二十一世纪，陈、程两人，俱已作古。诚如某学者倡言，普通读者不适宜谈论陈寅恪——只因其人其学，太过深奥高妙，普通读者实无必要太过追随，更不必道听途说。此论看似合理，并无窒障之处，可问题还是接着又来了——那么，“程曦”这个名字又有多少人适宜谈论呢？如果世人离陈寅恪确实太远，难道离程曦就更为亲近？

陳夢家
中國文學系教授

李廣田
中國文學系副教授

陳寅恪
中國文學系教授
歷史學系教授

朱自清
中國文學系教授
兼主任

許維遹
中國文學系教授

余冠英
中國文學系教授

—2—

陈寅恪在清华园，辑自《清华年刊（1948年）》，刊页及陈氏照片。

◎补记：程曦燕大毕业照及美国生活照等文献之新发现

近日，笔者又有幸寓目一批与程曦相关的文献资料。其中，有两种《灵潮轩杂剧三种》版本，不同于常见的1966年印本。一为《灵潮轩诗词曲合集》，

1971年在香港印制。此书将当时的程氏文字作品几乎全部包揽，自然也包括了《灵潮轩杂剧三种》的内容，至于集中所录剧本与单行本内容有无异同，尚未及细检，只得留待他日详考。

值得一提的是，此书与笔者十余年前购得的那一部《灵潮轩杂剧三种》相似，书中也夹有一张打印好的小纸片。纸片上印着一组英文：

WITH THE COMPLIMENTS OF

CHENG HSI

CHINESE AND ORIENTAL STUDIES

UNIVERSITY OF IOWA

IOWA CITY,IOWA

U.S.A

这张纸片表明，程曦当时可能已在美国爱荷华大学任职，从事东方文化与中文研究相关工作。这样的生活境况，与1966年初寓美国时已大有改观。两张相隔五年的小纸片，寄寓着一段怎样的海外漂泊际遇，恐怕也只有程曦本人才能真正明晓，半个世纪之后的如我辈读者，只有抚纸兴叹的一点考据心思罢了。

另一种为《望夫山杂剧》单行本，虽无版权页标明确切印行时间，但其印行时间应当早于《灵潮轩杂剧三种》，是先于汇编本的单行本。此剧乃程曦从陈寅恪助手职位上离职之后创作的首部剧作，当时其人已身在香港，故此剧单行本可能就印于1955年之后的香港。总之，上述两种新发现的程氏著述，均

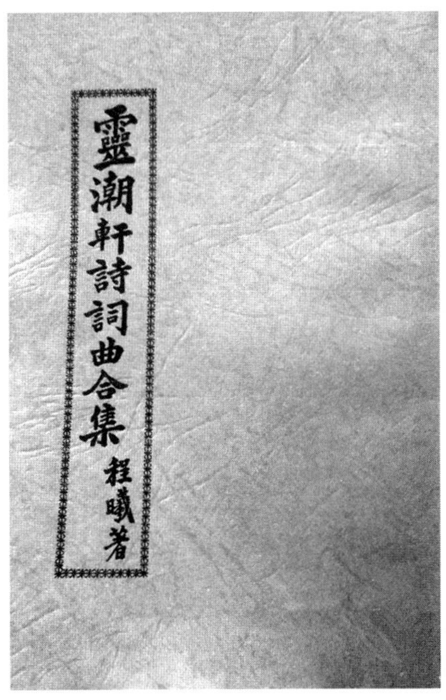

《灵潮轩诗词曲合集》，程曦撰著，1971 年印于香港。

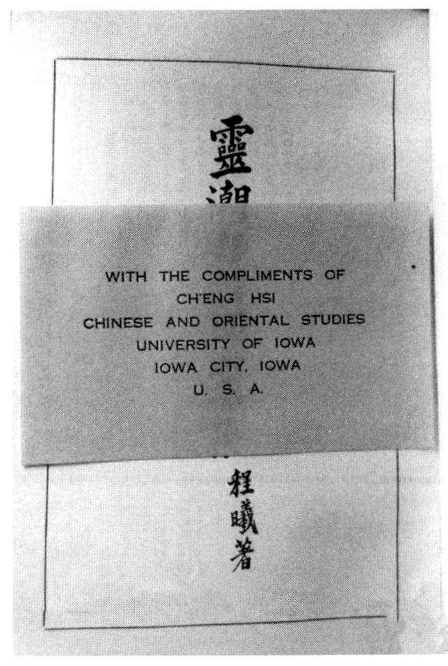

程曦美国地址便笺，附于《灵潮轩诗词曲合集》中。

《望夫山杂剧》单行本，程曦撰著。

值得进一步探研。

此外，在《南开初中》1936年第三、四期杂志上，刊有署名为“程曦”的诗作多首，有自由体的白话诗，如《寒情》《真情的私语》《泯灭的魂》等，也有古典诗词作品，如《清平乐·无题》《甘州·春旅》等。在《南开高中》1936年第十一期上，刊有署名为“程曦”的剧本《女侦探》；同期还刊有诗意山水画作一幅，画上有题“无边落木萧萧下，不尽长江滚滚来”之句，应是取意杜诗而创作的。该杂志第十二、十三期上，则刊有短篇小说《烟瘾者》，词作《八声甘州·菊》与书信《覆南渝同学》。《南开高中》1937年第十四期上，尚刊有散文《觉悟》。

概观上述这些署名为“程曦”的作品，品类之庞杂，内容之丰富，皆出自中学生手笔，着实令人惊赞。联想到程曦后来的“杂家”面目，这一系列诗词、散文、小说、剧本、绘画皆有的作品，当然极可能正是其少年才华与志趣之展露。再者，其籍贯乃河北，从就近求学的一般惯例而言，“生长厚富人家，饱受摩登教育”的少年程曦，就读南开也颇有可能。如此这般，基本可以推断少年程曦乃是在天津南开学校就读，其中学时代多才多艺，即多有各类文艺作品发表——这一生平事迹的发现，也是颇令人感到振奋的。

特别值得一提的是，最令笔者感到欣喜的是，还意外发现了三张程曦的照片。其中一张照片，原刊于《燕大年刊（1948年）》，乃其大学毕业照。照片明确署有“程曦，河北文安人”字样，可知其籍贯实为今属河北省廊坊市的文安县。照片上青年时代的程氏，年方二十九岁，头戴学士帽，身着学士服，为标准的学士毕业照。这是目前已知存世的，其人拍摄时间最早的一张照片，自然弥足珍贵。

另一张照片，乃附印于程氏所著《中国画的根本精神》一书中。此书为著者自印，有多个版本存世。据第三版版权页标示可知，最早印行的乃是中文版（丙申版），即1956年版；第二版则为中英文版（丁酉版），即1957年版；第三版仍为中英文版（壬申版），即1992年版，此时已为程氏暮年，照片就附印于此版。这张照片，可能是目前已知的，附印于出版物中的，其人拍摄时间最晚的一张照片。

程曦大学毕业照，辑自《燕大年刊（1948年）》。

还有一张照片，则附印于《程曦册页山水》（*Landscape Albums by Cheng Hsi*）一书中，乃程曦中年照片，应当是在其五十岁左右拍摄的。此书于1972年在香港初版，1973年再版，两版共计印了两千册。与《灵潮轩杂剧三种》及前述两种程氏著述的出版性质相同，皆为程氏私人印制的“自印本”；但可能也曾在美国、香港等地公开销售过，因其在版权页上印有“售价两美元”字样。应当说，此书当年的印量也不算低，可留存至今的恐怕也不多，至少在国内学者与读者的案头，仍然属于“稀见书”罢。

此书正文之前，印有程曦自序及照片一张，还有哥伦比亚大学教授、美国汉学家Henry W. Wells（1895—？）的介绍辞及照片一帧。全书收录并印有程曦于1956年至1972年间创作的五十幅绘画；画集之末，有程曦《自题画集》诗一首，诗云：

程曦中年存照

《程曦册页山水》，1972 年印于香港。

君子居於山林能無所見於狐
蹤兔穴能無所聞於豹嘷猿
啼但能静以觀物則松風石
瀨暮雨朝雲觸境生機亦足
以超凡脱俗孔子云何陋之有

程曦画作与题句

灵境从心变万千，师承造化悉成先。
荒寒已涤人间气，精进翻余世外缘。
情性波澜归翰墨，云霞彩绣幻山川。
驰锋何必言今古，网得奇文入寸笺。

仅从这一首题画诗来看，程曦的后半生，似乎的确从书画鉴赏乃至书画创作中获得了滋养与适意。据笔者所见，程氏晚年的著述，鉴赏书画者尚有《木扉藏画考评》《明贤手迹精华》《画中人物意趣》等诸种，可谓琳琅满目，如入宝山。然而，那题画诗中“情性波澜归翰墨”之句，似乎仍有旧事重感之意——当年的“情性波澜”，当年的“处事鲁直”，仿佛还如鲠在喉，欲说还休。

附录

陶然亭：一〇九位文士的最后雅集

——从永和九年到民国十四年的风雅传承

民国乙丑年三月初三，也即1925年3月26日这一天，刚刚过了八十大寿的宿儒诗翁樊樊山[①]忽生雅兴，突发奇想，要在北京南城的陶然亭广邀南北才俊，在上巳日这个传统节日之时，搞一次规模空前的雅士集会。

正在清史馆中修史的，年已八十二岁的赵尔巽[②]扶杖前来；曾经的湖南神童，曾于1913年为民国第一任民选总理的熊希龄，也积极响应；"天演学家"严复的高徒侯毅[③]担任书记员，记录下了此次盛大集会的盛况。

此番实到七十六人、因故未到后补写题诗的三十三人，雅集共达一百〇九人；除却召集者樊樊山本人之外，"一百单八将"的座次基本排定，这是民国

① 樊增祥（1846—1931），字嘉父，号云门，一号樊山，别署天琴老人，湖北恩施人。光绪年间进士，历任渭南知县、陕西布政使、护理两江总督。为同光派的重要诗人，诗作艳俗，有"樊美人"之称，又擅骈文。死后遗诗三万余首，并撰有上百万言的骈文，著有《樊山全集》。

② 赵尔巽（1844—1927），字公让，号次珊，清末汉军正蓝旗人，奉天铁岭（今辽宁铁岭市）人，祖籍山东蓬莱。同治年间进士，授翰林院编修。历任安徽、陕西各省按察使，又任甘肃、新疆、山西布政使，后任湖南巡抚、民部尚书、盛京将军、江西总督、四川总督等职。入民国，任奉天都督，不久辞职，出任清史馆总裁，主编《清史稿》。

③ 侯毅，字疑始，无锡人；师从于严复，严氏以笛卡尔名言"哲学以疑始"，赠其字曰"疑始"。

樊樊山八十岁肖像

乙丑元旦八十自述　樊山

春色先歸老學庵同堂五世聚宣南年
纔彭祖十之一壽慕周文百減三先本生曾祖紹堂公年九十七
栽柳幾曾知此柳種柑猶冀食其柑滋
公丙午吾同歲小眷東田獨未堪

乙丑秋日廣益主人敬錄

樊樊山八十自述

时代的一帧空前绝后的雅士集体合影，是近现代中国旧派知识分子精英的最后一次大规模集结。

◎丁传靖与樊樊山之雅谊

这一次承接兰亭修禊的千年风雅之举，当然也少不了要有一个精致的序文来纪录和纪念。雅集召集人中的几位宿儒稍一商议，决定让“沧桑词客”来撰序。

话说早在十七年前（1908），因撰著《沧桑艳》传奇而名满京华的这位词客，即因传奇之名而名，自号“沧桑词客”。又因四年前（1921）扫叶山房私

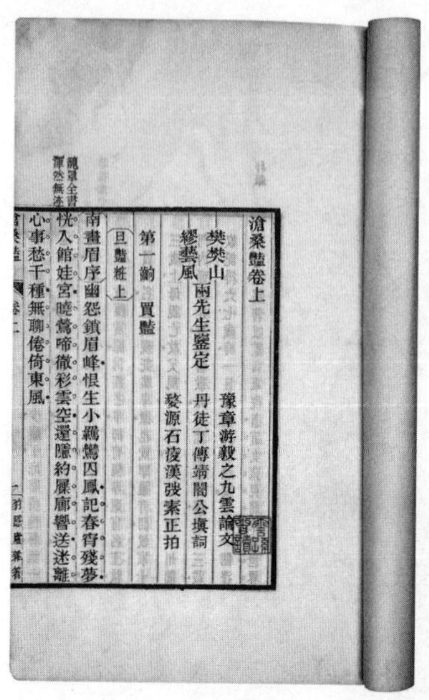

滄桑豔卷上

豫章游毅之九雲論文

樊樊山 繆藝風 兩先生鑒定　丹徒丁傳靖闇公塡詞

婺源石淩漢弢素正拍

第一齣　買豔

（旦豔粧上）

南畫眉序　幽怨鎖眉峰。恨生小羈鸞囚鳳。記春宵殘夢。怳入館娃宮。曉鶯啼徹彩雲空。還隱約屧廊響送。迷離心事愁千種。無聊倦倚東風。

滄桑豔　卷上　一

《沧桑艳》传奇剧本，丁传靖填词，樊樊山、缪艺风鉴定，原刻印本。

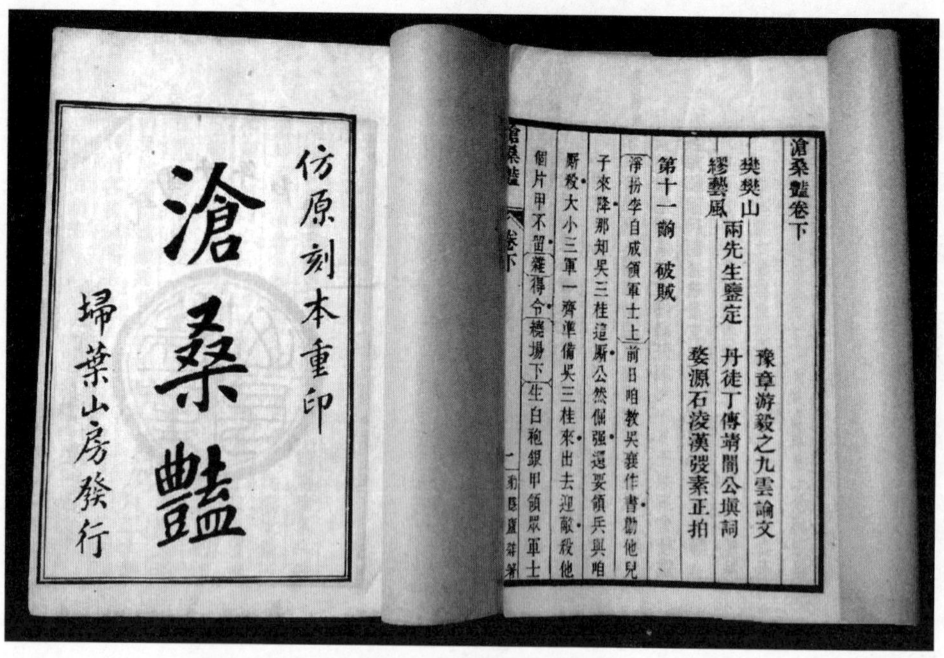

仿原刻本重印

滄桑豔

埽葉山房發行

滄桑豔卷下

豫章游毅之九雲論文

樊樊山 繆藝風 兩先生鑒定　丹徒丁傳靖闇公塡詞

婺源石淩漢弢素正拍

第十一齣　破賊

（淨扮李自成領軍士上）前日咱教吳襄作書勸他兒子來降。那知吳三桂這廝公然倔強。還要領兵與咱廝殺。大小三軍一齊準備。吳三桂來。出去迎敵。殺他個片甲不留。（衆）得令。（繞場下）（生白袍銀甲領衆軍士

滄桑豔　卷下　一

《沧桑艳》传奇剧本，扫叶山房石印本。

自影印该著作引发的版权官司，再次令世人忆及这位词客当年的文笔盛誉。或正因为如此，虽然因故没有到场，还是被委以为此次雅集作序的重任。

词客名为丁传靖（1870—1930），字秀甫，号湘舲、闇公，别号沧桑词客，江苏丹徒（今江苏镇江）人。清宣统二年（1910），由陈宝琛荐举为礼学馆纂修。其人诗文负有盛名，尤工戏曲，创作了《霜天碧》《沧桑艳》《七昙果》等传奇剧本，其中《沧桑艳》写陈圆圆事，尤为著名。

入民国后，为江苏督军冯国璋的幕僚。袁世凯称帝失败后，随冯国璋到北京任总统府秘书。丁氏虽然经常替总统代笔，撰写书札、联额、祭吊文、褒勋词及题画、序书等文字，但这份差事本身，毕竟不是风雅之士的所好所求，此次雅集召集人之所以邀其撰序，恐怕也并非是要倚重其在总统府里的这份闲职。究其根本原由，应当仍是其著《沧桑艳》声名之炽，沧桑词客的笔力确实足够“沧桑”，足以将这老中青三代文士雅客的“沧桑”意趣付诸笔下之故罢。

仕途上并无太多建树，文场上也不是特别活跃的丁传靖，曾颇感欣慰地自谓：“剩有《沧桑》新院本，一时价贵海王邨。”

《沧桑艳》传奇无疑是其一生颇为自得的代表作。曲学名家吴梅在获赠《沧桑艳》传奇时，也曾评价说：

> 承惠《沧桑艳》《霜天碧》二曲，循诵再三，渲染点缀，雅近《倚晴》之境。就文而论，无可献疑。

钱钟书之父、国学名家钱基博也称赞说：“丹徒丁传靖者，亦工诗词，作《沧桑艳》《霜天碧》二曲，词采葩发，才名甚盛。”

至于词坛名宿樊樊山——这次陶然亭雅集的发起人，更因《沧桑艳》传奇，而对丁传靖别有一番默契与偏爱。

时为1899年，樊氏创作了长篇古体诗《彩云曲》，因着意为京城一代名妓赛金花树碑立传，《彩云曲》一时为街头巷尾所津津乐道，樊氏诗名之盛始于此曲。更于1913年作《后彩云曲》，“着意庚子之变”，叙述了赛金花与瓦德西夜宿仪銮殿的艳闻，一时坊间尽传赛金花，将之谓为“床上救国赛二爷”的义妓。这一前一后的《彩云曲》，时人比之为吴伟业之《圆圆曲》，因其抒写真人真事而更为时人推崇，樊氏诗名因之名重京华。巧合的是，赛金花就在这次樊氏做主的雅集十年之后逝去，于1936年葬于此次雅集所在地——陶然亭，当然这是后话，也是题外话了。

言归正题。在1925年的这次雅集中，《彩云曲》并不是文人雅士们的主题，樊樊山与丁传靖的交谊，也只是含蓄低调地蕴藉其中。须知，在宣统二年（1910）《沧桑艳》传奇传入京城之前，丁传靖于1908年在江宁（今南京）准备将这部剧本刊刻出版之际，首先请来做鉴定评赏的便是樊樊山。樊氏极为赞赏这部剧本，当即决定为之再撰一首长诗，这首长诗命题为《后圆圆曲》。可以想见，这首长诗一旦完成，其轰动效应可能与《彩云曲》不相上下。遗憾的是，因种种原因，樊氏当时并未能及时完稿，丁氏为尽快将这部久为友人们期待的作品付梓，只得暂时将此事搁置了起来。

直到1918年时，因无锡商人章履平猝死，樊老见到经黄秋岳转呈求题的章氏遗作《冲冠怒》传奇残稿时，因这部剧本也是抒写陈圆圆故事，遂有感而发，将原本是为丁氏而作的《后圆圆曲》创作完成，终于一气呵成，将之题写了出来。即使在为章氏遗稿所做的题词中，樊老仍念念不忘丁氏，为之写道：

梅村先生《圆圆曲》，千古绝唱。惟仅得半而止，厥后邢娘入道、三藩谋逆，先生不及见矣。尝欲补整一曲，因循未果。曩在江宁，吾友丁闇公以《沧桑艳》剧本见示。怦然意动，欲果此缘，而卒未及也。今秋岳以章君所作《冲冠怒》残稿索题，因整《圆圆曲》一篇，冠诸卷首。老年才退，不惟远逊骏公，并不及《沧桑艳》《冲冠怒》两传奇之哀感顽艳也。

四月四日樊山再识，时年七十有三。

遥思1908年丁氏正式刊印《沧桑艳》传奇之时，“樊樊山鉴定”的称谓，作为一份“权威鉴定证书”，高悬正文首页之上，而十年后这一首实际上是为丁氏所做的《后圆圆曲》没能附录其中，不能不说是一种文人雅谊中的遗憾。

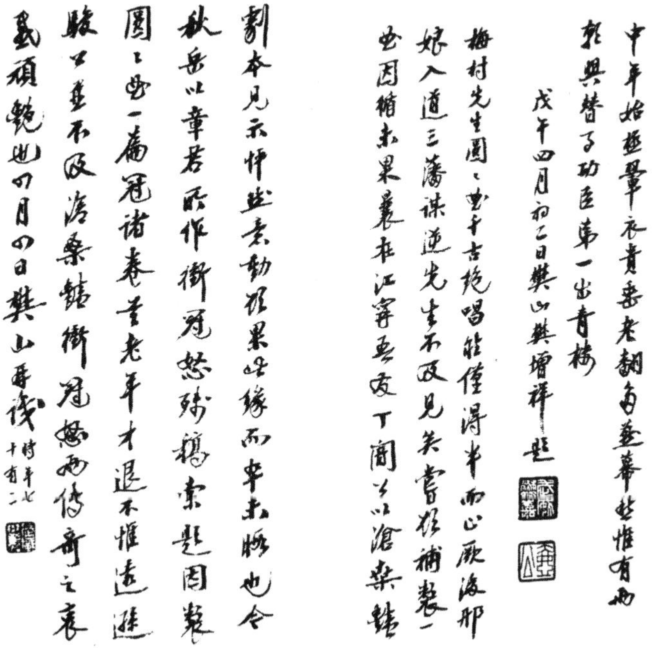

《冲冠怒传奇残稿》，樊增祥题词末页及补记。

虽然《后圆圆曲》并没有取得如《彩云曲》一般的轰动效应，经樊老品题的章氏遗稿也并未因之声名大振，《冲冠怒》也始终藉藉无名，远逊于《沧桑艳》，可樊老与丁氏的这段雅谊，终需有再续前缘的契机才好。作为补偿也罢，聊作慰藉也罢，这一次空前盛会指定丁氏作序，自有樊老的一片衷心热诚包蕴其中。

可惜的是，旧式文士的师友交谊与诗词兴会的风雅情怀，终抵不过1911年那一场推翻千年帝制的剧变。曾赋诗三万余首，并著有上百万言骈文的高产文豪——樊樊山，除了香艳摩登的前后两支《彩云曲》尚能为时人做饭后谈资之外，其人形象只不过是一位苟延残喘，古怪自傲的前清遗老罢了。

时年八十岁的樊老，虽已定居北平十三年，却远不比当年任两江总督时的气派，也并无什么可资颐养天年的京城人脉资源可言。为谋生计，甚至还去给比自己年少三十八岁的梅兰芳当文词老师，为其修改戏曲文词，借此稍补家用，聊以维持一点文士清流的体面罢了。此时的丁传靖，也并不比樊老的处境好多少，总统府秘书的虚衔，也无非是代撰文书，草拟公文的清闲差事罢了。三月三的乍暖还寒天气，丁氏也懒得出门，就待在家里，缩手缩脚地伏案拈管，靠想象完成了樊老指定的作业，一篇序言写得中规中矩，却早没了当年的那份惊艳才情。

◎丁传靖的《江亭序》

丁氏序言开篇提到：

夫定武精刊，茧纸非昭陵之本。永和未远，羽觞犹典午之遗。

追随自兰亭以来的文人雅集传统，仍然是以樊樊山为代表的旧式文人骨髓里的东西，在这一点上，丁传靖与之相类，对风雅古意的倾慕一如既往。可发了一通世风日下、斯文沦丧的感慨之后，退而求其次的风雅追求显而易见——即从追慕魏晋以来的风流精髓，转而寻求博物通识的风俗传承。

既然《兰亭序》的原本早已不复存在，诚如魏晋风流只能仰止兴叹，如今这个时代的文士，无一免俗地为世道变迁而牵累羁绊，为斯文不复而疲于应付，不可能再独善其身式地超然世外，只能通过一些尚可传承的旧俗遗规，寄托一些文化想象罢了。比方说，尚存于世的三月三修禊传统，如今则有以樊老为首的雅集传统，还有如丁氏正在写的这样一篇“古意盎然”的雅集序言。序文接下来这样表述道：

北海沦漪，题襟历历，西郊亭墅，画壁年年。盖上巳之禊游，已为长安之故事。谓似月泉汐社，亦有人了公事而来；谓为洛社午桥，亦有时寄谷音之慨。此顷年人海之游踪，亦他日梦华之资料也。

可以看到，丁传靖笔下的陶然亭，与王羲之笔下的兰亭区别之大，并不完全在于时空上的差距与差异。无论是“仰观宇宙之大，俯察品类之盛”；还是“游目骋怀，足以极视听之娱”；无论是从纵情享受人生的角度，还是从畅谈玄妙哲理的角度，在陶然亭中的一百〇九位文士，都远不及兰亭中的四十一位晋人那样轻快洒脱。更何况，写这篇序言的丁氏，还是坐在自家屋里，奉命作文，绝非如当年王羲之那样，就在溪边亭中，酒墨酣畅，一笔呵成。试想，这样的江亭雅集，哪里能与兰亭修禊相提并论？这样的《江亭序》，与《兰亭序》

之差距，何止十万八千里！

或许，一个是公元352年的江南，一个是公元1925年的北京；空间上的南北差异，时间上的千年更替，都没有理由去要求以樊、丁等人为代表的一帮近现代文士，一定要以晋人的那种风骨意趣，去完成这一场民国时代空前规模的雅集。毕竟，这陶然亭自清康熙年间始建以来，早已注定并非是一处纯粹的风雅之地。

原来，陶然亭原址所在地是京城东城外的近郊区，元代在这里建慈悲庵，经明清两代的修缮、扩建成一定规模。庵内文昌阁供奉文昌帝君和魁星，一直是明清两代进京赶考的考生们顶礼膜拜，以求功名之地。康熙三十四年（1695），工部郎中江藻在慈悲庵西院建一座小亭，后又将小亭改为三间敞轩，取白居易诗中的“更待菊花家酿熟，与君一醉一陶然”中的“陶然”二字，命名为陶然亭。

以樊樊山为召集人的陶然亭雅集，却以该亭为江藻所建，故又习称为“江亭”，由此可见其遗老心态之重，已经远非风雅之举所能承受之重。无论是先前的考生上香会聚之所，还是后来的一百〇九位文士雅集于江亭，这样的熙来攘往，这样的车水马龙背后，不过“名利”或“前朝”二字，甚或简直就是“前朝名利”罢了，这自然都已经与晋人风流及兰亭风雅相距甚远。也无怪乎，丁传靖在文章中，能够付诸笔下的，也只有故事、游踪、资料这些类似于存档日记式的文字面目了。文章中还提到：

是日，余以小疾，独未能往。去年令节避风有类鶢鶋（去年是日大风，余亦未与会），今岁嘉辰闭户又如螺蚌。自笑始衰之岁月，不如健之耆英。

原来，樊樊山并非突发奇想，偏偏要在1925年来召集这样一次雅集，而是每年都有在陶然亭修褉集会之举。而丁传靖不单单是1925年这一次聚会未到，上一次（1924）也是因故未能到场。只不过上一次是“避风”，这一次是“小疾”。虽有自我解嘲之语，更兼表彰以樊老为代表的雅集前辈之语，谓“自笑始衰之岁月，不如健之耆英”云云，却也不难就此推知，如陶然亭修褉这样的传统活动，到1925年时，参与的人大多不过是一些遗老遗少罢了。不要说风流精髓，不必提风雅神似，就是那么一丁点儿残余的旧俗陈规之举，到丁传靖缺席在家写这篇序言之际，都已经只是残影余绪，仅供慨叹罢了。

显然，在丁序中流露出的所谓文士意趣，已全然不能再用“风雅”二字来概括了。如果说还有一点中规中矩的记录文体裁的话，单就才情气魄而言，已似垂垂老矣的塾师，确实已没有再参加雅集的必要了。正如樊老《彩云曲》的末句有云：

古人诗贵达事情，事有阙遗须拾补。

不然落溷退红花，白发摩登何足数。

当年不过五十来岁的丁传靖，其才情气魄，确实比之樊老略逊一筹，真是这总统秘书还不如赋闲宿儒了。从风流到风俗，从精髓到传承，即使是不断地退而求其次，由丁氏执笔之《江亭序》来看，“风雅”之说在

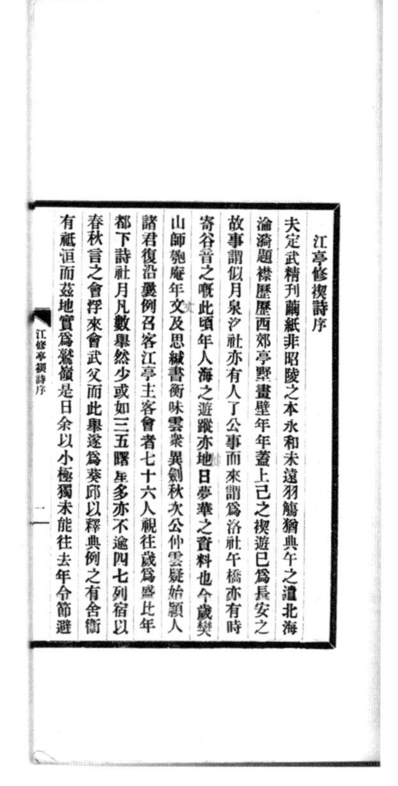

江亭修褉詩序

夫定武精刊繭紙非昭陵之本永和未遠羽觴猶典午之遺北海淪漪題襟歷歷西郊亭墅畫壁年年蓋上已之褉遊巳爲長安之故事謂似月泉汐社亦有人了公事而來謂爲洛社午橋亦有時寄谷音之嘅此頃年人海之遊蹤亦地日夢華之資料也今歲樊山師匏庵年文及思緘書衡味雲粜異劍秋次公仲雲疑始顯人諸君復沿曩例召客江亭主客會者七十六人視往歲爲盛比年都下詩社月凡數舉然少或如三五曙星多亦不逾四七列宿以春秋言之會浮來會武父而此舉遂爲葵邱以釋典例之有舍衞有祇洹而茲地實爲鷲嶺是日余以小極獨未能往去年令節避

江修亭褉詩序　一

《江亭修褉诗序》，丁传靖撰。

1925年的中国，也已经流于形式，文士传统的式微已无可挽回了。

◎李绮青的《江亭序》

没有到场的文士代表，诸人选了“沧桑词客”丁传靖作序。应约到场的文士代表，则又选了号称词坛“小李广花荣”的另一位名士作序。

这位名士即李绮青（1859—1925），字汉珍，晚年改汉父，别号倦斋老人，惠阳县人。光绪十六年（1890）进士，先后出任福建安溪、惠安，吉林榆树，河北武邑知县，吉林宁安知府。晚年旅居北京，卖文为生，就在雅集当年（1925）病逝于北京。著有《草间词》《听风听水词》《倦斋诗文集》等。

钱仲联《近百年词坛点将录》称李绮青为“小李广花荣”，誉其词“上接翁山”，“为岭表词场之射雕手”。叶恭绰《广箧中词》则评述称，“汉父（李绮青）丈为词卅载，功力甚深，清回丽密，可匹草窗、竹屋”。可见李氏比之丁传靖而言，其旧体诗词的修为，似乎还有过之而无不及。

李绮青生性秉直，不擅逢迎，仕途只能算个勉强凑合。晚年难免清贫，其女卖艺以救济生活。他还曾为女儿的演出以骈体文写成“广告”。文曰：

> 四弦诉恨，怜赵媛之弹词；孤影挑灯，哀乔青之题曲。毛惜骂贼，宁薄倡家？李香坠楼，何非烈女？况南陔兰尽，心伤洁养之难；东海桑生，目击乱离之苦。负百里之米，敢责裙钗？谋一日之欢，亦须菽水。

即便是如此不佳的生活境遇，仍然以古体古意抒写，其追慕古雅的旧式文人操守可见一斑。作为雅集到场者之一，也作为诗坛宿将之代表，由李氏来写这第二序，也颇合时宜。

李序开篇曰："岁在乙丑三月三日，稊园同人集于京师宣南江亭，为修禊事。"开宗明义，还颇有点"永和九年春"的况味。句中提到的稊园，即稊园诗社。其前身是创建于二十世纪初的寒山诗社，得名于当时诗社社长关赓麟，关氏在北京南池子南湾子的宅第就号稊园。

关赓麟（1880—1962），字颖人、伯辰，号稊园，广东南海吉利乡人。1902年乡试举人，嗣赴日本入弘文学院留学。1904年进士，任兵部主事。后历任财政部秘书、交通部路政司司长、平汉铁路管理局局长等，1922年曾任交通大学上海学校校长。时年四十五岁的关氏，在雅集诸老中还算是少壮派，事实上他也深得樊樊山赏识，曾与樊老、易顺鼎、许宝蘅等同为寒山诗社中坚诗人。在后面的分韵赋诗中，关氏与李绮青相继都写出了鸿篇巨制，许宝蘅亦有赋诗，亦可见当年的稊园情谊与同仁酬唱之情。

李序中除了其擅长的骈体文表述之外，在序言将尽时，有一番话也颇可感叹。序曰：

仆自以老残，屡陪文讌，花猪久缺，如大嚼于屠门。荆驼自伤，未忘情于阙下。

风雅毕竟不能当饭吃，更不可能当作猪肉来吃。不善经济，终致清贫的李绮青，晚年生活中，只能靠原本以追慕风雅为名的文士聚会来"打牙祭"。所谓"花猪久缺，如大嚼于屠门"，虽是无奈至窘之境遇的生动写照，却也是如李氏一般所有"徒具才情，绝无钱银"的旧派文士之通病——因为恃才清高，既不善逢迎，更不善经济，因之必得困窘一生。只不过李氏对此倒并不遮遮掩掩，并不为雅讳贫，而是直接以骈体文写出了大实话，反倒让人觉得无伤大雅了。

李氏的耿直爽朗之气魄，不由得又令人联想到那首著名的用沁园春词牌写成的中国首例古体“影评”——《沁园春·观电影戏》，这是李氏创作的一大发明，也是大实话的古体词作，写出了新时代的古为今用。词曰：

黑幕低垂，万目齐看，微露曙光。有稠人来往，层楼耸峙，忽呈车毂，旋见舟航，偶说闲情，居然真个，拍掌儿童笑若狂。

这里提到的“偶说闲情，居然真个”云云，据考，乃是指电影中亲吻的画面。应当说，李氏笔下的“花猪久缺，如大嚼于屠门”，与“偶说闲情，居然真个”之句，都让读者印象深刻，实乃文士生活真实无虚的写照。

然而，无论如何的才情点化，也总抵不过风流总被雨打风吹去的新时代变

雅集实到七十六人合影

乙丑上巳日恩施樊增祥樊山侯官郭曾炘春榆山陰王式通書衡武進
莊蘊寬思緘無錫楊壽枏味雲陽湖趙椿年劍秋南海關賡麟穎人長
樂梁鴻志衆異淳安邵瑞彭次公祥符靳志仲雲諸公與毅邀客修禊
於京師宣南陶然亭賓主蒞止者七十六人以白樂天洛濱修禊五言
一首分韻賦詩相其傾厖攝影并倩賀履之林彥博李雨林三君繪圖
各題名氏里籍於長卷而散圖卷存稊園是日邀客一百九人有未至
而補賦者得詩詞共九十九首
是日蒞會題名者　襄平趙爾巽次珊　鳳皇熊希齡秉三　安陽馬吉
樟積生　武進湯滌定之　嘉興金兆蕃籛孫　湘潭翁廉銅士　雞林
顏藏用冰盦　南海譚祖任瑑青　廬江劉體乾建之　紹興周肇祥養
庵　順德羅惇㬊復堪　常熟孫雄師鄭　吳興金紹城鞏伯　清苑王
承垣叔掖　蒲圻賀良樸履之　順德胡祥麟子賢　新建楊增犖昀谷
宛平孟錫珏玉雙　長樂林開謩夷假　番禺徐紹楨固卿　長汀江
庸翊雲　西平陳銘鑑子衡　湘鄉陳士廉翼牟　贛縣陳任中仲騫
膠西柯劭忞鳳孫　鍾祥陸增煒彤士　閩縣林葆恆子有　番禺陳慶
龢公穆　閩縣林志鈞宰平　山陰劉敦謹厚之　淮安戚震瀛孕東
夏縣賈秉章孟文　長沙章華曼仙　三水梁士詒燕孫　山陰俞伯敭
伯堂毅行　閩縣陳懋鼎徵宇　南昌胡煥眉仙　仁和許寶蘅季湘
江都閔爾昌葆之　南海梁宓吉銘　九嶷鄧一鶴北堂　常熟宗威子
威　歸善李綺青漢珍　嘉興朱文炳謙甫　北平李福雨林　閩侯鄭
中炯華中　長沙張振鷟次潛　太和馬天徠步蓀　閩侯劉子達孟純
霸縣高步瀛閬仙　南海關霽吉符　長白林崇墉彥博　三台蕭方
駿龍友　南海關賡燿樸生　黃梅湯用彬頤公　番禺許之衡守白
宜黃黃福翔非怡　江甯吳廷燮向之　常熟宗之潢志黃　綿竹尊經
沅讓蘅　杭州吳用威董卿　江夏傅嶽棻治薌　閩縣李宣倜釋戡
泗縣楊毓瓚瑟君　仁和[illegible]
是日未蒞會而補賦詩者　京兆張瑜郁庭　直隸劉春霖潤琴　鄧毓
怡拙園　王照小航　江蘇龐泉南湖　孫道毅寒厓　丁傳靖闇公
吳寶彝桐蓀　孫人和蜀丞　廣東曾習經剛甫　龍景韶薰琴　福建
何啟椿壽芬　郭則澐嘯麓　黃濬秋岳　黃孝平君坦　河南袁克權
規庵　秦樹聲宥橫　湖南鄭沅叔進　首鳳標吟甫　湖北周樹模少
樸　江西吳璆康伯　浙江三多六橋　安徽吳闓生北江　四川鄧
鎔守瑕

無錫侯毅疑始題記

雅集共计一〇九人名单。

革之风，欧风美雨下的民国世界，毕竟与那些前朝风物，已不可同日而语，以李绮青为代表的老派文士群体，坚持以古典文体包装风雅格调，坚持以古典意趣延续风雅传承的努力，至多只能成为一种无伤大雅的文献或谈资罢了。

◎ 雅集中的现代化因素

无伤大雅的还有运用现代技术为此次雅集做记录与存照，来自天南地北的七十六位当时的雅士们分作两排，就在陶然亭的三间敞轩外，拍照留影。虽然人像太小，加之珂罗版的铜版印刷还称不上清晰，但毕竟这在中国雅集史上，也算是开天辟地头一回了。

作为雅集的存照，这一张七十六人的陶然亭合影，刊印于由樊老亲笔题签的《乙丑江亭修禊分韵诗存》首页，这一张合影在当时的京城文化圈子里是公之于众的。

当然，在珂罗版印制的合影之后，仍然是免不了还要有丹青写照的。当天到会的贺履之、林彦博、李霈三位，应诸老之邀，各作了一幅《江亭修禊图》，也被不惜成本地以珂罗版印制在雅集合影之后，皆收入《乙丑江亭修禊分韵诗存》一册之中。

这里提到的贺履之，即贺良朴（1861—1937），字履之，号篑庐，别号南荃居士，湖北蒲圻人，前清拔贡。久寓京华，门墙桃李，其弟子如胡佩衡、李苦禅、王雪涛、浦熙修等，后来皆著称于世。林彦博（1893—1944），满族正蓝旗人，西林觉罗氏，本名嵩堃，世居京华，入民国后以"林彦博"之名行世。其人乃是继高其佩之后的一代指画名家，为雅集所作也应当是其擅长的指画作品之一。这些名家丹青，与首页的合影相映成趣，似乎修禊这一古老传统，在1925年的中国又重焕异样的光华。

在首页的合影背面，还用当时盛行的铅活字，排印出了到会的七十六人名单与没有到会的三十三人名单。而这一百〇九人之众，无论到会与否，都在册子中留下了所谓的"分韵赋诗"一首或若干首。

所谓分韵赋诗，也是古代雅集中"曲水流觞"的一种现代化方式。分韵赋诗的出现，再不需要凿出弯弯曲曲的流杯池，更无须预备水中漂浮的专用酒杯，所有参加雅集的人，也都再不必正襟危坐于池边，挖空心思地预想着酒杯漂流过来时应该对答的诗文。简便易行，老少咸宜。由樊老预先选出一首古诗来，将诗中的每一个字，逐一写在若干个小纸团里；到会的人采取"抓阄"的方式，随机抽取，抽到哪个字，即以哪个字为诗韵，赋诗一首。诗的体裁不限，七言五言皆可，甚至还可以作词；而且并不一定当场完成，事后补作也是允许的。

这次雅集，樊老为诸位选取的是白居易所作《洛滨修禊》五言诗，二十四句共一百二十字，用于这一场一百零九人的雅集，颇为合宜。用分韵赋诗的方式，来制造的一种宽松便宜的雅兴，并不一定非得才情卓绝，出类拔萃，才能参加这样一场现代化雅集。

即便如此，仍然有人犯规。时任段祺瑞政府秘书长的梁鸿志，原本分得“为”字韵，可却偏偏不按此韵赋诗，随意作了一首“皆来”韵的七言诗，还题写在了陶然亭的墙壁上。名医张振鋆，原本分得的是“王”字韵，却写了一首“寒山”韵的五言诗。出于对出席者的尊重，这两首并不合雅集规矩的诗作，还是被收入了诗册印制。

至于像书法家秦树声那样，运气不好抽到了一个“妓”字韵。前清时曾官至广东提学使，时任清史馆《地理志》总纂的秦老，在诗题处是不好意思写上这个“妓”字的，待到诗册样稿印毕，校对者只得又用红铅字予以标示补正。至于在校稿时又加以修改的诗作也为数不少，这从样稿册中屡见不鲜的红铅字改印中可见一斑。

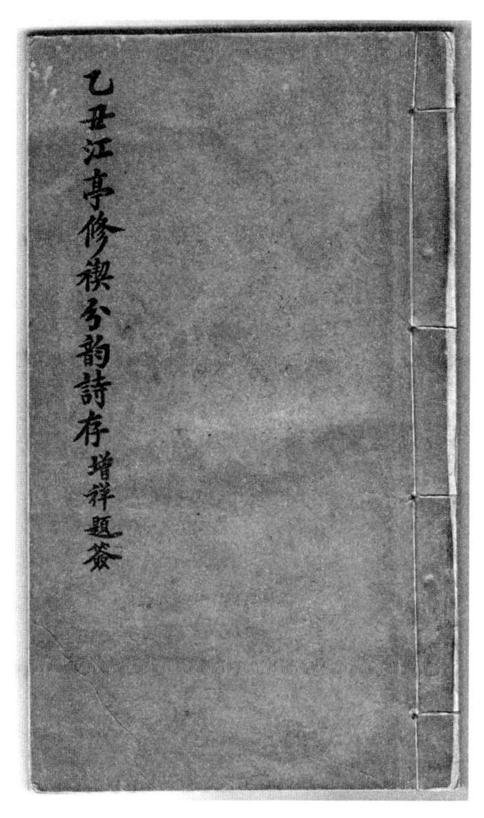

《乙丑江亭修禊分韵诗存》，1925 年铅活字刊印，此为样稿校正本。

由此可见，这样一场已经改良，已经要求不十分严格，规则相对宽松的雅集，其间的才情与雅兴，风骨与雅量都已经一茬不如一茬，除了“花猪久缺，如大嚼于屠门”的大实话之外，可圈可点的风雅韵事并不多了。

◎余论

除了召集者樊樊山本人的诗兴大发，尚有七首之多的诗作之外，其余的则是应酬、奉承、随意之作居多，并没有达到一帮诗坛宿儒的预期效果。这一场百人欢会，交际场上的张罗周旋，实质上胜过了诗酒场上的逸兴飞扬。没有到现场参会的三十三人中，倒还确有一些因个人境遇或时事沧桑有感而发，算得上真性情、真意趣的诗作。

譬如，早年曾参与“公车上书”，生性豪侠的小万柳居士廉南湖，因为臂痛未能到会，在分得“草”字韵赋诗时，忽然忆及于1920年逝去的易顺鼎，写下了“淙淙流水音，时序催人老。弹指去来今，展图心如捣”的诗句，并于句后作注曰：

行笈中携吴观岱流水音图卷用慰寂寥，图作于癸丑。易哭庵取是年上已与袁寒云流水音禊集之作，尽录卷尾。人琴之恸，如何可言。

廉氏并没有去抒写什么陶然亭的历史，雅集的盛况，出席诸位的举世美誉之类，而是因观一幅旧藏画作，追忆当年与故人旧友的欢会，而今斯人已逝，有感而发，遂作诗文。这样的诗作，反而独具真意，别具雅操，令人触目难忘。

再如，因故未能到会，深得樊老赏识的才子黄秋岳，因分得“萋”字韵，赋诗一首云：

背城寒草未成萋，薄雪连番踏作泥。
犹有春韶供取乐，谁知物役苦难齐。

诗作本身不但才情毕露，且时境与心境，两相映照转承，颇为真切，真能动人情魄。没有废话、套话、空话、奉承话的诗作，如上述廉、黄二人者，一〇九人中并不多见。

据出席者的诗文记载，置于雅集诗册首页上的到会者集体照片，是诸位当天一起用完午餐后，集合于陶然亭西垣的合影。这似乎与惯常的会议合影不太一样。一般而言，应当是先合影再入宴席。

雅集的这一合影步骤，不由得让人联想到一种可能性，即当天到会者也并非准时准点或相对集中地到来，而是三三两两，自顾自乐地散聚一时，直到吃饭时才陆续就座齐聚。因此，选在午餐后合影，乃是最不容易遗漏，最为稳妥的办法。

试想，这样一场宽松涣散的雅集，这样一场为集而集的雅集，到会者已经无聊到可以把合影的时间、方法等写入诗句（如邓一鹤诗中有云："冻柳斜坡染半衣"，后加注曰，"是日拍影，亭之西垣，凡七十六人均露半身"），实在是流于形式，无事可入诗了。或许，这一场雅集的最大功用，仅仅是为这些清末民初，朝更代迭之下颓唐文士的立此存照罢了，不过是为后来的附庸风雅者存档备考而已。

雅集当天午餐已毕，用樊老最后一首诗的最后一句，可作草草收场了。这

陶然亭内景（现状）

陶然亭外景（现状）

1925 年雅集合影所在地（现状）

一句“下场诗”云：

后进每教先进畏，新诗都比旧年佳。

这是无奈无聊中的希望，也是自说自话式的交代，更是最终无望实现的一句空话。事实上，此次雅集也是以樊樊山为首的京派文士群体，最后一次大规模集会于陶然亭。因此，此次集会规模之大，既可谓“空前”，亦可谓“绝后”了。

从永和九年到民国十四年，从兰亭到陶然亭，一〇九位文士的空前阵容，以貌似承续风雅的名义出场，以附庸风雅的无奈姿态收场。这期间的千年切换，就如同这一册《乙丑江亭修禊分韵诗存》一般，用铅活字的排印方式，稍有不慎的字符更替，就成了一行歪歪扭扭、横七竖八的形象。活字印刷的效率，虽然远比手抄笔录、木刻雕版的“古法”更方便快捷，可方便快捷之物的另一面，只能是活灵活现的通俗，而绝非慢条斯理的风雅了。

“雅俗共赏”是现代化及现代文化的必然，在1925年做出这样的判断或许尚困难；可如今追求“雅俗共赏”，似又已然成为风雅的新义，这却是不需要再召集一百多号名流齐聚表态的客观事实。眼下不滥俗即“雅”的新现状之下，再度回望这一场近百年前附庸风雅的“雅集”，恐怕又是一个在如今这个时代可以仰止的标杆性历史事件了罢。

历史，就这么奇妙，翻来覆去地为世人提炼出新的意义与价值；在这些新的意义与价值中，还可以重新思索与践行，这即是历史的本来应有之义罢。